法治国情与法治指数丛书

主　编／田　禾　吕艳滨

中国法治国情调研
（2006~2016）

田　禾　吕艳滨 等／著

Research on National Situation of

Rule of Law in China

(2006-2016)

社会科学文献出版社
SOCIAL SCIENCES ACADEMIC PRESS (CHINA)

丛书序

2018 年是中国社会科学院法学研究所建所 60 周年。时光如白驹过隙，一个甲子转瞬即逝。在此期间，我们有幸成为法学研究所的一员，在这个平台上耕耘收获，见证了法学研究所的风雨历程。2003 年，法学研究所第一次推出了"法治蓝皮书"，这是一本盘点当年中国法治发展成效、总结存在问题的学术图书，至 2017 年已经出版了 15 本。为纪念法学研究所建所 60 周年，让更多的人认识和了解"法治蓝皮书"，蓝皮书工作室特推出"法治蓝皮书"精选本 12 卷，以飨读者。

"法治蓝皮书"是社会科学文献出版社皮书系列大家庭中的一员，是法学研究成果传播的重要平台。它忠实记录了中国法治的发展，为中国乃至世界提供了一个了解中国法治的渠道，也为法学研究者、法律工作者提供了一个展示其观点的平台。"法治蓝皮书"发展到今天，以其强大的影响力推动着中国法治方方面面的进步。

"法治蓝皮书"是一个新生事物，并无可资借鉴的经验和道路。创刊以来，在历任主编的不懈努力下，"法治蓝皮书"希冀找到一条最为合适的道路，最终，它成功地从数百本皮书中脱颖而出，成为最具影响力的皮书之一。

回顾"法治蓝皮书"走过的道路，令人唏嘘。如何充分发挥法学研究所的作用，用蓝皮书这样一种传播方式，指点江山、挥斥方遒，用学术力量影响和改变中国一直困扰着我们。2006 年，我正在日本早稻田大学比较法研究所访学时，收到李林所长的一封邮件，大意为征询我是否有兴趣来做蓝皮书的工作。做蓝皮书需要奉献，是公益性的，接下这个工作不仅要付出大量的时间和精力，且其不在学术评价体系之内，成败难料，可我鬼使神差，却接下了这个艰巨的任务，我想李林所长当时一定也大大地松了口气。

作为一本法学专业图书，"法治蓝皮书"受众有限。说它权威吧，不如全国人大、最高人民法院、最高人民检察院的工作报告；说它时效强吧，赶不上一些法制专业传媒，政府部门、司法机关也不把法学学术研究机构当回事，经费短缺，无米下炊。当时，"法治蓝皮书"要想在数百本皮书里崭露头角真是一件很难的事。虽然困难重重，但也并非没有干事的动力。改革开放以来，中国社会经济发生了翻天覆地的变化，这带来了社会分化，引起社会心理变化。今天，社会矛盾增多，不信任感增强，贫富差距拉大，道德失范行为增多，对国家治理、社会治理形成了很大的挑战。在这种复杂的形势下，需要一种机制来凝聚共识，维护社会的秩序、公平和安全，社会才能继续进步。法治就是这样一种具有广泛共识的治理模式，是社会治理的最大公约数。一个人无论他属于哪个阶层，无论他在改革中是受益者还是受损者，都希望以某种机制来维护和保护自己的利益，也就是说，法治为权力运行和利益分配设置了基本底线。法治并不是一个非常复杂的制度架构，其基本含义非常明确：有良法，必须反映广大人民的意志和利益；法律应得到实施，无论是公权力机关还是老百姓都应遵法守法；法律应当公开透明，使人们的行为具有可预期性，减少社会矛盾和交易成本。正是因为法治具有以上功能，它成为中国目前治国理政的最有效方式，是国家治理体系和治理能力的基本依托。

"法治蓝皮书"正是在这样的认识基础上追寻自身的奋斗目标的。"法治蓝皮书"不是一个旁观者，而是一本广泛"在场"、深度参与社会生活的学术著作。为了实现这样的目标，需要创新方法和探索路径。基于自身的特点，"法治蓝皮书"确定了几条基本原则。

首先，"法治蓝皮书"应以全新的姿态出现。"法治蓝皮书"的正式名称又叫"中国法治发展报告"，因此"法治蓝皮书"的所有内容都与中国法治的理论与实践紧密相连，有泥土芬芳、草根味道，摒弃"假大空""高大上"，以及自说自话、自娱自乐，自我搭建宏大"理论体系"的研究方式。

其次，"法治蓝皮书"应以制度运行为分析重点，并非聚焦个案，不讲故事，不声泪俱下地控诉，不冷冰冰地"拽"概念、做文字游戏，而是以应有的人文关怀，挖掘故事后面的场域、逻辑、价值，以学者的姿态冷静地分析制度的缺陷、运行的不足，体现一个研究机构的应有功能。

再次，"法治蓝皮书"应以法治国情调研报告为重要内容，因为，国情是中国选择法治发展道路的最大考量。课题组深入基层，在工厂、农村、田间地头、村民家中访谈座谈；在各级人大、政府、法院、检察院深入调研，总结各地方、各部门法治发展的创新经验，发现法治发展存在的瓶颈问题，提出解决问题的方案，这些方案有根有据而非传统的"大力丸"。课题组成员每年在全国各地的调研出差时间可谓惊人，由此而带来的效应也非常巨大，所形成的研究报告以及这种研究方式获得了广泛认同。

最后，"法治蓝皮书"应以量化评估为核心内容，这不仅体现为法学研究范式的创新，也体现为全新的研究成果。研究部门和实务部门长期以来交集不多，各说各话。法律制度运行主体是实务部门，运行状况却很难知晓。实务部门的自我总结——功绩伟大成效显著，但民众的获得感不足是显而易见的事实。课题组大力倡导并身体力行第三方评估，对人大立法、政府依法行政、法院检察院公正司法、社会法治建设的情况进行评估，形成了若干非常有影响力的评估报告，报告不仅总结取得的成效，还非常尖锐地指出存在的问题，以至于报告每年2月通过"法治蓝皮书"发布以后，一些部门局促不安，如坐针毡，放下高居庙堂的架子，"屈尊"来到法学研究所与课题组交流，实现了研究与实务的及时沟通、理论与实践的精准对接，大大推动了相关部门的工作，也提升了法学研究的影响力。

蓝皮书本身也确立了一套标准。一般而言，学术报告很难具有社会影响，为了突破这种局限，"法治蓝皮书"认为，一篇报告一定要具备以下几个因素。一是所用的文章一定要具有问题意识，这个问题不仅在学术上有价值，在实践中也有意义。因此，"法治蓝皮书"既反对毫无原则的歌功颂德，也拒绝破坏性的批评，而是以理性和建设性的态度客观分析和总结法治状况。二是"法治蓝皮书"选用的文章一定是公权力机关关注的问题，它体现在以下两方面。一方面，它必须是公权力机关与社会服务和管理有关的问题。例如，政府信息公开、行政审批制度改革、行政执法等。另一方面，它是公权力机关的职权行为，其在依法履职时是否具有合法性的问题。上述两方面是公权力机关的职责所在，也是最受社会关注的问题。三是蓝皮书文章一定是与公众密切相关、社会公众也最为关心的问题，如环境安全、食品安全、教育、住房保障等。四是蓝皮书的文章一定是媒体非常关心的问题。在信息化时代，媒体竞争非常激烈，新、快、准、有效成为媒体的生命。在这种形势下，传统媒体逐渐式微，新兴媒体逐渐成为传播的主要渠道。信息的价值、新颖性、及时性、有效性成为媒体关注的焦点。"法治蓝皮书"的定位恰好为媒体提供了这样的平台。每年"法治蓝皮书"的发布都为媒体提供了眼花缭乱的盛宴，以至于媒体人士常常感叹，"法治蓝皮书"为什么每年只出一本，出来就呈狂轰滥炸之势？鉴于这样的情势，从2015年开始，"法治蓝皮书"团队开始编辑出版"地方法治蓝皮书"，是"法治蓝皮书"的姊妹篇。

正是确立了上述四条标准，"法治蓝皮书"在理论和实务中逐渐形成了巨大的影响力。常有国内外关心中国法治发展的人拿着"法治蓝皮书"登门交流，各地政府、法院也将"法治蓝皮书"对其的评价念兹在兹，甚至记入本部门年度工作报告或高悬于墙上。每当我们到基层开展国情调研，偶见"法治蓝皮书"对有关部门的评价被挂诸墙上，或记载于城市名片中时，都会会心一笑，我们确实做了一点有意义的工作。"法治蓝皮书"发布期间，会形成较大的舆情，以至于发布后的一周乃至一个月内，工作室都会用较大的精力来回应这些舆情。因为，"法治蓝皮书"不仅仅是展示成就，还会指出某些问题，个别被指出的部门非常不满意，也难免恼羞成怒。有人会愤而质问，你们是谁啊？凭什么来评价我们？在他们眼中，一个研究机构就像吃白饭的一样，有什么资格说三道四！有些部门由于掌握资源，弄得我们的上级主管部门经常惶惶不可终日。还好，中国社会科学院确实是一个研究圣地，正如有领导所说，学者做研究，只要数据是真实的、方法是科学的、结论是可靠的、目的是建设性的，就应当允许。值得称道的是，经过数年的修炼，多数部门的傲慢已经逐渐消失，转而谦虚谨慎地来与我们共同探讨，是为一大进步。

限于人力和时间，以及作者关注的重点，"法治蓝皮书"的这 12 卷本肯定有一定的疏漏，未能详尽描绘法治的所有领域和所有细节，因为这是一个不可能完成的任务。尽管如此，"法治蓝皮书" 12 卷本还是囊括了法治的重点领域和当年的重大法治事件，足以成为分析中国法治年度进展的珍贵资料，这就足够了。

这 12 卷本分别是《中国法治发展：成效与展望（2002～2016）》《中国立法与人大制度（2002～2016）》《中国政府法治（2002～2016）》《中国民商经济法治（2002～2016）》《中国刑事法治（2002～2016）》《中国司法制度（2002～2016）》《中国社会法治（2002～2016）》《中国人权法治（2002～2016）》《中国政府透明度（2009～2016）》《中国司法透明度（2011～2016）》《中国法治国情调研（2006～2016）》和《中国地方法治实践（2005～2016）》。

《中国法治发展：成效与展望（2002～2016）》收录了"法治蓝皮书"每年的年度总报告，盘点了中国法治的年度进展，是"法治蓝皮书"的精髓和最重要内容。

《中国立法与人大制度（2002～2016）》分析了中国历年的立法进展以及中国最根本的政治制度——人民代表大会制度及其主要职能、代表制度、人大监督等内容。其中，从 2014 年开始，立法指数报告特别分析了全国 31 家省级人大的立法状况，如立法的重点、程序、公开和征求意见情况等。

《中国政府法治（2002～2016）》是"法治蓝皮书"的重要内容，收录了行政审批制度改革、行政执法改革等选题。

《中国民商经济法治（2002～2016）》对历年民商经济立法、执法、司法方面的热点问题进行了分析。

《中国刑事法治（2002～2016）》分析了历年的刑事法治发展、犯罪形势及预测，并对部分重大刑事法治问题进行了研究。

《中国司法制度（2002～2016）》对中国的司法改革与进展、人民法院的改革创新、检察体制改革、法院信息化助力司法改革、中国的法律服务业等进行了总结分析。

《中国社会法治（2002～2016）》从劳动法治、社会保障法治、慈善公益法治、卫生计生法治、环境保护法治、能源法治、教育法治、体育法治、消费者保护法治等方面分析了有关的热点法治问题。

《中国人权法治（2002~2016）》对历年中国在人权法治方面取得的成效进行了总结分析。

《中国政府透明度（2009~2016）》《中国司法透明度（2011~2016）》是中国社会科学院法学研究所开展法治指数评估的重要成果。其中，课题组从2010年开始，连续8年对各级政府的信息公开进行第三方评估，对这项制度的发展起到了实质性的推动作用，《中国政府透明度（2009~2016）》展示了中国在推进政务公开方面取得的成效与存在的问题。此外，课题组从2011年开始，对全国包括最高人民法院在内的各级法院和海事法院的司法公开进行评估，率先提出司法透明度的概念并付诸全国性评估，促使全国法院的司法公开有了大幅度的进步并向纵深发展；从2012年开始，课题组对全国包括最高人民检察院在内的检察院进行检务公开评估，引起了最高人民检察院和地方各级检察院的重视。《中国司法透明度（2011~2016）》收录了相关的评估报告。这些指数评估报告客观记录和生动反映了中国法治建设进程，产生了强烈反响，成为近年来法学界和法律界重要的年度学术热点。

值得一提的是，《中国法治国情调研（2006~2016）》及《中国地方法治实践（2005~2016）》收入了历年来我们在各地深入调研的报告，是我们付出心血较多的研究成果。近年来，中国社会科学院法学研究所坚持理论联系实际，扎根中国法治实践开展实证法学研究。课题组依托法学研究所在全国十余个省份建立了20多个法治国情调研基地，每年参与法治国情调研的有数百人次，就党委、政府和司法机关的人大建设、政务服务与公开、社会管理、司法改革、法院信息化等多项内容开展了深入的访谈调研。"法治蓝皮书"课题组走遍了祖国大地，我们到过经济最发达的地区，也到过一些欠发达地区，无论经济发展水平如何，人们对法治的迫切心情是一样的。各地有很多法治创新的实践，打破了法治只有西方道路"独木桥"的神话。当然，中国的法治建设还存在很多问题，我们意识到法治建设是一个漫长的过程，需要几代人的努力，万不可有毕其功于一役的超现实想法。通过总结地方经验、分析顶层设计不足，课题组将普遍性的法治理念与中国本土性的法治探索、法治实践有机结合起来，在服务国家法治决策与地方法治发展方面颇有建树。

2015 年，《立法法》修改，出于经济社会发展的需要，人大首次赋予全国 286 个设区的市以立法权。课题组在广东省调研时了解到，中山市基于扁平化管理改革，不设区。按照修法精神，中山市因未设区，可能失去立法权。全国有五个不设区的地级市，分别是广东省中山市、广东省东莞市、海南省三亚市、海南省三沙市、甘肃省嘉峪关市，它们将会受此影响。中山市地处珠江三角洲，经济总量大，社会发展速度快，亟须立法权来推进社会治理。课题组在调研之余为中山市以及其他城市向中央和全国人大建言，在各方的努力下，最终中山市获得了立法权。中山市获得地方立法权后起草的第一部地方性法规即《中山市水环境保护条例》。2015 年，水环境治理，如"内河清流和城区治涝工程"被作为中山市的"十件民生实事"之一。《中山市水环境保护条例》的立法目的是解决水环境监管工作中部门职责分工不明确、水污染防治、饮用水源保护问题。中山市带着问题立法，避免立无用之法。水环境保护涉及区域广、部门多，甚至涉及多个市，立法首先就是要解决各自为政的问题。通过立法，中山市建立了水环境保护协调机制，由环保部门统筹，各相关部门共享数据。该条例对中山市的水环境保护起到了良好作用。中山市人大还创新和夯实了基层人大代表制度，让乡镇人大代表从会期的"4 天代表"，变为"365 天代表"，使曾经被边缘化的乡镇人大逐渐站在了社会治理的中心。

在革命老区金寨，法治使当地的村级组织面貌一新。当地村级组织将公开作为工作的重要方法，以公开赢得公众信任。公开的项目囊括村级组织的各方面工作，包括村级收入、用餐、惠民资金发放使用等。按照严格的制度规定，村干部接待用餐买一块豆腐都必须进行公示，提升了基层组织的权威。

法院判决执行难一直困扰着中国司法。2016 年之前，全国法院判决得到有效执行的平均比例不高，而涉法信访则有 80% 与执行有关。地处改革前沿阵地的深圳中级人民法院为解决执行难问题，构建了解决执行难的标准体系、建设了鹰眼查控系统，率先在全国打响了基本解决执行难的第一枪。鹰眼系统实现了以下功能：银行存款的查、冻、扣，房地产查询和控制，协助有权机关查询，如人员查询、扩展查询财产种类等。课题组总结了深圳中级人民法院的经验，并向全国推广。2016 年，最高人民法院院长周强在十二届全国人大四次会议上庄严承诺，用两到三年的时间基本解决法院的执行难问题，并委托中国社会科学院法学研究所法治国情调研团队作为第三方对此进行评估。至此，全国法院掀起了基本解决执行难的热潮，可以预见，法院判决执行难将在近期有较大的改观。

杭州市余杭区是法学研究所的法治国情调研基地，课题组每年都会总结余杭的经验和创新，每年都有新的惊喜。课题组先后就余杭的诸多法治问题进行调研并形成了分量颇重的调研报告，分别是《实践法治的基层试验田——杭州市余杭区法治建设调研报告》《重建中国基层社会秩序的探索——余杭法务前置调研报告》《余杭基层法治化探索》《余杭区"大数据"推进基层治理法治化调研报告》《流动人口服务管理的法治化与现代化——余杭区创新流动治理的实践》。从这些调研报告可以看出，余杭法治建设折射出了中国法治建设的缩影，展现了中国基层法治建设的风貌。余杭的实践既有整体的宏观性思维，也有具体的区域性特点，不失为理解中国的一个样本。

在四川，"5·12"汶川地震发生后，我们抵达灾区震中，与灾民同悲共泣，发现地震相关法律问题特别多。我们翻越大雪山，进入炉霍。炉霍县位于甘孜藏族自治州中北部，是去藏抵青之要衢和茶马古道之重镇，也是第二次国内革命战争时期的革命老根据地。炉霍寿灵寺法律进寺庙的做法让人耳目一新。一个偶然的机会，调研时来到了我当知青时下乡的地方原双流县黄甲乡，并见到了当年的生产队队长刘汉洲，他虽年事已高，但精神矍铄，两眼有神，非常激动，称我是第一个离开后回来的知识青年。回乡后恍若隔世，原所在生产队、曾经居住过亮着煤油灯的小草屋已不复存在，被改革的浪潮席卷成了开发区。

2008 年我们在贵州黔东南调研，恰逢凝冻灾害发生，道路结冰，差一点就被困在黔东南动弹不得，也因此发现了中国灾害应急管理的问题和缺陷。

诸如此类，不胜枚举，虽然辛苦，但收获良多。

2017 年是党中央提出依法治国基本方略二十周年和中国社会科学院成立四十周年，5 月 17 日，习近平总书记向中国社会科学院致贺信，希望中国社会科学院和广大哲学社会科学工作者，坚持为人民做学问理念，以研究我国改革发展稳定重大理论和实践问题为主攻方向，立时代潮头，通古今变化，发思想先声，繁荣中国学术，发展中国理论，传播中国思想。

习近平同志的贺信明确提出了社会科学工作者应当怎样做研究、应当为谁做研究这两个重要问题。这也是摆在社会科学工作者面前的现实问题。对学者而言，理想和现实交织并存。经过多年的学习和研究，学者的大脑中往往存在一个"理想国"，理想和现实之间存在巨大的鸿沟。面对现实中的诸多不如意，或是牢骚太盛怨天尤人，或是闭门修书不问天下之事。可以说，"法治蓝皮书"课题组在一定程度上解决了怎样做研究的问题。"法治蓝皮书"课题组长期跟踪现实，深入实际，理论与实践相结合，创新了法学研究方法和成果，取得了很好的社会效应。在为谁做研究方面，课题组目标明确，为人民做研究、为推动中国法治建设进步做研究，这也是课题组广受赞誉之处。

本丛书编辑之时，正值中国共产党第十九次全国代表大会即将胜利召开。近年来，"法治中国"概念的提出，标志着中国法治建设的理念进一步深化。党的十九大将对中国的法治建设作出新的理论指导和制度建设安排，依法治国将进一步成为中国共产党执政的基本方式，法治也将为人民带来更大的福利。如同广大的社会科学工作者一样，法治蓝皮书工作室也期待着中国共产党第十九次全国代表大会的召开，期盼着法治能够进一步奠定其社会治理的支柱性地位，不仅成为中国共产党依法执政的准则，也成为政府依法行政、法院公正司法、全民尊崇法律的标准，法治建设必将迎来新的春天。

田 禾

2017 年 7 月 17 日于北京

摘　要

法学研究与法治实践的发展密不可分，国家法治实践的发展转型呼唤法学研究方法与范式的创新。在中国社会急剧变迁的时期，实证分析是当代法学研究更好地服务社会发展的重要基础，其中法治国情调研是实证法学研究的重要方式。法治国情调研是新型法学智库建设的必然要求，是推进国家治理体系和治理能力现代化的重要内容。

多年来，中国社会科学院法学研究所坚持立足中国法治实践，组织所内外专家展开广泛的法治国情调研，从定性和定量两个维度，从宏观到微观两个层面对中国的法治建设进行全景扫描。本书立足全国视野，精选了"法治蓝皮书"历年收录的具有代表性的法治国情调研报告，内容丰富全面，总结了近年来中国在执法监管与依法行政、纠纷解决与司法建设、反腐倡廉与行为规范、社会治理与基层建设、国际合作与国际法治、应急管理与防灾减灾等方面法治建设的经验创新，并就其未来发展进行展望预测。

本书应用多种方法对中国法治实践进行多维度研究，成果丰硕：既有制度设计、法律制定层面的深刻讨论，也有重大事件、典型案例的观察剖析；既有已然载入史册的年度性或特定时间段的横断面梳理，也有对特定地区、特定领域的"精耕细作"，以小见大；既有事关已有实践的成效弊病的评估回顾，也有对前景未来的设计展望。

总之，本书既是对中国全面依法治国、建设社会主义法治国家实践的做法与成效、经验及不足的客观记录，也为今后制度完善提供了丰富的一手素材和宝贵的历史镜鉴。

目　录

专题四 社会治理与基层建设

专题五 国际合作与国际法治

专题六 应急管理与防灾减灾

导论 法治国情调研与法学智库建设

　　法学研究与国家法治实践的发展密不可分，法治实践为法学理论的发展提供经验与素材，法学理论则成为法治实践的指导与引领。按照法学理论与法学实践之间的关系紧密程度，法学研究方法可依次分为阶级分析法——用阶级和阶级斗争的观点去观察和分析社会中的法律现象；价值分析法——通过认知和评价社会现象的价值属性，从而揭示或批判法律制度背后的价值——实证分析法，在价值中立的条件下，以对经验事实的观察为基础来建立和检验法学的各种命题与现象。前两种法学研究方法主要关注法学理论如何引导法治实践，而实证法学研究方法主要集中在法治实践如何上升为法治理论，并进而反哺实践。在中国社会急剧变迁的时期，法律体系处于变动不居中，实证分析是当代法学研究更好地服务社会发展的重要基础。其中，法治国情调研是实证法学研究的重要方式。

　　国情是研究中国问题必须考虑的主要因素。制度的建设离不开文化、民情与民族性格[①]。中国拥有悠久璀璨的文化和历史传统，拥有世界上最多的人口，并在改革开放三十多年后成为世界第二大经济体。研究中国问题应当以中国的文化与国情为基础。中国的法治发展离不开产生它与推动它的具体环境。中国的法治必须在中国的历史、文化、政治、经济、军事、教育与社会环境中运作。因此，研究中国的法治发展也必须关注中国的法治国情。

　　法治国情调研也是新型法学智库建设的必然要求。智库建设是推进国家治理体系和治理能力现代化的重要内容。近年来，新型智库作为思想库

---

① 田禾：《公职人员禁止行为研究》，社会科学文献出版社，2013，第3~10页。

和智囊团的战略地位和作用日益凸显。党的十八届三中全会通过的《中共中央关于全面深化改革若干重大问题的决定》明确提出，加强中国特色新型智库建设，建立健全决策咨询制度。2015年1月，中共中央办公厅、国务院办公厅印发了《关于加强中国特色新型智库建设的意见》，提出中国特色新型智库是党和政府科学民主依法决策的重要支撑、是国家治理体系和治理能力现代化的重要内容、是国家软实力的重要组成部分。中央的上述决定为建设中国特色新型智库指明了根本方向、提出了总体要求。

智库战略的提出是为了解决过去三十多年中国知识界有效供给不足的困境。中国改革开放获得了巨大的成就，积累了丰富的实践经验。但是，学术界和政策研究界未能提供有效的解读，将中国经验加以理论化。长期以来，中国知识界对于西方知识产生了路径依赖，进一步加剧了经验与理论、实践与表达之间的差距。一个明显的例子就是西方的新自由主义经济学无法解释中国改革开放的成功，中国的政府与市场的互动关系也远比西方古典经济学中的模型更为复杂。在政治领域，以福山为代表的"历史终结论"更是无法套用到中国复杂的政治改革措施。在法律领域，以"法律移植"为代表的法治理论也与实践中的政法传统格格不入。这导致中国的许多创造性的概念与制度，如"科学发展观""和谐社会""新发展理念""四个全面战略布局"等，无法得到有效的理论支持，这样的结果是政策执行很有可能难以达到预期的效果。

更为重要的是，中国理论的知识供给不足也是中国当前面临的软实力不足的重要原因之一。在知识领域的全盘西化和在理论领域的自我矮化使得中国在国际领域缺乏话语权。也正是在这个意义上，中国特色新型智库的建设一方面要扎根中国的实践与经验，通过国情调研来及时获取中国改革正在发生的理论酵母。另一方面，智库建设应当着重理论创新，摆脱以西方为中心的知识束缚，形成中国道路与中国方案，以帮助国际上更多的国家开展改革与发展。

由此，解决当前法学智库研究脱节现象的关键是注重法治国情的调研，将法治国情调研提升到法学研究方法的主流地位，成为做好法学研究的重要基础，让广大法学研究者走向法治实践一线、走进社区田野，不仅送法学理论下乡，更是要通过基层国情调研来了解法律实践的真问题与真情况。

多年来，中国社会科学院法学研究所坚持立足中国法治实践，组织所内外专家展开广泛的法治国情调研，从定性和定量两个维度，从宏观到微观两个层面对中国的法治建设进行全景扫描。法治国情调研采用实地调查、人物访谈等方式全面了解中国国情，深入解读中国道路，有力地发出中国声音，从而形成持之有故、言之成理的调研报告，积极为中国改革发展建言献策。

中国社会科学院法学研究所法治国情调研室成立于 2008 年，是法学研究所按照研究方法划分的研究室，职能是在理论联系实际的基础上，对法学和法治建设进行实证调查和数量分析，分析中国法治建设的走向。2011 年，法治国情调查研究室入选中国社会科学院实验室。2012 年法治国情调查研究室的"中国国家法治指数研究"项目进入中国社会科学院首批创新工程。当前，法治国情调研室在法治指数指标体系、考核标准的研发、实施方面做了大量工作，已成功研发了政府透明度指数、司法透明度指数、检务透明度指数、教育透明度指数、中国立法指数、公信法院指数、政府采购指数，并受国务院办公厅委托对全国政府信息公开进行第三方评估，受最高人民法院委托分别对中国法院信息化和基本解决执行难进行第三方评估，在学术界和实务界产生广泛影响，直接推动相关制度的实施和完善。

此外，法治国情调研室每年承担大量法治国情调研任务，研究内容不仅包括宏观的法治建设，还包括微观的法治实践。在研究方法上，除了采用定性的分析方法外，法治国情室重视采用定量的方法，通过调查问卷、实地考察、量化评估、统计分析等社会学研究方法，为法学研究提供第一手的资料和数据。

法治国情调研室成立以来，积极通过建设法治国情调研基地的形式来开展地方调研。2011 年 11 月"中国社会科学院法治国情广东调研基地"揭牌仪式在广东省依法治省工作领导小组办公室顺利举行，标志着中国社会科学院与地方政府开展的国情调研活动更加深入，不仅有助于全面总结依法治省广东模式与坚持"三者有机统一"之间的内在联系和实践规律，提炼广东民主法治丰富多彩的实践经验，服务于民主法治建设和科学发展，也有助于法学研究所进一步加强民主法治领域的实证研究，不断提升法学研究的能力和水平，更好地服务于党和国家、服务于中央和地方的民主法治建设事业。2012 年 8 月，中国社会科学院法学研究所和浙江省杭州市余杭区共建的"中国社科院法学研究所法治国情调研余杭基地"在余杭举行揭牌仪式。法治国情课题调研组就"法治政府、服务型政府与行政审批制度改革""余杭区政府部门透明度测评""流动人口服务管理""信息化助力基层治理"等课题在余杭区开展集中座谈和实地调研，全面深入地了解余杭区法治建设工作的实际状况。2015 年 6 月，江苏省江阴市与中国社会科学院法学研究所开展政研战略合作，共建法治国情调研江阴基地，开展法治人才培训、学术交流等活动。此次"所地携手"将致力于建立长期、全面战略合作，双方将依托各自优势资源，以法治建设为合作切入点，开展全方位、深层次合作，积极推进所地间问题研讨、学术交流等活动，不断提升战略协同的层次和水平，实现江阴法治战略发展中新的跨越，合力打造可供推广的县域法治建设"江阴样板"。2015 年 11月，广东省珠海市与中国社会科学院法学研究所签署合作协议，成立法治国情珠海调研基地。根据协议，中国社科院法学研究所法治国情珠海调研基地将协助珠海制定法治发展规划，根据全国法治发展方向和珠海实际，每年由珠海选定迫切需要解决的法治问题开展研究，定期为珠海提供全国法治建设的最新走向、动态信息等，旨在整合各自资源，加强法治国情调研合作，构建常态化合作研究机制，探索地方法治体制机制的创新和完善，推动珠海建设全国法治城市示范市进程。

法治国情调查研究室还承担系列法治蓝皮书的编纂、发布工作，目前已出版发行 16 卷《中国法治发展报告》、4 卷《中国地方法治发展报告》、4 卷《四川依法治省年度报告》和 2 卷《中国法院信息化发展报告》，其中《中国法治发展报告》自 2011 年以来连续六年获得蓝皮书一等奖。法治蓝皮书具有极为广泛的社会影响力，成为各级国家机关、新闻媒体、社会公众高度关注的对象，是国内外全面了解中国法治发展、研究年度法治状况和热点法律问题的重要文献。

本书收集了上述"法治蓝皮书"中的重要调研报告，按照调研报告的内容，分为"执法监管与依法行政""纠纷解决与司法建设""反腐倡廉与行为规范”“社会治理与基层建设”“国际合作与国际法治”和“应急管理与防灾减灾”六个专题。“执法监管与依法行政”专题聚焦近年来中国法治政府建设中与政府财政制度改革有关的行政收费制度、政府采购制度等相关问题展开了调研。互联网技术的发展使得信息保护成为政府行业监管的重点领域，本书选择了个人信息保护作为信息监管的切入点，收录了相关的调研报告。信息化技术的发展加速了中国的法院信息化建设，由此本卷收录了中国司法公开新媒体应用研究报告。报告显示，相比传统直播方式，网络直播在一定程度上打破了时间和空间的限制，是更为深层次的司法公开实践，但是目前的庭审直播仍然不够规范，缺乏物质基础与上层制度的有力支持。“社会治理与基层建设”专题集中在基层秩序与群体性事件等社会治理的基础问题。有关基层秩序的几篇调研报告显示，全国各地的经济发展程度不同，基层农村的纠纷类型也不同。例如，宜耕地区土地承包经营权纠纷是否普遍、征地补偿的矛盾和纠纷各地普遍存在、发达地区宅基地流转纠纷突出、沿海发达地区外来人口大量涌入挑战了社会管理方式。“国际合作与国际法治”和“应急管理与防灾减灾”专题则聚焦中国在建设社会主义现代化强国、不断提升国家治理能力的进程中面临的现实问题，收录了其中热点问题相关调研报告。

执法监管与依法行政

第一章 中国行政收费制度的现状、问题与展望（2007）

摘 要： 行政收费是政府筹集财政资金普遍采纳的方法之一，是进行行政管理、向公众提供公共服务时弥补所占用的社会资源的重要手段。本文研究属于政府收入中非税收入的行政收费，重点关注政府性基金收入、专项收入、行政事业性收费收入所涉及的收费等。中国行政收费实行以价格管理为主的多头管理体制。中国行政收费存在法律依据、科学界定、管理体制以及范围、规模、结构等多方面问题。规范行政收费法治化，必须加快行政收费的立法进程，推动行政收费的法治化。

一 行政收费的界定

行政收费是政府筹集财政资金普遍采纳的方法之一，是进行行政管理、向公众提供公共服务时弥补所占用的社会资源的重要手段。就现阶段认识而言，行政收费是指：行政机关在提供准公共产品或服务、国有资源类产品，或实施行政管理过程中，依据成本补偿原则、受益原则和效率原则，针对受益人或行政被管理者收取的与服务成本或管理成本相当的费用。其主要特征是：实施主体是行政机关或者依法行使行政职权的组织；收费行为发生在行政机关或者依法行使行政职权的组织实施行政管理过程中；收费的对象是从行政机关或者依法行使特定行政职权的组织处接受特定服务的自然人、法人或者其他组织；行政收费是特定自然人、法人或者其他组织因享受特定的公共服务而支出的对价，具有有偿性；其目的是弥补特定的行政支出，具有补偿性。

与中国正处在社会转型期且政府职能定位、事业单位改革等尚在进行中等因素相关，行政收费的内涵、外延也处在不断演变之中。当前，行政收费还只是一个学术用语，各类法律文件所使用的仍是"行政事业性收费"或者"行政性收费"与"事业性收费"。其内涵界限并不是十分清晰，就主体而言，原则上可包含所有的国家机关和事业单位；所涉及的事项既有公共管理活动，又有各种特定服务。为了研究的便利，本文从行政事业性收费的状况入手，分析行政收费的有关问题①。

二　中国行政收费制度的现状

中国尚没有像域外有关国家和地区那样制定专门的行政收费法②，关于行政收费的各项规定散见于法律、法规乃至各类规范性文件之中，本部分着重以规范分析的手段对中国行政收费的依据等进行分析③。

（一）行政收费的法制状况

目前，行政收费的依据相当广泛，包括法律、法规、规章及各类规范性文件。为了分析便利，本文采用法律、行政法规、部门规章、地方法规

---

① 根据 2007 年财政部预算司的政府收支改革情况，行政收费属于政府收入中的非税收入。本文将其中的政府性基金收入、专项收入、行政事业性收费收入所涉及的收费等作为研究的重点。

② 专门制定行政收费方面的立法的有加拿大、德国、捷克、斯洛伐克、波黑、马其顿、新加坡、我国台湾地区等。

③ 规范分析起止时间为 1980 年 1 月到 2007 年 10 月。选择 1980 年是因为，自 20 世纪 70 年代末期我国开始改革开放之后，行政收费的问题才逐步显现并引起重视，而之前，行政收费数量较少，只存在少量的规费。

四类来归纳行政收费的依据，将规章以下的规范性文件也纳入上述后三类文件中加以研究。1980 年至 2007 年 8 月，涉及收费的规范在同类规范中所占的比例较小，从 7.2% 到 19.4%，特别是国家级涉费规范所占的比例最多也只有 11.6%（见表 1）。

表 1　行政收费规范与其他法律规范对照

	涉及收费的规范（件）	所有规范（件）	收费规范所占比例（%）
法律类	65	905	7.2
行政法规类	334	2861	11.7
部门规章类	7651	87966	8.7
地方法规类	55666	286593	19.4

此期间，涉费法律为 65 件，占法律类中所有立法的 7.2%，数量是最少的。而地方法规中涉费规范不论从数量还是比例上，都是最多的（见图 1）。

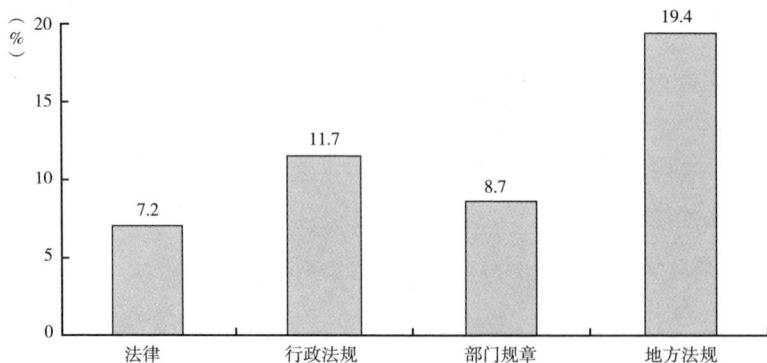

图 1　收费规范在同类规范中的比例对照

总的来说，行政收费的法律规范主要还是以位阶较低的规章乃至其他规范性文件为主。而且，部门规章和地方法规类的文件中，规章以下的规范性文件占绝对多数，但是，由于很多文件很难严格在规章以下、规范性文件与法规规章之间划清界限，因此，本文未对具体数量作进一步的统计分析。

（二）行政收费的类别

行政收费的类别研究同样是一项十分复杂和困难的工作，无论采取哪一种分类标准，都存在不周延、不全面的问题。根据当前通行的理解，一般可以对行政收费进行如下分类。

1. 以收费事项为标准

此系目前采用最为广泛、最重要的标准和分类法。从理论上讲，这种分类不尽科学和清晰，存在重复和列举不尽的可能，但在实践操作中，却有利于管理机关对收费进行审批和监管。按此标准，行政收费主要包括：证照类收费，审批类收费，资源类收费，补偿、惩罚和治理类收费，鉴定类收费，管理类收费，涉外类收费。

2. 以收费对象为标准

如涉企收费、涉农收费、涉外收费、外来人员收费、进城务工人员收费等，其中最重要的是涉企收费。按照是否向企业收取，将收费项目分为涉企收费和非涉企收费，这是当前收费主管部门在制定和颁布收费目录时普遍采用的一种方式。例如，财政部、国家发展与改革委员会2003年公布的《全国性及中央部门和单位行政事业性收费项目目录》，共涉及60个部门的331项收费，其中对涉及企业的246项收费就进行了特别注明①。

3. 以收费的独立性作为标准

按此标准，行政收费可分为独立性收费和非独立性收费（或称之为附带性或者附属性收费）。中国目前的行政事业性收费中，大部分是附属于某种行政行为的非对立性收费，但也有部分费用收缴系一独立、具体的行政行为，不具有依附性，如排污费。

4. 以收费目的为标准

按此标准，可分为财政性收费和管理性收费。前者系为满足财政需求而设立的收费，又分为补偿性收费和纯财政性收费；后者是为达到一定的管理目的而将收费作为管理工具所设立的，又分为惩罚性收费和调节性

---

① 之所以这样分类，一是从减轻企业负担出发，限制出台涉企类收费项目；二是管理上的需要，即凡是涉企收费，一律由国家立项，省级政府无权审批。

收费。

5. 以收费主体为标准

以此为标准，可将行政事业性收费分为不同系统的收费，如劳动系统收费、工商系统收费等。

现行法律法规乃至规章及其以下的规范性文件中所规定的收费名称极其复杂，本文仅以现行有效的法律为依据，对收费项目进行简单的比较。

如上文统计，中国涉及收费的现行法律类规范有 65 件，其中，明确收费项目的法律共 38 件，共涉及收费项目或名称 66 项，如不计重复的项目（如工本费），则实际的收费项目共有 47 项，比 1999 年统计的 92 项①减少了 45 项②，减少了 48.9%（见表 2）。

---

① 根据 1999 年的统计，当时法律规定的收费项目共 92 项。具体包括：排污费、消除污染费用、教育事业费附加、业务规费、手续费、卫生检疫费、滞纳金、邮政业务基本资费、非基本资费、申报滞报金、水费、水资源费、野生动物资源保护管理费、检验鉴定收费、公益事业收费、超标排污费、场地使用费、检查费、引渡费用、运输杂费、票价率、运价率、特定运价率、临时运价率、地方铁路票价率、地方铁路运价率、专用票价率、专用运价率、社会保险费、学费、杂费、案件受理费、其他诉讼费、迟延履行金、特许权使用费、治理费用、引航费、港务费、其他港口规费、检疫费、年费、迁建费用、申请手续费、研究开发资金、村集体提留、乡统筹费、会费、使用权出让费、补偿安置费用、土地闲置费、仲裁费、婚前医学检查收费、广告收费、教育费附加、教育地方附加费、农村乡统筹中的教育费附加、民用机场使用费、服务费、国内运价、国际运价、危险废物排污费、电费、增容收费、污水处理费、律师收费、科技成果转化基金、风险基金、资源补偿费、支援农业和农村社会性支出资金、人民防空费、防洪费、水利建设基金、河道工程修建维护管理费、监督管理费、用血费、育林费、森林生态效益补偿基金、森林植被恢复费、监督管理费、用血费用、土地复垦费、地上附着物和青苗补偿费、新菜地开发建设基金、临时使用土地补偿费、证券交易收费、车辆通行费、进口药物检验费、保管费、证照工本费、倾倒费、渔业资源增殖保护费、气象有偿服务费。参见王成栋、葛波蔚、满学惠《行政收费的法治进路——对中国现行法律涉及收费规范的整理与分析》，《行政法学研究》2002 年第 3 期。

② 这些在法律中取消的项目包括：消除污染费用、教育事业费附加、滞纳金、邮政业务基本资费、非基本资费、申报滞报金、水费、公益事业收费、引渡费用、运输杂费、票价率、运价率、特定运价率、临时运价率、地方铁路票价率、地方铁路运价率、专用票价率、专用运价率、学费、迟延履行金、特许权使用费、治理费用、村集体提留、乡统筹费、会费、研究开发资金、婚前医学检查收费、服务费、国内运价、国际运价、律师收费、电费、广告收费、支援农业和农村社会性支出资金、人民防空费、防洪费、水利建设基金、河道工程修建维护管理费、监督管理费、用血费用、用血费、证券交易收费、临时使用土地补偿费、车辆通行费、保管费、气象有偿服务费。

表 2 现行法律中规定的行政收费项目

法律名称	收费项目
《物权法》	不动产登记费
《护照法》	工本费、加注费
《畜牧法》	试验费、检测费、生产经营许可证工本费
《公证法》	公证费
《全国人民代表大会常务委员会关于司法鉴定管理问题的决定》	司法鉴定费
《固体废物污染环境防治法》	危险废物排污费
《土地管理法》	耕地开垦费、闲置费、土地复垦费、土地补偿费、安置补助费、土地上的附着物和青苗的补偿 新菜地开发建设基金 复垦费
《野生动物保护法》	野生动物资源保护管理费
《种子法》	工本费
《道路交通安全法》	工本费、道路交通事故社会救助基金
《居民身份证法》	工本费
《草原法》	草原植被恢复费
《农村土地承包法》	工本费
《水 法》	水资源费
《测绘法》	迁建费用
《进出口商品检验法》	检验费、鉴定费
《人口与计划生育法》	社会抚养费
《商标法》	注册商标申请费
《药品管理法》	检验费
《渔业法》	渔业资源增殖保护费
《专利法》	年费、专利申请费
《大气污染防治法》	排污费
《海洋环境保护法》	排污费、倾倒费
《气象法》	迁建费用
《森林法》	育林费、森林植被恢复费、森林生态效益补偿基金
《动物防疫法》	检疫费
《环境噪声污染防治法》	超标准排污费
《矿产资源法》	资源补偿费

续表

法律名称	收费项目
《促进科技成果转化法》	科技成果转化基金、风险基金
《煤炭法》	土地补偿费、安置补偿费
《水污染防治法》	排污费、超标排污费、污水处理费
《电力法》	土地补偿费、安置补偿费、增容费
《民用航空法》	使用费、服务费
《教育法》	教育费附加、地方教育附加费、农村乡统筹中的教育费附加
《海商法》	引航费、港务费 港口规费
《进出境动植物检疫法》	检疫费
《民事诉讼法》	案件受理费、其他诉讼费用
《野生动物保护法》	野生动物资源保护管理费

（三）行政收费的依据

中国行政收费的设定方式大体有两种：一是法律、法规、规章等以明文规定的方式设定；一是通过规章以下的规范性文件进行设定，后者大部分是由有权部门通过行使行政收费审批[①]权限的形式予以设定。

首先，全国人民代表大会及其常务委员会制定颁布的法律可以设立任何种类的行政事业性收费。例如，《物权法》第 23 条设定"不动产登记费"并对计费方式加以规定，《水污染防治法》设定"排污费""污水处理费"，《水法》设定的"水资源费"。但是，实践中，由法律设定的收费项目只占极少数。在财政部、国家发展与改革委员会公布的《2006 年全国性及中央部门和单位行政事业性收费项目目录》（以下简称《2006 年收费目录》）所公示的 314 项收费中，法律设定的仅有 37 项，占总数的 11.78%。

其次，国务院制定或批准制定的行政法规、颁布的规范性文件可以设定不同法律相抵触的行政事业性收费项目。例如，《排污费征收管理条

---

① 需要注意的是，此处的审批不同于行政审批改革中的"审批"，而是有权的行政机关对其他行政机关从事某些公共管理活动的审查与批准活动。

例》设定的"排污费"（含固体、噪音、污水排污费），《婚姻登记条例》设定的"婚姻登记证书工本费"，《社团登记条例》设定的"社团登记费"，《电信条例》设定的"无线电设备检测费"等。同法律一样，通过行政法规设定的收费也不多，《2006 年收费目录》中，行政法规设定的收费仅有 28 项，占所有收费的 8.92%。

再次，省、自治区、直辖市人民代表大会及其常务委员会以及省级人民政府所在地的市和国务院批准的较大的市的人民代表大会及其常委会制定的地方性法规，也可以在不同宪法、法律、行政法规和其他上位法相抵触的前提下，设定相应的行政事业性收费，如《广州市养犬条例》设定的"养犬许可证登记费"和"养犬年审费"。然而，由地方法规设定的行政事业性收费项目也只占极少数。在广东省人民政府公布的《广东省人民政府制定的行政事业性收费目录》（2007 年 5 月 30 日公布）所包含的 64 项收费中，由地方法规设定的行政事业性收费项目只有 1 项。

复次，规章也可以设定行政收费。但是，在部门规章中，只有财政部、国家发展与改革委员会根据法律和国务院行政法规制定的规章才能设定行政事业性收费。其他部委制定的部门规章无权设定行政事业性收费。地方政府规章中，也只有省人民政府根据法律、行政法规和省人民代表大会及其常务委员会制定的地方性法规所制定的规章才能设定行政事业性收费。但经济特区政府制定的地方政府规章是个例外①。

最后，规章以下的规范性文件也事实上成为设定行政收费的依据，这主要采取的是有权机关批示的形式。比如，中央单位申请设立在全国范围内实施的资源类收费、在全国范围内实施的公共事业类收费、对国民经济和社会发展有较大影响的其他收费等重要收费项目，应当向财政部、国家发展与改革委员会提出书面申请，由财政部、国家发展与改革委员会审核

---

①　比如，深圳市就属于例外。原则上，根据《中共中央、国务院关于坚决制止乱收费、乱罚款和各种摊派的决定》（中发〔1990〕16 号）的规定，行政事业性收费项目的审批权限集中在中央和省（不含计划单列市）两级，市级人民政府无权设定行政事业性收费。但根据《全国人民代表大会常务委员会关于授权深圳市人民代表大会及其常务委员会和深圳市人民政府分别制定法规和规章在深圳经济特区施行的决定》，深圳市享有授权立法权。因此，深圳市人民政府制定的《深圳市行政事业性收费管理若干规定》等规章可以成为行政事业性收费设立的依据。

后报国务院批准。

通过此种方式设定行政事业性收费是我国目前采用最广泛的一种方式。在财政部、国家发展与改革委员会公布的《2006 年收费目录》中，通过此种方式设定的收费项目有 249 项，占整个目录公布的收费项目的79.3%。在广东省人民政府公布的《广东省人民政府制定的行政事业性收费目录》中，通过此方式设定的收费项目有 63 项，占整个目录公布的收费项目的 98.44%。

（四）行政收费的管理体制

长期以来，中国行政事业性收费实行的是一种以价格管理为主的多头管理体制。1987 年，国务院决定全面清理乱收费，将行政事业性收费纳入价格主管部门管理，其后出台的《价格管理条例》也明文规定了这种管理体制。但由于当时行政事业性收费很多是为了增加财政收入或以费养人而设，同财政拨款密不可分，因此财政部门也参与了管理，从而形成了最初的以价格部门为主、财政部门参与的管理体制。

1. 行政收费设定环节的审批管理体制

在收费项目的设定管理上，行政收费的审批立项实行的是以财政部门为主，财政、价格主管部门联合审批（或联合报经国务院或省级人民政府同意）的体制。《中共中央、国务院关于坚决制止乱收费、乱罚款和各种摊派的决定》（中发〔1990〕16 号）、《中共中央办公厅、国务院办公厅关于转发财政部〈关于治理乱收费的规定〉的通知》（中办发〔1993〕18 号）、财政部与国家发展与改革委员会发布的《行政事业性收费项目审批管理暂行办法》等对该体制作了规定。在审批中，财政部门起主导作用。

2. 行政收费标准制定环节的管理体制

收费标准的制定实行以价格主管部门为主，价格主管部门、财政部门联合制定的管理体制。国务院 1987 年发布的《价格管理条例》确立了价格部门在核定行政事业性收费标准中的主导地位。和收费立项管理体制类似，行政事业性收费标准核定也实行中央和省两级审批制度，但不同的是，行政事业性收费标准存在授权制定的情况。中国各地经济发展水平的差异，使行政行为的成本和社会对收费的承受能力也各不相同，因此，在制定具体收费标准时，便存在不同层级的授权。授权的一种方式是，上级审批部门制定基准标准，后授权其所辖的各审批部门根据当地实际情况按照一定的原则进行上下浮动；另一种方式是，上级审批部门只作原则性规定，后授权其所辖的各审批部门根据当地实际情况自行制定收费标准。在授权的层级上，有国家授权给省的，也有省授权给市的，甚至还有市进一步授权给区县的。比如，广州市在制定自己的污水处理费标准后，就授权其下辖的番禺区、从化市、增城市各自参照市的标准自行制定其区域内污水处理费的标准。

3. 行政收费监督的管理体制

行政收费的监督管理采取以价格监督检查为主，监察、财政、审计监督为辅的管理体制。1990 年，《中共中央、国务院关于坚决制止乱收费、乱罚款和各种摊派的决定》（中发〔1990〕16 号）明确要求，财政、物价、审计、监察部门都要切实加强对收费、罚款、集资、摊派的监督检查，这是首次对行政事业性收费的监督体制加以明确。

对行政事业性收费的监管，可以分为事前监管、事中监管和事后监管。事前监管主要是通过收费许可证制度和收支两条线管理来实现的。事中监督是指对收费进行实时监控。以前，收费公示、亮证收费及交费卡登记制度一定程度上起到了事中监督的作用，现在，部分省份监察部门开始对行政审批事项实行电子监察，其中就包括对审批事项收费实行实时监控。事后监管主要有两种：由价格管理部门牵头，会同监察、审计、财政部门共同进行的收费综合年审；以及由价格监督检查机构进行的收费日常监督检查和各种收费专项检查。

在多年规范收费行为、治理乱收费的实践中，中国逐渐确立了一系列收费管理措施，主要包括：收费目录管理制度、收费许可证制度、收费年审制度、收费票据制度、交费登记卡制度、收费公示制度和收支两条线管理制度。

（五）行政收费所收缴经费的使用

行政收费所收缴经费的使用也有较为严格的规定，有的要上缴国库、统一安排使用，有的则要专款专用。法律在规定收费资金的使用办法时一般采用两种方式，一种方式是授权，授权国务院或其他部门来规定使用办法，另一种方式是直接指明使用途径（见表3）。

表3　现行部分法律关于行政收费资金使用与管理的情况

法律名称	是否专款专用
《护照法》	×
《固体废物污染环境防治法》	用于污染环境的防治，不得挪作他用
《土地管理法》	专款用于开垦新的耕地
《道路交通安全法》	×
《行政许可法》	×
《居民身份证法》	×
《渔业法》	专门用于增殖和保护渔业资源
《大气污染防治法》	一律上缴财政，按照国务院的规定用于大气污染防治
《海洋环境保护法》	根据本法规定征收的排污费、倾倒费，必须用于海洋环境污染的整治，不得挪作他用
《森林法》	1. 育林费专门用于造林育林 2. 森林植被恢复费专款专用，由林业主管部门依照有关规定统一安排植树造林，恢复森林植被 3. 森林生态效益补偿基金必须专款专用，不得挪作他用
《环境噪声污染防治法》	超标准排污费必须用于污染的防治
《水污染防治法》	排污费和超标准排污费必须用于污染的防治
《教育法》	1. 教育附加主要用于实施义务教育 2. 地方教育附加专款专用 3. 农村乡统筹中的教育费附加，用于本乡范围内乡、村两级教育事业

国家对于通过行政收费筹集的经费采取收支两条线管理制度，即将收费单位的收入和支出分开，收费单位收取的行政事业性收费通过银行代收缴入财政专户而非收费单位账户，收费收入不归收费单位所有、不由收费单位使用，而统一缴入国库，由财政管理，收费单位的日常业务支出则通过预算由财政予以保证。其目的就是使收费单位经费来源同收费收入脱钩，即收费单位支出同其收费收入毫无关系，以切断收费单位乱收费的动

力。不过，长期以来，中国收费体制一直维持谁收费谁使用的传统，即便是全面实行收支两条线管理之后，这种观念依然存在，并暗中发挥作用。因为监察、财政、审计等部门对收支两条线实施情况检查得非常严格，大多数地方的收费单位已少有隐瞒截留、坐收坐支情况发生。但是，财政部门对收费资金采取或明或暗的多收多返的方式无疑会鼓励收费单位多收费甚至乱收费。

（六）改革开放背景下行政收费管理的演变

随着中国社会主义市场经济的不断推进，经济体制改革、政治体制改革有了很大的发展，行政事业性收费的管理也处在不断变化之中。

首先，随着中国社会主义市场经济的推进和政府职能的转变，许多问题逐步改为通过市场机制加以解决。一些过去属于政府管理的活动逐步转为市场经营服务性的活动，与之相关的行政收费事项也相应发生了变化。比如，2001 年 7 月 31 日发布的《财政部、国家计委关于同意将建设项目环境影响评价费转为经营服务性收费管理的复函》同意建设项目环境影响评价费不再作为行政事业性收费管理，而转为经营服务性收费，由价格主管部门进行管理；2001 年 12 月 28 日发布的《财政部、国家计委关于将部分行政事业性收费转为经营服务性收费（价格）的通知》将涉及十几个部门的行政事业性收费转为经营服务性收费。

另外，随着对外开放的扩大，中国还逐步对一些不符合国民待遇原则的收费办法进行了修订。比如，2001 年 4 月 5 日发布的《国家计委、财政部关于统一涉及境内外双重收费标准的通知》就对涉及境内外双重标准的有关收费进行了清理，决定以对内的收费标准为基准，实行统一的收费标准。

随着今后中国市场经济体制的不断完善、政府职能进一步转变，以及与之配套的事业单位改革等，行政收费制度也必将不断发生变化。

（七）乱收费的主要形式

乱收费是中国行政收费方面比较突出的问题，也是促使完善收费管理体制和制度的重要因素。随着社会发展，乱收费的形式也越来越多、越来越趋于复杂。从对现有乱收费的情况分析，可大致将其归为如下几种形式。

1. 违反国家收费管理权限，擅自设立收费项目、制定收费标准进行收费

一些无权限的部门或地方出于部门或地方利益的考虑，自立项目进行收费。在形式上，一是上级业务部门擅自批准收费项目；二是地方政府越权立项；三是收费单位自立项目，自行收费。自立项目收费在 20 世纪 80 年代末及 90 年代前中期大量存在，是当时乱收费的主要形式，属乱收费的"低级方式"。经过多年的清理整治，现阶段，此现象已较少存在，存在较多的则是在已有收费项目下，擅自设立二级收费项目。例如，某市环境监测站在收取"环境监测费"时，就在环境监测费大项目下擅自增设了"环境监测报告撰写费"。又比如，某地交管部门要求当地司机年检时都要额外缴纳 85 元道路交通安全协会会员费和 20 元体检费①。

2. 擅自提高或变相提高收费标准

收费单位为增加收费，往往不经报批擅自提高收费标准进行收费。简单提高收费标准的做法也主要存在于乱收费初期，现在更多采用的则是隐蔽性较高、变相提高收费标准的方式。例如，按照规定，小车公路养路费为每车每月 100 元，但一次性缴交 12 个月的，可以按 10 个月的数额（即 1000 元）缴交。实务中，有些收费单位对一次性缴交 12 个月的车主不执行优惠政策，并按月缴开票。

3. 扩大范围收费

每一项收费都会有特定的收费对象，有的非常明确，不易产生误解，如护照工本费；有的则比较模糊，或者有特殊规定，如毕业证书工本费。人们容易理解为是向领取毕业证的学生收取的费用，而按照规定，该费用是教育部门向学校收取的费用，学校不得再向学生收取，否则，就是扩大范围收费。

4. 重复收费

即就同一事项，没有合法的收费依据或者违反规定，而重复收取同一

---

① 中央电视台《焦点访谈》栏目曾于 2007 年 7 月 8 日的节目中报道了此事件。

费用或者收取不能同时收取的两项以上费用。例如，劳动部门在收取劳动鉴定费外，又收取合同手册费。再如，环保部门对已缴纳污水处理费的单位另行征收排污费。

5. 自定或增加计费事项

这主要见于各种强制性检验检测收费。价格、财政部门一般只对收费项目和收费标准进行规定，而收费事项则由业务部门自行制定，因此，有些部门在收费时随意确定计费事项或检测检验项目并予以收费[①]。例如，卫生部门在收取卫生监测费时，本应该按检测项目收费，但有些地方却自行按照检测的对象收费，如检测一条毛巾多少钱，检测一把剪刀多少钱，等等。

6. 只收费不服务或强制服务并收费

一是收费后不为缴费人提供相应的服务，如曾经有疾控部门向餐饮企业收取卫生监测费后却不对缴费企业的卫生状况进行检测；二是通过行政权力强制相对人接受指定的服务并收费，如曾有公安部门强制要求参加年检的车辆接受车辆检测并收取相应检测费。

7. 借壳收费

此方式具有很强的隐蔽性，是近来乱收费的重要形式，主要是把行政职能转移到中介组织或者企业，通过这些组织变相强制收费。比如，有些部门在办理行政审批时，以申请材料专业性强、申请人不会准备为由，要求申请人将申请材料交给其属下的事业单位或企业等进行审核、指导，并收取相应的"服务费"。又比如，某地工商部门要求所有进行年检的企业必须进行网上年检申报，且必须通过为网上年检提供技术支持的一家企业提交相关材料，并向该企业支付录入费等费用[②]。

8. 利用行政职权以押金、保证金、集资等形式变相收费

这主要是行政主体以各种名目自行向相对人收取押金、保证金、集资款等，然后再设定严格的退款条件，使相对人难以满足退还条件，或者干

---

① 事实上，除了检验检测之外，其他领域也可能发生此种情况。比如，某地车辆管理部门在为车主上车牌时，要求车主缴纳100元"喷字费"（《扬子晚报》2007年8月5日，第A09版）。

② 中央电视台《焦点访谈》栏目曾于2007年5月24日报道了该事件。

脆收款之后根本不提退还的事，从而长期甚至永久占有相应款项，达到变相收费的效果。

9. 不执行国家收费管理政策、无证收费、不使用规定的票据或擅自扩大票据适用范围

有些收费主体不按规定申领"收费许可证"，或者持过期的"收费许可证"进行收费；有些收费主体收费时不按规定使用专用票据，而代之以税务发票，或者反其道而行之，在收取经营服务性收费时开具"行政事业性收费专用票据"以达到偷逃税款的目的。

乱收费的出现和中国行政事业性收费管理体制存在的问题有密切的关系，而导致"乱收费"泛滥的两个主要症结则是政府财政需要和部门利益需要。弥补行政事业经费的不足和基础设施建设资金的缺口仍旧是大多数收费项目的立项依据，是"乱收费"发生的根本原因。由于财力不足，政府职能又不能及时转变，不该由政府承担的支出仍由财政拨款，仅凭预算内资金难以满足国家机关职能运转、事业发展和经济建设的需要。于是，没有钱就给政策，由行政事业单位自找创收门路。另外，长期以来，中国收费体制一直维持着谁收费谁使用的权属关系，收费资金相当分散。收费多少与单位利益直接相关，收费单位就必然产生多收费的冲动。即便是实行收支两条线管理后，收费同部门利益挂钩的情形依然存在。现在，将收费单位收上来的钱按一定比例返还的做法已少了很多，更多的则是，收费单位收的费越多，向财政申请款项就越容易。而且，各部门自身有时也依赖"乱收费"收入，形成自己的"小金库"。

三　中国行政收费管理存在的主要问题

随着中国改革开放的不断推进，行政收费的规模不断扩大，一定程度上为政府活动提供了重要的财力来源，为经济发展提供了所需的资金。但是，不受制约、不规范的行政收费也对经济和社会发展带来了种种负面影响。从现状看，中国行政收费的管理主要存在以下几个方面的问题。

（一）缺乏严格、统一的法律依据，政出多门，尚未确立收费法定的原则

当前，关于行政收费的规定主要是国务院及其有关部门以及各地方政府发布的规范性文件，其法律效力较低，随意性大，而且，相互之间缺乏协调。关于行政收费的设定原则、行政收费的具体程序、相关的法律救济途径等也没有统一的法律规定。在管理上，除了财政、价格部门外，监察（纠风）部门、审计部门、各种减负办等很多部门都负有管理职能。但是，各相关部门都是从自身职能出发，按照政策进行监管，难免出现各自为政，政策之间以及政策与地方法规之间产生冲突①。

《价格法》规定，国家行政机关的收费应当依法进行，这实际上已经确定了行政事业性收费的法定原则，但在实践中，行政收费监管机关的审批成为行政事业性收费立项的主要途径。政府部门办事自然需要资金，而当财政不拨经费时，就会向财政部门申请收费立项。在某些地区，由于财政状况较差，预算内收入严重不足，为满足部门的经费需求，财政部门甚至给行政事业单位一种"政策"，在核拨经费时与收费挂钩，完不成收费任务的则实际上减少经费预算。这就很容易导致收费规模的无限扩大。

（二）对行政收费的界定不够科学

长期沿用的行政事业性收费的概念属于计划经济体制下的产物，包括行政性收费和事业性收费，其分类及定义内涵不准确，相互之间的界限不清晰，特别是对收费主体、收费目的、收费范围等均缺乏严格、科学的界定。同时，对于收费与征税在性质与特征上的区别缺乏充分的认识，以收费的方式对待许多本应征税的项目，将行政收费作为弥补财政收费不足的手段，造成税费关系上的混乱，税费不分，费中有税。

---

① 比如，按照国家公布的《全国性及中央部门和单位行政事业性收费项目目录》，教育收费属行政事业性收费，而根据1992年对《广东省行政事业性收费管理条例》的修订，教育收费被排除在行政事业性收费之外，由广东省政府另行制定了《广东省教育收费管理办法》，对教育收费实行价格管理。

（三）现行管理体制不利于对行政收费实施有效管理

对行政收费实行价格管理的体制淡化了法定原则，弱化了管理力度。行政收费从属性上看，既是行政行为，又是准公共产品的价格，但是，主管部门往往重视后者而忽视前者。以至于在公众的印象中，到政府办事，肯定要交钱，没有不收钱就办事的，这使政府形象大打折扣。同时，价格部门的监管力度并不强，处罚手段主要限于经济上的制裁，且实际处罚力度还不大。比如，1984~2005 年期间，即便是接受处罚的乱收费者的获利也是 1944653 万元①。另外，当前过于分散的行政收费管理体制也不利于从宏观上有力控制行政收费。物价部门、财政部门乃至农业部门等相互交织、多头控制的体制看起来非常严格，实际执行漏洞很多，很容易割裂收费管理的内在联系，削弱收费管理力度。并且，多个部门管理收费的做法，往往也会因各部门所处地位、处理问题的出发点等，导致其对审批收费的原则和力度出现差异，使收费单位有机可乘。

（四）行政收费范围宽、规模大、结构不合理

中国行政收费涉及事项极其广泛，绝大部分由政府提供的服务都曾经有过收费或者正在收费。同时，混淆公共服务和特定服务，对公共服务也开征收费，这进一步不合理地拓宽了行政事业性收费的范围，还导致了收费结构的不合理，具体表现在以下方面。

1. 大量不合理的管理类收费仍然存在

这些收费大多是在计划经济体制下形成的，主要用于补偿财政经费不足，用以养人、养机构。

2. 资源环境类收费政策不完善

资源被大量无偿或廉价使用，生产生活对环境的污染破坏得不到治理和补偿。比如，治理二氧化硫排放的成本为 1260 元/吨，但现行收费标准只有 630 元，对电厂实际征收的还不到 400 元/吨。焦炭的脱硫收费标准

---

① 数据系在成致平《价格改革三十年》（中国市场出版社，2006）第 73 页相关数据基础上整理得出。

更低。垃圾处理费在大部分城市是收不上来的，污水处理费征收标准也偏低。

3. 一些收费应当合并或统一实施

例如，许多部门都在举办一些考试，如果能够合并，通过社会化分工，由专业考试机构提供，就可以减少成本，降低过高的收费标准，从而减轻社会负担。

4. 调节性收费比例过小

行政事业性收费除了弥补政府服务成本之外，还能起到杠杆作用，通过收费手段对某些事项进行调节，从而达到公共管理的目的。香港红磡隧道收费、新加坡城市道路收费、伦敦在车流高峰期对进入中心市区车辆收费皆属调节收费之成功范例。在国内，北京和广州实行的养狗收费也属调节性收费，但数量极少。比如，广州市现有的调节性收费只有 2 项，占全市行政事业性收费项目总数的 0.87%。

收费范围宽所导致的直接结果是收费规模偏大。据统计，2005 年全国行政事业性收费总额达 4000 多亿元，再加上各种基金征收总额 2000 多亿元，相当于当年财政收入的 15%，这还不包括少数地方没有经过合法审批的乱收费。即使剔除不可比因素，也高于主要市场经济国家平均 8% 的水平。越是经济不发达的地区，收费项目越多，收费金额越大，一些省份行政事业性收费占当年财政收入的比例超过 30%。过多的行政收费加重了企业、个人的负担，制约了其创新和发展空间，削弱其市场竞争能力，并会阻碍经济发展。

（五）行政收费管理的一些制度设计有待进一步完善

比如，收支完全脱钩的制度未能彻底落实，财政部门对收费资金采取多收多返的方式无疑会刺激收费单位的收费动力。又比如，银行交费增加了办事环节，加重了个人、企业负担。实行收支两条线管理之后，收费单位都委托银行收费，交费者要到银行交完费再办后续事项。这无形中就为个人、企业增加了一个办事环节。再比如，退费难度大，清退制度有待完善。实行收支两条线后，费用都直接缴给财政部门，退费须另行向财政申请，其程序较为复杂，人为地增加了退费的难度。

四　中国行政收费法治化的展望

为了规范行政收费，必须加快行政收费的立法进程，推动行政收费的法治化。早在《价格法》出台后，该问题就已引起人们的关注。1998 年 5 月 21 日发布的《国务院办公厅关于印发国务院立法工作若干意见和 1998 年立法工作安排的通知》已经提出要规范行政收费行为，制定国家行政机关收费管理条例。2003 年 3 月 3 日发布的《关于印发〈关于搞好已调整行政审批项目后续工作的意见〉的通知》中也要求抓紧研究制定"国家行政机关收费管理条例"。

但是，行政收费的规范既涉及政府职能转变，又涉及国家财税体制改革，仅仅依靠行政法规很难从根本上解决涉及行政收费的所有问题，必须制定《行政收费法》，对行政收费的基本事项作出规定。

立法必须明确指导思想及基本原则。应当确立行政收费与相关特别行政支出相抵偿的原则。只有这样，才能回归到规范的行政收费的语境，有效遏制行政机关基于自身利益而收费的现象，也才能正确地对行政收费违法行为进行定性。同时，还需要确立"谁受益，谁负担"的原则。按照这一原则，一般情况下，只有因特定的行政支出而直接受益的行政相对人才有义务为弥补该行政支出而缴纳相应的费用，由此，可以避免随意扩大缴费义务人范围的做法。另外，还要明确"公共服务以财政负担为主，特定服务以财政和受益者共担"的原则，政府提供的纯公共产品或者服务只能通过税收来筹措资金，准公共产品则可以通过收费来弥补成本。而且，要逐步提升资源环境类收费、调节类收费的比重，发挥收费对经济社会生活的调控功能。

结合行政收费管理的实践，严格限定收费的设定权。由于行政收费直接关系到公民的财产权，要确立行政收费法定主义的做法，将设定权限定在法律以及法规层面，禁止规章及其他规范性文件设定行政收费，但可以授权其就收费标准制定细则。

从中国的实际情况出发，保留和完善在实践中发挥重大作用的收费制度。现行的收费许可证制度、收费公示制度、收费资金的管理制度、收费票据管理制度、收费年度审查制度以及收费的监督检查制度、银行缴费退费等可经进一步完善后纳入"行政收费法"中。

除立法之外，必须配套完善中国行政收费管理体制，尤其是要进一步加快中国财政税收体制改革的进程。目前，此方面最为迫切的一个问题是进一步推行"费改税"和"费改价"。目前中国行政收费的范围太广，收费项目繁杂，现有的收费项目不能真正体现设定行政收费的目的，所以，必须要在制定"行政收费法"之前尽快合理界定行政收费的范围，将不符合行政收费性质的收费项目排除在行政收费的范围之外。要加快"费改税"的步伐，选择那些具备或基本具备税收或准税收性质、收费规模较大、收入来源稳定、涉及面较广、受益面较宽、具有连续性和持久性的收费，将其大部分并入现行税制结构中，或对现行税种进行重组、扩充，尽可能简化税制结构，避免税种过多、增加纳税人负担；将少部分不能合并且有独立性质的收费，设置为新税种，以规范其征收行为。同时，应当将公益性收费、公用事业性收费、中介性收费等经营性收费与行政收费区分开来，因为它们具有明显的价格属性，应按照各自不同情况采取相应的管理方式。对竞争充分的，应该放开，由市场形成价格；对竞争不充分甚至具有垄断性质的，则采取政府定价或政府指导价管理。

另外，一个迫切需要解决的问题则是进一步规范政府机关的经费管理。从根本上遏制政府机关的收费行为，必须加强政府机关经费的管理。首先，要从财政上保障政府机关的办公经费和人员工资，使政府机关无须为保障本机关正常的经费和工作人员福利而选择收费手段。同时，在逐步保障政府机关经费的前提下，通过严格实行"收支两条线""专款专户"，逐步使机关经费与收费数额完全脱钩，加强审计等。这样就可以使政府机关没有必要为了额外获得经费铤而走险进行乱收费，也可以使政府机关因为无法随意支配经费，而逐渐丧失收费尤其是乱收费的动力。

（参见法治蓝皮书《中国法治发展报告 No.6（2008）》）

第二章　中国政府采购制度实施状况调研报告（2012）

摘　要：本报告对中央政府采购以及 26 个省、直辖市政府采购信息的公开情况进行了分析，并根据可公开获取的协议供货成交价格、中央国家机关批量集中采购的成交价格，分析了其与市场平均价格的差异。报告指出，当前政府采购的政府信息公开情况不佳，且部分商品的采购成交价格显著高于市场价格，为此应当注意加强政府采购法律制度的修改与完善。

2002 年，中国颁布《政府采购法》，其目标是提高政府采购资金的使用效益，维护国家利益和社会公共利益，保护政府采购当事人的合法权益，促进廉政建设。2012 年发布的《机关事务管理条例》明令禁止政府机关采购奢侈品、超标准的服务，并要求政府集中采购机构建立健全管理制度，降低采购成本，保证采购质量。有关数据显示，中国政府采购规模由 2002 年的 1009 亿元增加到 2011 年的 1.13 万亿元，10 年间增长了 10 倍多，累计节约财政资金 6600 多亿元，占 GDP 的 2.4%[①]；其中货物类采购规模为 3829.6 亿元，占 33.9%[②]，而且未来还将不断增加，有望达到 GDP 的 15%~20%，中国将成为全球最大的公共采购市场。但实践中也暴露出一些问题和不足，尤其是政府采购活动不透明、采购价格高于市场价等，不仅违背引入协议供货制度的初衷，更引发公众质疑。

[①]　《财政部：拒绝"专供"遏制超标采购》，《新京报》2012 年 7 月 10 日。

[②]　《政府采购规模 10 年激增 10 倍合理吗》，《中国政府采购报》2012 年 7 月 13 日。

为了进一步完善政府采购制度，中国社会科学院法学研究所法治国情调研组（以下简称"调研组"）2012 年对中央机关以及全国 26 个省、直辖市的政府采购情况进行了调研。本报告集中于协议供货的公开程度和协议供货的价格合理性问题，对政府采购所涉及的其他问题，调研组将持续推出相关调研报告。

一　调研方法

为了解政府在政府采购中用纳税人的钱究竟买了什么、花了多少、花得是否合适，必须了解供货商品的型号、规格、配置、品级、单价、附加服务、成交数量以及政府为此的财政支出等方面的信息。为此，调研组采用了观察法、抽样法和比较法，观察和分析了政府采购中中央批量集中采购和各地协议供货采购的公开情况和价格合理性。

（一）观察政府采购相关网站

政府采购的相关信息一般集中于政府采购网站上，为此，调研组对中央、各省和直辖市的政府采购中心以及财政主管部门网站进行了观察，以了解政府协议供货的公开情况。调研组检索了财政部网站（www. mof. gov. cn）、2 个中央级政府采购中心网站①、22 个省财政厅网站、4 个直辖市财政局网站以及 26 个省或直辖市政府采购网站所公开的协议供货商品目录以及协议供货的中标公告（中央和省、直辖市各抽查 100 个公告）。

（二）申请公开协议供货信息

目前，中国政府货物采购最普遍最通行的做法是协议供货。协议供货是指通过公开招标方式确定协议供货的供应商和协议产品，在协议有效期内，采购人直接或通过谈判或询价等方式与协议供应商签订供货合同。因

---

① 分别为：财政部主办的"中国政府采购网"（www. ccgp. gov. cn），国务院机关事务管理局中央国家机关政府采购中心主办的"中央政府采购网"（www. zycg. gov. cn）。

此，调研的另一种方法是向 26 个省、直辖市财政主管部门（厅、局）申请公开政府协议供货信息[①]。2012 年 11 月 4 日，调研组以调研组成员名义，附带身份证复印件、中国社会科学院法学研究所出具的证明申请目的与用途的公函，向上述财政主管部门发出了两个信息公开申请：一是向没有公开协议供货或难以取得商品目录和限价的省和直辖市申请公开 2012 年 10 月协议供货的完整商品目录（含商品名称、型号、价格、配置等信息），以掌握协议供货的询价机制；二是申请公开 2012 年 1 月 1 日至 9 月 30 日协议供货的完整成交记录（包括商品名称、商品型号、商品配置、成交价格、成交数量、成交时间等）。通过主动公开与依申请公开两个渠道，调研组获取了部分协议供货成交记录，并据此进行价格比对。

（三）横向比较协议供货价格

调研组对所获得的协议供货样本进行筛选，排除警务用品、消防用品、特供商品、涉密商品、公务用车和其他不对政府以外单位和个人销售的商品后，对中央试点的规模供货政府采购价格（中央国家机关批量集中采购）与同类市场价格进行横向价格比较。需要指出的是，调研组以淘宝网和京东商城相关商品的价格作为市场平均价的统计来源。选择这两家电子商务网站是因为其商品种类较全，商品性价比相对合理，且巨大的销售额说明其商家报价具有一定的代表性。

通过上述方法，调研组发现，政府采购活动存在一些问题，应当引起关注。

二 协议供货透明度水平不高

公开透明是做好政府采购工作的根本。《政府采购法》第 3 条明确了政府采购应当遵循的原则，其中，公开透明原则是公平竞争原则、公正原

---

① 本调研结果与调研组同步开展的政府透明度调研共享，同样未对民族自治区的情况进行调研。

则和诚实信用原则的基础。提高政府采购招投标过程与采购结果的透明度，可以有效遏制政府采购中的贪污腐败行为，促进政府采购的供应商公平竞争，避免中国由未来全球最大的公共采购市场沦为全球最大的公共腐败市场。

《政府采购法》的公开原则要求政府采购的全过程应保持透明。应当公开的政府采购信息包括：政府采购的法律法规、实施细则和各类政策性文件、政府采购的程序、政府采购的项目、政府采购的评标标准、政府采购的开标和中标结果。《政府采购法》《招标投标法》《招标投标法实施条例》《政府采购信息公告管理办法》《国务院办公厅关于进一步加强政府采购管理工作的意见》（国办发〔2009〕35号）对上述政府采购信息的公开都作了明确规定。

协议供货本身就是一种公开招标，因此《政府采购信息公告管理办法》对公开招标的公开规定同样适用于协议供货。根据该办法第8条第4款，中标公告、成交结果必须公开。该办法第12条规定了协议供货结果公开的范围：①采购人、采购代理机构的名称、地址和联系方式；②采购项目名称、用途、数量、简要技术要求及合同履行日期；③定标日期（注明招标文件编号）；④本项目招标公告日期；⑤中标供应商名称、地址和中标金额；⑥评标委员会成员名单；⑦采购项目联系人姓名和电话。实践中，除第②项外，政府采购其余信息的公开已经比较到位，公众对"黑箱采购"的批评主要是针对采购项目结果不公开——不知道花多少钱、具体买了什么，因此，调研组重点评测的是第②项。

中标公告必须同时公开商品名称、型号、配置和单价，否则，公众无法对协议供货价格与市场价格进行横向比较。但调研发现，协议供货在法律制度的规定和执行上都存在一定问题，尤其是成交记录不透明，本该主动公开的信息未主动公开，通过依申请公开也难以获得有效信息。

（一）政府采购的信息公开平台不一致

首先，指定的纸质媒体不一致。财政部依据《政府采购法》的规定，指定《中国财经报》《中国政府采购》杂志等作为发布媒体；国家发展和改革委员会则依据《招标投标法》，在《招标公告发布暂行办法》中直接指定了《中国日报》《中国经济导报》《中国建设报》等作为发布招标公告的媒介。其次，信息的网络发布平台不一致。目前授权公开政府协议供货信息的政府采购网站有三家，一是财政部主办的"中国政府采购网"（www. ccgp. gov. cn），二是国务院机关事务管理局中央国家机关政府采购中心主办的"中央政府采购网"（www. zycg. gov. cn），三是"中国采购与招标网"（www. chinabidding. com. cn）。受此影响，23 个省、直辖市有两个或以上的政府采购网站，往往是财政厅（局）主办的"×××政府采购网"和政府采购中心主办的"×××政府采购中心网"。多家平台共存的格局并未实现其相互配合促进公开，反而出现公开途径不统一、内容和更新速度不统一、政府采购信息不统一的情形，人为地增加了获取信息与监督的难度。

这种状况人为割裂了一般市场与政府采购市场以及不同地区、不同系统的政府采购市场，给政府采购本身带来诸多不便，不仅起不到简化手续、节约成本等的作用，反而分散了监管力量，制约了监管效果，给政府监管造成困难。

（二）政府采购信息的主动公开避重就轻

中央部委及 21 个省、直辖市在其政府采购网站上主动公开了协议供货商品目录，有 20 个省、直辖市在其政府采购网站上主动公开了协议供货最高限价，但仅有 2 个省在其政府采购网站上主动公开了协议供货的有效成交记录。除此以外，中央部委、个别省和直辖市的协议供货成交公告均不提供或不同时提供采购的商品型号、具体配置和对应单价等关键信息，无法据此对协议供货价格的合理性进行判断。一些政府采购中心的中标公告仅列明了采购货物的大类别和数量，既不列单价也不列型号，对于公众而言，仅知道其中标金额毫无意义。有的中标公告只公布商品型号和配置、告知总中标金额，却不公布采购数量和单价。还有的以采购特供商品为由，不提供商品的配置和品级。这些做法都有规避监督之嫌。

（三）政府采购信息的依申请公开阻力重重

1. 违法设置申请条件

调研组向 24 家未主动公开协议供货成交记录的地方政府财政部门提交了信息公开申请。结果显示，尽管调研组在信息公开申请中附上了法学研究所出具的科研用途证明，但仍有 6 家地方政府财政部门违反《政府信息公开条例》的规定，要求申请者进一步提供信息公开的目的和用途并承诺不向媒体公开。

2. 政府信息公开申请不能得到按期答复

24 家地方政府财政部门中，仅有 4 家在法定的答复期限内向调研组反馈了信息。有 7 家未能在法定时限内作出答复，其中有 2 家表示延期反馈，但是截至 2012 年 12 月 31 日调研结束，仍未收到其提供的信息。

3. 拒绝公开的比例较高

有 13 家地方政府在反馈中明确表示拒绝。其中，有 3 家地方政府称因为协议供货成交记录涉及商业秘密，不便公开；有 10 家地方政府称财政主管机关不掌握协议采购的信息，这是地方政府拒绝公开的最主要理由。

4. 对公开申请的答复缺乏实质内容

4 家按时反馈信息的地方政府中，有 2 家提供了有效数据，另外 2 家提供的信息缺乏关键数据（如未给出商品型号、配置和单价等）。

（四）缺乏完善的信息沟通汇总机制

调研结果显示，有 10 家省、直辖市政府采购中心与财政部门的信息沟通机制非常不完善，财政部门不掌握政府采购中心采购活动的关键信息，因此难以对下属的政府采购中心进行监管。由于不掌握当年采购商品的细节信息，财政主管部门能否制定科学合理的采购预算令人质疑。按照目前一些省份现行的政府采购管理体制，财政部门对政府采购计划审核后，由采购人登录各省主办的政府采购网查询商品名称、型号和配置等相关信息，并自行与协议供货商签订采购合同，执行采购。财政主管部门缺位，不掌握成交记录，造成作为监管方的财政主管部门和政府采购执行方之间的信息不对称。①信息时效不对称：没有即时的协议供货信息备案和汇总机制，财政部门无法即时获得信息。②信息数量不对称：政府采购中心掌握详尽的原始成交合同，财政部门仅有经过统计汇总后的总表。③信息质量不对称：政府采购中心信息质量高、内容全面，包括决策、招标、中标等全流程在内的全部细节信息以及分类统计情况，而财政部门却没有这样的原始信息。

在信息不对称的情况下，政府采购中心既是信息的制造者，又是信息的垄断者和占有者，作为拨款者和监管者的财政部门只掌握不完全的采购商品信息，增加了监管的难度和成本，容易造成政府采购失控，滋生腐败。

三 政府采购价格虚高

用最少的钱办最多的事，或者用合适的钱办合适的事，实现采购效果最优、使公共资金带来最大价值，是政府采购追求的目标。为了解当前政府采购价格的实际情况，调研组对协议采购价格进行了抽样分析。

（一）商品样本的选定

调研组在选定进行价格比较的商品时遵循了以下原则。

第一，建立内外两个参照系进行全面比较。除了对协议供货与外部市场价格进行横向比较之外，还将其与同属于政府采购体系内的批量集中采购进行横向比较，前者可以认为是外部参照系，后者则是内部参照系。

第二，给定一致的商品篮子是价格比较的前提。在市场零售的商品种类、协议供货的商品种类、批量集中采购的商品种类中确定不同种类商品的交集作为商品篮子，为了完成价格比较，需要给定两个商品篮子：一是协议供货与市场零售商品的交集，二是批量集中采购与市场零售商品的交集，分别称为篮子 A 与篮子 B。

（1）篮子 A（协议供货与市场零售商品的交集）。

调研组所掌握的未筛选前的原始数据如下：通过主动公开和依申请公开共获得 2012 年 1 月 1 日至 9 月 30 日 119299 件协议供货商品的成交记

录，其中广东 66128 件，黑龙江 15239 件，江西 9852 件，福建 28080 件。

调研组将上述 119299 件协议供货商品归类后在淘宝网和京东商城进行检索，有 28608 件政府专供商品和涉密商品（占全部商品的 23.98%），46307 件描述不清晰或淘宝网和京东商城无零售的商品（如警务用具、消防用具等），以及 25342 件不便于比较的公车、家具、印刷品、政府公务软件等商品。此外，调研组在统计协议供货公开数据的时候，注意到有 22 件共计 1532556.9 元人民币的商品单价超过市场平均价格 6~37 倍，如有的地方显示采购了 1 台台式计算机，单价却为 98730 元，同型号的市场平均价仅为 2649 元，与常理明显相悖。鉴于这类信息可能有误，为保证结果的严谨性，调研组未统计这些样本。剩余交集共 19020 件商品，为原始协议供货商品成交数据的 15.9%，共分为 29 类（具体构成见表 1），总计 92606261.3 元人民币。

表 1　调研所选取的协议供货商品类别、数量与总支出

序号	大类别	采购数量（件）	实际总支出（元）
1	不间断电源（UPS）	148	515596.0
2	笔记本电脑	2098	18015035.8
3	抽湿机	6	17028.0
4	传真机	237	510283.6
5	磁盘阵列（RAID）	4	268745.3
6	打印机	3823	6667695.9
7	电冰箱	157	562820.4
8	电视机	545	2207714.2
9	服务器	329	6329889.0
10	复印机	215	4666457.8
11	耗材	1946	806218.2
12	会议器材	20	56212.1
13	交换机	298	2140800.3
14	空调	2732	13199259.4
15	录音笔	8	5326.0
16	路由器	39	294950.0

续表

序号	大类别	采购数量（件）	实际总支出（元）
17	平板电脑	14	63893.7
18	扫描仪	177	1110977.3
19	摄像器材	236	1478282.4
20	碎纸机	277	373335.8
21	台式计算机	4003	21860205.9
22	投影机	373	4695457.6
23	网络审计设备	1	22800.0
24	洗衣机	4	5505.6
25	显示器	176	566419.3
26	移动存储	12	8550.0
27	硬件防火墙	85	217400.0
28	照相器材	985	5672722.2
29	其他难以归类的	72	266679.5
	总计	19020	92606261.3

（2）篮子 B（批量集中采购与市场零售商品的交集）。

中国政府采购网在首页显著位置所公开的 2012 年年初至 11 月底 11 次中央国家机关批量集中采购公告[①]共涉及 85963 件商品。调研组将上述商品归类后在京东商城和淘宝网进行逐项搜索，排除无法参与比较的涉密产品与特供产品 17005 件以及配置描述不清晰的商品 933 件后，剩余商品 68025 件，共计 185370988 元人民币（见表 2）。

表 2　批量集中采购与市场零售商品交集的类别、数量、支出

序号	大类别	采购数量（件）	实际总支出（元）
1	台式计算机	52189	164110947.0
2	工作站	287	2934597
3	打印机	15549	18325444
	总计	68025	185370988

---

① www.ccgp.gov.cn/zydwplcg.

（二）市场平均价的确定

《政府采购法》第 17 条规定，进行政府采购活动，应当符合采购价格低于市场平均价格的要求，据此，应以市场平均价格为价格比较的基准。所谓"市场平均价格"不是在特定时间、特定地点和特定条件下的特定商家的报价，而是根据采集期内某产品实际成交次数最多的价格，进行平均计算得出的价格。在平均价格计算过程中应排除下列情况：第一，经营者为了排挤竞争对手报出的低于成本的价格；第二，经营者逃避纳税义务，报出的非开具发票的价格；第三，销售者给予消费者低价的同时，附带强制购买其捆绑产品或服务而报出的价格，此种情况下，产品价格不代表真实的产品报价；第四，用"水货"或"二手货"冒充正规渠道商品诱惑消费者而报出的价格。

为保证价格的真实性，调研组采取以下方法对上述因素予以排除。

第一，不直接选择销量最高或者价格最低的商品，而是根据电商不同的信用程度，采取以下取样优先顺序。首先将政府协议供货商品在京东商城进行检索，提取京东商城销售的同类商品价格；如果京东商城无该类商品销售，则在淘宝网天猫商城进行检索，对销量前五位的商家的商品价格进行平均计算，如果出售该商品的商家不足五家，则按全部出价进行平均计算。最后，对于京东商城和淘宝天猫商城均没有的商品，就检索其他商家，对销量前五位的商家的价格进行平均计算，如果出售该商品的商家不足五家，则按全部报价计算平均数。

第二，为了避免价格采样中将淘宝网销售的"水货"和"二手货"计入，造成价格信息的不真实，调研组专门选择承诺正品并开具有效发票的网店报价来计算平均价格。对于一些在淘宝网上开设官方专卖店的品牌，则以其官方专卖店价格为准。

第三，为了获得正常产品的精确价格，排除临时打折促销活动价格，调研组使用了谷歌 Chrome 浏览器的"如意淘"插件，该插件能够显示商品的历史价格，调研组一旦发现短期内的临时降价和促销活动，便放弃提取该商家报价。

当然，协议供货实际成交时间与本调研采集市场价格的时间并不一致，因此，调研组所采集的价格可能与实际成交时的市场平均价有一定的出入。

（三）价格比较的结果

统计发现，有 3830 件商品价格低于或等于市场平均价，实际支出合计 13257519.1 元人民币，占全部商品总件数的 20.14%，占全部商品总支出的 14.32%。有 15190 件商品高于市场平均价，实际支出合计 79348742.2 元，占全部商品总件数的 79.86%，占全部商品支出的 85.68%，实际多支出了 20743897.5 元（见表3）。

表3　按照不同商品类别的协议供货价格与市场平均价的比较情况

序号	大类别	采购数量（件）	实际总支出（元）	按市场平均价采购的支出（元）
1	不间断电源（UPS）	148	515596.0	337763.5
2	笔记本电脑	2098	18015035.8	13739350.1
3	抽湿机	6	17028.0	14085.5
4	传真机	237	510283.6	421722.0
5	磁盘阵列（RAID）	4	268745.3	180402.3
6	打印机	3823	6667695.9	5134131.0
7	电冰箱	157	562820.4	499352.7
8	电视机	545	2207714.2	1949760.8
9	服务器	329	6329889.0	4005244.9
10	复印机	215	4666457.8	3437791.2
11	耗材	1946	806218.2	601072.2
12	会议器材	20	56212.1	42087.5
13	交换机	298	2140800.3	1493824.8
14	空调	2732	13199259.4	12912248.3
15	录音笔	8	5326.0	3753.1
16	路由器	39	294950.0	237958.9
17	平板电脑	14	63893.7	52107.1
18	扫描仪	177	1110977.3	685957.8
19	摄像器材	236	1478282.4	1177632.8

续表

序号	大类别	采购数量（件）	实际总支出（元）	按市场平均价采购的支出（元）
20	碎纸机	277	373335.8	293318.5
21	台式计算机	4003	21860205.9	16600320.6
22	投影机	373	4695457.6	3154277.6
23	网络审计设备	1	22800.0	14500.1
24	洗衣机	4	5505.6	3160.0
25	显示器	176	566419.3	431722.0
26	移动存储	12	8550.0	4412.7
27	硬件防火墙	85	217400.0	139162.7
28	照相器材	985	5672722.2	4080508.0
29	其他难以归类的	72	266679.5	214735.1
	总计	19020	92606261.3	71862363.8

　　在所有样本中，高于市场平均价1.5倍（不含1.5倍）以内的商品所占比重最大。高于市场平均价1.5倍（不含1.5倍）以内的商品有10678件，高于市场平均价1.5~2倍（不含2倍）的商品3237件，高于市场平均价2~3倍（不含3倍）的商品993件，高于市场平均价3倍以上的商品282件（见表4）。高出市场平均价3倍以上的主要为：移动储存类（移动硬盘、U盘等）、照相器材（储存卡、相机电池、记忆棒等）、耗材（硒鼓、内存、投影机灯泡等）。

表4　高出市场平均价不同区间的商品数量与价格比较情况

价格区间	采购数量（件）	实际总支出（元）	按市场平均价采购的支出（元）
高于市场平均价1.5倍（不含1.5倍）	10678	50781793.9	41050780.4
高于市场平均价1.5~2倍（不含2倍）	3237	19892645.2	11837554.0
高于市场平均价2~3倍（不含3倍）	993	7207317.4	3165059.1
高于市场平均价3倍以上	282	1466985.7	407549.4
总计		15190	79348742.2	56460942.9

　　而批量集中采购价格与市场平均价格的比较显示，本次样本中的中央机关批量集中采购商品的成交价格全部低于或等于市场平均价，总支出节省5543185元（见表5）。

表5　中央机关批量集中采购成交价格比较情况

商品类别	采购数量（件）	实际总支出（元）	按市场平均价采购的支出（元）
台式计算机	52189	164110947	168025122
工作站	287	2934597	3164197
打印机	15549	18325444	19724854
总　计	68025	185370988	190914173

（四）缺乏价格优势的原因分析

　　如上所述，政府采购并没有做到物美价廉，特别是协议采购的价格与公众期待相去甚远，不仅没有价格优势，甚至比市场平均价更高，"豪华采购"和"天价采购"层出不穷。出现这种情形主要有如下几个方面的原因。

　　第一，协议供货具有难以预期的特点。对协议供货进行理性预期，一方面需要掌握充分的历史统计资料，另一方面则需要掌握相关经济变量因果关系。目前，由于政府协议供货起步晚、统计制度不完善、决策者和设计者缺乏经验，协议供货的集中采购机构难以对极为庞大复杂的协议供货活动进行梳理和预期，无法制定科学合理的财政预算，只好把预算数额做得偏大。这就导致表面上看，因为政府采购使得实际支出低于预算金额，看似节约了财政资金，但是在现实中支付的采购价格却普遍比市场价格高，非但没有节省经费，反而造成了浪费。

　　第二，协议供货具有分散性的特点。因协议供货的难以预期性，采购中心无法向供货商提供科学合理的采购预期。供货商中标并非意味着实际的收益，而只是拥有被采购的资格。因此，对于供货商而言，协议供货只是一种缺乏规模和稳定性的零售业务，缺乏规模效应，自然缺乏价格优势。分散性还导致了协议供货难以被有效监管，甚至产生监控的真空。此次调研就发现，省、直辖市财政主管部门不掌握协议供货的情况，多数地方不主动公开协议供货的有效成交信息，导致公众在监督中缺位，使得协议供货的监管环境进一步恶化。

第三，协议供货具有滞后性的特点。协议供货具有一定周期，一般为半年或一个季度，较长的间隔导致供货商报价时间和供货时间分离，形成价格滞后，对于价格变化巨大的信息类供货尤为明显。协议供货的滞后性一方面导致高价，另一方面令政府用品更新滞后，偏离了政府采购价廉物美的初衷。此外，协议供货的滞后性还导致供应商流动性的降低，由于采购周期与供应协议生效期直接挂钩，周期越长意味着供应商在一定时间内的竞标次数减少，形成反向套牢，使得协议供货因缺乏充分竞争而失去价格优势，不利于良性市场秩序的形成。

第四，最高限价形同虚设。最高限价为产品在中标时确定的最高价格上限，实际采购中可以以此为上限进行协商获得更优惠的价格。但实践中供货商往往拒绝降价而直接以最高限价或是接近的价格成交。这是因为，首先，目前普遍的做法是政府采购中心以"媒体价"乘以一定优惠比例作为最高限价。但所谓"媒体价"，是生产商在媒体上公布的商品价格，为了配合经销商的销售策略，往往并不能反映市场价格，只有合理的市场平均价才能成为最高限价的基础。其次，最高限价的制定与综合毛利率是脱钩的，无法对供货人进行统一有效的价格控制。而采购人花的不是自己的钱，自然怠于与供货人在最高限价基础上进一步协商价格，导致最高限价形同虚设。

第五，特供产品价格不透明、不合理。特供产品在目前协议供货中占有相当比例，调研组所取得的协议供货成交记录中将近四分之一（23.98%）是特供产品及涉密产品。为了规避《政府采购法》第17条关于采购价格低于市场价格的规定，不排除部分供货商采取为政府提供不在市场销售的特供商品的办法。许多特供产品仅仅具有细微配置的区别，甚至仅是外观、包装或者型号的区别，但其价格却远高于同类型商品，并未体现出与采购高价对应的产品性能和附加值。特供产品不但价格普遍偏高，而且定价机制不透明，往往以"特供"掩盖商品配置和型号，使其脱离监管。特供产品本质上是一种市场分割和价格歧视，对政府和消费者实行不同的价格标准，使政府承担较高的采购成本。

四　完善政府采购制度的建议

协议供货尽管存在以上问题，但目前尚没有一种更好的方式来全面淘汰协议供货，调研组认为可以从以下几个方面对协议供货制度进行完善。

（一）理顺政府采购管理体制

由于《政府采购法》《招投标法》等自身规定存在一定问题，现实中多家政府机关都在对政府采购进行实质性的管理，且从中央到地方已经形成了 2 家以上的政府采购平台。因此，完善政府采购的管理，必须从管理体制入手，统一政府采购平台，让政府采购活动真正在统一的平台上开展有序竞争，尽快整合政府采购监管力量，实行集中统一监管。

（二）统一办公用品标准

制定统一的办公用品标准，一是为了杜绝天价采购，二是为了杜绝豪华采购。这一做法有利于减少采购浪费、提高采购预算科学性、发挥采购的规模优势、降低采购价格，并且有助于政府采购领域的反腐倡廉。统一办公用品标准可由国家在聘请专业机构进行调研的基础上，统一发布，并进一步设立动态监测、预警分析和反馈建议等环节，将标准由静态转为动态，提升标准的科学性。目前统一办公用品标准已经开始试点，根据财政部国司库《关于更新中央单位批量集中采购试点台式计算机和打印机基本配置参考的通知》（财库便函 620 号），中央批量集中采购按照限价和限配原则，将中央单位的台式计算机统一为 6 款基本配置、打印机统一为 7 款基本配置，对于确有需要的特殊配置，须经过主管部门审批。该做法有效杜绝了天价采购和豪华采购现象的发生，应借鉴其经验，在全国范围推动地方政府统一办公用品标准。

（三）提升政府采购的透明度

提高政府采购的透明度是加强政府采购监管、提高其公信力的关键所在。首先，应当在理顺管理体制的基础上，统一政府采购信息的公开媒介，方便公众获取政府采购信息。其次，对于具体采购信息的公开，则应当严格按照法律法规等的要求，准确全面地公开政府采购信息，尤其是采购结果方面的信息。再次，应当加大政府采购重点信息的公开力度，如采购结果中的商品型号、商品配置、采购数量、成交单价等信息应属于政府采购信息公开不可或缺的内容。另外，应当明确政府采购信息公开与不公开的界限。比如，应明确政府采购信息的公用性，杜绝滥用商业秘密等理由拒绝公开的情况。最后，应当加强对政府采购信息公开的监督和问责。对于那些不依法做好政府采购信息公开工作，以及管理中不对政府采购的基本信息进行收集、整理、汇总、统计，不认真对待公众的公开申请的单位和责任人，应当严格问责，强化其公开意识，提升其公开水平。

（四）建立科学的市场价格衡量标准

只要价格衡量标准是科学的，协议供货价格总能与市场价格趋于一致。由于协议供货商品成千上万，一一比对显然是不可行的，集中采购机构在制定采购计划时可以直接借鉴社会上已经形成并具有一定公信力的价格指数，或者在此基础上进一步制定更符合政府采购用途的指数，分类别、分配置和分价格区间指导协议供货价格的确定。对于专供产品的价格衡量，可以采用类推的方式，以与专供产品功能或配置基本相同的公开销售产品价格作为参照物，以杜绝专供产品变相涨价、牟取暴利的现象。

（五）推动批量集中采购

此次调研在一定程度上证明，实行批量集中采购能够通过汇总采购人的实际需求数量，形成规模效应，增强投标供应商之间的竞争，促使投标供应商给予更加优惠的折扣，最大限度地节约财政资金。批量集中采购也可以避免重复劳动，节约采购费用、降低采购成本。而且，批量集中采购更利于监管。批量集中采购不仅使得监管机构更便于对采购行为实行从预算、标准配置、采购过程、履约等环节的全面、集中监管，还会因批量集中采购具有巨大的社会关注度而促使众多供应商和社会公众主动参与监督，因而能够更有力地防止采购人自由裁量权过大而引发的"权力寻租"现象。控制协议供货、推动批量集中采购最好的办法是对某类产品的采购方式进行强制约定。例如，《关于完善台式计算机和打印机批量集中采购试点工作的补充通知》（财办库〔2012〕340号）要求，通过协议供货方式购买的通用办公和专用台式计算机、打印机数量要控制在本部门上年购买同类品目总数的10%以内，这不失为一个有效的办法。

（六）提高政府采购监管能力

随着政府采购的不断发展，政府采购的监管部门必须不断提高监管能力，预防和纠正政府采购过程中的各种问题，切实提高财政资金的使用效率。政府采购主管部门的职责不应仅限于搭建政府采购的平台，更应当对进入政府采购平台的政府采购行为实施有效监管。在此过程中，应当充分利用信息化手段，形成采购单位、供货商等主体之间实时准确的信息交换和共享机制，并在建立市场价格衡量标准的基础上，形成科学的价格比对机制。在提高监管能力过程中，还要特别处理好采购监管机制的固定性与采购活动的灵活性之间的关系，不能因噎废食，为了从形式上履行监管职责，而忽视财政资金的实际使用效率。

（参见法治蓝皮书《中国法治发展报告 No. 11（2013）》）

第三章 中国个人信息保护现状
调研报告（2008）

摘 要：随着信息化的不断发展，个人信息保护制度越来越受到关注。为了配合中国个人信息保护立法工作，中国社会科学院法学研究所的课题组对中国个人信息保护的现状和公众意识进行了调研。本报告分析了中国个人信息滥用的状况、中国个人信息保护法规状况、中国公众的个人信息保护意识，并以信用卡领域个人信息保护为例，分析了金融行业个人信息保护的基本状况。在此基础上，报告对中国个人信息保护立法进行了展望。

为全面了解中国个人信息保护的现状及其所面临的问题，配合立法工作，2007 年 9 月~2008 年 12 月，中国社会科学院法学研究所课题组针对中国个人信息保护的现状以及公众对个人信息保护的意识，在北京、成都、青岛、西安 4 个城市进行了调研。除了文献分析外，调研组采取了访谈、座谈及问卷调查等多种调研方式。在问卷调查中，调研组共分发了1240 份问卷，回收了 938 份有效问卷。下面是对调研数据和文献的一些分析结果。

一 中国个人信息保护的现状

（一）中国个人信息的滥用状况

个人信息是单独或者与其他信息结合后可以识别特定个人的信息，对其的收集、保存、处理、利用早已有之，但直到信息化社会到来，作为一种非常有利用价值的东西，信息受到了空前的重视，滥用个人信息的问题也日趋严重。在中国，随着信息处理和存储传输技术的不断发展，个人信息滥用的形式逐渐多样化。基于当前中国已经出现的各种实例，个人信息的滥用大致可以归纳为以下几种情形。

1. 过度收集个人信息

有关机构超出所办理业务的需要，收集大量非必要或者完全无关的个人信息。比如，一些商家在办理积分卡时，要求客户提供身份证号码、工作机构、受教育程度、婚姻状况、子女状况等信息；一些银行要求申办其信用卡的客户提供个人党派信息、配偶资料乃至联系人资料等。

2. 擅自披露个人信息

有关机构未获法律授权、未经本人许可或者超出必要限度地披露他人个人信息。比如，一些地方对行人、非机动车交通违法人员的姓名、家庭住址、工作单位以及违法行为进行公示①；有些银行通过网站、有关媒体披露欠款者的姓名、证件号码、通信地址等信息②；有的学校在校园网上公示师生缺勤的原因③，或者擅自公布贫困生的详细情况④。

3. 擅自提供个人信息

有关机构在未经法律授权或者本人同意的情况下，将所掌握的个人信息提供给其他机构。比如，银行、保险公司、航空公司等机构之间未经客户授权或者超出授权范围共享客户信息。

4. 非法买卖个人信息

近年来，社会上出现了大量兜售房主信息、股民信息、商务人士信息、车主信息、电信用户信息、患者信息的现象，并形成了一个新兴的产业。在此情形下，个人信息的滥用至少有两种可能：其一，个人在办理购房、购车手续、住院接受治疗或者从事其他活动之后，相关信息被有关机

---

① 《三百余名乱穿马路者上了曝光台》，《楚天都市报》2007年6月13日，第14版。
② 《工行网上曝光千余欠贷大学生》，《北京晨报》2007年7月19日，第5版。
③ 《"一生病地球人都知道"——校园网公示师生缺勤引争议》，《新闻晚报》2008年3月19日，第A11版，http://www.jfdaily.com/gb/jfxww/xlbk/xwwb/node43891/node43896/userobject1ai1977982.html，2008年11月24日访问。
④ 《公示"贫困生"引发隐私权争议》，《检察日报》2005年9月13日，第10版。

构或者其工作人员卖给房屋中介、保险公司、母婴用品企业、广告公司等；其二，很多专门从事个人信息倒卖的个人或者商家将买受或者借有关机构管理不善而窃取的个人信息进行汇总编辑，再以一定的价格批量买卖。

5. 超目的使用个人信息

有关机构超出收集个人信息时所明示的目的使用个人信息。比如：企业以进行售后服务为目的收集个人信息，但日后却用来向客户推销；银行利用客户办理储蓄、信用卡所提供的信息，日后以电话、短信形式向其推销各类理财产品。

6. 保管不善

有关机构不能尽到妥善保管的义务，导致所掌握的个人信息被遗失、泄露。比如，某高校就发生过数千名学生和老师的电子学籍管理系统账号和密码外泄的事件[1]。而医疗机构将病历卡挂在住院病人床头、将化验单放在检验室门口任由患者和家属自取的做法也属于保管不善。过去，也曾经发生过因用人机构未妥善保管应聘资料致使应聘者被骗丧命的案件。[2]

7. 掌握的信息不准确

有关机构所收集、保存的个人信息有误，影响当事人正常办理有关的业务。比如，由于公安机关掌握的身份证号码重号，导致公民无法正常办理业务。又比如，银行掌握的个人信贷信息有误，致使当事人因此被列入欠债的"黑名单"。

8. 个人信息被冒用

在本人不知情的情况下，其个人信息被他人冒用办理有关的业务。比如，冒用他人身份证件，办理银行开户业务[3]、电信入网业务、驾照申办业务等。

---

[1]　《上海某高校数千学籍账号密码外泄威胁学生隐私》，《新闻晨报》2007 年 6 月 21 日，http：//www.ce.cn/xwzx/gnsz/gdxw/200706/21/t20070621_ 11851912. shtml，2008 年 11 月 26 日访问。

[2]　中央电视台 2004 年 10 月 16 日《今日说法》节目曾报道过此类案例。

[3]　比如，《男子被冒名在九家银行办卡——递交银行的证件复印件上充斥虚假信息，其中两家银行通过审核》，《京华时报》2008 年 5 月 13 日，第 A13 版。

（二）中国个人信息保护的法制状况

目前，中国尚没有制定专门的个人信息保护法①，相关规范散见于各个层级的法律、法规、规章以下的规范性文件以及行业规范（以下简称"法规等规范"）之中。所采用的术语涉及"个人信息""隐私""私隐""个人数据""个人资料""个人档案"等。迄今为止出台的法规等规范中，出现频率较高的依次是隐私、个人档案、个人信息、个人资料、个人数据、私隐。1980～1999 年出台的法规以及各类规范中涉及个人信息保护的规定相对较少。从 1999 年开始，新制定的法规等规范中涉及个人信息保护的规定明显增加。比如，部门规章类的数量从 1999 年一年出台约 10 件到 2006 年一年出台约 40 件，每年新制定的规范件数都达到了两位数。

1. 中国个人信息保护规定的特点

（1）个人信息保护的规定主要集中于法律位阶不高的法规等规范之中。

个人信息保护的大部分规定主要集中在地方性法规、部门规章、地方政府规章乃至其他规范性文件和行业规范中。其中，由国务院部门发布的规章等规范性文件约有 683 件，由地方立法机构等发布的地方性规范约有 2883 件，而法律以及国务院发布的法规等规范则仅有约 65 件。

（2）对个人信息的界定正在趋于明确。

各类法规等规范中大量使用的是"隐私"一词，但是，其内涵与外延并不明确。而近年来出台的法规等规范则开始使用"个人信息"概念，有的还明确规定了其范围。比如，有的使用了有关部门因执行公务而接触的"个人信息"的表述（如《居民身份证法》《护照法》等）；有的将个人信息限定于可以识别特定个人的信息（如《个人信用信息基础数据库管理暂行办法》第 4 条）；有的甚至以列举的形式规定个人信息的范围

---

① 中国政府很早就已启动了立法工作，并委托专家起草了专家建议稿，参见周汉华主编《个人信息保护法（专家建议稿）及立法研究报告》，法律出版社，2006。

（如《山东省消费者权益保护条例》第 17 条第 2 款①）。

（3）涉及个人信息保护的规定正趋于完善。

中国大部分的法规等规范一般还只是限于要求有关主体不得泄露所掌握的个人信息，但是，近年来，一些新制定的法规等规范开始更加注重个人在个人信息处理过程中的权利和地位。比如，禁止收集与特定业务无关的个人信息（如《山东省消费者权益保护条例》第 17 条第 1 款），收集个人信息应经过本人同意（如《深圳市个人信用征信及信用评级管理办法》第 7 条），允许信息主体查询、请求更正本人的个人信息（如《政府信息公开条例》第 25 条）等。

（4）滥用个人信息的法律责任正在趋于严格。

过去，大部分的法规等规范缺乏关于个人信息滥用行为法律责任的规定。近年来，一些法规等规范逐步加大了对违法处理个人信息行为的处罚力度，引入了行政处罚②（如《执业医师法》第 37 条、《律师法》第 48 条、《未成年人保护法》第 69 条）、行政处分（如《护照法》第 20 条）乃至刑事处罚（如《公证法》第 13 条）。2008 年 8 月提请全国人大常委会审议的《刑法修正案（七）》草案还拟对国家机关或者金融、电信、交通、教育、医疗等机构的工作人员违法处理个人信息的行为设定刑事处罚。

2. 现行个人信息保护规定存在的问题

（1）个人信息保护尚缺乏专门性规定。

个人信息处理活动应当遵循怎样的原则、信息主体在个人信息处理活动中享有哪些权利、对滥用个人信息的信息处理者如何予以制裁、由什么机构负责执法，这些都无法通过现有的零星规定得到解决。

（2）个人信息主体的权利并没有得到全面确认。

现行的各类规定一般仅限于禁止泄露个人信息，但是，个人信息主体

---

① 该条款规定，经营者对消费者的姓名、年龄、职业、身份证号、电话号码、家庭情况、居住地址、身份特征、健康状况、收入及财产状况等信息负有保密义务，未经消费者或者其代理人同意，不得向他人泄露或者不正当使用。

② 据报道，重庆市拟修订的《物业管理条例》拟增加规定，要求街道办事处、建设单位、物业服务企业、业主委员会及其工作人员妥善保存业主资料，因泄露业主资料造成严重后果的，处 1 万元以上 10 万元人民币以下的罚款。http://news.sohu.com/20081126/n260846977.shtml，2008 年 11 月 26 日访问。

在信息收集、保存、利用中的知情权、同意权、请求更正错误信息和删除不必要信息乃至获得救济的权利等都几乎没有得到确认。

（3）缺乏有效的执法和救济机制。

当前，并没有明确的机构负责对个人信息处理行为进行监督，个人信息遭受滥用的公众基本处于投诉无门的境地。个人与个人信息处理者之间存在信息、地位的不对称，依靠个人的力量往往很难取得有力的证据。个人信息滥用所引发的纠纷涉案金额一般较低，但通过诉讼等渠道寻求解决的成本却相对较高，这也是导致各类法规等规范所确立的制度无法得到很好落实的原因。

二　中国个人信息保护的公众意识

通过在4个城市发放调查问卷，我们试图了解中国公众对个人信息保护的认知程度及倾向性、个人信息滥用的基本状况、个人信息保护机制现状等问题，以便为中国未来的立法活动提供参考。

（一）公众对个人信息保护制度的认知程度

公众对于他人收集自己的个人信息拥有知情权，包括要求告知收集了哪些信息、收集与使用目的等。从调查结果看，现实中每次都仔细去了解个人信息处理者处理个人信息相关规定的人还比较少，仅占所有有效回答的9.7%（见图1）。

关于个人在个人信息处理过程中所享有的权利，绝大多数接受调查的公众认为，其有权要求收集信息的机构告知收集信息的用途以及掌握了自己哪些信息，有权请求其更正所掌握的错误信息并删除无关的信息，甚至请求其赔偿因滥用自己的个人信息而给自己造成的损失。但是，对于是否有权拒绝提供信息，有一部分接受调查的公众认为自己没有此权利（见图2）。

（二）个人信息遭受滥用的情况及其危害

在接受调查的公众中，有42.5%的人表示，曾经遇到过有关机构不

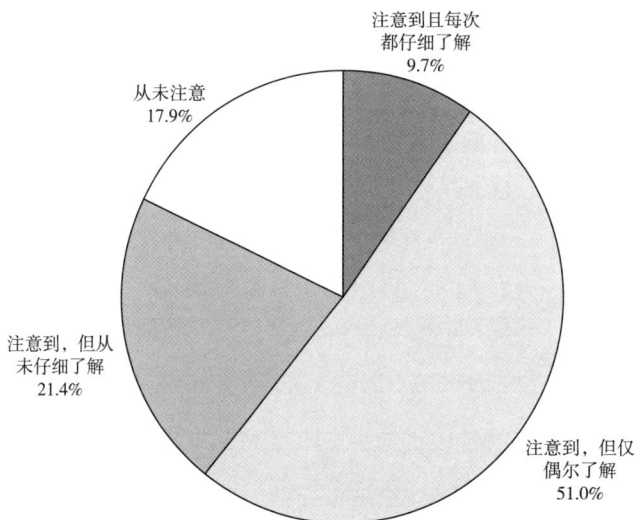

图 1 接受调查的公众对个人信息收集者处理个人信息规定的关注程度

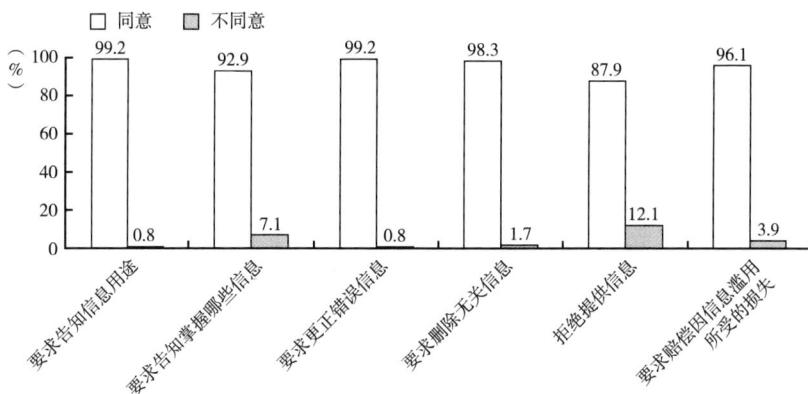

图 2 接受调查的公众对自己在个人信息处理方面所享有权利的认识

当处理其个人信息的情况。这一数据仅在一定程度上反映了那些明确感受到自身个人信息遭受滥用的公众的情况，却并不能够反映那些虽遭受滥用但自己尚不知情的公众的情况。

接受调查的公众普遍认为，有关机构在处理个人信息过程中，存在如下问题：不明确告知个人信息的用途；很多信息与所要办理的业务无相关性；个人无权选择是否提供信息，地位十分被动；有关机构超出原有的目的使用个人信息；有关机构擅自将个人信息泄露给其他机构或个人；有关机构的个人信息保管机制不健全，存在信息被泄露、篡改的可能（见图3）。课题组进行的另外一项调查显示，上述情况还涉及政府机关。比如，有些政府机关在为实施政府信息公开制度而设计的"依申请公开申请表"中，除了个人姓名、联系方式、所申请信息的描述等外，还要求申请人提供身份证号码、住所、工作机构等信息，后者与申请公开政府信息并不相关。

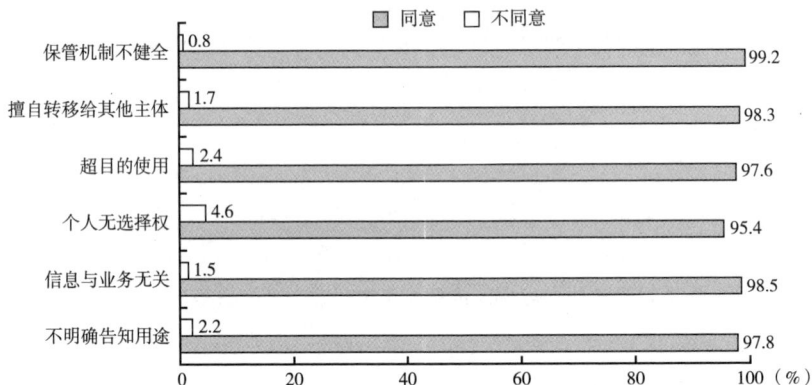

图 3 接受调查的公众认为有关机构处理个人信息存在的问题

很多接受调查的公众希望有关机构能够删除本人的部分或者全部个人信息，其理由大体包括：有关机构掌握信息未经本人同意；不再接受其服务，故不希望其继续掌握自己的信息；有关机构经常以电话、邮件等方式骚扰自己的正常生活；担心其不能很好地保护自己的个人信息（见图4）。

很显然，人们希望有关机构删除自己的个人信息，主要是因为对其缺乏信任，尤其是频频遇到个人信息被滥用的问题。比如，有相当多接受调查的公众收到过陌生的推销电话，且对方能够准确地说出自己的姓名等信息；有一部分接受调查的公众遇到过有关机构随意放置自己的信息，或者因有关机构所掌握的信息不准确而无法办理有关业务的情况；有少数接受调查的公众或者家人的姓名、住址、电话、照片等曾被擅自公开在网络、媒体上，甚至遇到过个人信息被冒用的情况（见图5）。

接受调查的公众普遍认为，个人信息的滥用正在威胁着自己的生活安宁、生命财产安全，令自己感到压力或者心情不快（见图6）。

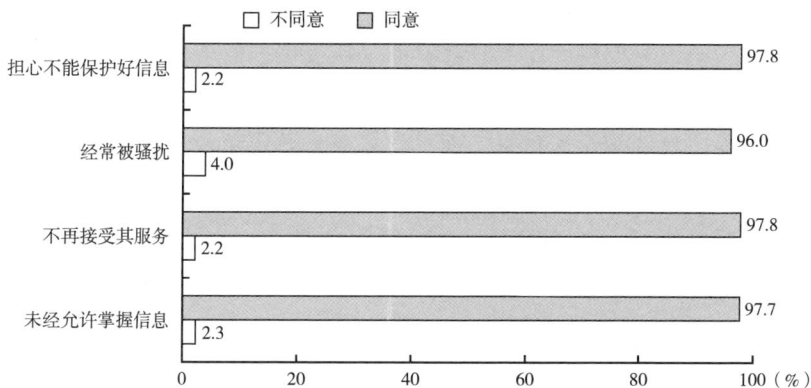

图 4　接受调查的公众希望有关机构删除其个人信息的理由

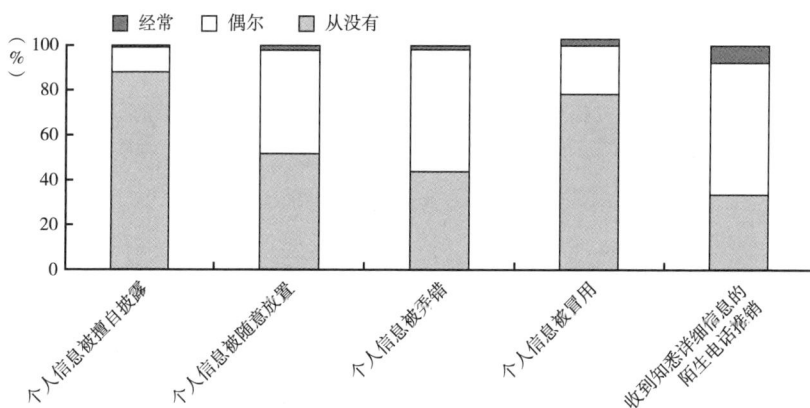

图 5　接受调查的公众个人信息遭受滥用的情形

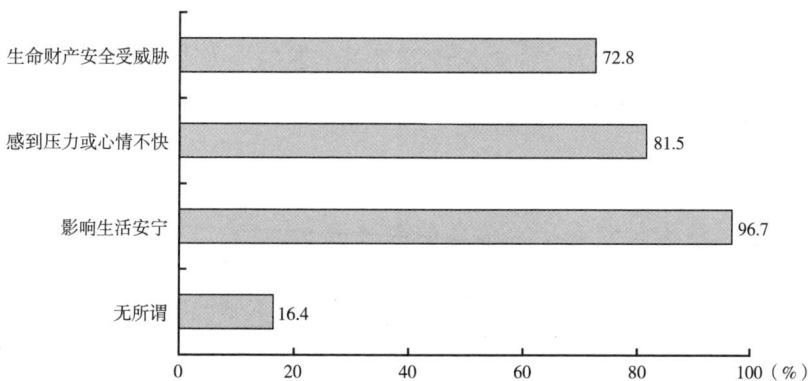

图 6　接受调查的公众对个人信息滥用危害的认识

面对日趋严重的个人信息滥用现象，接受调查的公众均认为，各类企业在处理个人信息时应当约束自身行为，健全内部管理机制，妥善保管所掌握的个人信息，防止信息泄露，更要加强对自身内部人员的管理，防止其利用工作之便滥用个人信息。而且，多数人希望企业能够在收集个人信息过程中，向个人明示其个人信息保护措施，尤其是要设置并明示企业接受相关投诉的渠道，赔偿因不当处理个人信息而给个人造成的损害（见图7）。

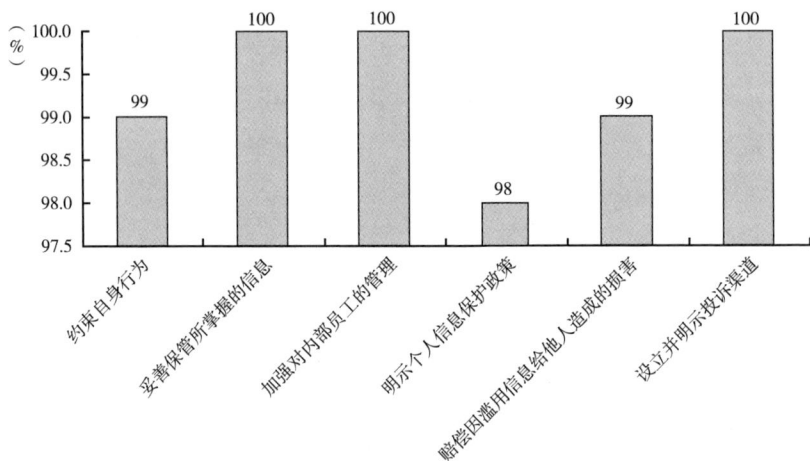

图7 接受调查的公众希望企业在个人信息保护方面采取的举措

对于政府机关，接受调查的公众普遍认为，政府机关应以身作则，规范本机关处理个人信息的行为（占99.7%），加强对本机关掌握的个人信息的保管（占100%），严格管理和规范政府机关工作人员处理个人信息的行为（占100%），为个人查阅政府机关掌握的本人个人信息提供便利（占96.1%），甚至希望其赔偿因滥用个人信息给个人造成的损害（占100%）。

（三）中国公众对个人信息的敏感度

世界上很多国家和地区都将个人信息区分为敏感的个人信息和非敏感的个人信息，并对前者规定更为严格的保护措施。敏感的个人信息关系到个人私生活和个人尊严等，其范围的确定与特定的历史、文化、社会、政治等背景有极为密切的关系。

为了解中国公众对自身个人信息的敏感程度，课题组选取了较为常见的 20 类个人信息，按照以下场景划分，对公众是否愿意提供个人信息进行了调查。

A. 办理银行储蓄、信贷、保险业务；

B. 在政府机关办理业务；

C. 办理商场、餐饮业、酒店等的会员卡；

D. 购买房屋、汽车等大件商品；

E. 购买一般商品、服务；

F. 因考试、工作需要填报表格。

在 A、B、D、F 场景下，公众一般不按照要求提供相关信息便无法办理相关业务。但即便如此，有些信息是接受调查的公众明显不愿意提供的。比如：①家人患病情况（A 场景下愿意提供该信息的比例最高，也仅有 20.7%。以下本段括号内均指愿意提供相关信息比例最高的场景）；②个人患病情况（A 场景，仅有 25.4%）；③个人爱好和兴趣（F 场景，仅有 33.4%）；④家人联系方式（A 场景，仅有 39.2%）；⑤家庭资产（A 场景，仅有 41%）；⑥受到刑事或者行政处分的情况（B 场景，仅有 48%）；⑦机动车牌照号码（A 场景，仅有 55.7%）；⑧婚姻状况（B 场景，仅有 56.2%）；⑨党派（A 场景，仅有 58.3%）等。

在公众可以有较高自主选择性的 C 和 E 两类场景下，接受调查的公众不愿意提供的信息主要涉及：家人患病情况、个人患病信息、家庭资产、接受刑事或者行政处罚情况、党派、个人照片、婚姻状况、职务、工作机构等（见图 8）。

接受调查的公众不愿提供某些信息的理由主要是：担心有关机构滥用自己的个人信息（占 94.7%），被要求提供的个人信息与所办理的业务没有相关性（占 92.6%），被要求提供的个人信息对自己比较重要（占 91.6%），对要求提供个人信息的机构所可能提供给自己的回报不感兴趣（占 85.7%）。

当然，影响公众提供信息的因素不限于此。比如，公众与特定机构所处的地位是否对等、公众办理有关业务时是否对提供信息拥有协商的地

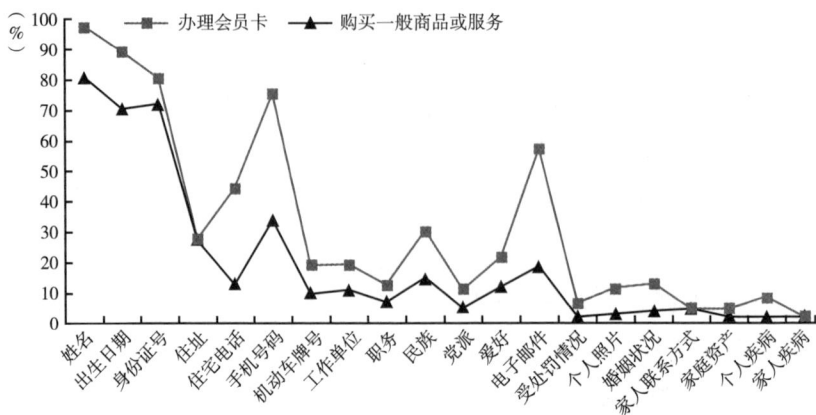

图8　接受调查的公众办理业务时提供个人信息的意愿

位，不提供信息是否会导致其不能办理有关业务，公众是否有其他选择来替代所要办理的业务，这些都可能影响公众作出决定。同时，一些经济社会条件也会左右公众的选择。比如，在中国实行手机双向收费的时候，公众更倾向于提供家庭号码，实行单向收费后，一些公众因重视家庭电话号码的私密性，而倾向于提供手机号码。另外，公众对于个人信息滥用的情况、原因、危害的认识等也容易使其忽视一些重要信息。比如，多数被调查者不会拒绝提供自己的身份证号码，愿意提供该信息的人数比例最少的是在E类场景中，但也高达72.4%。

（四）关于个人信息保护救济途径的公众认知

个人信息曾遭受滥用的被调查者中，仅有4%左右的人进行过投诉或者提起过诉讼。导致公众在进行投诉、诉讼时遇到困难或不愿意投诉、提起诉讼的因素有：无法确定哪些机构应承担责任、无法确定向什么机构投诉或者以谁为对象提起诉讼、无法获得有力的证据、投诉或者诉讼成本过高等（见图9）。

即便是采取了投诉或者诉讼等救济手段，也仅有8.1%的人获得了救济或者达到了目的，其他的或者因为处理个人信息的机构推诿、搪塞而不了了之，或者因为预料到无法通过投诉或者诉讼获得救济而中途放弃（见图10）。

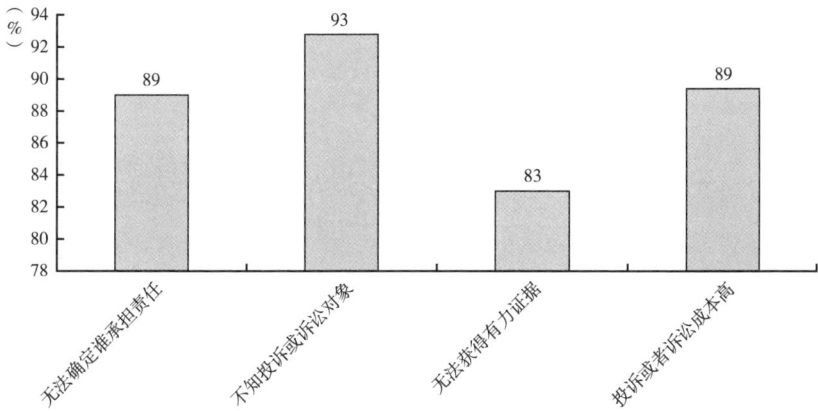

图9　接受调查的公众投诉、诉讼时遇到的困难或者不愿投诉、诉讼的原因

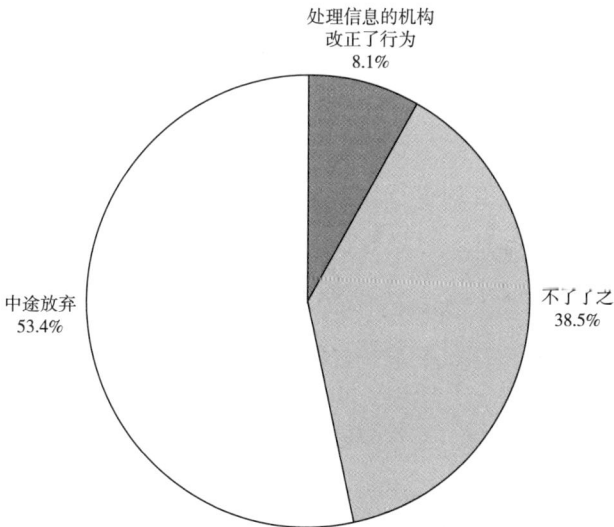

图10　接受调查的公众进行投诉或者诉讼的结果

可见，中国个人信息保护的救济和监督机制还存在一定的问题。首先，个人和处理个人信息的各类机构间存在信息不对称，无从获知自身个人信息被泄露的渠道等。其次，两者在财力上极不对等，个人可能获得的赔偿与其付出的成本不成比例。这在很大程度上归因于监管机构的缺位和监管机制的不健全。在这种情况下，几乎所有接受调查的公众都赞成加强个人信息保护的立法工作（占99.3%），希望政府机关能够加强个人信息保护执法，严厉打击滥用个人信息的现象（占99.3%），设立专门机构负责对滥用个人信息的行为进行查处（占93.8%）。

三　中国个人信贷业务中的个人信息保护
——以信用卡业务为例

个人信用信息是个人信息中很重要的一部分，因此，课题组还以信用卡业务为例，对中国个人信贷业务中的个人信用信息的保护问题进行了调研。课题组收集了2007年和2008年北京所有开办信用卡业务的银行①制作的信用卡申请表格和信用卡领用协议、章程或合约（以下简称"信用卡协议"）。当前，银行在审批信用卡时向客户收集的信息主要涉及个人基本信息、个人职业信息、个人资产信息、联系人信息、附属卡申请人信息等。其中，个人基本信息主要涉及姓名、性别、证件号码、出生日期、国籍、教育程度、住宅地址、住宅电话号码、移动电话号码、电子邮箱等。有的银行还收集婚姻状况、子女状况、供养人数、社会保险号、户籍地址、母亲姓氏等信息，个别银行还在审批特定种类的信用卡时收集党派信息。个人职业信息主要涉及机构名称、机构性质、机构规模、任职部门、职务、职称、机构地址、机构电话、工作年限、参加工作时间等。有些银行还收集是否获得过专业技术证书或职称证书、原工作机构信息、工作年限等信息。个人资产信息主要涉及在该行开户情况、持有的他行信用卡、房产、车辆情况。很多银行要求客户提供房产购买价款、月还款额、机动车品牌、车牌号码等信息。关于联系人信息，多数银行要求提供一名直系亲属和一名非同住的亲友信息。联系人信息除了涉及姓名、联系方式外，有的银行还要求提供工作机构信息。附属卡申请人信息一般包括其姓名、证件号码、工作机构、与主卡申请人关系、联系方式等。

2008年所收集的信用卡协议普遍都对用户个人信息的获取、保管、

① 2007年10月第一次收集资料时，北京银行尚未开展信用卡业务。

利用、与其他主体的共享等作出了更为详细全面的规定。关于用户个人信息的获取，几乎所有的银行都要求，用户必须提供真实、完整、正确、合法的信息，并授权银行向包括中国人民银行个人信用信息数据库、有关机构、部门、个人等任何主体查询其信用状况。关于信息的保管，几乎所有的银行都规定，无论是否决定发卡，客户所填写的申请文件以及所提交的各类证明材料均由银行保管，不予退还。有些银行明确规定，无论信用卡是否中止，有关的资料均不予退回。绝大多数银行没有明确，客户注销信用卡后是否会删除所保存的客户信息。关于客户信息的使用目的，有的银行规定，限于《个人信用信息基础数据库管理暂行办法》（以下简称《暂行办法》）所规定的用途①，有的银行则笼统地规定系为服务或者管理需要，更多的银行则并没有予以明示。几乎所有银行的信用卡协议都要求客户授权其将客户的个人信用信息提供给中国人民银行个人信用信息基础数据库以及信贷征信主管部门批准建立的个人信用数据库。不仅如此，最新收集到的信用卡协议几乎都明确要求客户授权银行基于向客户提供与信用卡有关服务之需要，将客户的个人资料披露给第三方。"第三方"并不限于银行的分支机构、控股子公司，还包括银行的服务机构、代理人、外包作业机构、合作伙伴、相关资信机构等，范围相当广泛和不确定。甚至有的银行规定，在催收和追索债务时，可以将用户身份信息、联络信息等提供给法律顾问、催收机构等，并可以视情况公开用户的有关信息。

各银行信用卡协议关于个人信用信息处理的规定日渐全面、细化，这与中国人民银行实施《暂行办法》、社会各界个人信息保护的意识不断提高有很大的关系，但也存在很多的问题。首先，银行收集的个人信息极其庞大、复杂、琐碎，有些信息的必要性值得质疑，并有重复收集

---

① 其范围应该是：审核个人贷款申请；审核个人贷记卡、准贷记卡申请；审核个人作为担保人；对已发放的个人信贷进行贷后风险管理；受理法人或其他组织的贷款申请或其作为担保人，需要查询其法定代表人及出资人信用状况（《个人信用信息基础数据库管理暂行办法》第12条）。

之嫌①。其次，很多规定过于笼统。个人信息的收集利用目的往往被限定为银行认为"必需"或者银行开展服务和管理的需要。但是，随着银行业与保险、证券、航空、百货、旅游等各种行业的相互渗透，任何业务都可能和银行服务有关，届时，信息的利用将不再限于个人金融领域。同时，银行可以披露客户信息的"第三方"范围也可以无限扩大，这恐怕是很多人频频接到保险公司、航空公司、销售企业电话推销的主要原因。当然，也存在信息经由有关企业流向银行的可能。个人信息向"第三方"的外流对个人利益、国家利益与安全所可能造成的损害尚难以准确评估。再次，关于个人信用信息的相关条款不够醒目。此类条款往往会同其他内容一起以极小的文字密密麻麻地挤在 A4 甚至更小的纸片上，很多人根本不会注意到这些条款。而在有些国家和地区，此类规定往往都会以更为明显的方式、置于醒目的位置以提示客户注意。另外，客户对于此类条款几乎没有选择的能力。信用卡协议是典型的格式合同，客户不接受其规定或者不提供所需要的信息则不能获得有关的服务。由于各银行的规定和实际做法大同小异，即便选择其他银行，也不会有实质性差别。特别是在法律无明确的禁止性规定的情况下，银行借助此类格式合同而使其行为得以合法化。总之，个人信息保护法律机制的缺失、监管机构的缺位使得个人信用信息的处理存在很多不规范的地方，个人权益面临巨大风险。

四 中国个人信息保护的立法展望

随着社会发展、个人信息滥用逐渐加剧以及公众维权意识的不断提高，中国社会对个人信息保护立法的需求越来越迫切。加快个人信息保护立法，确立符合中国国情的制度，必然有利于促进中国经济社会的健康发展。有法可依的个人信息处理活动可以防止个人信息遭到滥用，从而提升人们在经济社会活动中自愿提供个人信息，参与电子商务、电子

---

① 收集如此繁杂的信息，根本原因在于中国的信用体系尚不发达，尽管中国人民银行个人信用信息基础数据库已经启用多年，但其中涵盖的人数和信息量还远远不能满足个人信贷业务发展的需要。

政务等的信心，有利于信息的有序高效流动。明确的个人信息处理规则也可以指导、规范企业等处理个人信息的活动，减少其违法成本。在国际贸易领域，个人信息保护制度有可能成为限制信息跨境流动进而影响正常国际贸易往来的因素。因此，需要加快立法，推动中国信息化建设，保障公民的合法权益，并避免中国在未来国际交往中处于被动地位。

　　加强个人信息保护，首要的是确立个人信息保护的基本法律制度。通过设定刑事责任[①]来加大对滥用个人信息的打击力度固然重要，但是，如果不能确立个人信息保护的基本制度对个人信息处理行为进行有效的管制，则很难从根本上遏制个人信息滥用的问题。甚至此种努力非但在打击个人信息滥用方面无法发挥应有的作用，还有可能使其成为限制政府信息公开的口实。

　　未来的立法应首先解决立法模式问题。欧洲国家针对各类主体制定统一法律的做法固然有其优点，但是，这一模式涉及众多的行业并需要协调不同政府机构的工作，其立法成本较高，立法效率较低。以美国为代表的分散立法模式鼓励开展行业自律，但在中国市场自律机制还无法发挥应有作用的今天，恐怕也难以取得预想的效果。因此，未来既需要通过制定个人信息保护的基本法律，明确适用于所有部门与行业的个人信息保护原则和基本制度，还需要针对不同行业制定专门性法律法规，甚至考虑到社会对个人信息保护制度的迫切需求，而鼓励有关部门和有关地方结合实际先行制定适用于特定行业或者特定地区的个人信息保护机制。而两大立法模式的根本区别更在于公权力对个人信息处理活动的干预程度，这也是中国未来立法所不可回避的难题。

　　在执法机制方面，无论未来设置统一的执法机构，还是授权行业主管部门对本行业进行监管，都需要明确其在个人信息处理监管活动中保护个人权益的职责，通过其介入来进一步强化个人在个人信息处理活动中的地位。具体措施可以包括：对个人信息处理机构的个人信息保护机制、对格式合同等中的个人信息保护条款等进行事前审查和监督，接受个人投诉并

---

① 正在审议的《刑法修正案（七）》拟对滥用个人信息行为规定刑事制裁措施。

对个人信息处理机构进行调查，协助个人获取重要证据等。

信息的价值在于可以通过在不同主体之间的流动与分享推动经济社会的发展，并为每个人提供便利。个人信息保护制度并不是要限制信息的流动，而是要确立个人信息处理的基本规则，促成信息的有序交流与利用，避免信息滥用损害个人合法权益进而影响信息化进程。保护并非为了保密，而是为了促进利用。个人信息保护立法必须立足于此并找到恰当的平衡点，才能在中国信息社会的发展中发挥应有的作用。

（参见法治蓝皮书《中国法治发展报告 No. 7（2009）》）

第四章 中国企业个人信息保护状况 调研报告（2012）

摘　要：本报告基于以企业从业人员为对象开展的个人信息保护问卷调查，分析了当前企业在个人信息保护方面所存在的制度不健全、员工意识差、企业内部个人信息处理不规范等问题，并就完善个人信息保护法制提出了对策。

近年来曝光的非法买卖、泄露、滥用个人信息的案例中，有相当一部分违规主体都是企业及其员工，2012 年还暴露出快递物流企业的寄递详情单信息被倒卖导致用户个人信息泄露的情况。个人信息得不到规范利用，将导致个人不愿意提供信息给企业，既影响企业正常经营，也危害个人合法权益，更不利于经济社会健康发展。

为了解中国企业在规范个人信息处理、做好个人信息保护方面的实际情况，中国社会科学院法学研究所调研组（以下简称"调研组"）自 2011 年 9 月至 2012 年 12 月开展了企业个人信息保护现状调研，本报告对此次调研情况作简要分析①。

一　调研概况

2011 年 9 月至 2012 年 12 月，调研组分别在广东省、浙江省、辽宁

---

① 调研组曾于 2007~2008 年开展过"中国个人信息保护的现状与意识"调研，调研报告刊载于《中国法治发展报告 No. 7（2009）》（社会科学文献出版社，2009）。

省、吉林省、海南省选取部分企业员工开展调查，了解其所在企业在个人信息保护方面的实际做法。上述五地分别发放问卷480、200、480、200、480份，总计1840份；分别回收有效问卷423、172、480、171、438份，总计1684份。依据所在单位的性质，国有企业、集体所有制企业、私营企业、外资企业、拒答单位性质的分别有404人、141人、793人、282人、64人，分别占24%、8.4%、47.1%、16.7%、3.8%。来自公司制企业、合伙企业、个人独资企业以及拒答的分别为921、231、413、119人，分别占54.7%、13.7%、24.5%、7.1%。

依据被调查者所在企业所属行业，农、林、牧、渔业有24人（占1.4%），制造业有446人（占26.5%），住宿和餐饮业有61人（占3.6%），金融业有24人（占1.4%），房地产业有54人（占3.2%），租赁和商务服务业有210人（占12.5%），电力、燃气和水的生产供应业有61人（占3.6%），建筑业有36人（占2.1%），科学研究、技术服务和地质勘查业有50人（占3%），水利环境和公共设施管理业有36人（占2.1%），教育业有59人（占3.5%），交通运输、仓储和寄递业有25人（占1.5%），信息传输、计算机服务和软件业有118人（占7%），批发和零售业有281人（占16.7%），卫生、社会保障和社会福利业有24人（占1.4%），文化、体育和娱乐业有25人（占1.5%），公共管理和社会组织有61人（占3.6%），拒答的有89人（占5.3%）。

二 不少企业较为重视本企业的个人信息保护工作

从调研情况看，不少企业都较为重视个人信息保护工作，有相应的机构负责个人信息保护的相关工作，建立了相应的工作机制。

已有不少企业设有专门部门或者岗位负责个人信息保护的相关工作。51.7%的被调查者所在的企业设有类似的部门或者岗位，17.6%的被调查者所在的企业没有类似的机制，29.8%的被调查者回答不清楚，1%的被调查者拒答[1]。有31.7%的被调查者提出，所在的单位有专门机

---

[1] 因四舍五入原因，个别数据总和大于或小于100%，以下同。

构或者人员受理关于个人信息保护方面的投诉，29.1%的被调查者提出所在单位没有上述机制，31.3%的被调查者表示不清楚，7.9%的被调查者拒答。

有不少企业还制定了处理客户个人信息的内部规定。51.5%的被调查者所在的企业设有类似的内部规定，16.2%的被调查者所在的企业没有类似的内部规定，31.3%的被调查者回答不清楚，1%的被调查者拒答。

不少企业将个人信息保护作为内部员工培训的内容。36%的被调查者反映，所在企业在综合业务培训中融入了一些个人信息保护的内容；38%的被调查者反映，所在企业定期开展专门的个人信息保护培训；21.3%的被调查者反映，所在企业从未培训过类似内容；1.4%的被调查者表示不清楚；3.3%的被调查者拒答。

在个人信息的收集环节，明确告知当事人收集其信息的目的是个人信息保护的基本要求。当前，不少企业已经注意在收集个人信息的时候就明确其收集信息的目的或者用途。45.3%的被调查者反映，所在企业在收集客户个人信息的时候有明确的用途，10.8%的被调查者反映所在企业在收集客户个人信息时没有明确的用途，23.9%的被调查者表示不清楚，20%的被调查者拒答。企业管理人员和普通员工对此问题的回答基本差异不大，48.6%的管理人员和44.5%的普通员工表示所在企业在收集客户个人信息的时候有明确的用途，17.5%的管理人员和26.9%的普通员工表示不清楚，基本符合企业经营管理中管理人员相对更熟悉企业运作情况的实际。

而且，不少企业已经注意在收集个人信息的时候告知对方收集目的，53.7%的被调查者反映所在企业会在向客户收集其个人信息时明确告知收集的目的或者用途，反映不会告知目的或者用途的被调查者占7.7%，不清楚的占21.3%，拒答的占17.4%。而在2007~2008年的调研中，有97.8%的被调查者反映，企业及其他机构收集其个人信息时不告知用途或者目的①。出现这样的偏差，排除掉企业员工与被收集个人

---

① 见"中国个人信息保护的现状与意识"课题组：《个人信息保护现状调研报告》，《中国法治发展报告 No.7（2009）》，社会科学文献出版社，2009。以下同。

信息的个人在立场上的差异，还可能有几个原因：首先，经过几年的发展，不少企业已经注意到个人信息保护的问题，开始完善自身的制度；其次，不排除企业在告知客户收集其个人信息目的用途过程中还存在说明不够明确的情况。

一些企业还注意加强内部管理，提高个人信息的安全性。33%的被调查者提出，所在单位要求企业员工收集个人信息后，应立即上交单位并销毁自己手中掌握的信息，这无疑有助于防止个别员工因故意或者过失而泄露所收集的个人信息。45.7%的被调查者反映，所在单位对收集后的个人信息采取分级管理的做法，不同业务部门以及不同级别的人员可以查阅的个人信息范围不同。55.5%的被调查者提出，所在企业禁止业务人员随意复制单位掌握的个人信息。

三　企业的个人信息保护内部管理机制还不够完善

从本次调研情况看，企业在个人信息保护方面还存在不少问题。首先，企业的个人信息保护内部管理机制还不够完善，主要表现为仍有大量企业内部还没有建立个人信息保护的专门机构，没有个人信息保护的内部规定，缺乏个人信息保护的投诉处理机构。

1. 缺乏专门部门或者人员负责个人信息保护工作

有17.6%的被调查者反映，所在的企业没有设置专门部门或者岗位负责个人信息保护的相关工作。当前，几乎所有的企业都会或多或少地处理个人信息，缺乏个人信息保护的专门机构或者人员，必然影响其个人信息安全保障水平。但不同行业的情况又不相同，调查显示，金融业企业中设有专门机构或者岗位负责个人信息保护相关工作的情况较好，为83.3%，交通运输、仓储、寄递行业的企业较差，为24%（见图1）。

2. 企业内部缺乏个人信息保护的规定

企业内部是否制定处理客户个人信息的规定是该企业重视个人信息保护问题的一个重要表现。但调查发现，有类似内部规定的企业比例也仅仅达到51.5%，16.2%的被调查者所在的企业没有类似的内部规定。不同行

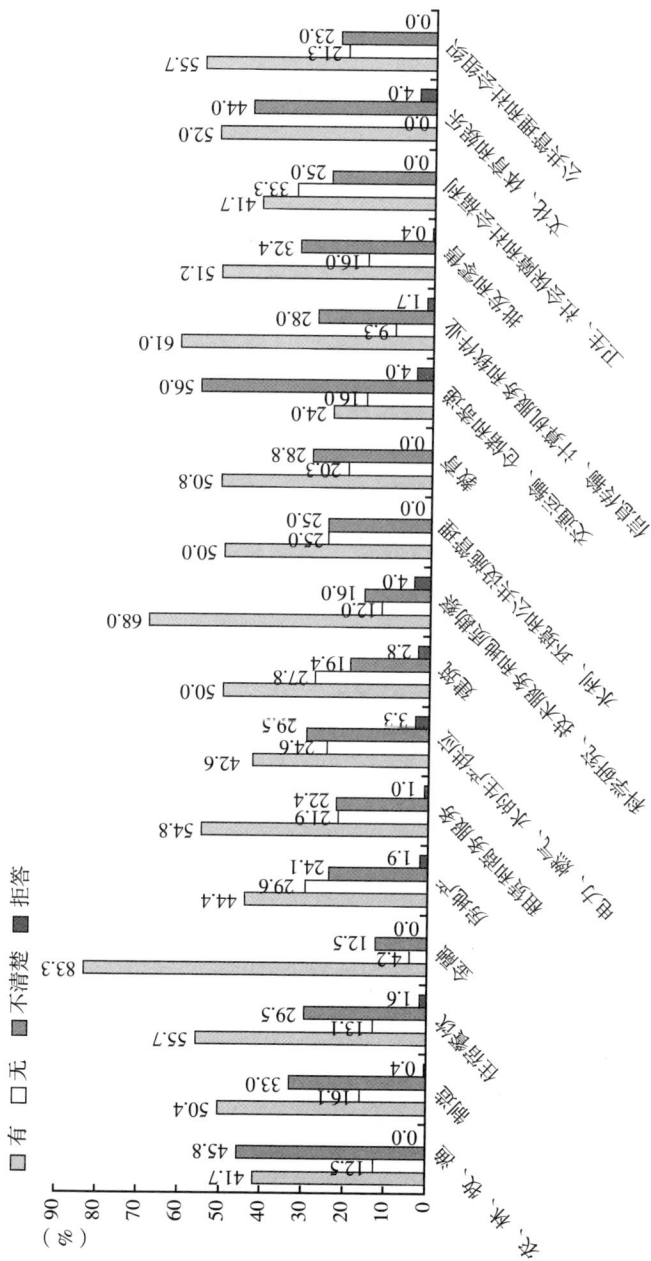

图 1　不同行业的企业中设有专门部门或者岗位负责个人信息保护工作的情况

业的企业在此方面存在明显的差异。比如，来自金融业的被调查者均回答所在企业制定了这方面的规定，农、林、牧、渔业，电力、燃气和水的生产供应业、交通运输、仓储和寄递业的比例就较低，分别只有29%、24.6%、24.0%。

3. 缺乏专门的投诉处理机构

企业设置专门的投诉处理机构，接受客户就个人信息保护问题提出的咨询投诉，是加强个人信息保护的重要环节，也是保护个人信息主体合法权益的必然要求。但是，仅有31.7%的被调查者提出，所在的单位有专门机构或者人员受理关于个人信息保护方面的投诉，29.1%的被调查者提出所在单位没有上述机制。

4. 对员工的个人信息处理活动缺乏管理

企业的个人信息处理活动都需要通过其员工实现，但调研显示，当前中国企业对员工处理个人信息的活动往往缺乏有效管理，给个人信息安全埋下了不少隐患。据调查，对于被调查者所在单位对收集后的个人信息是否要求业务人员应立即上交单位并删除销毁自己掌握的信息，有33%的被调查者回答"是"，20.9%的被调查者回答"否"，33%的被调查者表示"不清楚"，13.2%的被调查者拒答，回答"否"和"不清楚"的比例高达53.9%。这意味着不少企业对于员工控制其掌握的个人信息没有给予任何必要的管理措施。

在企业内部管理过程中，对员工接触企业所掌握的个人信息采取分级管理机制是确保个人信息安全的重要手段。按照这一机制，企业内部的人员会依据级别、业务部门等享有不同的接触权限，不同的权限意味着可以接触的个人信息范围不同，能够对所接触的个人信息采取的处理手段均大不相同。但调研发现，仅有45.7%的被调查者反映所在企业有上述分级管理的机制，回答"否"和"不清楚"的比例也高达43.6%

在禁止业务人员随意复制所在企业掌握的个人信息方面，情况稍好。55.5%的被调查者反映，所在企业有类似机制；9.7%的被调查者回答所在企业没有该机制，24.8%的被调查者表示不清楚，10%的被调查者拒答。

四　企业的个人信息处理存在不规范

收集个人信息是个人信息处理的起点，也是个人信息保护的重要环节。为了确保个人信息的安全，要求企业收集个人信息必须与其业务有相应的关系，在收集之时就已经有明确的目的，应当明确告知个人信息主体收集其个人信息的目的和用途，以保障其知情权和同意权，而且，一般情况下只能直接向本人收集其个人信息。

1. 没有明确的个人信息收集用途

调研显示，有 10.8% 的被调研者反映，所在企业收集客户个人信息时没有明确的目的和用途。不同行业的企业在此方面的差异明显，其中，建筑业，卫生、社会保障和社会福利，住宿餐饮业中，被调查者反映所在企业有明确的收集目的和用途的比例较高（见图2）。而在不同性质的企业中，外资企业及私营企业中有明确用途的企业比例较高（见图3）。

2. 不告知当事人收集目的

收集个人信息的时候，明确告知当事人收集其信息的用途和目的，是保障当事人知情权、选择权的重要环节。现实中，一些企业收集个人信息不规范，只注重收集，不注重告知当事人相关细节，实际上已经严重侵害了当事人的合法权益。据 2007 年 9 月~2008 年 7 月的调研结果，97.8%的被调查者认为有关机构在向其收集信息时不告知相关用途。而此次调研中，7.7%的被调查者反映所在企业不会明确告知客户收集其个人信息的目的。

3. 不直接向当事人本人收集其个人信息

直接向当事人收集其个人信息，这是在个人信息处理过程中保护个人合法权益的基本要求，其目的在于避免企业等在当事人不知情的情况下通过其他第三方或者利用其他不当手段获取他人个人信息。据 2007 年 9 月~2008 年 7 月的调研结果，97.7%的被调查者反映，有关机构掌握信息未经本人同意，也就是存在不直接向本人收集其个人信息的问题。

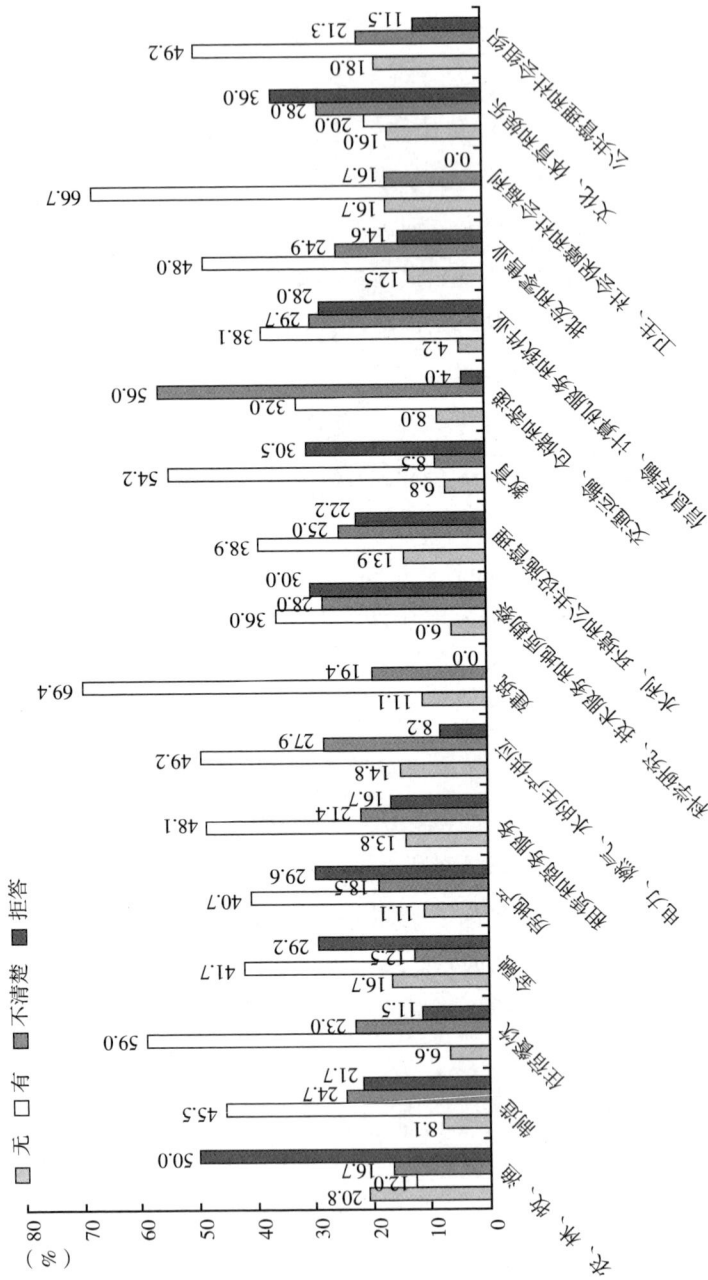

图 2　不同行业的企业有明确的个人信息收集目的的情况

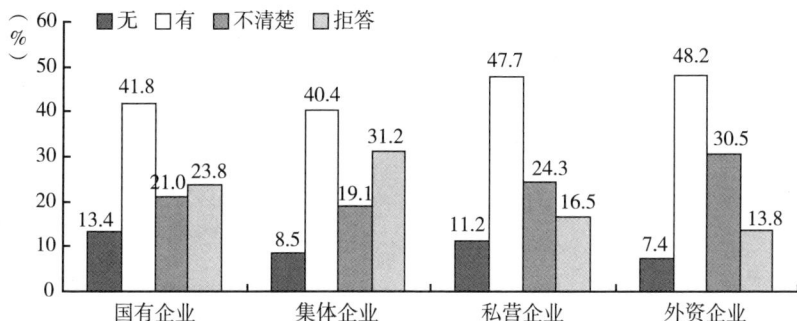

图3　不同性质的企业有明确的个人信息收集目的的情况

从本次调研情况看，75%的被调查者反映，所在企业会直接向客户本人收集其个人信息。国有企业情况较好，来自国有企业的被调查者中，80.9%的人反映，所在企业会直接向客户本人收集其个人信息；集体所有制企业最差，为68.6%；外资企业则是71.6%。

有14%的被调查者反映，所在企业存在从客户亲友处收集其个人信息的情况。不同性质的企业均存在类似问题，其中私营企业最为严重。来自此类企业的被调查者中，有16.6%的人反映所在企业存在从客户亲友处收集其个人信息的情况。不同行业的企业中也都普遍存在类似问题，其中来自金融业企业的被调查者反映本企业存在上述情况的比例较低，仅占4.2%，文化、体育和娱乐业最高，比例达32%。

6.9%的被调查者反映，所在企业存在以交换或者购买的方式从其他公司或者个人获取他人个人信息的情况。从所属行业看，仅来自金融业以及卫生、社会保障与社会福利行业企业的被调查者没有反映本企业存在类似做法，其他行业都存在类似问题，其中，比例最高的为农、林、牧、渔业，占16.7%，公共管理和社会组织也高达16.4%。

前面三个问题都涉及个人信息的违规收集问题，调研还显示，3.2%的被调查者反映，所在企业曾因违规收集个人信息而被投诉或者提起诉讼。

4. 对客户提出的删除自身个人信息的要求缺乏回应

当事人对自己的个人信息拥有支配权，有权要求掌握自己个人信息的企业等主体删除其个人信息。但调研显示，仅有 37.8% 的被调查者反映本企业会应客户要求停止使用或者删除其个人信息，回答不会的占 17.5%，回答不清楚的占 43.9%，拒答的有 0.9%。

5. 所掌握的个人信息的准确性有一定问题

企业有义务确保所掌握的个人信息准确且符合最新的情况，但调研显示，有 7.4% 的被调查者反映所在企业曾因为所掌握的个人信息有误而被客户投诉或者被提起诉讼。

6. 未经同意利用个人信息对本人开展推销活动

当前，滥用个人信息的情况有多种表现形式，其中未经当事人同意向其拨打推销电话或者发送推销短信是较为普遍的，也对当事人的生活工作造成干扰。调研显示，有 6.6% 的被调查者反映，所在企业曾因未经当事人同意向其拨打推销电话或者发送推销短信而被客户投诉或者提起诉讼。

7. 个人信息的共享利用随意性大

信息的特点在于其价值要在利用之中方可体现出来，不加利用其价值就会大打折扣。个人信息同样如此，对个人信息加以有序利用，既可以为商家带来收益，也会为消费者、客户带来便利。调研显示，企业与其他机构共享个人信息的过程中，存在一定的不确定性和随意性。

首先，在应国家机关的要求向其提供本企业掌握的个人信息时，企业显然面临国家机关公权力的压力和法律法规缺乏明确依据的矛盾。31.9% 的被调查者反映，只有法律有明确要求的，才会向国家机关提供所掌握的个人信息；但 15.9% 的被调查者反映，本企业会因为是国家机关提出的要求，而一概予以配合提供；还有 11.9% 的被调查者则反映，即便没有法律规定，但只要国家机关提供相关的证明材料，就会向其提供；只有 1.7% 的被调查者反映，本企业任何情况下都不会提供；16.8% 的被调查者称所在企业未遇到过类似情况；21.1% 的被调查称不清楚；0.8% 的被调查者拒答。这表明，至少有 60% 左右的被调查者反映所在企业曾遇到过国家机关要求其提供所掌握的个人信息的情况，而企业的做法并不一致。此次调研没有细化到面对不同类型国家机关以及国家机关提出不同类型的要求时企业的做法，但也足以看出，即便是国家机关试图共享企业掌握的个人信息，由于法律法规往往没有一致性的规定、对国家机关的授权不尽相同、企业的个人信息保护意识存在差异，企业的实际做法也大不相同。

其次，在应其他企业要求共享或者查阅自身掌握的个人信息时，则有极少数企业可能会因为对方付费而予以提供。调研显示，28.3%的被调查者反映，只要法律有明确规定，所在企业就会提供；2.7%的人反映，即便没有法律规定，但只要有企业提出要求，所在企业就会免费向其提供；4.4%的人反映，即便没有法律规定，只要企业支付一定费用，所在企业就会向其提供；当然，也有21.3%的人反映，所在企业会选择一律不提供；17.1%的被调查者称所在企业未遇到过类似情况；25%的被调查者表示不清楚；1.2%的被调查者拒答。

其中，极个别企业可能会在法律无明确规定，但其他企业愿意付费的情况下提供所掌握的个人信息。这反映出个人信息保护的极度不规范情况。在向付费企业提供所掌握的个人信息方面，外资企业情况较好，仅有1.1%的来自外资企业的被调查者反映，本企业会向付费企业提供个人信息；而集体企业高达12.1%。

五　企业泄露个人信息时有发生

从调研情况看，企业的个人信息安全保障还有待提高，被调查者所在企业中有一定数量的企业发生过个人信息泄露的情况。

调研显示，231名（占13.7%）被调查者反映，所在企业曾经发生个人信息泄露的情况。从被调查者所处的职位看，企业管理人员中有15.7%的人提出所在单位发生过个人信息被泄露的情况，普通员工中这一比例为12.9%。此外，3.7%的被调查者反映所在企业曾因为个人信息泄露被客户投诉或者提起诉讼。这一比例并不算低，因为此类事件属于企业的负面消息，企业员工一般知晓程度不会太高，同时，作为企业员工的被调查者在回答此问题时一般会比较慎重，但即便如此，所得出的比例仍然不低。

从单位性质来看，不同所有制企业的个人信息泄露情况有一定的差异。此次调研显示，来自外资企业的被调查者反映本企业发生个人信息泄露现象的比例最低，仅有22人，占7.8%；比较高的是集体所有制企业，有29人，占20.6%；而来自国有企业的被调查者有66人，占16.3%；来自私营企业的被调查者有106人，占13.4%。这也表明，外资企业在个人信息的安全保障方面做得较为规范。

而不同行业的被调查者所反映的数据同样有分析价值。来自金融业企业的被调查者反映本企业发生个人信息泄露事件的比例为0，教育行业的比例为6.8%，科学研究、技术服务和地质勘查行业的比例为8%，电力、燃气、水的生产供应等公用企业的比例为8.2%。结合其他调查数据可以看出，金融行业的个人信息保护相对规范，这可能与银行业等在推行征信管理过程中加强个人信息安全管理有一定关系。

个人信息的泄露主要存在三个方面的原因，分别是计算机系统被侵入、业务人员违规提供给其他机构和个人、业务人员缺乏责任感导致信息遗失等。在所有回答所在企业存在个人信息泄露情况的被调查者中，反映本企业泄露个人信息的原因是计算机系统被侵入的占34.6%，反映是因为业务人员违规提供给其他机构和个人的占34.2%，反映是因为业务人员缺乏责任感导致信息遗失的占41.6%。这也说明，不仅信息系统安全问题在保护个人信息安全方面显得十分重要，而且企业的自身管理问题也不容忽视。

1. 计算机系统被入侵导致个人信息被泄露

计算机系统被入侵是导致个人信息被泄露的因素之一。从企业性质看，国有企业和外资企业中因计算机系统被入侵而泄露个人信息的比例相对较低。在回答本企业发生过个人信息泄露事件的被调查者中，回答本企业曾因计算机系统被入侵而导致个人信息泄露的，国有企业和外商投资企业中均有27.3%，民营企业中有38.7%，集体企业中有44.8%。这表明，民营企业与集体企业的信息系统相对而言更应当加强安全防范。

此外，不同组成形式的企业，在因计算机系统被入侵而导致个人信息被泄露的问题也呈现一定的差异性。此次调查中，分别有112名来自公司制企业、35名来自合伙制企业、78名来自个人独资企业的被调查者反映本企业曾因计算机系统被入侵而导致个人信息被泄露，分别在所有回答本企业发生过个人信息被泄露问题的被调查者中占 26.8%、48.6% 和 38.5%。这表明，不同组织形式和治理模式的企业在计算机系统安全方面的规范程度有所差异。

不同行业的企业因计算机系统被入侵导致个人信息被泄露的情况差异也很大。住宿餐饮业、金融业以及科研技术服务行业的被调查者均回答本企业没有因计算机系统被入侵导致个人信息被泄露，但交通运输、仓储和寄递业，公共管理和社会服务业，电力、燃气、水的生产供应等公用企业行业的比例则相对较高，分别有 66.7%、69.2% 和 60%。

2. 业务人员违规提供信息导致个人信息被泄露

业务人员违规向其他单位和个人提供个人信息，也会导致个人信息被泄露。从企业性质看，国有企业和外资企业中因业务人员违规提供信息导致个人信息泄露的比例同样相对较低。在回答本企业发生过个人信息泄露事件的被调查者中，回答本企业曾因业务人员违规提供信息导致个人信息泄露的，国有企业和外商投资企业中分别都有 27.3%，民营企业中有 40.6%，集体企业中有 34.5%。可见，在这一方面，民营企业的员工管理更需加强。

3. 业务人员缺乏责任心导致个人信息被泄露

企业的业务人员直接接触个人信息，但如果缺乏责任心，随意放置，不按规则使用个人信息，就会导致个人信息被泄露。在回答本企业曾发生个人信息泄露的 231 名被调查者中，有 96 人反映业务人员缺乏责任心是导致其企业个人信息泄露的原因。从企业性质看，国有企业和外资企业中因业务人员粗心等导致个人信息泄露的比例同样相对较低。在回答本企业发生过个人信息泄露事件的被调查者中，回答本企业曾因业务人员粗心等导致个人信息泄露的，国有企业和外商投资企业中分别有 31.8%，民营企业中有 49.1%，集体企业中有 51.7%。

六　企业在提升员工个人信息保护意识方面有待提高

企业处理个人信息全部需要依靠员工的工作，员工对个人信息保护认识准确、全面，才有可能将意识转化为日常工作中的行为，提高业务工作中保护个人信息的规范化程度。因此，企业个人信息保护的水平高低与企业员工的个人信息保护意识直接相关，一个重视个人信息保护且个人信息保护工作做得好的企业，必然会重视提升员工在个人信息保护方面的意识。

有813名被调查者（占48.3%）反映，业务人员个人信息保护意识低成为影响个人信息保护效果的重要因素。此次调研也显示，企业在提升员工个人信息保护意识方面还做得不够理想。这主要表现为：员工对个人信息保护常识及本企业个人信息保护机制缺乏了解，企业不能及时有效地向员工宣传自身在个人信息保护方面出现的问题。

同时，在此方面还呈现如下特点：普通员工的知晓度低于管理人员，国有企业中的员工知晓度高于其他企业，公司制企业中的员工知晓度高于其他组织形式的企业，各类行业中的员工知晓度差异极大。

1. 企业对员工的意识提升效果不理想

企业对个人信息保护的培训机制还不够健全。如前所述，回答本企业能够定期开展专门的个人信息保护培训的被调查者仅占38%，其他更多的被调查者反映本企业要么只是在综合业务培训中融入某些个人信息保护的内容，要么从未培训过。

企业培训机制不健全就容易导致员工对本企业的个人信息保护机制缺乏了解，以至于会出现员工不知道所在企业是否有个人信息保护的内部规定、是否有个人信息保护的相关工作机制。

（1）员工对企业个人信息保护内部规定缺乏了解。

调研显示，有31.3%的被调查者反映不知道本企业是否有个人信息保护的内部规定。相对于51.5%回答"有"和16.2%回答"无"而言，这个比例显然不能算低。其中企业管理人员的被调查者中，在此问题上回答"不清楚"的比例达到19.7%，普通员工则高达36.8%。管理人员本应该是最熟悉本企业内部管理制度的，居然仍有接近20%的人不清楚是否有此方面的内部规定，其比例更是显得太高。

在不同性质的企业中，国有企业员工的不知晓度最低，来自国有企业的被调查者中，有23.8%的人表示不清楚此方面内容，之后由低到高依次是外资企业（33%）、私营企业（33%）、集体企业（39%）。

在不同组成形式的企业中，公司制企业员工的不知晓度最低，占28%，其次是合伙制企业和个人独资企业，分别是33.8%和37%。

就行业而言，不同行业的企业间存在极为明显的差异。其中，金融业中无被调查者反映不清楚本企业是否有个人信息保护方面的规定，其余行业的比例均高于16%，而且，交通运输、仓储和寄递业，文化、体育和娱乐业，电力、燃气和水的生产供应业的比例分别高达60%、48%和47.5%。

（2）员工对企业个人信息保护的工作机构缺乏了解。

调研显示，有29.8%的被调查者表示不清楚所在单位是否有专门机构负责个人信息保护工作，其中19.3%的企业管理人员和35.3%的普通员工表示不清楚；有31.3%的被调查者表示不清楚所在单位是否有专门机构负责处理个人信息保护的投诉工作，其中20.1%的企业管理人员和36.9%的普通员工表示不清楚。

从被调查者所在行业来看，所有行业都有一定比例的人员不清楚所在企业是否有专门机构负责个人信息保护工作，最低的是金融业，占12.5%；最高的是交通运输、仓储和寄递业，占56%。对于本企业设置个人信息保护投诉处理机构的不知晓程度，租赁和商务服务业比例最低，占21.4%；最高为交通运输、仓储和寄递业，占48%。

（3）员工对本企业个人信息处理工作机制缺乏了解。

企业有完善的内部管理机制，是做好个人信息保护工作的基础；但有了机制能否执行则更为关键，而员工是否知道这方面的具体内容则是决定执行效果的重要因素。从调研情况看，被调查者对本企业管理机制的内容仍存在缺乏了解的情况。

首先，有不少被调查者对单位是否要求业务人员应立即将收集后的个人信息上交单位并删除销毁自己掌握的信息缺乏了解。有高达33%的被调查者对单位是否有此类规定缺乏了解，其中管理人员中表示不清楚的比例为25.4%，普通员工中表示不清楚的比例高达37%。

其次，有不少被调查者对所在单位要求实行分级管理、不同级别的人可以查阅不同范围的信息也缺乏了解。有27.6%的被调查者表示不清楚本企业有此类规定。一般而言，除了所处的岗位外，在企业中的级别越高，掌握的权限越高，但管理人员对此问题表示不清楚的比例仍高达 21.9%。

再次，不少被调查者表示不清楚所在单位是否禁止业务人员随意复制单位所掌握的个人信息。这本是基本常识，但从调查情况看，24.8% 的被调查者表示不清楚本企业有这样的规定，其中，管理人员中的比例高达18%，普通员工中的比例达到 28.1%。

最后，对于如何应对客户的要求缺乏了解。比如，有高达 43.9% 的被调查者反映，不清楚本企业是否会应客户要求停止使用或者删除其个人信息。其中，企业管理人员中回答不清楚的占 37%，普通员工中回答不清楚的占 47.1%。

2. 企业对员工开展个人信息保护工作状况的宣传不理想

及时有效地将企业中发生的与个人信息保护有关的事件告知员工，这是对员工开展个人信息保护宣传教育的重要方式。虽然有的时候企业遇到的一些情况可能涉及自身的形象和负面评价，但如果能够以一定方式告知员工，反倒有助于在实际工作中生动地告知员工应如何处理个人信息、本企业在个人信息保护方面具体的规定是什么、这些规定应如何适用，并最终起到防微杜渐的作用。从调研情况看，企业对此方面信息的宣传明显不够。

（1）员工对企业与客户在个人信息保护方面的互动情况缺乏了解。

对于在处理个人信息过程中与客户发生的互动情况，企业宣传不够。比如，客户对于企业掌握自身个人信息的态度（如希望告知是否掌握其信息等）可以反映本企业处理个人信息的规范化程度以及存在哪些问题。但有 45.5% 的被调查者表示不清楚是否有客户提出希望了解企业是否掌握其个人信息，而明确回答本企业曾有过类似情况和无类似情况的比例分别为 18.4% 和 35.3%，拒答的占 0.8%。

（2）员工对企业因个人信息保护问题遭受客户投诉、起诉的情况缺乏了解。

调研显示，24.7% 的被调查者不清楚所在企业是否因为违规收集个人信息被客户投诉或者起诉过，25.8% 的被调查者不清楚所在企业是否因为个人信息泄露被客户投诉或者起诉过，29% 的被调查者不清楚所在企业是否因为所掌握的个人信息有误被投诉或者起诉过，28.3%的被调查者不清楚所在企业是否因为给客户打推销电话或者发推销短信而被投诉或者起诉过。

（3）员工对企业个人信息泄露情况缺乏了解。

向员工告知本企业发生过的个人信息泄露情况有一定的困难，因为有可能因此导致自身管理中的问题被宣扬到社会上，影响企业的形象等，但在一定范围内、以一定形式告知员工，则有助于员工引以为戒，提升其信息安全意识。不过，调研显示，员工对这一情况的知晓程度并不高。

有29.4%的被调查者表示，不清楚本企业是否发生过个人信息泄露的情况。其中，有23.8%的管理人员和32.2%的普通员工表示不清楚。

即便是知道本企业曾经发生过个人信息泄露事件的被调查者，也往往不清楚因为何种原因造成了个人信息被泄露。231名表示本企业曾发生过个人信息泄露事件的被调查者中，有46人（占19.9%）不清楚是否因为计算机系统被侵入导致个人信息被泄露，有41人（占17.7%）不清楚是否因为业务人员违规提供个人信息导致个人信息被泄露，有43人（18.6%）不清楚是否因为业务人员缺乏责任心导致个人信息被泄露。

七　加强企业个人信息保护的出路

调研结果显示，企业在个人信息保护方面仍然存在各种问题，恰恰是这些问题的存在导致当前企业在处理个人信息过程中规范化程度参差不齐，不当处理个人信息的情况时有发生，个人信息安全状况堪忧。为此，必须从如下方面考虑加强企业个人信息保护工作。

第一，应当继续加强个人信息保护立法。法律缺失无疑是当前个人信息保护面临的最大问题。近年来虽然有的地方政府或者部门出台了涉及个人信息保护的规定①，但个人信息保护总体上仍然处于无法可依状态，个

---

① 《河北省信息化条例》规定，单位和个人向公民、法人或者其他组织采集信息，应当说明用途，征得被采集人同意，并在用途范围内依法使用所采集的信息，任何单位和个人不得以非法手段获取他人信息（第31条）；向社会提供公共服务的单位以及其他掌握公众信息的单位，应当采取措施，防止个人信息的丢失、泄露、损毁和篡改，任何单位和个人不得将获取的公民、法人或者其他组织的信息出售或者以其他方式非法提供给他人（第32条）。

人信息保护仍然没有专门的日常执法机构。其结果导致企业在处理个人信息时，除了个别行业有一些规定外（如金融业），往往既没有法律依据，也没有主管机关，只能依靠企业管理者自身的重视程度和认识程度，这就造成企业在个人信息保护方面缺乏统一的最低标准，保护水平参差不齐。个别法律虽然对个人信息保护作出了原则规定，但缺乏细则，使这些规定沦为摆设。例如，《邮政法》规定了要保护邮政客户的个人信息，但规定粗放，且没有及时出台细化规定，以至于快递企业等大量处理个人信息的企业出现严重的个人信息安全漏洞。

无论是个人信息的收集、处理，还是与其他机构之间的信息交换共享，都基本依靠企业的自我约束，在个人信息的价值日渐显现的今天，必然出现大量的信息安全漏洞，给个人信息安全和经济社会健康发展带来诸多不稳定因素。虽然现行《刑法》已经加大了对买卖、泄露个人信息犯罪的打击力度，但这些规定仅能适用于极少数的个人信息滥用行为，大量不规范的个人信息处理活动所带来的安全隐患是无法预防和清除的。因此，尽快出台专门的个人信息保护法已经是不能再拖延的任务。

第二，不断提升企业乃至全社会加强个人信息保护的意识。个人信息保护意识低下乃至缺乏的结果就是不知道个人信息的重要性，不知道实施个人信息保护制度对于维护个人权益、促进企业经营等的意义，这必然导致人们忽视自身个人信息安全的重要性，无视他人个人信息所附随的权益，进而在企业经营等活动中缺乏规范，有意无意地滥用个人信息。对此，立法者、行业监管者有责任提升个人信息保护意识，督促企业提升员工的个人信息保护意识，形成个人爱护自身的个人信息、企业及各方面从业者珍视他人个人信息的氛围。唯有如此，才能在个人信息主体、个人信息处理者、个人信息保护的监管者之间形成合力，依靠三方互动有序推动个人信息保护机制的完善。

第三，提升企业社会责任意识，加强个人信息保护的自律机制。加强对个人信息的保护也是企业承担社会责任的重要方面，企业不仅要创造价值、积累财富，也要为消费者和社会生产合格的产品、提供高水平的服务，保障员工的劳动权益，更要确保消费者和员工的个人信息不被滥用。企业等各类非政府机关的个人信息处理机构自行建立完善的个人信息处理机制，确保所掌握的个人信息的安全，有利于其在激烈的市场竞争中提升面向公众的可信度，也有利于维系其竞争力。企业是个人信息处理的重要主体，其个人信息处理活动贯穿企业经营活动的各个环节，涉及企业管理人员、普通员工，很难依靠政府机关对各个环节、各个人员的个人信息处理活动进行全方位、全时段的监督。适当引入自律机制，可以相应地减少政府监管的投入，这既可以降低政府管理成本，又可以减轻各类机构的经济负担。而且，加强自律在推动个人信息保护方面还可以与政府监管形成良性互补。自律机制的引入则能够进一步解决各类机构在个人信息保护方面应该怎么做的问题。自律机制的引入可以更多地发挥引导和规范的作用，提升各类机构保护个人信息的意识，帮助其建立内部完善的个人信息保护机制。行业主管部门、行业组织等应当在此方面发挥应有的作用，指导企业构建自律机制。企业的个人信息保护自律机制应当包含以下内容。应当明确企业应具备的基本管理机制，这包括：企业应制定自身的个人信息保护规范，明确本企业收集个人信息的目的、方式方法、内部管理机制等；设置专门的人员和机构负责个人信息保护的管理，审查和监督企业个人信息保护的日常工作，接受来自外部消费者、客户的咨询投诉等，明确收集处理个人信息的权限划分和个人信息的使用规范，加强员工培训教育的具体标准、内容、模式，明确与其他机构共享个人信息的权限、程序，确定个人信息泄露后的应急处理机制等。

最后，应尝试建立企业个人信息保护的信用评价机制。随着社会主义市场经济的不断完善，企业的竞争将不仅仅限于产品和服务种类的推陈出新、质量的不断提升、价格的日益降低、售后服务的更加人性化，还必然会扩展到诸如用工规范程度、对社会的总体贡献程度、个人信息保护的完善程度等领域。当企业在产品与服务的种类、质量、价格、售后等方面的竞争逐步同质化之后，个人信息保护等事项必然成为其争抢消费者的新卖点。因此，监管机关、行业组织应当将企业个人信息保护水平纳入企业信用评价体系，作为评价企业信用的重要指标之一，并以适当的方式向社会公开评价结果，以提高企业加强个人信息保护的主动性和能动性，并与未来逐步完善的失信惩戒机制相结合，将企业诚信的社会评价机制与失信企业的市场退出机制、市场活动限制机制，乃至各种个人信息保护的专门监管机制综合运用于企业监管工作之中。

（参见法治蓝皮书《中国法治发展报告 No. 11 （2013)》）

第五章　中国电视广告监管调研报告（2010）

摘　要： 本报告在对中国电视广告监管机制进行梳理的基础上，结合调研中发现的电视广告在播放和内容方面存在的问题，揭示和分析中国电视广告监管中的漏洞与不足，对《广告法》的修改和加强电视广告监管提出了完善意见。

电视广告在给观众带来信息、娱乐的同时，过于泛滥的广告也深深困扰着人们，夸大其词的宣传误导了人们，一些低劣的内容甚至影响青少年的健康成长。为了解当前中国电视广告播放情况及电视广告监管现状，中国社会科学院法学研究所法治国情调研组（以下简称"调研组"）对国内部分卫星电视台播放广告的情况进行了调研，分析了目前电视广告存在的问题，研究了电视广告监管的不足，并对加强广告监管提出了完善意见。

本次调研选取 31 个省级卫视和中央电视台一套、二套以及少儿频道，对其播放电视广告的情况进行了统计分析。调研组录制了 34 个电视频道 2010 年 7、8 月份星期一至星期四任一天 16：00 至 24：00 时间段的节目，通过回放，对广告播放情况进行了观察、统计、分析。选择该时间段主要考虑非周末时间广告投放相对正常，而 16：00 至 24：00 包含了儿童节目时段、黄金时段等，是一天中收视率最高的时段。此次调研内容包括商业广告涉及的产品与服务类型、广告播放的条数与时长、广告内容与形式等，并对儿童广告、明星代言广告、电视购物短片广告、公益广告等特殊类型的广告进行了单独统计。

需要指出的是，限于调研人力等的制约，此次未对电视台一天 24 小时播放节目和广告的情况进行调查。而且，广告播放时长的统计是以秒为单位进行记录的，由于采用的是人工统计的方法，难免会与实际情况存在一定的误差。

一 电视广告存在的问题

目前，中国在电视广告监管方面颁布了大量的法律、行政法规和部门规章，其中法律以《广告法》为核心，同时涉及《食品安全法》《产品质量法》《药品管理法》《烟草专卖法》《国家通用语言文字法》《消费者权益保护法》《反不正当竞争法》以及《民办教育促进法》等；行政法规以《广告管理条例》为主，涉及《广播电视管理条例》《药品管理法实施条例》等；部门规章以《广告管理条例施行细则》《广播电视广告播出管理办法》和《广告审查标准》为主，辅助以医疗广告、食品广告、药品广告、烟草广告、酒类广告、医疗器械广告以及广告语言文字等管理办法、暂行规定和审查办法。除了上述法律、行政法规和部门规章之外，国务院和行政管理部门发布的一系列决定、命令和答复等规范性文件，也是电视广告监管的直接依据。电视广告的播出活动由主管电视台的广播影视行政部门监管，县级以上工商行政管理部门作为广告监管机构对电视广告进行监管。特殊商品或服务的电视广告的监管还会涉及卫生行政管理部门和中医药管理部门（如医疗广告）、食品药品监督管理部门（如保健食品、药品、化妆品、医疗器械广告）、专利行政管理部门（涉及专利内容的广告）以及金融、证券等部门。虽然中国已形成了较为系统的电视广告监管法律法规体系，建立了多部门、多环节的监管机制，但是调研发现，电视广告仍然存在诸多问题，集中体现在电视广告播放和电视广告内容两方面。

（一）电视广告播放方面存在的问题

1. 公益广告播出数量与时长远低于商业广告

从调研情况看，国家对公益广告播放时长等的规定没有得到很好执行。《广播电视管理条例》第 42 条第 2 款规定，"广播电台、电视台应当播放公益性广告"。《广播电视广告播出管理办法》第 16 条规定，"播出机构每套节目每日公益广告播出时长不得少于商业广告时长的 3%"。由于调研组仅选取 16：00 至 24：00 作为观测时段，因此仅将该时段内公益广告与商业广告的数量作简单对比。34 个电视频道在 16：00至 24：00 时间段播放的商业广告总条数约为 7475 条，总时长为 124144秒（近 35 小时），平均每个频道播放商业广告约 220 条，时长为 3651秒（约 1 小时）（见图 1）。34 个电视频道在 16：00 至 24：00 时段内播放公益广告总计 196 条，总时长 5737 秒，平均每个频道播放 5.8 条，时长共计 169 秒。在 34 个电视频道中，有 9 个频道在采样时段未播放公益广告，约占采样总数的 1/4（见图 2）。需要说明的是，本次调研未统计贴片广告、挂角广告、滚动字幕广告以及植入式广告，如果将这些广告也统计在内，那么，公益广告数量时长与商业广告的差距就更大了。

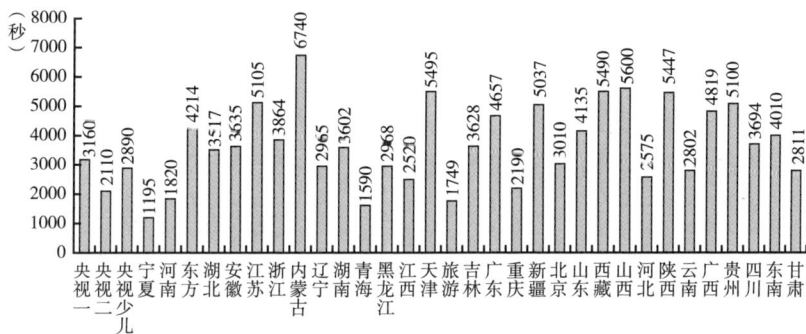

图 1　16：00~24：00 采样 34 个电视频道播出商业广告时长

注：东方卫视、东南卫视和旅游卫视分别是上海、福建和海南的省级卫视。以下同。

多数电视频道未按规定在黄金时段播放足量的公益广告。《广播电视广告播出管理办法》第 16 条规定，"电视台在 19：00 至 21：00 之间，公益广告播出数量不得少于 4 条（次）"。调研发现，在 34 个电视频道中，播放公益广告条数达到规定的有 3 个，占 8.8%；播放 3 条的有 4 个，占11.8%；播放 2 条的有 6 个，占 17.6%；播放 1 条公益广告的有 5 个，占14.7%；有 16 个电视频道未播放公益广告，占 47.1%（见图 3）。

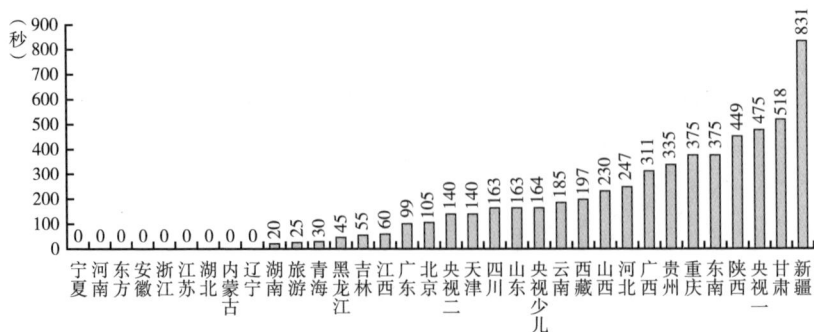

图2　16:00~24:00 采样 34 个电视频道播出公益广告时长

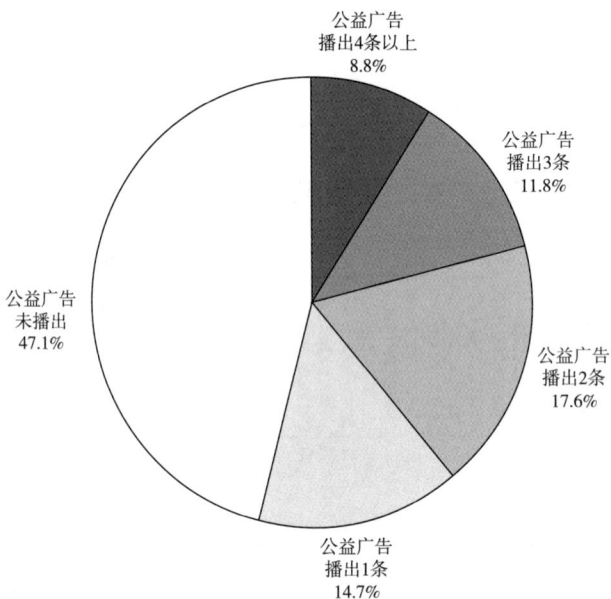

图3　黄金时段采样 34 个电视频道播出公益广告条数的分布情况

2. 酒类广告播放严重超量

依照《酒类广告管理办法》第 9 条第 1 项，电视"每套节目每日发布的酒类广告，在特殊时段（19:00~21:00）不超过二条，普通时段每日不超过十条"，也就是电视台每日播放的酒类广告不得超过 12 条。调研发现，各电视频道仅仅在采样时段（16:00~24:00）的 8 个小时内播放酒类广告超过 12 条的就有 6 个频道，其中播放酒类广告最多的达 35 条，由此看来，按每日 24 小时计，采样频道在这方面的违规情况恐怕会更加严重。另外，黄金时段播放酒类广告超过 2 条的电视频道有 9 个，占采样 34 个电视频道的 26.5%（见图 4）。

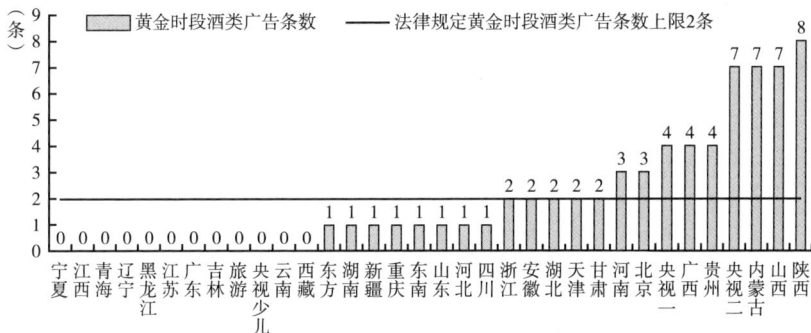

图 4　黄金时段采样 34 个电视频道播出酒类广告条数

3. 电视节目插播商业广告过于频繁，且插播时长超限

依照《广播电视广告播出管理办法》的规定，电视节目不得随意插播广告；每集电视剧最多只能插播 2 次商业广告。调研发现，34 个电视频道在 16：00~24：00 普通时段（19：00~21：00 之外的），有 4 个电视频道未播放电视剧，占采样总数的 11.8%；电视剧插播商业广告次数未超过 2 次的有 4 个，占 11.8%；插播 3 次的有 15 个，占 44.1%；插播 4 次的有 10 个，占 29.4%；插播次数最多的有 1 个，高达 5 次，占 2.9%（见图 5）。另外，根据《广播电视广告播出管理办法》关于每集电视剧可以插播 2 次商业广告，每次时长不得超过 1 分 30 秒的规定，每集电视剧插播商业广告的时长最高限为 180 秒，但调研发现，绝大多数电视频道电视剧插播商业广告的时长高于这个数值（见图 6）。

另外，依据《广播电视广告播出管理办法》第 17 条规定，"在 19：00 至 21：00 之间播出电视剧时，每集中可以插播 1 次商业广告，时长不得超过 1 分钟"。调研发现，与普通时段播放电视剧插播广告的情况类似，在黄金时段电视剧违规插播广告的情况也非常严重。除 6 个电视频道未在该时段播放电视剧之外，只有 1 个电视频道插播了 1 次商业广告，占 2.9%；

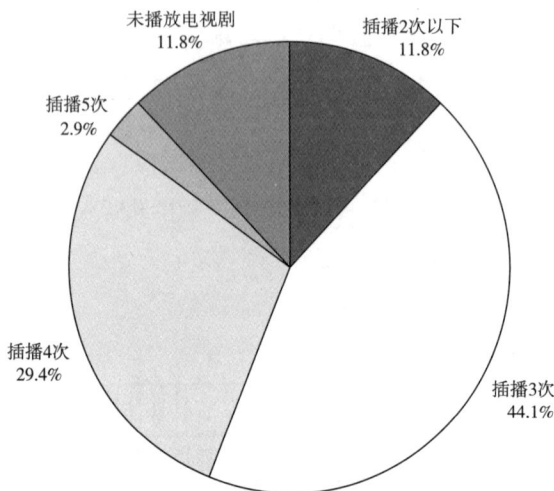

图 5　普通时段采样 34 个电视频道电视剧插播商业广告次数分布情况

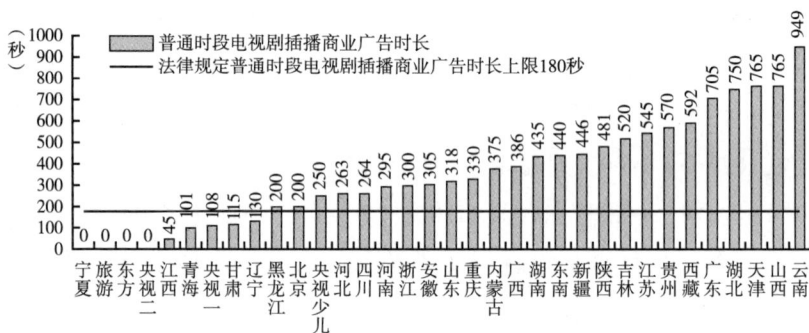

图 6　普通时段采样 34 个电视频道电视剧插播商业广告时长

插播 2 次商业广告的电视频道有 3 个，占 8.8%；插播 3 次的有 23 个，占 67.6%；插播 4 次的有 1 个，占 2.9%（见图 7）。绝大多数电视频道在黄金时段电视剧插播商业广告的时长高于法定最高值（60 秒），其中最长的高达 655 秒，是法定最高值的近 11 倍（见图 8）。

从电视剧插播广告的情况来看，电视台通常选择在每一集电视剧片头曲之后剧情开始之前以及片尾曲之前的时段插播广告，有意规避"每集中插播次数"的规定。然而，每集电视剧作为一个整体，包括片头

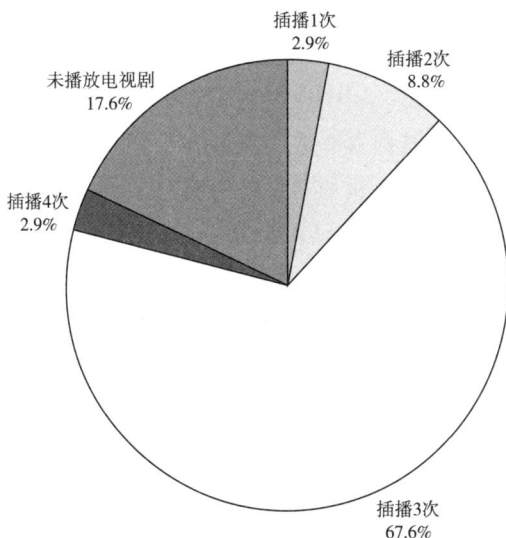

插播1次 2.9%
插播2次 8.8%
未播放电视剧 17.6%
插播4次 2.9%
插播3次 67.6%

图 7 黄金时段采样 34 个电视频道电视剧插播商业广告次数分布情况

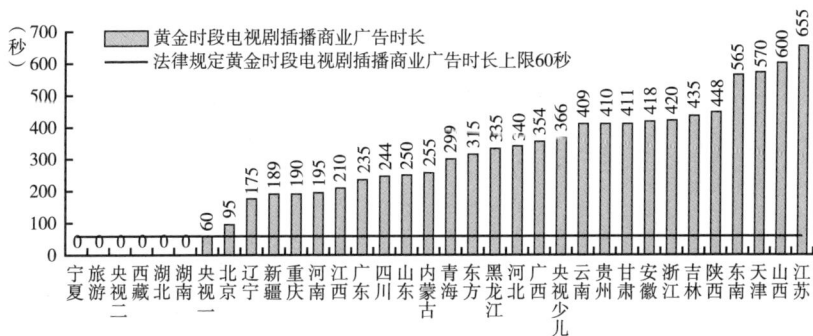

图例：
- 黄金时段电视剧插播商业广告时长
- 法律规定黄金时段电视剧插播商业广告时长上限60秒

数值：宁夏 0 旅游二 0 央视二 0 西藏 0 湖北 0 湖南 0 央视一 60 北京 95 辽宁 175 新疆 189 重庆 190 河南 195 江西 210 广东 235 四川 244 山东 250 内蒙古 255 青海 299 东方 315 黑龙江 335 河北 340 广西 354 央视少儿 366 云南 409 贵州 410 甘肃 411 安徽 418 浙江 420 吉林 435 陕西 448 东南 565 天津 570 山西 600 江苏 655

图 8 黄金时段采样 34 个电视频道电视剧插播商业广告时长

曲、剧情和片尾曲，"每集中插播次数"并非特指剧情阶段插播，在片头曲之后以及片尾曲之前播放广告仍属于电视剧插播广告，也应适用上述法律条款的规定。至于电视台在片尾曲阶段加入贴片广告的做法，虽然本次调研未对贴片广告进行统计，但肆无忌惮地遮挡字幕、干扰视线的贴片广告严重侵害了观众收看完整电视剧的权利，也同样应该受到严格监管。

除电视剧之外，其他电视节目也存在频繁超长插播广告的现象。就34个电视频道20:00~23:00时段选择的任一节目的情况来看，存在未插播广告和插播1次、2次、3次甚至4次的情况，其中插播1次、2次、3次的情况较为普遍，并且时长较长（见图9、图10）。有的电视台甚至在新闻节目中频繁插播广告。虽然相关法律法规未对电视剧之外的节目中插播广告作出限制，但这种任意插播广告的做法也是违反"广播电视节目不得任意插播广告"的原则的，亟待规范。

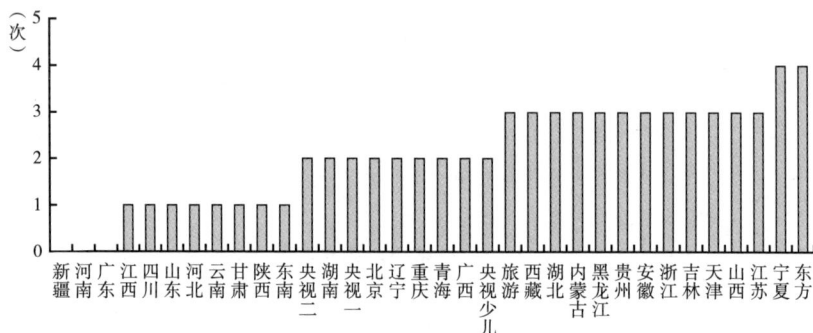

图9 采样34个电视频道非电视剧节目插播广告次数

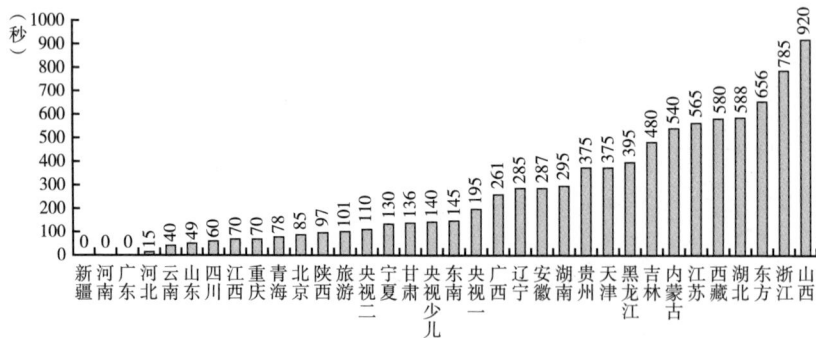

图10 采样34个电视频道非电视剧节目插播广告时长

4. 儿童产品广告泛滥，非儿童产品广告滥用儿童形象

由于目前法律对儿童广告的界定不明确，本次调研对儿童产品广告和儿童参与演示的非儿童产品广告（儿童参与型广告）分别进行了统计。

　　34 个电视频道除 3 个电视频道未播放儿童产品广告之外，剩余的 31 个电视频道均播出数目不等的儿童产品广告。平均来看，儿童产品广告的数量相当于商业广告数量的 1/10，其中某频道播放了 91 条儿童产品广告，占该频道播出的商业广告总量的 1/2 以上（见图 11）。

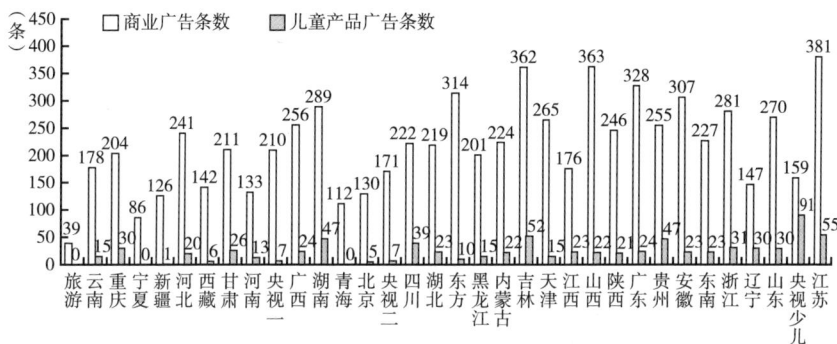

图 11　采样 34 个电视频道播出儿童产品广告条数

　　儿童产品广告通常会使用儿童形象，但是调研发现，大量的非儿童产品，甚至是根本不适宜让儿童演示的产品（如油漆、常润茶等）也使用儿童形象做广告。在 34 个电视频道播放的商业广告中，儿童参与演示的非儿童产品广告与儿童产品广告数量大致相当，也占商业广告的 1/10（见图 12）。由于儿童产品广告也通常是由儿童参与演示的，因此使用儿童形象的广告占商业广告的 1/5 以上，即每 5 个商业广告中，至少有 1 个在利用儿童形象做广告。另外，本报告所称的"使用儿童形象"还未包括单独使用儿童声音或卡通形象的情况，严格意义上这种情况也应该属于"使用儿童形象"的范畴。因此，从整体上看，电视台播放的儿童产品广告泛滥，而非儿童产品广告滥用儿童形象的问题也十分突出。

5. 电视购物短片广告时长过长

　　在 16：00 至 24：00 时段，采样的 34 个电视频道中涉及播放电视购物短片广告的有 13 个，其中播放 1 条电视购物短片广告的有 5 个；播放 2 条的有 8 个。电视购物短片广告的时长较长，平均每个电视购物短片广告时长为 577 秒，约 10 分钟（见图 13）。

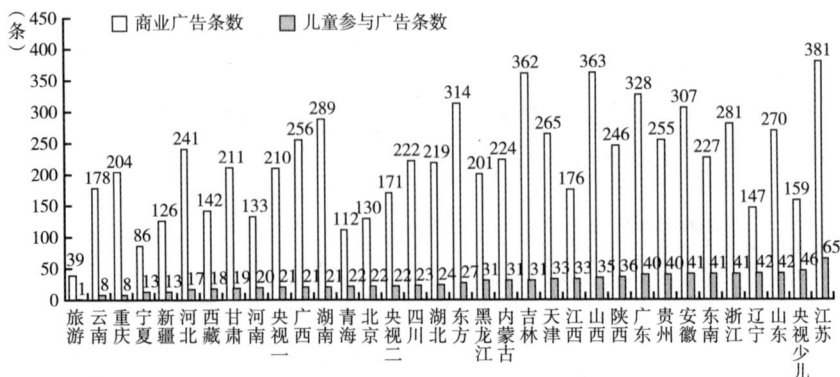

图 12 采样 34 个电视频道播出儿童参与型广告条数

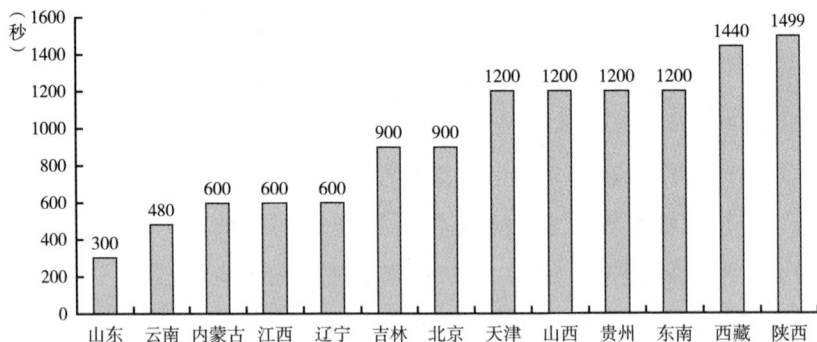

图 13 播出电视购物短片广告时长

6. 明星代言现象普遍

在对电视广告的播放数量进行统计时，调研组注意到电视广告中明星代言现象突出，就平均每个电视频道而言，有 1/3 以上的商业广告是由明星代言的（见图 14），且代言的产品种类繁多，涉及食品、化妆品、药品、教育培训等。

（二）电视广告内容方面存在的问题

1. 电视广告内容整体上存在的问题

（1）广泛使用外国人的形象。广泛使用外国人形象包括两种形式：一种是直接由外国明星代言，如韩国影星代言某品牌豆浆机、美国 NBA

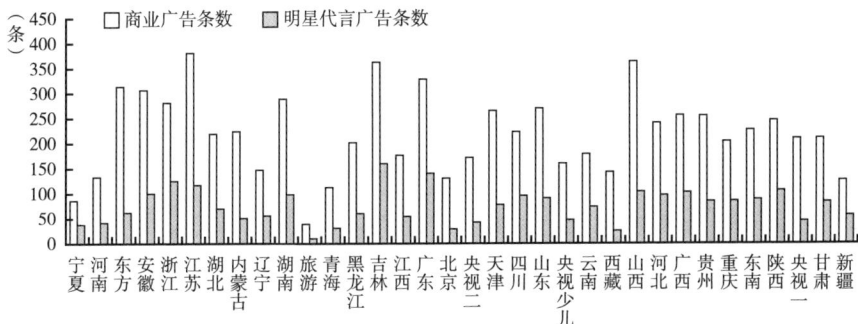

图14　采样34个电视频道播出的商业广告与明星代言广告条数对比

球星代言某品牌篮球鞋；一种是广告中出现外国人形象，这种形式更为常见。调研发现，有多达40个国内品牌的广告中出现了外国人形象。

（2）语言文字不规范。《国家通用语言文字法》和《广告语言文字管理暂行规定》（1998年修订）对广告使用的语言文字进行了规范，如"不得在同一广告语句中夹杂使用外国语言文字""不得使用错别字"等。但是调研发现，目前电视广告在语言文字方面仍存在问题。①中外文字混用，如某品牌运动鞋："say goodbye""to be number one"；某品牌减肥茶："so的一下""不要太瘦哦"；某品牌小零食广告："change we need"；某品牌冰红茶："let's go，够健康"；某品牌卫生巾："I don't worry, so many, so happy"。②为了追求广告效果而故意使用错别字或者窜改的成语，如某品牌奶粉：一"贯"好奶粉；某品牌熨斗：百"衣"百顺；某品牌大米：有"稻"理；某品牌洗发水：无"屑"可击；某品牌肥料："袋袋相传"；某品牌奶粉："领鲜"每一天；某品牌含硒矿泉水：以"硒"为贵；某品牌点读机：异口"童"声。不规范使用语言文字，尤其是使用错别字或窜改成语，会误导正处于语言文字学习阶段的儿童，给他们造成学习上的混乱。

（3）为宣传销量而使用消费者无从验证的数据。例如：某品牌纸尿裤："3万妈妈亲手验证"；某品牌冰箱："全球销量超过8000万台"；某品牌洗衣粉："千家万户都在用，全国销量领先"；某品牌牛奶："款待7000万世博来宾，创造中国骄傲"；某品牌小儿健胃消食片："每天卖出

71万盒"；某品牌饮料："每天1000万个中奖机会"；某品牌饮料："累计销量突破9亿包"；某品牌奶茶："每年销售7亿杯，连续6年全国销量领先"；某品牌电动车："年销量超过百万，连续3年行业领先"。这些宣传销量的数据消费者无法验证，并且涉嫌贬低行业内同类商品，为法律所禁止。

（4）广告内容重复。广告内容重复包括两种形式：一种是整体重复，即同一条广告完整地连续播放多次，中间无其他广告间隔；另一种是部分重复，即同一条广告中的同一句广告语重复多次，或者内容多次重复介绍。电视广告内容重复在一定程度上会给观众造成视觉和听觉的疲劳，甚至"污染"。

（5）违规采取新闻报道等形式。《广告法》第13条规定，"广告应当具有可识别性，能够使消费者辨明其为广告"，"大众传播媒介不得以新闻报道形式发布广告"。《广告管理条例》第9条、《广播电视广告播出管理办法》第9条第1项、《广告审查标准》第13条也有类似的规定。尽管法律法规对此三令五申，然而，许多电视台仍以专题报道、人物专访、科技成果、健康专题节目、新闻报道等名义或形式对医疗药品做广告，宣传产品的疗效，如某些医疗广告借助诸如《济世录》《生命传奇》等节目以及《人民大会堂白癜风康复赞歌》等专题宣传。另外，电视台在财富类节目中进行投资创业类广告宣传的现象也非常普遍，如某些电视频道在《创业纪事》《天下商机》《财富快车》《魅力财富》《鉴藏天下》等节目中进行加盟投资宣传。电视台采取新闻报道、人物专访或节目制作等形式进行广告宣传，容易让观众产生误解，观众基于对电视媒体的信任而丧失或降低对广告内容的判断和辨别能力，从而作出轻率的决定；同时，这类广告也会降低电视台作为新闻媒体的公信力。

2. 特定商品广告存在的问题

（1）食品广告。调研发现，电视台播放的食品广告用语存在一些问题。①宣传该食品含有新资源食品中的成分或者特殊营养成分，如一些品牌的牛奶宣称含有"DHA益智系统""益生元""3600万因子""双歧增殖因子""聚生元""采取EHT酶水解技术""采取优抗力配方"等，某品牌食用油声称"富含 DHA、EPA、ALA"，某些品牌饮料声称含有"SOD 活力因子""保鲜因子花青素""舒心因子""GABA 氨基酸"。②出现医疗术语、易与药品混淆的用语以及无法用客观指标评价的用语，如某些品牌食用油宣称"有助于脑发育""有益心脑血管健康""增强人体活力"等，某品牌奶粉宣称可以使儿童视力、智力、抵抗力全面提升。③使用医疗机构、医生的名义或者形象，如一些品牌奶粉出现"实验室""博士、营养专家和顾问等科研人员形象"。④发布母乳替代食品广告，误导消费者，如某品牌奶粉声称"像妈妈一样呵护宝宝"。上述广告宣传均涉嫌虚假宣传，为《广告法》和《食品广告发布暂行规定》所禁止。

（2）药品广告。药品作为特殊商品，国家对其广告有严格的规定。现在，严禁处方药在大众媒体做广告，已经形成国际惯例，从选取的电视台药品广告播放情况来看，遵守的情况也较好。非处方药可以做电视广告，但受到法律法规的严格限制。调研发现，药品电视广告普遍含有《广告法》和《药品广告审查发布标准》所禁止的内容。①说明治愈率或有效率以及有"疗效最佳""药到病除""根治""安全预防""安全无副作用"等断言或隐含保证，如某些品牌药品广告声称"一片解决头疼""治胃病，除病根"。②利用医药科技单位、学术机构、医院或儿童、医生、患者的名义和形象作为广告内容。③含有明示或者暗示该药品为正常生活和治疗病症所必需等内容，如有些药品广告声称"家家常备"。另外，药品在治疗疾病的同时都会存在一定的副作用或服用风险，普通公众由于缺乏专业知识对此不甚了解，因此有些国家要求药品广告负有提醒和说明义务，甚至有的国家的药品广告重点是介绍副作用。但是中国目前药品广告大肆宣传药品的治疗效果，对药品所可能出现的负面效果介绍较少，加重了信息不对称的情况。例如，某紧急避孕药品的广告，对经常服用该药品所产生的危害和风险只字不提，而一味宣称"有××，放心爱"。

（3）医疗广告。医疗广告是指利用各种媒介或者形式直接或间接介绍医疗机构或医疗服务的广告。医疗广告实行预先审查制度，由省级卫生管理部门或中医药管理部门审批，内容仅限于医疗机构第一名称、地址、所有制形式、类别、诊疗科目、床位数、接诊时间、联系电话等项目

（《医疗广告管理办法》第6条），即医疗广告仅限于纯告知性广告。但调研发现，电视医疗广告无一例外都会宣传其治疗效果，普遍存在以下问题：①保证治愈或隐含保证治愈；②冠以祖传秘方或名医传授等内容，如声称"祖传秘方断其根""中医世家"；③利用医药科技单位、学术机构、医院或儿童、医生、患者的名义和形象作为广告内容；④涉及医疗技术、诊疗方法、疾病名称、药物，如宣称"体细胞激活再生疗法""首创干细胞化毒再生疗法"；⑤以通信形式诊断疾病；⑥医生与患者进行现场或热线沟通交流内容。

（4）酒类和烟草广告。法律法规对酒类广告有诸多限制，但是调研发现，酒类广告仍存在较多问题：①出现饮酒动作和形象；②明示或暗示个人、商业、社会、体育、性生活或者其他方面的成功归因于饮酒，如某些品牌的酒广告宣称"领袖级礼宾酒""成大事，必有缘""富贵人的酒""开启尊贵生活"；③出现未成年人形象。

法律禁止利用广播、电影、电视、报纸、期刊发布烟草广告，调研发现电视台没有播放直接以烟草产品为内容的广告，然而，变相烟草广告却大行其道。与普通商品广告不同，变相烟草广告通常表现为烟草公司通过做公司品牌形象广告的形式，达到其推广烟草品牌的目的①。例如，有些公司打出"优越至上，品生活""多一份关爱，东方神韵，科技体现关爱"等广告语，虽然未点名烟草，但是由于公司名字与著名烟草品牌同名，公众心领神会。

3. 儿童广告存在的问题

儿童广告由于广告数量多，对儿童影响较大，因此受到较为严格的监管。但是调研发现，儿童广告仍存在诸多问题。

（1）滥用儿童形象。不适合儿童使用的产品却由儿童参加广告演示，如油漆、妇科药品、保健茶等。最为典型的是某品牌油漆，为了表现产品

---

① 2010年，中华女子学院法律系讲师朱晓飞就中央电视台第10套节目播放的红塔集团的烟草广告申请北京市工商行政管理局查处，北京市工商行政管理局以不属于烟草广告为由作出不予查处的决定，并得到国家工商行政管理总局的维持。2010年10月22日，北京市海淀区人民法院受理了这起针对烟草广告的公益诉讼（《检察日报》2010年11月16日）。

环保，广告中出现儿童亲吻刷过涂料的墙壁的镜头。

（2）儿童模特对宣传的商品的演示超出儿童的一般行为能力。例如，某品牌童鞋广告中出现滑板、倒立等危险动作，某品牌奶粉广告中幼儿在人来人往的大街上捡拾地上的棒棒糖，某品牌纸尿裤广告中一群婴儿在跳舞、做体操动作，某品牌小零食广告中出现儿童往嘴里抛送食物的动作。这些动作容易被儿童模仿，具有不良的引导作用。

（3）使用儿童不适宜的语言。某品牌洗发水广告中小女孩抚摸着一成年女性的头发说："我爱看，爱摸，爱闻"；某品牌保健品广告中孩子给妈妈打电话说："妈妈，多送点×××来"。

（4）给家长造成购买压力。许多儿童广告，利用家长望子成龙、爱子心切的心理，明示或暗示儿童的健康、聪明、听话、食欲好、学习成绩的提高归功于广告商品。例如，某品牌的保健品广告中妈妈夸奖用过该保健品的儿女"强壮又聪明"，某品牌学习机广告称"决胜中高考"，某品牌纸尿裤宣称"天才第一步"。很多儿童玩具和食品广告声称是儿童"最想得到的礼物""让妈妈的爱没有缺憾"。这些广告不仅会给家长造成一定的购买压力，而且存在将长辈的关爱物化甚至庸俗化的可能。

（5）出现不文明行为。例如：某洗衣粉广告中，小女孩的白色衣服被快速驶过的自行车溅上污渍；某品牌食用油广告中，儿子坐在桌子上挑着一块肉吊老爸的胃口；某儿童服饰广告中，儿童奔跑时跳过正在作业中的下水道工人的头顶。

（6）出现裸露镜头。例如，某品牌洗浴用品广告出现裸背镜头，某些品牌的纸尿裤广告中裸露婴儿臀部，某些不孕不育医院广告中出现婴儿裸体。

4. 电视购物短片广告存在的问题

电视购物短片广告是广告违法的重灾区，除普遍存在明星专家代言、消费者现身说法、内容循环重复、格调低下等问题之外，还存在下列问题。

（1）夸大、夸张宣传。某品牌健身器声称"10分钟瘦身"；某品牌手机称"全球最奢华"；某品牌化妆品承诺"5天变身"；某品牌魔发梳宣称"哪里白梳哪里，一梳就变黑，一生没有白头发"；某品牌塑身内衣宣称将脂肪从肚子转移到胸部；某品牌足疗机声称"提高免疫能力""适用各种症状""提高记忆力"。

（2）声称获奖。某品牌手机宣称"荣获各种国际设计奖""钻石鉴定证书"；某品牌保健器械称获得了"ISO 9000 质量体系"认证，是"第十届全运会指定产品"；某品牌的黑发产品声称"有美国健康产品协会颁发的本世纪最神奇发明的文件""获得国际、国家权威机构认证"。

（3）宣称所谓高科技。某品牌魔发梳宣称将"纯度 99.8% 的亚马逊黑姿素 1 秒钟进入头发内部"；某品牌化妆品宣传引自法国科技；某品牌足疗机宣称有"3D 数码驱动技术""三维立体仿生按摩法"；某品牌保健器械声称"太空热能光波枕""来自美国太空署 NASA 最新科技""6 条记忆合金条""8 块生物能量块""2400 枚生命磁点""美国航天水溶钛面料"；某品牌塑身内衣号称"冰霜装"，利用"乳下淋巴传导""空管内保温"；某品牌内衣号称"量子文胸"。

（4）以断货、抢购、甩货等方式推销商品。例如，声称数量有限、制造抢购现场、出现抢购倒计时、抢购热线（"拿起电话，赶快抢购吧"）等。

（5）制造价格落差。例如，宣传"只要 1 折""降价大促销""直降800 元""30 分钟内订购送×××"等。

另外，电视台播放的上述电视购物短片广告，有些涉及法律禁止播放的丰胸、减肥产品。

二　电视广告监管存在的问题分析

如前文所述，电视台违规播放电视广告、电视广告内容违法共同构成了电视广告乱象，这种广告乱象折射出中国电视广告监管存在诸多问题，调研组从立法与执法两个层面进行分析。

（一）立法层面

1. 存在立法漏洞

（1）对电视公益广告的规定不到位。《广告法》只规定了商业广告，未涉及公益广告。公益广告主要由《广告管理条例》和《广播电视广告播出管理办法》规定，但规定得不到位。《广播电视广告播出管理办法》仅规定了"播出机构每套节目每日公益广告播出时长不得少于商业广告时长的3%"。从调研情况看，电视台在每日16：00～24：00这样重要的时段内播放的公益广告数量较少，而这个时段由于受众多，播放公益广告才更有意义。

（2）目前法律法规对明星代言广告的规范仅限于规定明星的审慎义务，对明星代言产品的种类以及广告的内容未加限制。明星，作为公众人物，具有特殊的影响力和号召力，广告主和广告经营者大肆邀请明星为产品代言，也是看中了明星的这种社会影响力。正是因为明星具有广泛的社会影响力，所以并非所有种类的产品都可以请明星代言，明星在广告中的用语受到的限制应比普通人严格。但是目前法律法规对明星代言的产品和用语未作限制，亟待规范。

（3）对垃圾食品广告未作限制。电视台播放的食品广告中，高热量高脂肪的垃圾食品占有很大的比例，儿童在垃圾食品广告的包围中长期耳濡目染，其膳食结构将会受到深刻影响。为提高国民身体素质，改善国民体格，有必要对垃圾食品进行界定并对其广告进行限制。

（4）未明确规定特殊商品广告的告诫与提醒义务。所谓广告的告诫与提醒义务是指广告在宣传产品的同时，应当将该产品的负面影响告知公众，提醒加以注意和防范。规定商业广告履行告诫与提醒义务，源于民法上的诚实信用原则和合同法规定的告知义务，是行政法上为消除信息不对称而采取的必要的监管措施，也是企业履行社会责任的必然要求。目前关于广告的告诫与提醒义务的规定仅限于《药品广告审查发布标准》规定的"处方药"广告，即治疗性药品广告必须标明"按医生处方购买和使用"。但是对于非处方药，由于允许其在电视等大众媒体上做广告，更应该在广告中对其副作用进行告诫和提醒。另外，有些商品，从保护青少年的角度也应该规定广告的告诫和提醒义务。例如，某明星在其代言的网游广告中说："超好玩的网游，人人都玩，不玩才怪。"该明星作为青少年偶像发出这样的号召对儿童具有足够的诱惑力，而众所周知，网络游戏最大的特点就是容易让青少年产生网瘾，广告在宣传产品的同时应该履行对其负面影响的告诫和提醒义务。

（5）对电视节目插播广告规定得不够全面。目前电视节目插播广告现象十分严重，而法律只对电视剧插播广告进行了限制，未规定其他电视节目插播广告的情形。和电视剧一样，其他电视节目频频插播广告，同样也会侵害观众的收视权。另外，贴片广告、滚动字幕广告同样侵犯了观众完整观看电视节目的权利，因此有必要通过立法对这两种广告形式加以规制。

（6）现行法律法规未明确监管责任。监管机构拥有对电视广告的审查权、监测权、调查权和处罚权，有权力也应该有相应的责任，监管机构对其不作为和监管不力应承担相应的法律责任。

2. 《广告法》与《广告管理条例》并存，体系不严谨

通常情况下，下位法是依据上位法并且是为了实施上位法而制定的，在上位法缺失的时候，下位法也可以先行制定，待时机成熟再制定上位法。法律和行政法规是《立法法》所规定的"法"。国务院根据宪法和法律制定行政法规，在法律缺失的时候，国务院可以根据《宪法》第89条规定的职权以及全国人民代表大会及其常务委员会的授权制定行政法规。经过实践检验，一旦条件成熟，全国人民代表大会及其常务委员会便会制定法律取代行政法规。就广告监管方面而言，1995年《广告法》生效之后，国务院于1987年制定的《广告管理条例》并未失效，仍作为广告监管的法律依据。《广告管理条例》之所以仍然有效，缘于《广告法》规定的范围较窄（仅规定商业广告的监管，没有涉及公益广告）。《广告法》与《广告管理条例》并存，造成下位法在制定时无所适从，有的规章明确依据《广告法》，有的则将两者都作为立法依据。

3. 法律法规有待进一步清理

首先，暂行规定或暂行办法有待进一步正式化。1996年发布、1998年修订的《食品广告发布暂行规定》实施已逾十年，作为其立法依据的《食品卫生法》已经为《食品安全法》所取代，因此亟待修订和清理。其次，法律法规之间存在冲突。2004年修订的《广告管理条例施行细则》与1995年生效的《广告法》在法律责任的规定上不一致，前者要轻于后者。另外，《酒类广告管理办法》第 9 条[①]与《广播电视广告播出管理办法》第 25 条[②]冲突，前者限制的是"酒类广告"的播出条数，后者却将限制的范围缩小为烈性酒类商业广告。这些法律法规之间的冲突，会直接造成执法的不确定性，有待进一步清理。

4. 电视广告监管的立法层次有待提升

目前有关电视广告的监管规则大多规定在部委规章和其他规范性文件中，由于不属于《立法法》规定的严格意义上的法，有待进一步上升为法律和行政法规。

（二）执法层面

1. 多头监管、无人负责

中国电视广告监管机构主要是工商行政管理部门和广播电视管理部门，特殊商品广告还要受到食品药品监督管理部门、卫生管理部门、中医药管理部门，甚至是专利管理部门的审查和监测。然而这种多头监管体制往往陷入"三个和尚没水吃"的悖论：理论上的多部门、多环节、多方位监管和实践中违法电视广告泛滥成灾、无人监管形成巨大的反差。首先，审查部门对特殊商品电视广告的日常播放情况仅有监测的职责，对违法的广告没有处理权，因此审查部门往往会怠于监测；其次，对于广播电视管理部门而言，电视台是其下属事业单位，双方系利益共同体，因此广电部门作为"家长"，往往更愿意表扬[③]，而不愿意追究；最后，工商行政管理部门作为电视广告的主要监管机关，面对电视台这样的强势单位，监管往往力不从心。

2. 监管资源有限，监管不力

工商行政管理部门作为广告监管部门，其人员编制和财力资源有限，

---

① 规定电视"每套节目每日发布的酒类广告，在特殊时段（19：00~21：00）不超过二条，普通时段每日不超过十条"。

② 规定"广播电台每套节目每小时播出的烈性酒类商业广告，不得超过 2 条；电视台每套节目每日播出的烈性酒类商业广告不得超过 12 条，其中 19：00 至 21：00 之间不得超过 2 条"。

③ 例如，国家广播电影电视总局曾于 2007 年 12 月 21 日 17：05 在其网站的广电要闻上公布"中央电台广告管理再上新水平"之类的信息。

面对海量的违法广告，在行业自律缺失或不到位的情况下，仅依靠工商行政管理部门的监管在客观上会存在一定的困难。2010 年 7 月 30 日国家工商行政管理总局曝光 8 家省级电视台违法直销广告，并承诺将由工商部门责令停止发布，依法查处①。但是调研发现，贵州卫视虽然不再播放被曝光的任仲传风痛康膜广告，但是却播放同样被曝光的黑姿魔发梳广告；播放黑姿魔发梳广告的还有山东卫视；被曝光的任仲传风痛康膜广告则以人物专访的形式在吉林卫视播放。

3. 消费者维权面临制度障碍

电视广告在实践中无人监管和监管不力，其深层次的原因在于电视广告利润巨大，不仅给广告主、广告经营者和广告发布者带来直接的经济利益②，并且根据"监管俘获"理论，执法部门也缺乏监管的动力与决心。违法的电视广告存在本身，对于广告主体和监管者没有直接的侵害（但是长远来看，会损害行业信誉和政府形象），直接损害的是消费者的利益，因此在各方都缺乏纠正违法电视广告动力的情况下，消费者的维权尤为重要。电视广告一旦播出就会对观众造成一定的影响，不管是否购买了广告的商品或服务，观众都可以作为消费者对违法广告主体提出民事诉讼或者由消费者组织提起公益诉讼，由法院责令停止违法行为。但是，根据目前的法律规定，一般只将实际购买虚假广告宣传的商品的消费者纳入受害者范围，普通观众只能向监管部门举报和投诉，并且根据现有法律，通过行政诉讼追究监管者不作为的责任，困难很大。

三　电视广告监管的完善路径

1995 年的《广告法》由于调整范围过窄以及条文过于原则等先天缺

---

① http：//www. gov. cn/jrzg/2010-7/30/content_ 1668073htm，访问时间：2010 年 8 月 20 日。

② 电视广告收入是广告发布者的主要收入来源，以中央电视台为例，中央电视台广告部经营管理中心副主任何海明在 2010 年 11 月 8 日的 "央视 2011 年度黄金资源广告招标会" 上宣布，2011 年央视广告招标总额达 1266870 亿元。

陷而亟待修订。据悉，由国家工商行政管理总局起草的《广告法（修订送审稿）》已送至国务院法制办公室，因此，借《广告法》修订之际，调研组对完善电视广告监管提几点建议。

1. 适当降低商业广告的播放量，提高公益广告播出的比例

电视台作为公众媒体，对社会具有导向作用，而公益广告对于塑造良好的社会风尚具有积极意义，因此播放一定数量的公益广告是媒体应尽的责任。另外，在中国现行体制下，电视台具有公立性质，属于公共事业单位。国家在加强对电视台播放商业广告收益监管的同时，还应该进一步降低商业广告的播放数量和时长，还原电视台作为公共资源的本质属性，播放更多的公益广告，承担更多的社会责任。因此，未来的广告立法应进一步限制商业广告的播出条数与时长，在公益广告方面，还应该适当提高《广播电视广告播出管理办法》规定的"3%"的比例，并且规定公益广告应该集中在每日的重要时段。

2. 明确界定儿童广告，限制儿童时段和儿童频道播放的广告

首先，明确界定儿童广告，将单独使用儿童声音和出现儿童熟悉的形象（如卡通形象、儿童节目主持人或者教师等）的广告纳入儿童广告进行规范。其次，对于儿童时段和儿童频道播放的电视广告进行严格限制，因为儿童时段和儿童频道播放的广告都属于以儿童为对象的广告，而儿童不具有判断力，在缺乏家长引导的情况下，很容易受到广告的影响，因此这类广告应该受到严格的限制，甚至禁止。

3. 规定广告的提醒和告诫义务

基于弥补信息不对称和保护青少年健康的目的，应规定广告的告诫和提醒义务。例如，医药类广告有义务主动提醒消费者关于药品的保存期限、禁忌事项以及可能产生的副作用；糖果类广告有必要提醒儿童刷牙等。

4. 限制"垃圾食品"广告

目前食品广告中，高热量、低营养的垃圾食品广告占有很大比例。所谓垃圾食品，是指含有较高热量和饱和脂肪酸的食品，包括汉堡包、比萨、方便面、巧克力、糖果和冰激凌等食品。这些垃圾食品会导致青少年肥胖和其他一些疾病，已经引起国家有关部门注意①。为了保障青少年的身体健康，提高身体素质，增强民族体格，应借鉴韩国的做法，通过立法对垃圾食品广告进行限制。比如，规定每天 17 时至 19 时这一青少年收看电视节目的"黄金时段"禁止播出"垃圾食品"广告。此外，少儿节目中间也应该禁止插播此类商品广告。

5. 限制"明星代言"

《食品安全法》出台之后，追究明星代言的法律责任成为焦点。而2009 年《最高人民法院、最高人民检察院关于办理生产、销售假药、劣药刑事案件具体应用法律若干问题的解释》第 5 条"以共犯论处"的规定，要追究明星的法律责任，必须要证明其明知代言的为假药、劣药。由于"明知"存在认定上的困难，因此通过追究明星的法律责任来规范和限制"明星代言"很难奏效。要规范"明星代言"，应该从广告准入和广告内容两方面规制。首先，应禁止某些商品和服务的明星代言，如药品和医疗广告。以药品为例，"明星"对药品一般不具有鉴别能力和发言权，但是作为公众人物又具有特殊的影响力和号召力，因此其代言药品很容易误导观众。其次，应规定明星在广告中不得对产品进行褒奖，从而降低广告的误导性。

6. 明确监管者的监管责任

根据现行法律，虚假广告的责任主体包括广告主、广告经营者和广告发布者，目前也有立法建议将明星作为广告参与者纳入责任主体。电视广告违法固然可以归结为这些主体的贪婪，但是监管部门同样负有不可推卸的责任。明星作为公众人物，代言广告自然应该履行一定的审慎义务，但比起监管机构，后者更具有审查的资质和能力，更应该承担一定的监管责任。在《广告法》中明确监管者的监管责任能够有效督促监管者依法监管，对于净化电视广告市场具有积极作用。

7. 加大对违法电视广告的处罚力度，对虚假广告"零容忍"

目前法律规定，对于违法电视广告，仅仅针对广告本身规定了停止播

---

① 由中国宋庆龄基金会倡议并发起，会同国家发展和改革委员会、教育部、国家民族事务委员会、农业部、商务部、卫生部、国家工商行政管理总局、国家质量监督检验检疫总局、国家广播电影电视总局、国家食品药品监督管理局等单位共同实施的"全国青少年儿童食品安全行动"正在进行，但是未涉及"垃圾食品"广告监管。

放、罚款，但未规定虚假广告商品退出机制。为自己的产品做虚假广告对于企业来说就是一种欺诈行为，应属于"零容忍"的范畴，在制度建设上应设计有效的处罚机制甚至退出机制，使企业面临重罚，甚至退出市场。

（参见法治蓝皮书《中国法治发展报告 No. 9（2011）》）

专题二

纠纷解决与司法建设

第六章　中国法定纠纷解决机制
调研报告（2006）

摘　要：进入 21 世纪以来，随着经济体制改革的不断深化，中国社会矛盾和社会纠纷总体上居高不下，种类繁多，表现形式非常复杂，引起了社会公众的普遍关注和极大不满，对社会和谐稳定造成明显破坏。面对社会纠纷，应将其作为社会常态管理事项，建立健全纠纷预防机制，着重通过法律途径和制度手段加以解决，遵循法定程序，按照公正、公平、公开的原则，在充分保证纠纷当事人合法权利的基础上，寻求对解决纠纷具有确定效力的纠纷解决方案。应当在各种纠纷解决的法定渠道间建立起科学合理的制度联系，形成完整协调的纠纷解决体系，充分发挥各种法定渠道解决纠纷的整体效应。

人是社会动物。有社会的地方，就有社会纠纷。社会纠纷是人类社会的客观存在。社会主义制度的建立，从根本上消除了人与人对立和冲突的经济、政治和社会根源，但属于人民内部矛盾性质的社会纠纷依然会长期存在。在依法治国和依法执政的历史条件下，如何通过法定渠道预防和解决社会纠纷，保证社会的和谐与稳定，成为党和政府在新世纪、现阶段面临的重大课题。

一　当前社会纠纷的性质、类型、产生的原因和对社会和谐与稳定的影响

（一）当前社会纠纷的性质、类型和产生的原因分析

1. 当前社会纠纷的性质和主要类型

随着中国经济体制改革的不断深化，人均 GDP 超过 1 千美元，城乡差距、贫富差距、东中西部差距进一步扩大，社会矛盾和社会纠纷总体上居高不下。尤其是由于征地拆迁、国企改制等引起的群体性纠纷，成为当前社会纠纷的突出问题。目前，我们尚无法直接统计到全国发生的社会纠纷数量，但从以下诉讼和仲裁解决纠纷的维度或侧面，近年来中国社会纠纷发生数量变化的情况可略见一斑（见表1、图1、图2、图3）。

表 1　2006 年各类案件审结情况及司法改革情况

最高人民法院共办结各类案件 3668 件，结案数同比上升 14.77%。地方各级人民法院共办结各类案件 8105007 件，结案数同比上升 2.07%		
刑事审判		共审结爆炸、故意杀人、抢劫、强奸、绑架等犯罪案件 245254 件，判处罪犯 340715 人。判处县处级以上国家工作人员 825 人，地厅级 92 人，省部级 9 人。在全部罪犯中，判处 5 年以上有期徒刑、无期徒刑以及死刑的 153724 人
	惩罚犯罪与保障人权并重	依法宣告 1713 名刑事被告人无罪；为 378 名刑事案件被害人及其亲属发放救助金 780.24 万元
	参与社会治安综合治理	使 83697 名失足青少年及时得到矫治；依法办理减刑 429852 人，假释 20254 人
民事审判		共审结婚姻家庭、遗产继承纠纷案件 1159437 件；审结权属、侵权纠纷案件 986082 件；审结劳动争议案件 179637 件，诉讼标的额 31.89 亿元
	依法调节经济关系	审结国有企业兼并、破产、产权转让等纠纷案件 4755 件；审结金融纠纷案件 717526 件；审结各类合同纠纷案件 2236888 件，诉讼标的额 4757 亿元
	知识产权司法保护	审结知识产权一审民事案件 14056 件，诉讼标的额 27.1 亿元
	海事海商审判	审结海事海商案件 7375 件，诉讼标的额 44.45 亿元
	涉外和涉港澳台案件审理	共审结各类涉外和涉港、涉澳、涉台案件 23313 件，同比上升 16.39%

续表

行政审判	共撤销、变更、确认行政行为违法或无效 14250 件；对应当支持的行政行为，依法判决支持，维持行政机关行政为 37360 件
执 行	共执结 78 万件积案，执行到位金额 2160 亿元
再 审	共依法审理再审案件 48286 件，审结 47270 件，改判 15568 件
司法体制和工作机制改革	从 2007 年 1 月 1 日起统一行使死刑案件核准权，结束了部分死刑案件核准权下放 26 年的历史 贯彻实施人民陪审员制度，共有 48211 名人民陪审员参与审理案件 339965 件 推行人民法庭直接立案制度，有 6520 个人民法庭具备直接立案条件；有 328 个中级法院和 2307 个基层法院建立了"一站式"立案大厅 依法扩大简易程序适用范围，适用简易程序审理的一审刑事案件达 38.87%，民事案件达 71.26%；对经济上确有困难的当事人及时提供司法救助，全年救助 282581 人次，缓、减、免交诉讼费 12.11 亿元

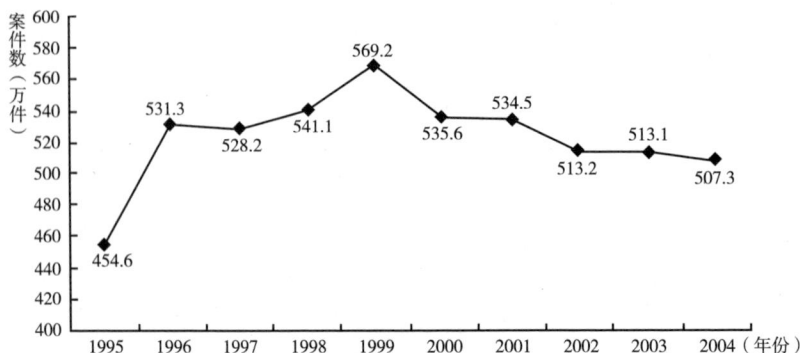

图 1　1995~2004 年法院一审受理案件情况

数据来源：国家统计年鉴（1996~2005 年）。

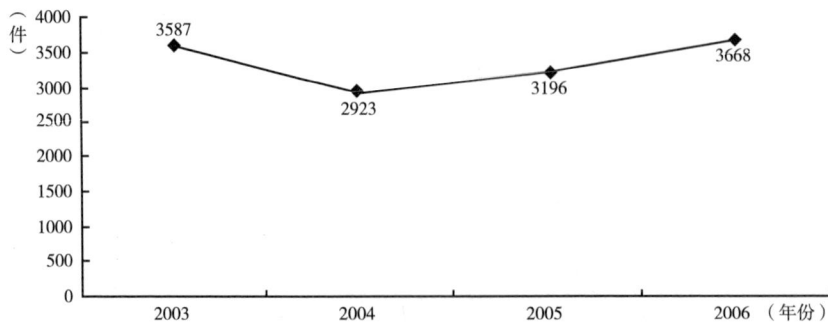

图 2　2003~2006 年最高人民法院审结各类案件情况

数据来源：最高人民法院工作报告（2004~2007 年）。

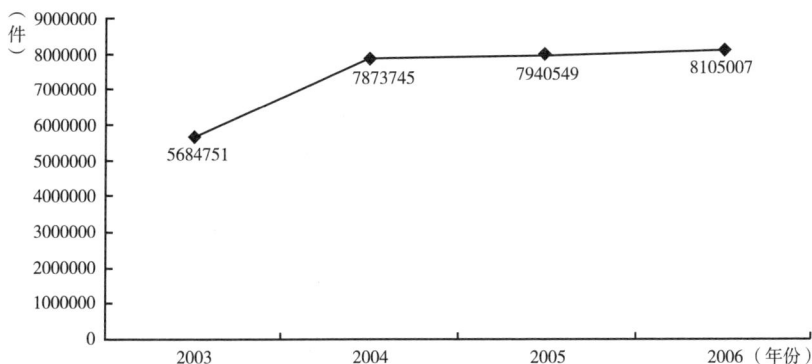

图 3　2003～2006 年地方各级人民法院审结各类案件情况

数据来源：最高人民法院工作报告（2004～2007 年）。

从图 1~图 3 数据来看，中国通过诉讼解决纠纷的情况大致保持上升的趋势。

中国社会纠纷的种类很多，表现形式非常复杂，但从社会纠纷的主体来划分，社会纠纷主要可以分为四大类：第一类是国家机关在履行职权时与社会公众发生的纠纷，第二类是不同的国家机关在履行职权时相互之间发生的纠纷，第三类是发生在国家机关、企事业单位和社会团体内部的纠纷，第四类是发生在社会公众之间的纠纷。其中，第一类和第四类是当前社会纠纷的主要形式。

根据十届人大五次会议最高人民法院的工作报告，在 2006 年一年中，通过各级人民法院解决的社会纠纷数量也明显增加，人民法院在解决各类社会纠纷中的作用日益突出①。

在 2007 年 1 月 23~25 日北京召开的 2007 年全国仲裁工作座谈会上，国务院法制办相关负责人在全国仲裁发展工作形势报告中介绍，2006 年，全国 185 个仲裁委员会共受理案件 60844 件，比 2005 年增加了 12505 件；案件标的额共计 725 亿元，比 2005 年增加了 71 亿元。全年人民法院撤销仲裁裁决 124 件，占受理案件数量的 0.2%；人民法院不予执行仲裁裁决 71 件，占受理案件数量的 0.12%。总体上看，全国仲裁工作继续保持了发展势头，但部分仲裁机构及区域案件受理数量和涉案标的额增幅较小甚

———————————

① 《法制日报》2007 年 3 月 14 日，第 2 版。

至出现下降。

2006年，全国八个区域的仲裁工作情况分别为：华北区域受理案件数量增长19.1%，涉案标的额增长66.9%；东北区域受理案件数量增长13.1%，涉案标的额增长35.1%；华东区域受理案件数量增长6%，涉案标的额下降7.3%；东南区域受理案件数量增长0.4%，涉案标的额降低8.6%；中南区域受理数量增长117.1%，涉案标的额增长33.6%，受理案件数量增长率为全国之首；华南区域受理案件数量增长6.6%，涉案标的额增长20.2%；西南区域受理案件数量减少3.8%，涉案标的额增长22.6%；西北区域受理案件增长30.3%，涉案标的额增长73.1%，涉案标的额增长幅度居全国首位。各区域在回顾2006年工作情况时一致认为，2006年度各区域受理仲裁案件数量虽然有升有降，但总体上还是持续向前发展的，为社会主义市场经济建设和构建社会主义和谐社会发挥了积极作用①。

总体上说，当前中国社会纠纷仍然处于正常的社会矛盾和冲突的范围，是社会转型和发展过程中不可避免的，其中绝大多数属于人民内部矛盾，可以通过法定渠道和制度手段予以解决。

2. 当前群体性纠纷的特点

群体性纠纷是当前对社会和谐与稳定负面影响最大的社会纠纷类型。我们对群体性纠纷进行分析，可以发现以下几个特点。

（1）有些群体性纠纷的规模大、参与人数多。有的群体性纠纷甚至有上千人参加，规模比较大，纠纷发生后，政府难以有效控制。

（2）少数群体性纠纷持续时间长，对社会造成较大的负面影响。

（3）有些大规模的群体性纠纷，最初都是一些小规模的集体上访事件，由于有关政府部门没有及时采取有效的措施加以防范，致使问题越来越复杂，事态越拖越严重，最后演变成大规模的群体事件。

（4）有些群体性纠纷受到一些有组织的背景势力的支持，加剧了处理群体性纠纷的复杂程度。如南方某省某些外来务工、经商人员常以"老乡"名义聚集、串联，参与群体性"维权"、斗殴、闹事等活动，部

---

① 《法制日报》2007年3月18日，第12版。

分纠纷演变成恶性刑事案件，成为当地社会治安稳定的新隐患。如广东的许多工人在入厂之前会被邀请参加当地一些"老乡会""同乡会"的地下活动，订下协议，接受这些组织的保护。究其原因，一是外来务工人员人身权益容易受到侵害，在得不到解决的情况下，越来越多的人寻求采取一些极端的解决方式；二是外来务工人员势单力薄，经常受气，在老乡的唆使下容易参加闹事；三是多数人在组织老乡会时有法不责众的思想。

（5）有的许多群体性纠纷还发生了群众与警察的激烈冲突，甚至出现了流血事件。

总之，近年来的群体性纠纷所涉及的范围越来越大，影响越来越广，已成为影响社会和谐与稳定的巨大隐患，应当引起各级政府和有关部门的高度关注。

3. 产生社会纠纷的原因分析

当前产生社会纠纷的原因比较复杂，特点各异，总体上来说，不同类型的社会纠纷的产生既有相同或者是相似的共同原因，也有各自独特的具体原因。

历史传统、经济、社会、文化、体制、观念等，都可能成为产生社会纠纷的共同原因。但从法制角度看，法律体系不完备、立法质量不高、有法不依、执法不严、违法不究、违法行政、司法不公、解决纠纷的法定渠道不通畅、机制不健全等，是中国多数社会纠纷产生和得不到有效解决的主要原因。

从引起社会纠纷的具体原因来看，当前群众反映最强烈、最易引起纠纷的是征地拆迁、国企改制、下岗安置、劳资矛盾、环境污染、出租车经营权、特定群体合法权益保护、严重腐败等问题。

从宏观角度看，有些社会纠纷是属于有社会就有社会纠纷的"常态"，除了可以采用道德、纪律、教育等手段外，还可以运用制度化、规范化的手段，通过法律的调整和控制来加以解决；有些社会纠纷是在特定时期由某种特殊的原因和条件引发的，具有突发性、非常态性的特征，对此要对症下药，采取有针对性的措施加以解决。

从总体上来看，一方面要加强解决纠纷的法律制度的建设，强化法定渠道解决纠纷的作用，将社会纠纷控制在制度允许的范围内；另一方面，应当建立和完善突发性纠纷预防和应对机制，重点防范和应对社会影响面大、冲突激烈和问题比较复杂的群体性纠纷。

（二）当前社会纠纷对社会和谐与稳定的影响

近几年，各种群体性纠纷频繁发生，引起了社会公众的普遍关注和极大不满，对社会和谐与稳定造成明显破坏。

据统计，以信访工作涉及的纠纷为例，土地征收征用、城市建设拆迁、环境保护、企业重组改制和破产、涉法涉诉等五方面群众反映强烈的突出问题，成为新时期信访工作的重点①。

所有社会纠纷尤其是群体性纠纷，都程度不同地干扰了当地正常的生产、生活和法律秩序，对社会和谐与稳定产生了负面影响。

社会主义和谐社会并非无矛盾和纠纷的社会，而是可以通过法治等渠道和方法预防、控制、解决矛盾和纠纷的社会，可以最大限度地减少社会纠纷对维护社会和谐与稳定所造成的负面影响。

首先，应当把社会纠纷的产生看成是社会常态现象，立足于通过法律和制度手段来解决纠纷。社会纠纷是人们在社会交往过程中必然会产生的意志表达和利益需求等方面的冲突和矛盾。特别是在利益多元化的社会转型时期，这种冲突和矛盾就会表现得更加充分。因此，社会纠纷和其他社会事务一样，都属于一个正常社会体制下应当纳入常规化管理的对象，应当在制度设计时将对社会纠纷的预防和解决作为制度建设的重要内容。

其次，要认真研究社会纠纷的特点，从政策和具体措施等多种角度来把握和监控社会纠纷的发展趋势。例如，2004 年 7 月 29 日，上千名出租车司机在某市主干道游行。主要原因是出租车司机对市政府将于 8 月 1 日实行的《城市客运出租汽车经营权有偿使用管理办法》中关于改变"对已取得城市客运出租汽车经营权的经营者规定经营期限"表示强烈不满。出租车司机认为，目前多数车主按照规定不拥有 10 年的经营权，由于购车成本过高，难以在剩余时间内赚回投资。目前市政府规定出租车运营 8

---

① 人民网：参见 http：//politics. people. com. cn/GB/1026/5534212. html，2007 年 3 月28 日。

年即要报废，如果在经营权有偿使用期内车辆报废，再买新车难以保证获得利益，造成有经营权无车的浪费。在经营权有偿使用期满后，车主很难再筹措资金以高价取得经营权。① 2004 年 8 月 2 日下午，自治区政府召开专门会议，从 7 个方面来采取有效措施，平息罢运风波：一是该市政府要在媒体上发公告告知出租车司机，市政府暂不执行 2004 年 107 号和 108 号文件，即《××市城市客运出租汽车经营权有偿使用管理办法》和《××市城市客运出租汽车更新管理办法》，在新办法出台前，仍按老办法执行；二是市政府要发公告，要求出租车司机认清形势，限期运营，对不运营者可以采取吊销营运证的办法处理；三是市政府下半年要依法举行听证会，在广泛听取各界意见的基础上出台新的条例，争取 2005 年 1 月 1 日执行；四是立即成立出租车行业规范管理领导小组，对新办法的出台进行全面监督；五是依法对出租车这一特殊行业加大法律宣传力度，加强引导和教育；六是对那些煽动、组织策划和胁迫司机上访以及有打砸抢等违法行为的人，要依法追究刑事责任。纠纷平息后，要立即抽调专门力量对出租车运营公司进行行业整改，对私下倒卖出租车运营证的出租车运营公司和个人依法查处。②

再次，对于突发性纠纷，特别是突发的群体性纠纷，各级党委和政府都要给予高度重视，慎重处理。例如，针对信访工作出现的新情况和群体性纠纷的不断增多的实际情况，贵州省委、省政府决定采取下列措施：

（1）切实加强领导，落实组织领导措施。联席会议由省委副书记牵头，3 名省委常委及 1 名省政府秘书长作召集人，成员由省委副秘书长在内的相关省、市政府厅、局、司法机关的一、二把手等共 28 人组成，为处理信访突发问题及群体性纠纷形成整体合力。

（2）明确联席会议的主要职责是，各有关部门及其主要负责人，各司其职，各负其责，了解、掌握信访突出问题及群体性纠纷的情况和动态；分析、研究社会稳定形势，针对信访突出问题及群体性纠纷，及时提

---

① 新华网：参见 http://www.qh.xinhuanet.com/2004-12/28/content_3468947.htm，2004 年 12 月 28 日。

② 新闻周刊：参见 http://news1.jrj.com.cn/news/2004-08-21/000000883209.html，2004 年 08 月 21 日。

出预案、对策和建议；组织协调有关方面处理跨行业、跨地区的信访突出问题及群体性纠纷，等等。

（3）联席会议实行严格的工作责任制。按照属地管理，分级负责，归口管理和谁主管、谁负责的原则，认真落实工作职责。力求从源头上解决问题，把矛盾化解在基层、化解在萌芽状态。把处理信访突出问题及群体性纠纷纳入法制化轨道，在解决实际问题的同时，解决好思想问题。

（4）根据当前群众信访反映比较突出的敏感问题，贵州省维护社会稳定联席会议成立了5个专项工作小组：农村土地征用问题工作小组、城镇房屋拆迁问题工作小组、国有企业改制问题工作小组、涉法涉诉问题工作小组、企业军转干部问题工作小组。5个工作小组分别由省国土资源厅、省建设厅、省国资委、省政法委和人事厅等部门牵头负责，各部门厅长任组长，负主要责任。①

最后，对待社会纠纷，既不要夸大矛盾和负面影响，自乱方寸，又要保持高度警惕，防患于未然，必要时采取果断措施。例如，陕西省委在反思解决咸阳华润职工群体性纠纷的经验和教训的过程中认识到，事情起因于企业积累的深层次的矛盾：一是企业长期压制民主，家长式管理严重侵害了职工利益，干部的特殊化引起职工强烈不满。二是改制的基础工作粗糙夹生，实施中方法简单草率。如工人的安置方案没有召开职代会讨论通过，而是用职代会名义召开班组长会通过。三是企业干部职工的思想长期封闭，观念障碍较大，加上原企业领导人不愿引进华润集团而在职工中进行了不实宣传，致使职工抵制引进华润集团。四是企业党政工团组织软弱涣散，厂级和中层干部在职工中没有威信。对此纠纷处置的经验总结是：处置突发性群体纠纷责任要明确，必须有高度的政治敏锐感，采取果断措施，迅速把问题解决在萌芽状态。纠纷发生后，省委、省政府立即派出工作组，但由于力量不够到位，企业领导层思想不统一，工作协调难度较大，回应职工合理诉求时间过长，加剧了职工的对立情绪。加上改制重组中企业组织涣散，在相当长的一段时间内，工作浮在面上，深入不到群众

---

① 参见 http：//www. gycity. com：81/zb_ 2/huichui_ detail. asp？ id = 1815，《贵州省人民政府公报》2005 年第 9 期。

中去，以致失去了解决问题的最佳时机。

总之，面对社会纠纷，应当将其作为社会常态管理的事项，从平常的一点一滴抓起，建立和健全纠纷的预防机制，着重通过法律途径和制度手段来加以解决。

二　通过法定渠道解决纠纷的现状和存在的问题

（一）概述

当前，中国社会纠纷的种类繁多、产生的原因复杂，解决纠纷的渠道也是多管齐下、多头并进，但是，从解决纠纷的各种渠道的规范性和有效性来看，大致可以分为两类，即解决纠纷的法定渠道和其他渠道。解决纠纷的法定渠道有比较明确的法律规定，有解决纠纷的具体机构，有解决纠纷的法律程序，具有一定的法律效果。相对于其他渠道来说，法定渠道解决纠纷具有稳定性、可预见性和可重复性，其遵循公正、公平和公开的原则来有效地处理发生纠纷的主体之间的矛盾和冲突，目标在于建立和谐与稳定的社会秩序。

当前，通过法定渠道解决纠纷主要有两类法律机制。第一类是诉讼渠道，包括民事诉讼、刑事诉讼和行政诉讼；第二类是非诉讼渠道，包括行政复议、内部纠纷解决机制、民商事仲裁、法定调解、信访和违宪审查等等。诉讼是解决社会纠纷最有效的法定渠道和最终的法律手段。非诉讼是运用诉讼以外的法律手段解决社会纠纷的重要辅助渠道。

（二）诉讼渠道

诉讼是通过法定渠道解决纠纷的最有效和最终的途径与手段。当前，中国的诉讼渠道所解决的纠纷涵盖了社会纠纷的大部分类型。诉讼在解决纠纷时最大的特点是，赋予纠纷当事人充分的诉讼权利的保障，在公正、公平和公开的法律程序的保障下，全面、有效地解决当事人之间的纠纷，并且能够形成对纠纷当事人具有法律约束力的纠纷解决结果。

1. 民事诉讼

当前，有关解决民事纠纷的诉讼法律规定如表 2 所示。

表 2

类别	文件名称	颁布时间
法律	《中华人民共和国民事诉讼法》	1991.04.09
	全国人民代表大会常务委员会《关于完善人民陪审员制度的决定》	2004.08.28
司法解释	最高人民法院《关于适用〈中华人民共和国民事诉讼法〉若干问题的意见》	1992.07.14
	最高人民法院《关于民事诉讼证据的若干规定》	2001.12.21
	最高人民法院《关于人民法院民事调解工作若干问题的规定》	2004.08.18
	最高人民法院、司法部《关于民事诉讼法律援助工作的规定》	2005.09.22

近年来，中国司法机关通过民事诉讼机制处理了大量的民事案件。2000 年，全国法院一审共审结各类民事案件 351.7 万余件，2001 年共审结 437 万余件，2002 年共审结 507.7 万余件，2003 年共审结 483.4 万余件，2004 年共审结 430.3 万余件，2005 年共审结 436 万余件，2006 年共审结 438.2 万余件（见图 4）。

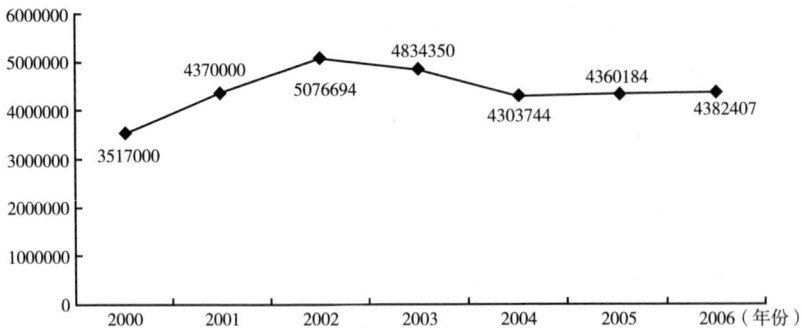

图 4　2000~2006 年全国各级人民法院民事一审结案数示意图

数据来源：最高人民法院工作报告（2001~2007 年）。

从总的趋势来看，民事诉讼的数量呈现不断增长的态势。在 2000～2006 年期间，人民法院依法妥善处理民事案件，及时化解人民内部矛盾，在保持社会和谐与稳定方面作出了重大的贡献。在处理矛盾容易激化的债务、房地产、拆迁、劳动争议、土地山林等案件时，法院在查明事实、分清是非责任的基础上，充分运用调解手段平息纠纷，维护了当事人之间的团结。在审判工作中，注意依法保护妇女儿童、老年人、残疾人的合法权益。通过人民法院依法妥善处理各类民事纠纷案件，及时地化解了社会矛盾，预防了犯罪，维护了社会稳定。

2. 刑事诉讼

当前，中国有关解决刑事纠纷的诉讼法律规定如表 3 所示。

表 3　中国当前刑事诉讼制度的主要法律依据

类别	文件名称	颁布时间
法律	《中华人民共和国刑事诉讼法》	1996.03.17
行政法规	《中华人民共和国看守所条例》	1990.03.17
司法解释	最高人民法院《关于执行〈中华人民共和国刑事诉讼法〉若干问题的解释》	1998.09.02
	最高人民检察院《人民检察院刑事诉讼规则》	1999.01.18
	最高人民法院、最高人民检察院、司法部《关于适用简易程序审理"被告人认罪案件"的若干意见（试行）》	2003.03.14
	最高人民法院、最高人民检察院、司法部《关于适用普通程序审理"被告人认罪案件"的若干意见（试行）》	2003.03.14
	最高人民法院、最高人民检察院、公安部、司法部《关于刑事诉讼法律援助工作的规定》	2005.09.28
其他文件	最高人民法院、最高人民检察院、公安部、国家安全部、司法部、全国人大法工委《关于刑事诉讼法实施中若干问题的规定》	1998.01.19

长期以来，各级人民法院、人民检察院以及公安机关通过刑事诉讼途径发挥着重要的解决纠纷的功能。2000 年，全国法院共审结一审刑事案件 53.9 万余件，比 1999 年上升 12.27%；判处犯罪分子 60 万余人，比 1999 年上升 14.02%。该年度，全国法院对不构成犯罪的 5878 名被告人宣告无罪，从而使有罪的人受到严厉惩罚，保护无罪的人不受法律追究。

2001年，地方各级人民法院和专门人民法院全年审结刑事案件729958件。全年共宣告无罪6597人。2003年，地方各级人民法院全年共审结刑事案件735535件，判处被告人933967人，同比分别上升1.21%和1.51%。对不构成犯罪的2467名刑事自诉案件被告人、2368名公诉案件被告人共计4835人依法宣告无罪。2004年，地方各级人民法院全年共审结刑事一审案件644248件，判处被告人767951人，分别上升1.5%和2.8%。对不构成犯罪的2996名自诉、公诉案件被告人依法宣告无罪。依法保障被告人的诉讼权利，共为91296名符合法律援助条件的被告人指定了辩护人。2005年，地方各级人民法院共审结一审刑事案件683997件，判处被告人844717人，分别上升6.17%和10%。该年度各级人民法院依法宣告2162名刑事被告人无罪。为依法实现被告人的辩护权利，共为117407名符合法律援助条件的被告人指定了辩护人。2006年度，地方各级人民法院共审结一审刑事案件701379件，判处罪犯889042人，分别上升2.54%和5.25%。该年度各级人民法院依法宣告1713名刑事被告人无罪，共为17221名符合法律援助条件的被告人指定了辩护人（见表4）。

表4　1998~2006年全国各级人民法院刑事一审结案数

单位：件

年份	1998年	1999年	2000年	2001年	2002年	2003年	2004年	2005年	2006年
结案数量	480000	539000	558000	729958	523042	735535	644248	683997	701379

3. 行政诉讼

《行政诉讼法》出台17年来，各级人民法院依据法律、法规的规定，监督和支持行政机关依法行政，保护公民、法人和其他组织的合法权益，维护行政管理秩序，通过处理大量的行政纠纷，维护了社会稳定，有效地消除了国家行政机关与行政相对人的矛盾和紧张关系，对于建设和谐社会起到了非常重要的作用。

当前，有关解决行政纠纷的主要法律规定如表5所示：

表 5

类别	文件名称	颁布时间
法　律	《中华人民共和国行政诉讼法》	1991.04.09
	《中华人民共和国国家赔偿法》	1994.05.12
司法解释	最高人民法院《关于执行〈中华人民共和国行政诉讼法〉若干问题的解释》	1999.11.24
	最高人民法院《关于行政诉讼证据若干问题的规定》	2002.06.04

　　近年来，随着政府社会管理职能和公共服务职能的不断加强，公共权力与公民、法人和其他组织权利的协调与平衡正成为社会普遍关注的问题。2005 年以来，最高人民法院审结涉及城市规划、房屋拆迁、劳动和社会保障、环境保护、工商管理等各类重大行政诉讼案件和国家赔偿案件 62 件。地方各级人民法院在 2005 年全年共审结一审行政诉讼案件 95707 件，与 2004 年同期相比上升 3.81%。坚决纠正损害群众利益的行政行为，共撤销、变更、确认行政行为违法或无效 16895 件。坚决支持行政机关依法行政，确保行政机关依法履行社会管理职能，共维持行政机关行政行为 37192 件。充分尊重当事人的诉讼权利，准予原告因行政机关改变具体行政行为而撤诉等 41620 件。此外，还审查办埋非诉行政案件 124629 件，审结国家赔偿案件 2991 件，涉及赔偿金额 3751 万元（见图 5、图 6）。

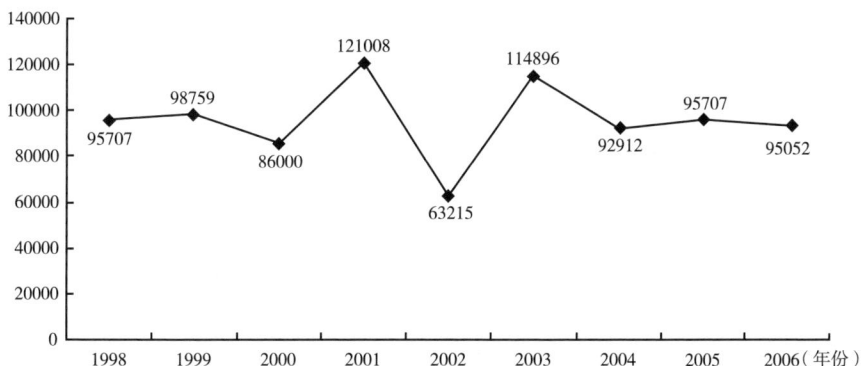

图 5　1998~2006 年全国各级人民法院行政一审结案数示意图

数据来源：最高人民法院工作报告（1999~2007 年）。

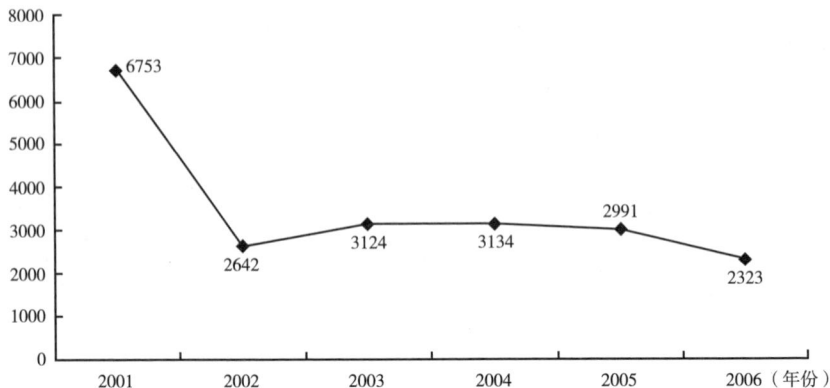

图 6   2001～2006 年全国地方各级人民法院审理国家赔偿案件数量示意图
数据来源：最高人民法院工作报告（2002～2007 年）。

4. 诉讼渠道解决纠纷存在的问题

当前，诉讼在解决社会纠纷中的主渠道作用尚未得到应有发挥，主要表现为：诉讼机制在解决纠纷中的潜能还没有充分发挥出来，许多纠纷不能进入诉讼渠道，无法通过法院的司法审判程序最终得到解决。而且，由于当前法院实行的两审终审制，加上审判监督程序很难有效启动，许多进入诉讼程序的纠纷在没有获得充分有效的解决之前，就已经失去了通过诉讼加以解决的可能，① 导致大量的不能进入诉讼加以解决的纠纷或者是经过诉讼渠道没有得到有效解决的纠纷流向了其他非诉讼机制，特别是流入了信访渠道，增加了信访工作负担，也增加了处理问题的难度，形成缠讼、累讼以及老上访户的现象，严重地影响了社会稳定，干扰了国家机关正常的工作秩序。

同时，由于抽象行政行为尚没有纳入行政诉讼的审查范围，这使得国家行政机关与公民、法人和其他组织等行政相对人之间的纠纷无法获得有效解决，纠纷当事人长期处于对峙和冲突的状态，不仅影响了国家行政机

---

① 根据 2004 年统计数据，检察院抗诉的案件占改判案件的 36%，法院决定再审以及其他途径启动再审的案件占改判案件的 64%。2005 年的数据也表明，当事人的申诉是启动再审案件的主要材料来源，该年度地方各级法院审查申诉和申请再审 196342 件，其中符合法定条件进入再审程序的 47902 件，审结 46468 件，改判 15867 件，占当年生效案件总数的 0.31%。

关日常工作的开展，无端地增加了政府财政开支，还恶化了干群关系，影响了政府的公正和权威形象，对维护社会的和谐与稳定产生了负面影响。此外，这也使有关纠纷流向其他渠道寻求救济，特别是流向政府信访机构。由于这些纠纷性质比较复杂，处理这些纠纷的政策性又比较强，所以，依靠现有的信访机制很难妥善地加以解决，容易形成影响社会稳定与和谐的不稳定因素。

（三）非诉讼渠道

非诉讼渠道是通过法定渠道解决纠纷的重要方式，是通过诉讼渠道解决纠纷的辅助性的法律机制。当前，通过非诉讼渠道解决的几乎涉及所有种类的社会纠纷，其中，有相当一部分是在现有的体制下无法通过诉讼渠道加以解决，而只能通过非诉讼渠道加以解决的纠纷。所以，非诉讼渠道在解决纠纷中具有十分独特的、不可替代的作用。

1. 信访

当前，中国的信访工作体系由两部分构成：一是各级党委和政府部门联合设置的专门信访机构，处理的纠纷主要是建议类信访和求决类信访，其中，许多信访内容都涉及在诉讼渠道或者是其他非诉讼渠道所无法解决的纠纷；二是各级国家机关以及政府职能部门内部设立的信访机构，处理的纠纷主要是与本机关和本部门的法定职权有关的事项，其中，司法机关的信访机构主要处理涉法涉诉类信访。信访机构本身并不直接处理纠纷，其主要作用是信息传递和保障程序，依法将不同的纠纷输送到不同的纠纷解决渠道加以解决。由于信访机制在解决纠纷中具有信息汇聚和传递功能，所以，信访机制在法定渠道解决纠纷中是分析和把握社会纠纷的状况、特点以及发展趋势的晴雨表。

当前，中国有关信访工作的主要法律依据如表6所示：

表6　当前关于信访的主要法规、规章及规范性文件

文件类型	文件名称	颁发时间
行政法规	国家政务院《关于处理人民来信和接见人民工作的决定》	1951.06.07
	国务院《信访条例》	2005.01.10

续表

文件类型	文件名称	颁发时间
司法解释	最高人民法院信访处接待来访工作细则	1980.06.20
	最高人民检察院《关于加强信访工作的决定》	1985.01.16
	最高人民检察院《人民检察院控告、申诉检察工作细则（试行）》	1986.12.10
	最高人民法院《关于人民法院接受人民代表大会及其常务委员会监督的若干意见》	1998.12.24
	最高人民检察院《人民检察院控告、申诉首办责任制实施办法（试行）》	2003.06.17
地方性法规	贵州省信访条例	1990.11.27
	武汉市信访工作条例	1993.07.25
	内蒙古自治区信访条例	1994.05.31
	北京市信访条例	1994.09.08
	海南省各级人民代表大会常务委员会信访工作的规定	1995.09.30
	山西省信访条例	1996.08.01
	广西壮族自治区信访条例	1996.09.25
	青海省信访条例	1996.09.26
	河南省信访条例	1997.01.16
	江苏省信访条例	1997.10.17
	湖南省信访条例	1998.08.04
	福建省各级人民代表大会常务委员会信访工作条例	2000.11.18
	山东省信访规定	2000.12.27
	重庆市信访条例	2001.10.08
	吉林省信访条例	2001.12.01
	甘肃省信访条例	2002.07.26
	广东省各级人民代表大会常务委员会信访条例	2002.10.13
	辽宁省信访条例	2003.08.01
	上海市信访条例	2003.08.08
	长春市信访工作若干规定	2003.10.09
	黑龙江省信访条例	2003.10.17
	浙江省信访条例	2004.01.16
	江西省信访条例	2004.03.31
	郑州市信访条例	2004.08.11
	天津市信访工作若干规定	2005.10.21
	湖北省信访条例	2005.11.26
	安徽省信访条例	2005.12.16

文件类型	文件名称	颁发时间
部委规章	司法行政机关信访工作办法（试行）	1991.01.24
	卫生部门信访工作办法	1993.06.29
	劳动和社会保障信访工作暂行规定	1999.08.12
	中国证券监督管理委员会信访工作规定	1999.12.12
	民政信访工作办法	1999.12.23
	国土资源信访规定	2002.05.09
	中国人民银行信访工作规定	2002.10.28
	教育信访工作规定	2004.10.26
	中国保险监督管理委员会信访工作办法	2005.05.26
	国家人口和计划生育委员会信访事项受理范围（试行）	2005.06.17
	国家人口和计划生育委员会信访事项不予受理范围（试行）	2005.06.17
	国家食品药品监督管理局《关于进一步加强信访工作的意见》	2005.07.20
	公安机关信访工作规定	2005.08.18
	财政部信访工作办法	2005.08.22
	中国银行业监督管理委员会信访工作细则	2005.10.20
	建设部信访工作管理办法	2005.11.10
	国土资源信访规定	2006.01.04
	国家体育总局信访工作办法	2006.03.03
	环境信访办法	2006.06.24
其他政策、规定	中共中央办公厅、国务院办公厅《党政机关信访工作暂行条例（草案）》	1982.04.08
	中共中央办公厅、国务院办公厅《关于进一步加强信访工作的通知》	1989.11.19
	中共中央办公厅、全国人大常委会办公厅、国务院办公厅关于修订印发《中央各部门归口分工接待群众来访办法》的通知	1991.05.13
	中国人民保险（集团）公司纪检组监察室关于信访举报件分级核实的办法	1996.07.04
	老干部信访工作暂行规定	1996.11.06
	中国人民保险公司纪检监察信访工作管理暂行规定	1999.05.04
	中共中央办公厅、国务院办公厅关于印发《国家信访局职能配置、内设机构和人员编制规定》的通知	2000.01.11
	交通银行办公室关于印发《交通银行总行机关信访工作制度（暂行）》的通知	2002.12.04

改革开放以来，特别是自 20 世纪 90 年代中期以来，各种利益冲突和社会矛盾激增，大量纠纷涌向信访渠道，引发了所谓的"信访洪峰"，中国现有的信访制度面临着严峻的挑战。

2005 年，《信访条例》的出台和贯彻实施使得情况发生了一些好转。在 2005 年度，信访总量持续攀升的势头得到有效遏制，呈现出"三个下降一个好转"，即：信访总量下降、集体上访下降、初信初访下降、信访秩序好转的良好态势。具体表现在：2005 年全国县级以上党政信访部门受理的信访总量为 1265.6 万件（人）次，与 2004 年 1373 万件（人）次相比，下降 7.9%。其中，国家信访局受理 60.3 万件（人）次，同比基本持平。省、市、县三级受理的信访量同比分别下降 8.9%、9.2%、9.3%。全国信访总量持续 12 年攀升的势头不仅得到有效遏制，而且出现了"拐点"。①

当前，信访机制的主要问题表现为，信访在解决社会纠纷中的作用被不恰当地放大，一些应通过其他法定渠道解决的纠纷，流入信访机构，信访事实上成为解决某些纠纷的最后的制度手段。当前，由于大量的纠纷无法进入诉讼渠道或者其他非诉讼渠道加以解决，并且通过诉讼渠道或者其他非诉讼渠道解决纠纷会加大当事人的经济负担，特别是许多地方的信访工作由于领导人的直接过问，在个别纠纷的处理上产生了巨大的社会影响，导致了纠纷当事人对信访机制在解决纠纷中的作用和效果产生了不合理的期待，以至于信访机构成为汇聚各种社会纠纷的窗口。但是，信访机构本身只是办事程序机构，无权处理具体的信访纠纷，所以，形成了信访人与信访机构之间就信访纠纷的解决而引发的新的社会纠纷，严重的甚至引发了群体性事件。2003 年，国家信访局接待群众集体信访批次和人次，分别比 2002 年上升 33.3% 和 39%，单批集体信访人数最多的达到 800 多人。上访时，激烈的举动时有发生。比如，有的上访人员情绪激烈、行为偏激，有组织性地举标语、呼口号，并发生堵塞交通要道、拦截公务车辆、冲击政府机关、打砸公共财物、殴打信访人员等违法行为，还有的甚

---

① 参见《国家信访局负责人谈〈信访条例〉的贯彻实施情况》，人民网：http：//gov.people.com.cn/GB/46737/4342648.html。

至出现自焚、投河、跳楼等极端举动，不仅严重干扰了各级党政机关的正常工作秩序，而且直接影响了社会的和谐稳定。

2. 内部纠纷解决机制

当前，中国内部纠纷解决机制解决的是国家机关、企事业单位和社会团体内部发生的与国家工作人员、职工之间的劳动人事纠纷。内部纠纷解决机制又分为三种：一是申诉控告机制，主要是解决国家行政机关与公务员之间因人事管理发生的纠纷；二是人事争议仲裁机制，主要解决事业单位与聘用制职工、国家行政机关与聘用制公务员、军队与军队文职人员之间因人事管理发生的纠纷；三是劳动争议仲裁机制，主要解决企业与职工之间因履行劳动合同发生的纠纷。

2006 年之前，解决机关内部人事纠纷的主要法律依据是人事部 1997年颁布实施的《人事争议处理暂行规定》、《国家公务员申诉控告暂行规定》，以及之后出台的人事部《人事争议处理办案规则》和《人事争议仲裁委员会管理办法》。确立国家机关工作人员权利义务的主要法律依据是《国务院关于国家行政机关工作人员的奖惩暂行规定》和《国家公务员暂行条例》。《中华人民共和国公务员法》于 2006 年 1 月 1 日出台后，情况发生了改变。新实施的《公务员法》专章详细规定公务员的权利和义务。为了保护公务员的权益，《公务员法》规定了相应的申诉控告程序。① 对于公务员与机关发生的八类人事争议，公务员可以提起申诉。② 公务员认为机关及其领导人员侵犯其合法权益的，可以依法向上级机关或者有关专门机关提出控告。③ 同时，《公务员法》第 100 条规定，建立相应的人事争议仲裁制度，聘任制公务员与所在机关之间因履行聘任合同发生争议

---

① 以《国家公务员暂行条例》为依据制定的《国家公务员申诉控告暂行规定》目前依然有效。

② 《公务员法》第 90 条规定，公务员对涉及本人的人事处理不服的，可以自知道该人事处理之日起 30 日内向原处理机关申请复核，对复核结果不服的，可以自接到复核决定之日起 15 日内，按照规定向同级公务员主管部门或者做出该人事处理的机关的上一级机关提出申诉，也可以不经复核，自知道该人事处理之日起 30 日内直接提出申诉。此类处理涉及：处分，辞退或者取消录用，降职，定期考核定为不称职，免职，申请辞职、提前退休未予批准，未按规定确定或者扣减工资、福利、保险待遇，法律、法规规定可以申诉的其他情形。

③ 《公务员法》第 93 条。

的，可以自争议发生之日起 60 日内，向人事争议仲裁委员会申请仲裁。这是我国第一次以法律的形式确定人事争议仲裁制度。

此外，地方上也出台了相应的人事争议仲裁规定。例如，除了重庆市和福建省分别以地方性法规的形式进行了人事争议立法，全国共有 26 个省、自治区、直辖市制定了解决人事争议的政府规章。但是，总体来说，这些人事争议的相关规定主要涉及人事争议仲裁制度，着重的是程序性规则。而对于争议双方的具体权利义务，并不存在一个如《劳动法》一样，规定了劳动争议双方的具体权利义务关系的实体性法律规范。人事争议仲裁过程中适用的也主要是人事部门制定的内部文件。

与劳动争议仲裁机制有关的法律规定主要是《劳动法》《企业劳动争议处理条例》等，其构成了处理劳动争议的法律体系。劳动争议仲裁委员会设在各级政府劳动行政部门内部，由劳动行政部门代表、同级工会代表、用人单位方面的代表组成，按照行政区划，负责本行政区域内发生的劳动争议。劳动争议仲裁程序为强制性仲裁，是法院审理劳动争议诉讼案件的前置程序。劳动争议仲裁裁决具有法律效力。对于无异议的仲裁裁决，当事人必须履行。目前的劳动争议解决机制可以用"一调一裁两审"来概括，即，劳动争议出现之后，当事人可以申请企业内部的劳动争议调解委员会进行调解，如果调解不成，当事人可以到劳动仲裁委员会申请仲裁，当事人也可以不经企业内部的调解，径行申请仲裁。对仲裁结果不服，当事人可以向法院提起诉讼，仲裁为诉讼的前置程序。目前，由于企业内部劳动争议调解委员会的组建率很低，劳动争议仲裁机构已经成为一种解决劳动争议最重要的途径。当前，全国 31 个省、自治区、直辖市都设立了劳动争议仲裁机构，专职仲裁员约有 7000 余人，除此之外，还有 1 万多名主要来自工会的兼职仲裁员（见图 7）。

虽然当前国家机关、企事业单位和社会团体的内部纠纷解决机制不断发展，在解决有关纠纷中发挥着一定的作用，但是，总的来说，该机制还不够完善，某些纠纷还无法获得有效解决。当前，不仅企事业单位内部的劳动人事纠纷通过现有的劳动人事争议仲裁机制不能完全解决，国家机关内部发生的国家机关与国家工作人员之间的人事管理纠纷也难以完全解决。除了依据管理体制不太明确的申诉控告机制可以处理一部分此类性质

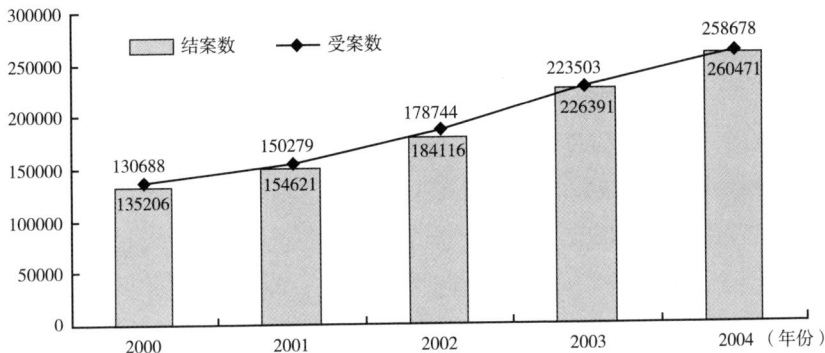

图7　2000~2004年劳动争议仲裁委员会受案、结案数量示意图

数据来源：国家统计年鉴（2001~2005年）。

的纠纷外，由于解决纠纷的机构设置不合理、不到位，导致了一些性质不清的纠纷流入信访渠道，增加了信访机构的负担和压力，使信访机构成为"政府不管部"职能和解决纠纷的全能性机构。

3. 民商事仲裁

民商事仲裁解决的是平等民事主体之间发生的财产性质的纠纷。民商事仲裁是基于发生纠纷的当事人之间的自愿，由具有民间性的仲裁机构来解决纠纷。民商事仲裁机制对诉讼机制起到了非常重要的辅助作用，有效地缓解了诉讼机制在解决民商事当事人之间纠纷的工作负担和压力。

由于仲裁具有尊重当事人的意愿、一裁终局、程序便捷、成本较低、解决方式灵活、为当事人保守秘密等优点而受到广泛重视，成为解决各种民商事纠纷的重要手段。从1995年9月1日《仲裁法》实施以来，为了配合中国仲裁法的贯彻与实施，最高人民法院先后做出了30余项有关仲裁制度的司法解释，以弥补仲裁立法的空白。

1995~2000年的5年中，全国成立了157个仲裁委员会，有2100多个委员，工作人员1300多人，仲裁员18000多人。5年中，全国各仲裁委员会累计受理案件达到22000多件，案件标的额达到420多亿元，各仲裁委员会仲裁案件的自动履行率高达80%，充分表明了仲裁解决纠纷的效益。到2005年，在中国依法可以重新组建仲裁机构的270

多个城市中，已先后重新组建了 183 个仲裁委员会，如包括原有的中国国际经济贸易仲裁委员会和中国海事仲裁委员会，目前全国共有 185 个仲裁机构（见图 8）。

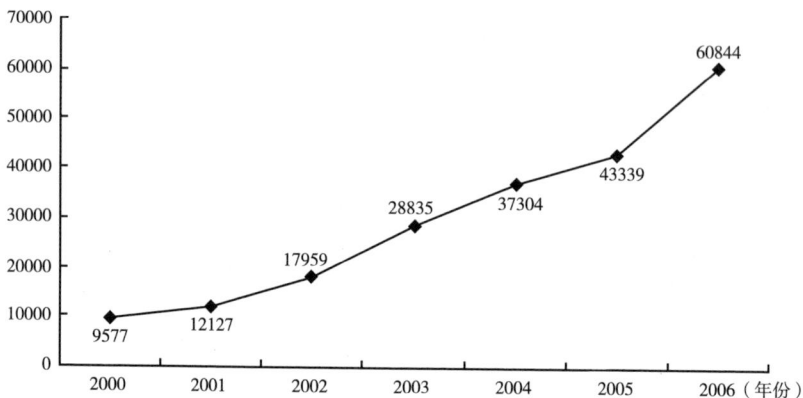

图 8　2000~2006 年全国各仲裁委员会受理案件数量示意图
数据来源：国家统计年鉴（2001~2005 年）。

截至 2005 年，全国仲裁机构严格依照仲裁法的规定，公正、及时和妥善地处理各类民、商事纠纷 14 万件，标的额达 2300 多亿元。许多案件涉及国计民生的重要经济领域，关系到稳定、和谐、发展的大局。据不完全统计，全国仲裁机构的裁决被司法监督撤销、不予执行的平均比率低于 1%。这一方面体现了人民法院对中国仲裁工作的支持，另一方面也体现了仲裁工作处于较高的水准。高质量的工作增强了仲裁的社会公信力。不过，与全国法院办理民商事案件的数量相比，仲裁的办案数只相当于法院同期办案数的 4.1‰，标的额只相当于法院同期案件标的总额的 4.5%。①这说明，仲裁还有很大的发展潜力和空间，其仍然是一种发展中的各方面有待加强的纠纷解决方式。

当前，民商事仲裁的主要问题表现为：仲裁机构行政化色彩较浓，仲裁程序中当事人意思自治原则被弱化，某些仲裁制度设计不尽合理，使民商事仲裁在解决纠纷中难以充分发挥作用。结果是一些纠纷当事人对仲裁机制缺少信任感，他们不选择仲裁程序来解决民商事纠纷，而是选择诉讼

---

① 《二次创业：中国仲裁发展的必由之路》http：//www.chinalawedu.com/news/18500/189/2006/3/li317121650142360021188-0.htm。

方式，增加了法院的审判负担。实践中，一些地方的仲裁机构按行政模式定级定编，确定主管部门并由政府提供经费补贴、办公用房，而且仲裁委员会的组成人员大多数为政府各有关部门的官员，仲裁委员会主任一般也由政府分管领导或其法制部门的主要领导兼任。还有的地方，由政府或者政府有关部门发文推行仲裁制度。更有甚者，重大疑难或者社会关注的仲裁案件，在仲裁庭做出裁决之前，仲裁委员会或者仲裁庭还要向政府部门的有关领导汇报，听取意见，等等。

4. 非司法调解

非司法调解机制解决的主要是平等的民事主体之间的人身或者财产纠纷。非司法调解机制包括行政调解和民间调解两种形式。行政调解是由国家行政机关居间，作为解决民事纠纷的调解人。民间调解是由法律规定的基层自治组织的调解机构或者是企业内部的调解组织进行的调解。调解机制虽然不是处理民事纠纷的必经程序，但是，却在实践中分流了一批流向诉讼渠道或者其他非诉讼渠道的纠纷，减轻了其他法定渠道解决相关纠纷的工作负担和压力（见图9）。

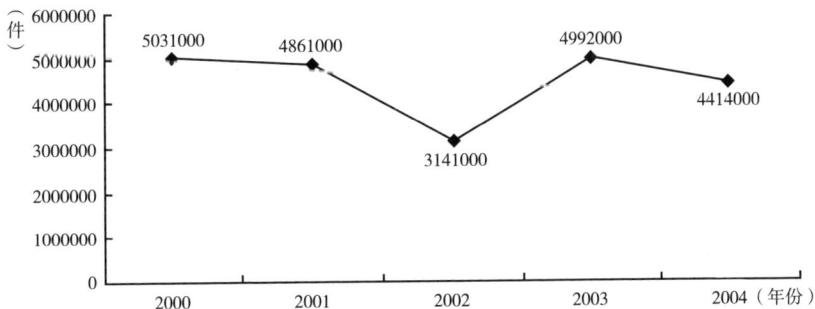

图 9　2000～2004 年人民调解委员会调解民间纠纷数量示意图
数据来源：国家统计年鉴（2001～2005 年）。

早在 1954 年，当时的政务院就颁布了《人民调解委员会暂行组织通则》，规定建立人民调解委员会调解人民内部矛盾，该委员会为群众自治组织。在此基础上，国务院在 1989 年 5 月 5 日通过的《人民调解委员会组织条例》中规定，经过人民调解委员会主持调解的民间纠纷，当事人未达成协议或者达成协议后又反悔的，任何一方均可以请求基层人民政府处理或者也可以向人民法院起诉（第9条）。为了进一步规范人民调解工作，司法部于2002年9月颁布了《人民调解工作若干规定》，进一步就人民调解委员会的组织、调解形式等问题作了规定。

对于一般的民事纠纷，司法行政部门也可以以调解的形式介入处理。比如，司法部于1990年4月19日颁布实施了《民间纠纷处理办法》（中华人民共和国司法部令第8号），规定司法助理员作为基层人民政府的司法行政工作人员，具体负责处理民间纠纷的工作。

另外，根据现行有关的法律、法规及行政规章，有关行政机关在其行政管理领域内可以就有关的民事纠纷进行行政调解。比如，在治安管理领域，1995年2月28日颁布实施的《人民警察法》规定，人民警察对公民提出解决纠纷的要求，应当给予帮助。《治安管理处罚法》规定，对违反治安管理的行为，公安机关根据情况可以调解处理。通过调解处理的，不予处罚。这意味着，公安机关进行行政调解的民间纠纷应以涉及治安管理的纠纷为主。另外，其他一些部门也会涉及民事纠纷的行政调解。如工商行政管理部门对市场监管过程中遇到的合同纠纷、消费纠纷进行的行政调解，环境保护部门对环境纠纷进行的行政调解，地方人民政府及相关部门对土地等资源权属纠纷进行的行政调解，电信监管部门对电信企业间及电信服务质量纠纷进行的行政调解，知识产权管理部门对著作权、商标权、专利权纠纷进行的行政调解，卫生行政部门对医疗纠纷进行的行政调解、国务院电力监管机构及其派出机构对电力争议进行的行政调解等（见表7）。

表7　中国行政调解的实际情况*

所涉及的纠纷	处理主体	处理形式	法律依据（或者规范性文件）
一般民事纠纷	司法助理员	行政调解	《民间纠纷处理办法》
一般民事纠纷	人民警察	行政调解	《人民警察法》
打架斗殴或者损毁他人财物等违反治安管理行为涉及的民间纠纷	公安机关	行政调解	《治安管理处罚法》《公安机关办理行政案件程序规定》

续表

所涉及的纠纷	处理主体	处理形式	法律依据（或者规范性文件）
土地权属争议	县级以上国土资源行政主管部门	行政调解	《土地权属争议调查处理办法》
海域使用权争议	县级以上人民政府海洋行政主管部门	行政调解	《海域使用权争议调解处理办法》
草原权属争议	县级以上人民政府	行政调解	《草原法》
养殖用水域滩涂权属争议	县级以上人民政府	行政调解	《渔业法》
渔业水污染纠纷	渔政监督管理机构	行政调解	《渔业水域污染事故调查处理程序规定》
林木林地权属争议	各级人民政府	行政调解	《林木林地权属争议处理办法》
电信网间互联争议	信息产业部 信息产业部电信管理局 省级通信管理局	协　调	《电信条例》 《电信网间互联争议处理办法》
公用电信网间互联争议	电信主管部门	协　调	《公用电信网间互联管理规定》
电信服务争议	电信管理机构	行政调解	《电信用户申诉处理暂行办法》
电力争议	国务院电力监管机构及其派出机构	行政调解	《电力争议调解暂行办法》
水电工程建设经济合同争议	全国水电工程建设经济合同争议调解委员会 工程建设项目经济合同争议评审调解组	行政调解	《水电工程建设经济合同争议调解暂行规则》
合同争议	工商行政管理机关	行政调解	《合同争议行政调解办法》
产品质量争议	县、市级技术监督行政部门	行政调解	《产品质量申诉处理办法》
汽车维修质量纠纷	县级以上地方人民政府交通行政主管部门所属道路运政机构	行政调解	《汽车维修质量纠纷调解办法》

续表

所涉及的纠纷	处理主体	处理形式	法律依据（或者规范性文件）
消费者权益争议	工商行政管理所	行政调解	《工商行政管理机关受理消费者申诉暂行办法》《工商行政管理所处理消费者申诉实施办法》
商业经济纠纷	各级商业主管部门的法制机构	行政调解	《商业经济纠纷调解试行办法》
道路运输服务质量纠纷	县级以上人民政府交通行政主管部门	行政调解	《道路运输服务质量投诉管理规定》
劳动争议	劳动争议仲裁委员会	行政调解	《中华人民共和国企业劳动争议处理条例》
农业（村）承包合同纠纷	农村合作经济经营管理部门	调解	中共中央书记处农村政策研究室《关于稳定和完善土地承包制的意见》、农业部《关于加强农业承包合同管理的意见》及《河北省农业承包合同仲裁规定》**
著作权纠纷	著作权行政管理部门	行政调解	《著作权法》
商标争议	工商行政管理部门	行政调解	《商标法》
专利争议	管理专利的部门	行政调解	《专利法》
植物新品种争议	国务院农业、林业行政部门	行政调解（适用于上述争议的赔偿问题）	《植物新品种保护条例》
医疗事故	卫生行政部门	行政调解	《医疗事故处理条例》
交通事故损害赔偿纠纷	公安机关交通管理部门	行政调解	《道路交通安全法》《交通事故处理程序规定》
渔业海上交通事故引发的民事纠纷	渔港监督部门	行政调解	《渔业海上交通事故调查处理规则》
企业国有产权纠纷	县级以上财政机关	行政调解	《企业国有产权纠纷调处工作规则》

续表

所涉及的纠纷	处理主体	处理形式	法律依据（或者规范性文件）
环境污染赔偿责任和赔偿金额的纠纷	环境保护行政主管部门或者行使环境监督管理权的部门	行政处理（行政调解）***	《环境保护法》全国人民代表大会常务委员会《关于正确理解和执行〈环境保护法〉第41条第2款的答复》
水事纠纷	县级以上人民政府或者其授权的部门	行政调解	《水法》
水污染纠纷	环境保护部门交通部门的航政机关	行政处理（行政调解）	《水污染防治法》
大气污染损害纠纷	环境保护部门	行政调解	《大气污染防治法》
固体废物污染损害纠纷	环境保护行政主管部门其他固体废物污染环境防治工作的监督管理部门	行政调解	《固体废物污染环境防治法》
环境噪声污染损害纠纷	环境保护行政主管部门或者其他环境噪声污染防治工作的监督管理部门、机构	行政调解	《环境噪声污染防治法》
铁路内部经济纠纷	铁道部政策法规司各单位的企业法律顾问机构	行政调解	《铁路内部经济纠纷调解规则》

　　* 此处以列举有国家法律、行政法规乃至行政规章规定的制度和程序为原则，特殊情形下也对地方性法规、地方性规章及其他规范性文件中规定的制度予以列举。

　　** 关于农业（村）承包合同纠纷仲裁机制，中国迄今除了上述列举的两部规范性文件之外，并没有明确的法律法规构成其依据，实务中主要是依据各地方政府制定的地方性法规、地方性规章及其他规范性文件。

　　*** 《环境保护法》第41条第2款对于此类纠纷的处理方式使用了"处理"一词，全国人民代表大会常务委员会《关于正确理解和执行〈环境保护法〉第41条第2款的答复》中已经明确将其定性为"行政机关居间对当事人之间民事权益争议的调解处理"，《水污染防治法》中也存在相同的问题，而近来新制定或者修订的环保法律中已经明确改为"调解处理"。

　　当前，司法行政部门和公安机关均可以在相应的职权范围内承担调解纠纷的职能，大量普通的民间纠纷也是通过司法行政部门及公安机关的调解得到解决的。司法行政机关调解处理的民事纠纷涉及婚姻家庭、房屋及宅基地、债务、生产经营、邻里关系、损害赔偿等领域。从有关的统计数据看，每年有大量的此类民事纠纷被提交给有关的司法行政机关，由其利用调解机制介入处理。比如，2003年司法行政部门共调解4491257件普通民事纠纷，2004年共调解4414233件。① 再以公安机关调解处理的民间纠纷为例，按照现行规定，公安机关既可以就普通的民间纠纷进行调解，也可以就涉及违反治安管理规定的民间纠纷进行调解。以北京市朝阳区为例，2005年，朝阳公安分局共成功调解50283件民间纠纷，占接报总数的91%。其中，接报治安调解案件28489件，占51.5%；接报民事调解案件26783件，占48.5%。②

中国的非司法调解机制也存在许多制约其作用的问题，主要体现为，调解机构缺少必要的权威，调解协议不具有法律拘束力，当事人对调解的作用重视不够。这使得调解机制缺少应有的解决纠纷的分流和辅助作用。事实上，绝大多数经过调解后的纠纷仍然进入到其他法律程序寻求新的解决结果，这种情形增加了解决纠纷的成本支出，增加了解决纠纷的环节和复杂性，降低了调解机制在解决纠纷中的威信。近些年，中国民间组织主导的调解机制发展相对趋于萎缩。目前在实际工作中发挥作用的主要是村民委员会、居民委员会等群众自治组织所主导的调解机制。除此之外，调解主要是在行政机关主导下进行的。据不完全统计，当前仅法律、行政法规乃至部门规章中所规定的行政调解机制就达40余项，除个别机制可调解一般民事纠纷外，大部分则以特定领域的民事纠纷为调解对象，涉及资源权属纠纷、电信纠纷、消费纠纷、知识产权纠纷、交通事故纠纷等。这种状况在一定程度上表明中国民众的自治、自律机制还不够发达，行政管制的强度还比较大。同时，也表明人们对国家权力的依赖度还比较高，遇到纠纷后倾向于通过诉讼乃至主管机关寻求救济。这一过程必然导致纠纷的调解成本也比较高，从总体上不利于构建全方位、多层次的纠纷处理机制。相对健全的纠纷处理机制应当包括纠纷预防、纠纷解决在内的机制，在纠纷解决方面，在确保司法最终解决纠纷的前提之下，应当形成诉讼之外的包括调解、裁决等在内的多重机制，除了行政机关可以介入处理纠纷

---

① 以上数据来自于国家统计数据，http://www.gsei.com.cn/ziliao/shuju/default.asp，最后登陆时间为2006年2月21日21：06。

② 参见《派出所调解九成接报民间纠纷》，2005年12月28日《北京晨报》第6版。

之外，也应重视民间调解在处理民事纠纷方面的作用。只有形成这样一种全方位的纠纷解决体系，才能相对合理地配置资源，有效地预防和解决纠纷。

5. 行政复议

行政复议解决的是国家行政机关与公民、法人和其他组织之间的人身、财产权利的纠纷。虽然行政复议机制解决的纠纷的性质与行政诉讼机制是相同的，但是，作为行政纠纷的行政救济机制，行政复议机制解决了大量纠纷，具有独立的法律地位。

中国的行政复议机制是 20 世纪 90 年代初建立的。1990 年 11 月 9 日，国务院第 71 次常务会议通过了《行政复议条例》，并自 1991 年 1 月 1 日起正式施行。根据该条例，公民、法人或者其他组织认为行政机关的具体行政行为侵犯其合法权益的，可以依照该条例向行政机关申请复议（第 2 条）。复议机关依法行使职权，不受其他机关、社会团体和个人的非法干预（第 3 条）。可见，根据《行政复议条例》建立起来的行政复议机制，实际上是通过行政机关内部设立的行政复议机构来处理国家行政机关与公民、法人和其他组织之间发生的行政纠纷，行政复议实际上起到了分流行政纠纷进入行政诉讼机制的作用。只不过行政复议的受案范围更宽，行政复议机制所解决的行政纠纷涉及面更广。《行政复议条例》实施后，又根据 1994 年 10 月 9 日《国务院关于修改〈行政复议条例〉的决定》进行了一次修改，进一步完善了行政复议的具体制度。

1999 年 4 月 29 日，第九届全国人民代表大会常务委员会第 9 次会议通过的《中华人民共和国行政复议法》将中国行政复议制度的建设推进到一个新的阶段。《行政复议法》不仅规定公民、法人和其他组织可以对国家行政机关和国家行政机关工作人员实施的具体行政行为提请行政复议，而且还允许公民、法人或者其他组织，对行政机关的具体行政行为所依据的有关规范性文件提出复议的申请。至此，部分行政机关制定的规定也被纳入到行政复议的范围，行政机关实施的行政行为受到了法律机制的进一步监督（见图 10）。

行政复议对于监督行政机关依法行政、保障行政相对人的合法权益发挥着重要的作用。但是，该机制也存在着复议机构缺乏独立性、公正性，

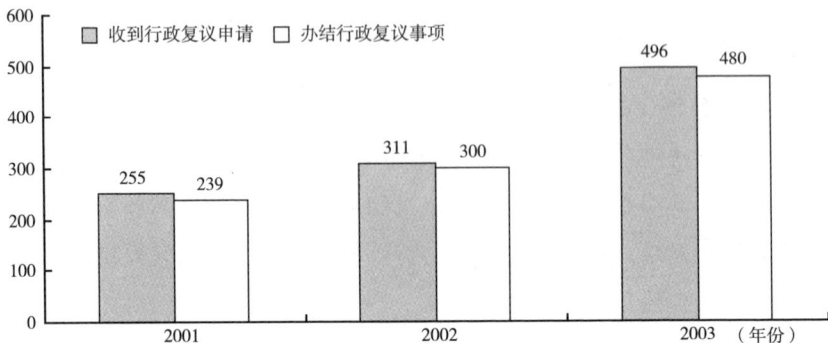

图 10　2001~2003 年国务院收到、办结行政复议示意图

数据来源：2002~2004 年《中国法律年鉴》（2002~2004 年）。

复议程序不完善等问题，而当前比较核心的问题则是行政复议对于抽象行政行为审查不够全面，即能够通过行政复议进行审查的抽象性行政行为还比较有限，而且，即便对于能够进入复议程序的抽象性行政行为，复议阶段的审查效果也不够好。

6. 违宪审查

违宪审查机制是依据我国现行《宪法》和《立法法》的相关规定建立的。它解决的主要是法律、法规和规章等规范性文件之间的纠纷。当前，依法享有违宪审查权的国家机关是全国人大常委会，违宪审查的对象主要是《立法法》第 90 条规定的行政法规、地方性法规、自治条例和单行条例。违宪审查机制在解决纠纷中的主要作用就是从制度源头解决法律、法规和规章之间的矛盾和冲突，维护宪法的权威和法制的统一。

2001 年 6 月 28 日最高人民法院审判委员会第 1183 次会议通过的《最高人民法院关于以侵犯姓名权的手段侵犯宪法保护的公民受教育的基本权利是否应承担民事责任的批复》指出，山东省高级人民法院：你院〔1999〕鲁民终字第 258 号《关于齐玉苓与陈晓琪、陈克政、山东省济宁市商业学校、山东省滕州市第八中学、山东省滕州市教育委员会姓名权纠纷一案的请示》收悉。经研究，我们认为，根据本案事实，陈晓琪等以侵犯姓名权的手段，侵犯了齐玉苓依据宪法规定所享有的受教育的基本权利，并造成了具体的损害后果，应承担相应的民事责任。

在上述司法批复中，最高人民法院明确表示，《宪法》中所规定的公民的受教育权受到侵犯，可以获得民事法律救济。这种司法态度已经明确地表达了最高人民法院作为国家最高司法审判机关，对宪法中所涉及的公民的基本权利如何实现，提出了自己的司法主张。实际上意味着最高人民法院担负起了保障宪法实施的责任。而这种保障宪法实施的方式是通过将宪法直接作为司法审判的法律依据来实现的。最高人民法院"8·13"批复的出台，受到社会各界的普遍关注，有的新闻媒体甚至将该批复视为"中国违宪审查第一案"，这说明，违宪审查机制的运作在中国已经有了广泛的群众基础和社会基础。

在违宪审查方面另一个具有非常重要的社会影响的事件是2003年"孙志刚事件"。在社会公众的广泛关注下，2003年6月20日，国务院公布施行《城市生活无着的流浪乞讨人员救助管理办法》。《办法》自2003年8月1日起施行。《办法》规定，1982年5月国务院发布的《城市流浪乞讨人员收容遣送办法》同时废止。应当指出的是，尽管全国人大常委会尚未做出正式的违宪审查，但是，通过违宪审查来解决法律、法规和规章之间的冲突和矛盾，维护法制的统一和尊严，已经逐渐成为领导决策层和社会公众的共识，只是目前进一步启动违宪审查机制的时机还没有完全成熟。

当前，法律、法规和规章之间的冲突尚无法通过违宪审查等方式解决，而且大量的社会纠纷是由于政策不清楚或者是法律规定含糊引起的，这些纠纷的解决在制度上又完全取决于能否有效地解决政策中的矛盾以及政策与法律、法律与法律之间的冲突。虽然根据《宪法》和《立法法》的规定，全国人大常委会有权解释宪法和法律，并且有权对违反宪法和法律的行政法规、地方性法规、自治条例和单行条例进行违宪审查，但是，在实践中，全国人大常委会从来没有通过正式的法律程序做出过一例宪法解释或者是进行过一次正式的违宪审查，这就导致了在现实中存在的政策之间的纠纷、政策与法律之间的纠纷以及法律与法律之间的纠纷无法得到有效解决，继而影响了依据政策和法律所产生的具体纠纷的解决。

实践中，有的地方法院在审判行政案件的过程中，曾经宣布省人大制定的地方性法规违反法律，但有关的法官却受到了撤职处分。由此可见，对法律、法规和规章进行违宪审查，最大的阻力还是来自实际部门，特别是违宪审查对象的实施主体，这说明，要真正启动违宪审查机制，发挥其在解决纠纷中的独特的制度优势，还有待时日。

总之，从宏观上来看，虽然中国现行的解决纠纷的法律机制种类齐全，也建立了比较完善的解决纠纷的具体制度，但是，这些法律机制彼此之间还没有建立有效的整体意义上的有机联系，解决纠纷的法定渠道还没有发挥其制度上应有的整体和规模效应，法定渠道解决纠纷的潜能还没有充分发挥出来。这些问题的存在都影响到对纠纷的解决效果，加上当前法律制度不健全等因素，要充分发挥解决纠纷的法定渠道在维护社会稳定、建设和谐社会中的作用，既需要在思想认识上予以高度重视，又需要从理论上加大研究力度。

三 通过法定渠道解决纠纷的对策建议

（一）改变"大信访"的思路，充分发挥诉讼等其他法定渠道的作用，加强信访工作的法治化建设，在制定《信访法》的基础上，保证信访在解决社会纠纷中信息汇集和传递的作用，实行信访源的集中管理和信访工作的专门化，减少领导批示，完善并规范信访工作程序

信访工作就其性质来说，只是国家机关处理来信、来访的接待程序和信息转发程序，信访机构本身无权解决信访案件中所涉及的具体纠纷。因此，要充分发挥信访机构在解决纠纷中的程序性保障功能，而不应当通过信访机构直接解决纠纷，否则，就会使信访机构成为社会各种纠纷和矛盾的汇聚点。这种状况既不利于发挥信访机构在解决纠纷中的疏导作用，也很容易导致信访机构超越职权或者滥用职权，一方面影响到其他法定渠道解决纠纷的功能的发挥，另一方面也弱化了政府和社会公众依法解决纠纷的观念。解决问题的思路就是应使信访工作承担其应当承担和能够承担的解决纠纷的功能，重点发挥信访机制在解决纠纷中与其他机制相互配合和协调的程序性保障作用。

当前，对信访制度进行改革的主要思路应当立足于以下几个方面：①制定《信访法》，规范信访工作体制，建立在各级党委和人大统一领导下的信访工作管理机制，减少信访机构的重复设置、重叠设置，逐渐实行信访工作的专门化；②建立"一个窗口"对外的信访接待制度，避免多头接访和重复接访，设立同城信访接待中心，提高信访接待工作的效率；③杜绝领导批示，避免因领导批示使上访者对纠纷解决结果产生不合理的期待，从而导致信访机构承受巨大压力，严重干扰和影响信访机构的正常工作秩序；④进一步完善信访终结制度，通过信访渠道合理疏导信访源，建立规范有序的信访工作程序等。

（二）积极稳妥地推进司法体制改革，不断完善诉讼机制，提高诉讼实效，充分发挥诉讼在解决纠纷中的主渠道作用，同时，建立更加宽松的诉讼准入机制，推进审级制度改革，进一步强化执行力度

诉讼渠道解决社会纠纷，是指通过法律明确规定的诉讼程序，在保证纠纷当事人充分享有诉讼权利的基础上，根据公正、公平和公开的原则，寻求解决纠纷的具有法律拘束力的结果。由于诉讼渠道以具有法律拘束力的法院判决、裁定或者调解书作为解决纠纷的结果，因此，诉讼渠道解决纠纷具有权威性、公正性和确定性，并可通过国家强制力来保证纠纷解决结果的实现，防止纠纷流向其他渠道。鉴于诉讼渠道在解决纠纷中的重要性，应以诉讼渠道在解决纠纷中的核心作用为前提，发挥解决纠纷的法定渠道在解决纠纷中的整体效应，通过合理的制度疏导，将诉讼渠道作为解决纠纷的最后的法律手段。

为此，要在制度上建立更加宽松的诉讼准入机制，改进受案制度，确保诉讼渠道可以解决通过其他非诉讼渠道无法解决的纠纷。要将目前事实上由信访机构承担的作为解决纠纷最后手段的功能转移到诉讼渠道中来，确立诉讼渠道在解决纠纷中的主渠道作用。要树立依法处理各类社会纠纷的法治意识，防止黑社会性质的组织或者其他性质的非法组织因纠纷解决效果不佳而介入到纠纷解决中来，通过强化诉讼渠道在解决纠纷中的核心作用，有效地防范黑社会性质的组织或者其他性质的非法组织借解决纠纷得以产生和发展，以维护社会和谐与稳定，保障社会公众的人身和财产安全。

另外，改革审级制度，逐步实行三审终审的司法审判制度，进一步发挥高级人民法院在保证诉讼质量、维护司法公正中的核心作用。通过审级制度的改革解决审判监督制度在解决纠纷方面存在的救济渠道不足等问题，进一步加大人民法院的执法力度，对于拒不执行人民法院判决的当事人，应当采取有效的强制措施，迫使其履行法定义务，提高人民法院通过诉讼渠道解决纠纷的权威性和有效性，保证诉讼渠道在解决纠纷中发挥最终救济渠道的作用。

（三）修改行政诉讼法和行政复议法，建立和完善行政诉讼和行政复议对抽象行政行为的审查制度

在行政诉讼法和行政复议法出台后，对于国家行政机关与公民、法人和其他组织之间因为国家行政机关实施具体行政行为而发生的纠纷，公民、法人和其他组织可以通过行政复议和行政诉讼加以解决。但是，由于行政机关的抽象行政行为没有完全纳入行政复议程序，也没有进入行政诉讼程序，所以，在实践中，行政机关因为实施抽象行政行为与公民、法人和其他组织发生的纠纷，没有相应的法定渠道加以解决。正因如此，一些行政机关利用抽象行政行为不受行政复议和行政诉讼审查这一制度缺陷，变相地侵犯行政管理相对人的合法权益，引发了大量的行政纠纷，严重的甚至引发了具有巨大社会影响的群体性纠纷。因此，为了减少国家行政机关在行使行政职权过程中与公民、法人和其他组织发生矛盾和冲突，应当逐步扩大行政复议对抽象行政行为的审查范围，并将抽象行政行为纳入行政诉讼的受案范围。

（四）完善内部纠纷解决机制，将事业单位和有关社会团体的所有内部人事争议纳入人事争议仲裁的范围；建立人事争议仲裁与诉讼相互衔接的制度，为通过诉讼解决各类人事争议提供制度保障；建立统一的国家机关工作人员的申诉控告制度，逐步使其与诉讼接轨；进一步完善劳动集体争议协商制度，依法保障职工的合法权益

内部纠纷是用人单位与单位职工之间因人事管理和履行劳动合同而发生的纠纷，这类纠纷虽然发生在国家机关、企事业单位和社会团体内部，但是，如果得不到妥善解决，不仅会影响纠纷当事人的合法权益，而且，也会严重地干扰国家机关、企事业单位和社会团体正常开展工作，严重的甚至会影响用人单位内部的团结，破坏单位内部的和谐与稳定。一些内部纠纷因得不到及时有效的解决，而在用人单位内部长期循环或者成为经年日久的上访案件，个别纠纷甚至激化为严重的刑事案件，威胁到用人单位正常的工作秩序及有关人员的人身财产安全。因此，应当通过深化事业单位的体制改革，建立与诉讼渠道接轨的内部纠纷解决机制，逐步将单位内部人事争议提交到人事争议仲裁机制加以解决。不具有履行公共管理职能性质的社会团体的内部纠纷，也应全部纳入到人事争议仲裁机制加以解决。同时，建立统一的国家机关工作人员的申诉控告机制，将国家机关内部的人事管理纠纷纳入法定渠道加以解决，并适时在司法审判机关内部设立国家机关工作人员申诉控告机构，将国家机关内部的人事管理纠纷也纳入诉讼渠道加以解决，以此来保证国家机关内部纠纷的解决力度和效果。

当前，企业内部的劳动争议调解制度也很不健全，职工权益容易受到侵犯，并由此引发群体性纠纷，影响社会和谐与稳定。要在制度上防范因为企业职工权益受到侵犯而引发的大规模群体性纠纷，可考虑建立和健全企业内部的工会组织，通过立法的形式，明确企业工会组织作为企业职工与企业进行集体谈判和集体协商的代表，在企业内部范围解决企业的各类纠纷，避免流入社会。同时，进一步完善劳动争议仲裁制度，提高劳动争议仲裁机构的独立性和公正性，确保劳动争议可以在劳动争议仲裁阶段得

到及时有效的解决。应当加强对劳动争议仲裁裁决的司法监督，扩大诉讼对劳动争议案件的审查范围。

（五）依法保障民商事仲裁机构对于行政机关的独立地位，改革和完善民商事仲裁程序，保证当事人意思自治原则的充分实现

民商事仲裁是与诉讼渠道相配套的解决民商事纠纷的重要法定渠道，其法律特征是在解决纠纷的过程中，充分尊重纠纷当事人的意愿，由纠纷当事人在仲裁与诉讼程序之间自由地进行选择。通过仲裁机制获得的解决纠纷的结果对于纠纷当事人来说是自愿接受、比较公正的。发挥民商事仲裁在解决民商事纠纷中的作用，必须防止行政机关的干涉，保证仲裁机构的相对独立性。应当使民商事仲裁机构与行政机关逐步脱钩，依据《仲裁法》的规定，使仲裁机构成为解决民商事纠纷的纯民间性机构。进一步完善仲裁程序，充分保证纠纷当事人在仲裁程序中的意思自治，在全面尊重纠纷当事人意愿的基础上，通过完善仲裁证据规则、举证制度、审理机制等方式，形成对纠纷当事人具有确定力的仲裁裁决或协议，提高民商事仲裁在解决民商事纠纷中的效率。

（六）完善调解制度，增强非司法调解的法律效力，充分发挥调解在解决社会纠纷中的辅助作用

对于民间和行政调解达成的调解协议，可由法院确认其法律效力，努力通过调解解决一般性纠纷。

非司法调解解决纠纷的特点是充分尊重当事人自觉自愿、纠纷处理程序简便易行、当事人可以充分发表自己的意见和主张等。长期以来，作为诉讼渠道和其他非诉讼渠道在解决纠纷方面的辅助渠道，非司法调解一直受到政府和社会公众的关注。但是，由于调解缺少法律上的约束力，所以，经过调解处理过的纠纷反悔率较高，没有起到疏导和分流社会纠纷的作用。在改革民间调解的过程中，可以将非司法调解，特别是行政调解产生的调解结果与法院的确认机制结合起来，凡是纠纷当事人完全自愿达成的调解协议，可以申请法院确认其有效性，并在法律上具有直接申请执行的效力，以此来提升调解在解决纠纷中的处案能力，将大部分简单的纠纷

在调解中加以最终解决。

（七）适时启动对法律、法规和规章合宪性的审查机制，克服地方保护主义和部门保护主义，为通过法定渠道解决社会纠纷提供根本的制度保障

尽管中国现行《宪法》和《立法法》都规定了违宪审查机制，法律、法规、规章不得与宪法相抵触，这也是中国《宪法》的一项重要原则。但在实践中，一方面，全国人大常委会没有有效地行使违宪审查权，解决法律、法规和规章之间的相互冲突，结果是因政策和法律自身的相互矛盾产生了大量的社会纠纷；另一方面，在具体的审判实践中，包括最高人民法院在内的各级人民法院对法律、法规和规章是否合宪行使了违宪审查权，做出了许多在理论和实践中都颇具争议的司法判决。违宪审查也是法定解决纠纷的渠道，应当通过启动违宪审查机制，为通过法定渠道解决纠纷提供制度上的保障。违宪审查机制在性质上属于诉讼渠道的一部分，但是，从国外违宪审查机制运行的情况来看，违宪审查机制实际上承担的是解决社会纠纷的最终性制度渠道的角色。例如，在德国，公民在穷尽了所有的普通司法救济程序之后，如果认为自身的宪法权利仍然受到侵犯的，可以将这样的纠纷提请宪法法院进行审查。所以，违宪审查机制对于有效地维护法制统一、保障公民权利，在制度上给予各种社会纠纷以最终的解决途径等方面，发挥着其他渠道无法起到的作用。

从中国当前解决纠纷的法定渠道来看，实际上，中国现行的信访渠道成了各类社会纠纷当事人寻求解决纠纷的最终解决途径，然而，由于信访在解决纠纷中的制度能力有限，结果导致了信访机制虽然能够积极有效地运作，而且在法律上还确立了信访终结制度，但实际上却没有能够有效地解决各类社会纠纷。其中重要的一个原因就是信访机制不具备只有违宪审查机制才能发挥的解决纠纷的最终法律途径的制度功能。特别值得提出的是，信访机制根本无法解决因为地方保护主义和部门保护主义而导致的不同法律规范之间的矛盾和冲突。只有通过对法律、法规和规章的合宪性进行监督的违宪审查机制，才能发现和纠正与宪法相抵触的各项法律规定，维护法制的统一。所以，尽早启动违宪审查机制，对于维护社会稳定、建设和谐社会具有非常重要的意义，必须对此给予高度重视。

总之，通过法定渠道解决纠纷的根本意义在于依据法律的明确规定，遵循法定程序，按照公正、公平和公开的原则，在充分保证纠纷当事人合法权利的基础上，寻求对解决纠纷具有确定效力的纠纷解决方案，从而达到停讼止诉的目的。当前，解决纠纷的法定渠道分为诉讼和非诉讼两大类法律机制，其中诉讼渠道是解决纠纷的最终渠道，而非诉讼渠道以不同的形式分流一部分纠纷，提高诉讼渠道解决纠纷的效率。但从解决纠纷的功能来看，非诉讼渠道在解决纠纷方面只是诉讼渠道的辅助机制，不能在制度上替代诉讼渠道的功能，所以，在制度上，作为解决纠纷的一项法治原则，凡是非诉讼渠道无法解决的纠纷都应当给予进入诉讼渠道加以解决的可能性，这种可能性表现为纠纷当事人所具有的各种诉讼权利。当前，中国非诉讼渠道与诉讼渠道的制度接轨不到位，事实上，许多经过非诉讼渠道处理过的纠纷丧失了继续获得诉讼渠道处理的制度可能性，这就为通过公正、公平和公开的法律程序解决纠纷造成了制度上的障碍。一方面，许多纠纷被非诉讼渠道阻挡在诉讼渠道之外，却又无法得到非诉讼渠道的有效解决，成为影响社会和谐与稳定的不安定因素；另一方面，许多经过诉讼渠道处理过的纠纷由于在诉讼渠道中没有获得妥善解决，又回流到非诉讼渠道，造成了诉讼渠道与非诉讼渠道在解决纠纷中的整体功能缺少清晰的制度分工的情况。而且，由于两类机制都可以继续处理彼此已经处理过的纠纷，使诉讼渠道和非诉讼渠道在解决纠纷中都缺少终极性和权威性。

因此，构建和谐与稳定的社会，应当在各种解决社会纠纷的法定渠道间建立科学合理的制度联系，形成完整协调的纠纷解决体系，充分发挥各种法定渠道解决纠纷的整体效应。此外，由于现行解决纠纷的法定渠道不具有解决所有类型的社会纠纷的制度能力，加上当前社会处于转型期，许多纠纷和矛盾的出现带有突发性、紧急性，并且容易在短时间内演变为群体性纠纷，依靠法律所规定的解决纠纷的一般机制很难有效地消除处于激化状态的社会矛盾和冲突，所以，应当在各级人民政府下设以解决突发性事件为目标的突发性事件应对机制。具体来说，应当将现行的各种应急机制整合起来，成立集中和统一的应急指挥和办事机构，从制度层面建立防范各种群体性纠纷的发生或者在群体性纠纷发生后，采取及时和有效的应急措施，应对突发性事件，最大限度地消除社会纠纷，维护社会和谐与稳定。

（参见法治蓝皮书《中国法治发展报告 No. 5 （2007）》）

第七章　中国农村纠纷调解调研报告
（2007）

　　摘　要： 综合考察全国的经济发展和地位历史情况，课题组选择山西省兴县，湖北省应城市，江苏省南京市江宁区横溪镇，浙江省嘉善县加以考察。农村纠纷的主要形势是：宜耕地区土地承包经营权纠纷十分普遍；征地补偿的矛盾和纠纷各地普遍存在；发达地区宅基地流转纠纷突出；沿海发达地区外来人口大量涌入挑战社会管理。当前农村各地灵活调处土地纠纷，取得了一定的成功经验，但也存在司法救济渠道不畅、土地纠纷难以通过司法解决，而且在发达地区执法规范和执法效果难以兼顾等问题。

一　农村纠纷解决调研背景

　　我们以"农村纠纷解决"为题，从法治的视角对当前农村的纠纷状况及其解决进行了实地调研。具体地说，这项调研的内容重点考察纠纷解决的两个方面，即：农村的纠纷形势，农村纠纷的解决。后者又包括两个方面：一是农村纠纷解决中的成功经验，二是目前农村纠纷解决中存在的问题。农村纠纷的形势是指农村地区当前主要存在的矛盾和纠纷领域，以及矛盾和纠纷多发的社会环境原因和制度原因。矛盾和纠纷的类型很多，划分的标准也不一，我们以调查中发现的突出情况为准。

　　我们综合考察了全国的经济发展和地位历史情况，选择了四个地区，作为调查的对象。这四个地区分别是：山西省兴县，湖北省应城市，江苏省南京市横溪镇，浙江省嘉善县。

二　农村纠纷的主要形势

对当前农村的矛盾和纠纷，浙江、江苏、山西和湖北四个地区，存在一些带有普遍性的问题，各地也有一些特殊的问题。

（一）宜耕地区土地承包经营权纠纷十分普遍

在这里，宜耕地区是指那些土地自然条件较好，适于农业种植的地区。在我们实地调查的四个地区中，相对来说，浙江省嘉善县位于浙北平原，江苏省横溪镇位于长江下游平原，湖北省应城市位于江汉平原，三个地区土地自然条件比较好，属于宜耕地区；而山西应县则位于吕梁山区，地势不平，雨水较少，土地贫瘠，不属于宜耕地区。

国务院办公厅 2004 年 4 月颁布的《关于妥善解决当前农村土地承包纠纷的紧急通知》指出："今年以来，党中央、国务院相继出台了一系列扶持粮食生产、促进农民增收的政策措施，调动了广大农民群众发展粮食生产的积极性，农业生产出现了多年未有的好形势。但是在农民耕种土地积极性高涨的同时，一些地方也出现了土地承包纠纷甚至群体性事件，给农村经济发展和社会稳定带来不利影响。"对于这类纠纷和矛盾实际发生的情况，我们进行了较为全面的实地调查。调查发现，在农业宜耕地区，也就是浙江嘉善县、江苏横溪镇和湖北应城市，土地承包经营权纠纷十分普遍；而相对来说，在农业自然条件较差的山西兴县，则较少出现土地承包纠纷。

1. 土地承包纠纷的数量

浙江省某县 2006 年 1～9 月份信访统计中，土地承包方面的矛盾在数量上排第三，一共 71 件，占了信访总量的 5.92%。排第一和第二的矛盾也和土地有关，分别是征地补偿和宅基地问题。县农经局经手的土地承包纠纷，平均一个月四五起。在这些纠纷中，涉及大户承包、农户要把大户的田收回来的占 1/3，其他类型如征地分配不公的、补偿不合理的占 2/3。这些纠纷多是农业税取消以后发生的。从 2005 年全县人民调解机构调解纠纷的统计报表看，2005 年乡镇（街道）司法调解中心一共调处矛盾纠纷 299 件，其中土地承包方面的矛盾纠纷 13 件，占 4.3%；2005 年全县人民调解委员会共计调解纠纷 1698 件，其中土地承包纠纷 44 件，占 2.6%。2005 年该县法院一共收民事商事案件 1779 件，其中土地承包经营合同案件 7 件。案件虽然数量不多，但是特别难办。相对于浙江嘉善和湖北所调研的地区来说，调研组虽然只调研了江苏的一个镇，但土地承包纠纷仍然是当地一种比较突出的社会矛盾。

湖北省应城市的情况类似。自从 2004 年开始减免农业税费以来，在整个湖北省范围内，土地承包方面的纠纷就成为社会的主要矛盾和冲突之一，正是由于这类纠纷大量发生，湖北省在 2004 年底开始了完善土地二轮延包的工作。根据应城市司法局的统计数据，2005 年，全市人民调解委员会共计调解纠纷 723 件，其中土地承包纠纷 80 件，占 11.1%；在 2006 年 1～9 月份，全市人民调解委员会共计调解纠纷 690 件，其中土地承包纠纷 74 件，占 10.7%。近两年，土地承包纠纷的绝对数量略有上升，所占比例则略有下降。但相对而言，起诉到法院的纠纷数量不是很多。据应城市法院的统计，在 2005 年，土地承包纠纷共计收案 12 件，2006 年 1～9 月份共计收案 6 件，数量略有减少。数量减少的原因是由于这是比较敏感的问题，所以一些纠纷由乡村党委政府处理掉了。法庭处理的都是政府处理不了、群众反映比较大的纠纷。

综合来看，土地承包纠纷的发生具有两个特点，一是这种纠纷集中发生在最近两三年；二是这类案件虽然在数量上不是特别多，但是非常棘手，矛盾冲突尖锐，涉及人数较多，通常很难调处。

2. 土地承包经营纠纷的类型和发生原因

从几个地区的情况来看，当前土地承包纠纷发生最为集中的，主要有下列几种类型：

第一种，农户私下低价或者免费转让自己的承包经营权，农业税取消以后，又想要回来，由此发生争议。争议双方都是普通村民。这种类型又有两种情形，一种是发生二轮承包之前，农民之间私下赠与土地，田比较多的农户，把地转给地少的农户，二轮承包的时候，土地迁到了种地一方的名下，并得到村组织的认可。但是，当土地价值提升了后，赠与一方反悔，于是产生了争议。另一种是，这种赠与或者转让没有反映到土地承包经营权证上，即村民私下将自己的承包地赠与或者低价转让给了别人，但是土地承包经营权证还是自己的，现在土地价值上升了，就想收回来。

第二种，村民在二轮承包的时候，在一轮承包的土地份额内，全部或者部分放弃承包了经营权，现在土地价值上升，想要收回放弃的承包地，由此发生争议。这种纠纷主要发生在村民和集体之间，部分争议发生在种田大户和其他村民之间。在实际生活中，这种纠纷非常复杂，具有不同的内容和形式。一是，在最早的放弃承包地的环节，有口头的，也有书面的。当时规定是如果要放弃，一定要有书面证明，大部分放弃者都签署了书面文件，但是少部分人没有，因而成了纠纷的原因。实际上，即使是书面放弃了的，后来也有找集体要土地的。二是，土地放弃之后，有的土地作为公地、机动地保留在集体手中，没有承包到户，有的在二轮承包的时候被别的农户承包了。第一种情形相对容易处理，后一种情形涉及的利益关系复杂，很难处理。三是，有的村民是想要回自己放弃的承包地，而放弃的土地现在被征用了，就想讨要土地的补偿和安置费用。

第三种，村民将部分或者全部承包地委托给村集体统一转包，土地价值增长了后，想要回来，引发了争议。争议的内容一是要求获取更多的流转费，二是要求收回土地。由于土地承包经营权还在村民手中，从政策和法律上讲，村民有权收回土地，也有权提高流转费用，因此不应该有争议。但是，有两个原因，使得村集体不能或者不愿意满足村民的要求。一是通过村集体委托承包，集体可以获得一定的经济收入，如果农户现在要提高流转费，或者收回土地，势必影响村集体的收入。要完善二轮承包和确保农户和村集体的利益的话，这必然是一对矛盾。由于农业税的免除，造成了村集体经济收益的减少。二是，村集体在集中转包时，通常是签了合同的，合同规定了流转的费用和承包的期限，这些约定的特点是流转费用比较低，期限比较长，当农户提出要提高流转费或者收回土地时，一些合同还没有到期，所以村集体在这种情况下就很难满足农户的需求。

第四种，通过各种方式将集体的公地据为己有，由此引发争议。村里有一些土地没有承包到户，性质属于公地，后来由于土地价值大幅度上升，一些村民就通过各种方式将公地据有为己有，主要是为了将来获得征地补偿和安置。农村有一个观念，这块田地在我的权证上面，旁边的公地肯定是我的。

第五种是，自留地问题的性质不明，容易引发矛盾纠纷。对自留地的问题中央没有政策，一、二轮承包的时候都没有提到自留地。有村民提出，虽然我人走掉了，但是自留地还是我的，如果征用的话，就应该妥善安置。按照土管局的解释，县里面有政策，自留地征用没有安置权。村民认为自留地应该和土地承包地一视同仁，征地时也应妥善安置。

第六种是，一些村民为了转小城镇户口，把土地退回了集体，但是现在土地收益好了，想要回自己以前的承包地。

3. 土地承包纠纷发生的原因

前述各类纠纷发生的原因都是具体的，但是归结起来，可以发现背后有一些共同的因素，促成或者诱发了当前的土地承包纠纷。

首先，最根本的原因是土地价值的大幅度增长，导致了农民土地的耕种积极性和拥有积极性的双双提升，进而产生了各种矛盾纠纷。各种矛盾纠纷的矛头指向，都是为了获得土地增值的价值，这部分价值可能是耕种的收益，可能是流转费的收益，也可能是征地补偿的收益，等等。土地价值的增长，原因主要在于农业税费的减免、效益农业的开发、土地征用补偿的可能性等方面。土地价值的增长，很大程度上，在以前是难以预测的，所以当时村民对土地的处分，比如弃耕、放弃承包、转让等，是在土地价值比较低，甚至负价值的情况下做出的，现在土地资源"突然"增值，农民后悔当初对土地的处分，要推翻原来的处分，于是纠纷就在所难免。

其次，土地承包经营权的放弃、流转等手续的不规范性，增加了纠纷处理的难度。但是，这种不规范性本身并非纠纷发生的主要原因。因为，一是尽管没有书面的约定，多数情况下，人们并不否认当时放弃、流转的事实，村民们把责任归到了政策、形势的变化，"谁让现在的政策这么好啊！"二是即使当年放弃土地的手续规范明确，这部分村民现在也想要回土地。比如，当年放弃土地申请农转非的村民，以及以书面声明放弃土地的村民，现在依然回来争要土地。三是许多村民提出类似的主张和要求，并非基于"权利被侵犯"这样的理由，而是"有困难找政府""我们的生活"等这样的观念。

第三，耕地闲置有害于耕地，是现在耕种土地的农户不愿退回土地所坚持的朴素的正义观念。村民认为，如果任土地荒芜，对耕地的肥力、土质结构都是一种损害。正因如此，当一方村民抛荒，另一方村民捡起了耕种以后，耕种的一方就会认为，在税费非常重的时期，我们坚持耕种，保持了土地的适耕状态，他是有付出和贡献的，现在土地价值增值了，土地要被退回，这是不公平的。

第四，村集体的经济问题也是导致部分矛盾纠纷的原因。

4. 非宜耕地区较少出现土地承包经营权纠纷

在我们调查的山西省兴县地区，较少出现土地承包经营权纠纷。究其原因，主要在三个方面：首先，总体而言，山西省兴县的雨水少、灌溉条件差、土地坡度大、土地肥力弱，使得土地的产出比较小，在这种情况下，农业耕种的收益较低，即使是免除了农业税费之后，农业耕种的收益依然不高，导致农民的耕种积极性较低。其次，由于城市发展和土地开发的步伐比较慢，土地征用补偿的可能性也较小，这也在一定程度上减小了土地承包经营权的拥有价值。第三，由于土地耕种收益小，生态状况不佳，当地最近几年所推行的政策是退耕还林，虽然相应出现了一些退耕还林补偿款分配方面的争议，但是土地承包经营权的纠纷却大幅减少了。

（二）征地补偿的矛盾和纠纷各地普遍存在

在我们调查的四个地区之中，征地补偿纠纷是各地普遍存在的突出的社会矛盾。

1. 征地补偿纠纷的主要类型

综合来看，征地拆迁补偿安置出现的矛盾和纠纷主要有下列几个方面：

第一，一些农民把一次性安置款花完之后，又来找政府要养老安置，要生活保障。20世纪90年代中期的时候，对农民的补偿安置主要有两种模式，一种是一次性的货币安置，一种是养老保险。一次性货币安置大概是一万多块钱。另一种是养老安置，男的60岁，女的是50岁，每个月可以领取一定的生活费，由社保基金操作。当时许多农民都选择的是货币安置方式。但是，当这些农民将这笔费用花掉后，土地没有了，生活没有保障了，就回来找政府，理由是"我要生活，我要保障"。一些年轻人开始选择了货币安置，年纪大了以后，又想改为养老安置。

第二种，村民认为政府的补偿标准太低，要求提高。不同时期补偿价格不一样，比如1995年，享受养老安置，是160元。目前，同样的面积是200元。所以人们认为以前的安置费太低了，应适当调高。在预征地类型上这种矛盾比较突出。如果是1996年预征的地，当时的预征费为100元，但项目未启动。2000年征地费提高到200元，就产生了纠纷。

第三种，部分老百姓对实行片区价格——即一个地区一个价格的做法不能接受。

第四种，对土地补偿费的分配产生分歧。按照国务院《土地管理法实施条例》第26条的规定，土地补偿费归农村集体经济组织所有；地上附着物及青苗补偿费归地上附着物及青苗的所有者所有。但是在实际中，一些村民不接受此分配方式。

第五种，与土地承包有关的征地补偿纠纷。在征地拆迁补偿中，安置补助费是发放给失地农民的，而所谓失地农民是指失去承包地的农民，因此，被征土地的承包经营权所属的确定，是安置补助费发放的关键。但是在实际生活中，由于土地承包经营权归属存在很多争议，一定程度上阻碍了安置工作的落实。概括起来，主要有四种类型：一是20世纪中后期，农业经营负担比较重，一部分村民在二轮承包中部分或者全部放弃了承包地，土地承包经营权证因此发生了变更，现在被放弃承包的土地被征收或征用了，原承包户要求获得安置补助。二是农户之间私下转让的，没有体现在土地承包经营权证上，现在被转让的土地被征收征用了，于是发生了安置补助费归属的争议。三是村里的公地，一些村民进行了耕种，发生征地之后，就主张安置补助。四是村民自留地的争议。

第六种，与宅基地有关的土地补偿纠纷。征地补偿费用中，一部分是针对地上附着物的，比如房屋、青苗等，一部分是针对土地的，比如土地所有权、承包经营权、宅基地使用权等等。这其中，农村房屋拆迁涉及的补偿情况是其中的一种特殊类型，这种补偿类型中的宅基地使用权的归属问题，在实际中容易引发争议。这种争议的实质是，住房产权在流转的同时，宅基地在制度和政策上却不允许流转，由此发生了宅基地归属上的争议，进而带来安置补偿争议。宅基地（或者房屋）买卖、变相买卖之后，宅基地不能过户，拆迁补偿的时候，可能在买方、卖方、村集体、拆迁补偿单位等多种主体之间引发争议。另一种情况是，因为各种合法原因，比如继承，农转非，转干，等等，房子的主人变成了非农业人口。房子如果不拆迁的话，可仍住在那里。房子拆迁了，按照宅基地的政策，非农村人员不能享受农村人员的集体宅基地，由此引发纠纷。

第七种，以前征地补偿的后遗症。这类纠纷大致又有两种类型。一种是以前征地的时候，将相关村民安排就业，现在就业单位破产了、裁员了，于是就产生了矛盾和纠纷。另一种是以前土地负担比较重，村民可能接受了一种比较便宜的价格甚至无偿土地征用，但是现在土地资源的价值显著增长，于是重新提出补偿要求，因而产生了矛盾和纠纷。

2. 矛盾和纠纷的原因分析

根据前面的描述，近几年来征地补偿方面矛盾和纠纷的类型比较多，不同类型的发生原因不完全相同。综合起来看，原因有以下六个方面：

第一，从程序上看，征地补偿定价机制本身的公信度不够。中国当前，征地补偿的价格是由政府单方面决定的，更为重要的是，这种价格和政府利害攸关。根据《土地管理法》的规定，新增建设用地的土地有偿使用费，30%上缴中央财政，70%留给有关地方人民政府，专项用于耕地开发。在实际的社会生活中，这笔收入在很大程度上成为地方财政的收入来源。另一方面，招商引资、工业开发也是地方政府提高 GDP 的重要手段，而这又常常是以土地征用为前提条件的。由于地方财政收入的需要，由于 GDP 发展的需要，政府在征地补偿价格的制定中很难处于超然的地位，因此，政府确定的任何价格，都必然是充满争议的，必然会引发矛盾和争议。

第二，从结果上看，目前征地补偿的价格也是偏低的。首先，征地补偿的价格和土地出让的价格之间，具有悬殊的差异。以湖北应城市为例，一亩地土地征地补偿的费用 2 万~3 万元，但是一亩的土地出让，在城乡结合部，价格可以高达 50 万元。虽然这其中政府有基础设施的投入，但是扣除这种投入之后，两种价格的差异仍然是悬殊的。其次，以浙江某镇为例，农业人口人均耕地面积1.89亩，1.89亩养老安置名额是一人，一人的养老保险的月收入是200元，而当地土地的租金收入已经远远超过这个数额。一亩地的租金大约在300元左右，1.89亩的租金价格是567元。即使不考虑土地的租金将来的上升（这一点几乎是可以肯定的），以现在的价格看，征地补偿的价格也远远低于租金的价格。

第三，劳动力安置补偿隐忧多。安置补偿的方式之一是劳动力安置，在实际中，一些地区通常采取用地单位予以安置的方式，但是，这种方式极有可能在将来出现争议。由于用地单位的经营状况、效益是不稳定的，可能发生变化，甚至有可能破产。

第四，土地补偿费由村集体收取这种制度不尽合理。自从农村实行家庭联产承包责任制后，集体经济组织就成了一个"空壳"，实际上不再具有经济功能，村委会也因此转化为一个服务性的组织。在当前村级财政普遍运转不良的情况下，可以收取土地补偿费这一规定实际上就激励了村集体积极从事土地征用（或变相征用）推销工作，而不管这种征用是否符合公共政策和农民的长远利益。

第五，有些问题不是拆迁安置本身的问题，而是土地承包问题的延伸。土地安置补偿的依据，主要是土地承包经营权的归属。但是，当前土地承包经营权的归属常常发生争议，由此导致了征地补偿安置发生争议。比如，一些村民先前以一定的方式放弃了土地的承包，或者将土地出让、互换了，现在出现这块土地发生了征地补偿，就可能在不同的村民之间、村民和村集体之间发生补偿费归属的争议。

第六，同样，有些问题不是拆迁安置本身的问题，而是宅基地问题的延伸。在宅基地的归属问题上，也是经常发生争议的，比如，各地大量进行宅基地（或者房屋）买卖，但由于宅基地在制度上是不能过户的，尤其是对于户籍、户口条件不具备的买受方来说，由此在拆迁补偿时，可能在政府、村集体、卖方、买方等四方之间引发争议。此外，由于户口已经农转非，或者已经迁出之后，房屋被拆迁的，也可能产生宅基地补偿方面的矛盾和纠纷。

（三）发达地区宅基地流转纠纷突出

在我们调查的四个地区之中，宅基地流转现象各地均不同程度地存在，在发达的浙江嘉善县，土地流转的现象最为普遍，由此导致的纠纷也最为突出。

1. 宅基地流转纠纷的类型

根据有关部门的介绍，在浙江省嘉善县，目前发生的宅基地流转纠纷主要有以下三种类型：第一种是宅基地卖出之后，由于土地或者房屋的价值增值，卖方否认买卖合同的效力。第二种是宅基地卖出之后，卖方的其他家庭成员主张买卖无效。第三种发生在征地补偿过程中，但根源还在于宅基地流转后的法律效力问题。据信访局负责人介绍：私下里交易引发了一些问题。买宅基地者又盖了房子，如果这块地要征用的话，由于这块宅基地的名字还是村里的，拆迁就会引起村民和买方的利益矛盾，形成三角关系。

2. 宅基地流转纠纷发生的原因

归结起来，宅基地流转的原因主要存在于三个方面：

首先是宅基地流转现象普遍存在。一种是在买卖房屋的过程中，附带买卖宅基地。另一种是因为宅基地流转不能过户，因而缺乏法律保障，当宅基地或者房价上涨之后，原来的卖主就可能主张买卖无效，为了克服法律上的这种不确定性，出现了"以租代售"的做法。租一百年、两百年，费用则一次性交清。

其次，由于法律和政策禁止宅基地流转，宅基地流转得不到法律和政策的确认和保护，宅基地流转之后形成的事实上的权利义务关系不具有稳定性。根据法律规定，宅基地是不能转让的，至少是不能转让给非集体经济组织成员的。国土资源部 2004 年 11 月《关于加强农村宅基地管理的意见》规定："严禁城镇居民在农村购置宅基地，严禁为城镇居民在农村购买和违法建造的住宅发放土地使用证。""农村村民将原有住房出卖、出租或赠与他人后，再申请宅基地的，不得批准。"

最后，住房和宅基地价值的大幅度增长，使得卖方有了改变、撤销宅基地流转关系的利益激励。在浙江嘉善县发达地区，一方面是经济快速增长，另一方面是外来人口的大量涌入，使得住房和宅基地的价值急剧增长，于是，较早以较低的价格卖出或者变相卖出住房或者宅基地的当事人，现在就以买卖关系无效为由，撤销以前的买卖关系。而宅基地或者住房价格的上涨，体现在多个方面：一种情况是住房或者宅基地现在有了更高的市场价格；另一种是住房现在有了更高的租赁收益，间接地提升了宅基地的价值；三是现在对宅基地或者住房的征地补偿价格，可能远远高于当初的流转价格。

（四）沿海发达地区外来人口大量涌入挑战社会管理

1. 沿海发达地区外来人口大量涌入

在我们所调查的四个地区中，浙江嘉善县属于沿海发达地区，经济发展水平远远超过全国平均水平；山西兴县和湖北应城市属于中西部内陆地区，经济发展比较落后，尤其是山西兴县，经济发展水平远远低于全国平均水平。我们调查发现，由经济发展水平的差异所致，东部沿海地区和中西部内陆地区存在一种完全不同的情景：内陆农村地区人口大量外流，沿海发达地区则大量涌入外来人口。在中西部内陆地区，由于外出务工人员较多，当地实际居住人口大为减少，而且，由于外出务工多为青壮年，所以，留下来的，不仅数量少，而且主要是老人、妇女和儿童。与此相反，在东部沿海地区，无论是城市还是农村，则聚集着大量的外来人口。这里所谓的"外来人口"，主要是指来自内陆省份的农民工。比如，浙江嘉善县对于外来人口在管理上称为"新嘉善人"。据介绍，该县登记的新嘉善人已近28万人，其中有21.8万人在企业务工，1.33万人经商，从事服务行业的有1.14万人，18周岁以下的有3.3万人，0～7周岁的儿童约1万人。

2. 外来人口大量涌入挑战社会管理

两类地区人口数量的相反变化，在一定程度上是互为因果的：东南沿海地区外来人口的增加，正是内陆省份农村地区人口减少的结果。从社会纠纷与矛盾的角度来说，人口的这种不同变化所产生的结果也正好相反。在内陆省份农村地区，由于青壮年人口大量外流，相应的，农村里的矛盾和纠纷也大幅度减少。相反，在东南沿海地区，却由于外来人口的大量聚集，产生了许多矛盾和纠纷。在我们所实地调查的浙江省东部某县，这种矛盾和纠纷十分普遍。流动人口增长很快，对整个社会管理带来的压力较大，这种压力主要体现在环境和治安方面。外来人口带来的管理问题一个在卫生习惯方面，另一个问题是治安方面。据统计，卖淫、吸毒、盗窃、抢劫方面的违法犯罪主要是外来人口。外来人口作案多的一个重要原因是，外来人口不能在当地落户，居无定所，因此不容易产生犯罪的羞耻感。除了环境和治安方面，劳资纠纷快速增长。劳动纠纷增长的原因，是因为长三角地区几乎每一个镇都有工业开发园区。自2004年以来，这类纠纷每年都占了该县某镇的民间纠纷的将近三分之一。如下表所示，在属于内陆地区的湖北应城市，2005年的民间纠纷总数是723件，其中劳动纠纷52件，所占比例为7.2%；而在浙江某地区，2005年民间纠纷总数为1698件，其中劳动纠纷402件，占23.7%。对比发现，在浙江某地区，无论劳动纠纷的绝对数量还是相对比例，都显著高于内陆地区。

表1 2005年浙江嘉善县和湖北应城市民间纠纷调解数量比较

地区	民间纠纷总数（件）	劳动纠纷总数（件）	劳动纠纷所占比例（%）
湖北省应城市	723	52	7.2
浙江省嘉善县	1698	402	23.7

三 当前农村纠纷的解决机制：各地的一些成功经验

在当前农村地区，由于社会快速发展变迁，土地矛盾尖锐，利益关系复杂，既有的正式法律和政策往往不足以有效解决大量发生的矛盾和纠纷。在这种情况下，各地有关主管部门在法律和政策的基本原则的指导下，灵活调处土地纠纷，具有一定的成效。在土地承包纠纷的调处中，各地坚持尽量维护土地承包关系稳定的原则，按照土地承包经营权证的内容处理案件。

针对外来人口带来的环境问题、治安问题，为了维护外来人口的权益，加强对外来人口的管理，浙江嘉善县专门创建了一个以"新嘉善人"为核心内容的管理模式。这一举措的含义包括两个方面，一个更新对外来人口的观念，肯定外来人口对当地社会经济发展的积极意义，提升外来人口的主人翁地位，在一定程度上，将外来人口也视为"嘉善人"。这些观念的更新，通过"新嘉善人"这个新称谓的象征意义强力提升。政府的所有文件、通告上，以及谈话上，对外来人口的称呼都改成了'新嘉善人'。

另外，浙江嘉善县成立了专门处理外来人口问题的机构。2004年11月，该地成立了"新嘉善人管委会"，作为全县落实"新嘉善人"管理和服务的综合性的领导机构。为了加强这种综合治理，浙江嘉善县在进行"两所一庭"（派出所、司法所和人民法庭）建设过程中，创建了"综治司法信访联动服务中心"这样一个综合治理机构。具体做法是，在乡镇一级成立"综治司法信访联动服务中心"，以司法所为日常办公机构协调司法所、派出所、人民法庭、信访办、综治办等方面的工作。联动中心实行"一个窗口对外"和"五统一"工作机制。所谓"五统一"，即统一受理、统一分流、统一协调、统一督查、统一归档，方便了广大群众，提高了办事效率。经过几年的实践，"联动中心"这一工作机制得到了市委、市政府的高度重视，也得到了浙江省委政法委、省司法厅的肯定，被誉为新时期创新的"枫桥经验"，在全省得到推广。为了缩短信访意见的渠道，及时整合政府资源化解社会矛盾，浙江嘉善县2004年即在县一级，创建了定期联合接待制度。从2004年开始，每个月逢五，5号，15号，25号，县里面的县委、县人大、县政协等各个班子的领导，都在信访局坐镇接待信访群众。鉴于涉法信访比较多，为公检法首长在信访局也开了一个专门接待室。

为了加强社会治安的综合治理，湖北省应城市在县一级和乡镇一级成立了相应的机构，明确了各部门在综合治理工作上的相互关系和职权职责。在县一级，政法委下面设立综合治理办公室，为副科级机构编制，负责协调有关部门，尤其是政法部门进行社会治安综合治理。在乡镇一级，设立综合治理办公室，负责整合派出所、司法所、人民法庭、信访办等各部门力量和资源，快速、有效化解社会矛盾和纠纷。

我们在湖北应城市和浙江嘉善县两个地区的人民法院调查发现，自2000年以来，民事案件的数量均呈下降趋势：在湖北应城市，根据法院提供的统计数据，在 2005 年，共有民商事案件 1629 件，2006 年 1~9 月份的民商案件共有 1018 件，呈下降趋势。在浙江嘉善县也存在这样的情形。2004 年，全年共收民商事案件 1779 件，但是最多的时候曾达到 5000 件，最近几年总体上呈现下降趋势。

四　当前农村纠纷的解决机制：主要存在的问题

（一）内陆落后地区：司法救济渠道不畅

根据我们的调查，在内陆省份落后的农村地区，司法救济的渠道不通畅，诉讼作为一种纠纷解决方式不受欢迎。司法救济渠道的不通畅可以通过民事诉讼率的变化得到一定程度的说明。2005 年，兴县全年民事案件仅受理了 123 件，扣除人口因素影响后，民事诉讼率只有全国的 13.6%，只有北京的 3.8%；行政诉讼率只有全国的 5.6%，北京的 1.8%。

司法救济渠道之所以不受欢迎，一个重要的原因是人们认为司法救济能力有限。司法救济能力的局限主要体现在两个方面：一方面是一些案件法院无能力解决。一些案件农民和政府之间产生了激烈的冲突，但是人们不选择诉讼而是上访，因为这些冲突涉及复杂的社会关系，当地的党政部门也牵涉其中，即使提起诉讼，法院要么不受理，要么受理了也解决不了。另一方面是执行难，即使法院做出了判决，能否执行还是一个未知数，这在一定程度上削弱了人们对司法救济的信心。司法救济渠道不通畅的另一个原因是诉讼的经济成本太高，导致人们刻意回避诉讼。

（二）土地纠纷：司法难以承受之重

各个地区的土地矛盾和纠纷——包括土地承包纠纷、征地补偿纠纷、宅基地审批和流转纠纷十分突出，但是，同样普遍存在的一个情况是，这类矛盾和纠纷很难通过司法加以解决，即使是行政部门的调处，也不能仅凭正式的法律和政策。

第一，是土地矛盾和纠纷各地普遍发生，主要通过行政调处的方式解决，司法介入的比例较小。法庭处理的都是政府不能处理、群众反映比较大的。这一点从不同机构处理的纠纷数量上也可以看出来。在浙江嘉善县，2005年全县法院一年的土地承包纠纷只有7件，县农经局经手调处的有五六十件，全县乡镇（街道）司法调解中心经手调处的土地承包纠纷13件，全县人民调解委员会调解的土地承包纠纷是44件。在湖北应城市，2005年全市法院一年的土地承包纠纷只有12件，全市人民调解委员会调解的土地承包纠纷是80件；在2006年1~9月份的统计中，全市法院的土地承包纠纷只有6件，全市人民调解委员会调解的土地承包纠纷是74件。

第二，这类纠纷仅仅套用既有的法律或政策很难得以化解，需要综合考虑各方的利益反复地做工作。有的案件虽然起诉到了法院，但法院也很难处理。矛盾比较集中的是第二轮承包。现在政策和原来的不一样，把土地收上来，重新分配，将涉及很多法律问题，尤其是涉及政治问题。

第三，行政调处往往也没有较好的矛盾化解效果，导致土地方面的上访事件最为集中。在浙江嘉善县2006年1~9月份的信访统计中，排在第一位的是土地征用方面的矛盾。这充分说明，土地矛盾和纠纷尖锐复杂，较难化解。

第四，司法和行政对于土地矛盾和纠纷的化解都不能取得很好的效果，应建立专门的土地纠纷仲裁机构，但是在实地调查的四个地区，都没有这样的专门机构。2002年公布的《土地承包法》规定，对于土地承包纠纷，当事人不愿协商、调解，或者协商调解不成的，可以向农村土地承包仲裁机构申请仲裁，也可以直接向人民法院起诉。国务院办公厅2004年4月颁发的《关于妥善解决当前农村土地承包纠纷的紧急通知》要求，各级农业主管部门要抓好农村土地承包纠纷仲裁试点，加大对土地承包纠纷的调处力度。但是，根据农业部2005年11月颁发的《农村土地承包纠纷仲裁试点设施建设项目组织实施办法》，目前农村土地承包纠纷仲裁还处于试点阶段，尚未全面推广。在我们所调查的几个地区，目前都还没有建立农村土地承包纠纷仲裁制度。

土地矛盾和纠纷诉讼解决的困难，也是正式法律和政策解决的困难，这从一个侧面说明，当前农村土地问题正处于社会变革之中，各种利益关系尖锐复杂，既有的法律和政策落后于形势的发展，新的法律和政策又尚未达成共识，各地只能在一些比较笼统的原则指导下，追求个案的实质正义，实现矛盾和纠纷的妥善解决。然而，追求个案的实质正义并不是司法功能的长项，这种追求也不符合法治国家的原则和理念。

（三）发达地区：执法规范和执法效果难以兼顾

在经济较为发达的地区，上述两种情形都得到了一定程度的改善，而且，执法方面更严格、规范，更人性化。但是，却存在另一个问题，这也是我们访谈过程中各级干部普遍反映的一个问题：由于过于讲究执法的规范化，也可能削弱司法机关对违法犯罪的打击效能。

根据基层公安部门的介绍，这种削弱的一个体现是，由于执法规范化，耗费了大量的警力，影响了执法的效率。沿海地区基层公检法，特别是公安本来力量就不足，由于大量外来人员聚集到了沿海地区，经济飞速发展，出现了许多矛盾，再加上执法人员个人的素质还有待提高，执法效率就更难保证。

（参见法治蓝皮书《中国法治发展报告 No. 6（2008）》）

第八章 中国司法公开新媒体应用研究报告（2015）

摘 要： 相比传统直播方式，网络直播和微博庭审视频直播在一定程度上打破了时间和空间、线上和线下的限制，是更大幅度和更深层次的司法公开，代表了未来司法公开的新趋势，可能实现中国对西方司法公开的弯道超车。但对各级各地法院庭审直播网站及微博庭审视频直播的实证考察发现，庭审视频直播仍然不够规范，也缺乏充分的物质和制度保障。以人民法院信息化建设3.0版为契机，今后应从制度建设、物质保障和技术标准三个方面大力推进庭审新媒体视频直播的常态化和规范化。

中共十八届四中全会决定指出，公正是法治的生命线。"没有公开则无所谓正义。"[①] 2014年最高人民法院工作报告提出："建设科技法庭，推进庭审全程录音录像。"2015年报告进一步提出，加强庭审直播网建设，推进庭审全程录音录像。"司法公开的主体是法院，但公开范围的确定者不是法院，而是人民。"[②] 在"互联网+"时代，如何更好地运用新媒体推进司法公开，尤其是利用开放的微博平台（相对微信，微博平台更开放，更有利于司法公开的推进）对庭审进行直播，方便人民群众观看、了解和监督庭审，充分保障人民群众和诉讼参与人的知情权、监督权，不仅是新形势下人民法院司法公开的时代主题，也是进一步提升司法

---

① 〔美〕伯尔曼：《法律与宗教》，梁治平译，生活·读书·新知三联书店，1991，第48页。
② 蒋惠岭：《审判公开原则生命力之复兴》，《人民法院报》2010年1月1日，第5版。

透明度，便利人民群众参与、了解、监督司法活动的新途径，并最终有助于提高人民法院的司法公信力和司法权威。因此，庭审公开应在继续推行可视化的网络视频直播的同时，逐渐实现即视性微博新媒体视频直播的普及与常态化。

一　可视正义：庭审网络视频直播

（一）庭审网络视频直播逐渐普及

新工具有赖于新技术的出现和信息基础设施建设的提升。根据 2015 年最高人民法院工作报告的数据，2014 年，各级各地法院通过视频直播庭审已达 8 万次。

2015 年 7 月 1~7 日、12 月 1~7 日，"中国司法公开新媒体应用研究报告（2015）"课题组通过两周的网络检索，并对部分地方法院的法官以电话访谈进行印证，按照省份、网络庭审直播平台建设（网络建设）、可查询到的最早视频直播日期（日期追溯），以及可查询到的在线视频直播数量（视频存量），对中国法院庭审网络直播情况进行了初步的摸底排查（见表 1）。需要说明的是，这里的庭审网络直播不仅包括现场直播，也可能包括录播；日期追溯是通过互联网检索查询到的该法院最早一次视频直播日期，既可能是根据相关新闻报道来确定，也可能是根据其视频直播网站或栏目中庭审视频第一次上线时间来确定；"视频存量"仅指可以在某一法院庭审直播网或直播频道查询到的在线视频数量，并不等同于该法院全部庭审网络直播的数量。

表 1　各地人民法院庭审网络直播概况

省份	网络建设	日期追溯	视频存量（个）	备注
北京	接入，自建 2	2009 年 12 月 18 日	378+8670	其中北京法院直播网有 8670 个可查询在线视频，但仅支持 IE 浏览器
天津	接入	2011 年 8 月 28 日	702	

续表

省份	网络建设	日期追溯	视频存量（个）	备注
河北	自建 1	2014 年 4 月 22 日	2636	
山西	自建 3	未查询到	未查询到	庭审直播栏目查不到直播案件
内蒙古	未查询到	未查询到	未查询到	
辽宁	自建 3	2009 年 7 月 27 日	约 400	但早期有些视频无法打开
吉林	自建 3	2015 年 1 月 29 日	约 44	
黑龙江	自建 2	2013 年 10 月 14 日	884	
上海	自建 3	2008 年 4 月 8 日	4768	但早期有些视频无法打开
江苏	自建 2	高级人民法院自 2011 年 7 月 1 日	1504	存量视频未计入基层法院
浙江	自建 1	不详	约 400	庭审直播有两个站点：司法云网站及浙江法治在线上的浙江法院庭审直播网
安徽	自建 3	2012 年 5 月 24 日	19	除安徽法院网相关栏目外，合肥、安庆、黄山等都有自己的庭审直播网
福建	自建 2	2013 年 10 月 10 日	1710	提供视频检索
江西	未查询到	2011 年 2 月 25 日	未查询到	
山东	自建 2	2014 年 3 月 25 日	793	山东法院庭审直播网
河南	接入，自建 2	2010 年 8 月 18 日	1162	以其自行建设的河南法院庭审直播网为准，接入中国法院庭审直播网的只有 17 个可回顾直播视频
湖北	自建 3	2013 年	210	
湖南	接入	2012 年 7 月 7 日	221	
广东	接入，自建 2	难以查询	177	存量视频仅计算接入网站；另外，仅广州中院视频直播网就有 372 个
广西	自建 3	2013 年 12 月 6 日	61	
海南	接入，自建 3	2012 年 6 月 6 日	712	包含部分其他内容，并非全部为庭审视频
重庆	未查询到	未查询到	未查询到	

续表

省份	网络建设	日期追溯	视频存量（个）	备注
四川	自建 3	2011 年 11 月 21 日	11	四川高院官网与四川司法公开网有栏目，但可查询视频都很少
贵州	未查询	未查询到	未查询到	数次打开贵州法院网皆显示：您的请求过于频繁，已被网站管理员设置拦截！
云南	接入，自建 3	2014 年 7 月 15 日	48	云南高院官网栏目可查到 48 个庭审视频，涉及 10 个案件
西藏	未查询到	未查询到	未查询到	
陕西	接入，自建 2	2014 年 3 月 19 日	2771	陕西法院庭审直播网，有案号、案件案由、开庭时间、地点，可检索查询
甘肃	自建 3	2014 年 7 月 3 日	6	甘肃法院司法公开网有《互联网直播点播》栏目
青海	接入，自建 3	未查询到	未查询到	
宁夏	接入	2012 年 5 月 24 日	68	
新疆	自建 3	未查询到	未查询到	乌鲁木齐中院接入了中国法院庭审直播网，可查到 2 个庭审视频

说明：自建 1 型指有自己专门的庭审直播网或视频台网，并且可以通过手机扫描观看；自建 2 型指有自己专门的庭审直播网或视频台网，但不可以通过手机扫描观看；自建 3 型指虽在最高人民法院官方网站上设有视频直播或点播栏目，但没有专门的庭审直播网或视频网。

数据来自课题组对各级各地相关人民法院官方网站及庭审视频直播网、中国庭审视频直播网的整理。

（二）仍需解决的问题

根据摸底调查，可以看到人民法院的庭审互联网直播已经有了长足发展，但也存在一些问题。

第一，从分布上看，全国各地人民法院大多已通过不同方式开展了庭审网络直播工作。在有些地方，如广州中院等，在全国法院范围内率先实现从"天天有直播""人人有直播"到"件件可直播"。参与庭审网络直播的法院覆盖广州所有基层法院，除了涉及国家秘密、个人隐私等法律另有规定不公开审理的之外，其他案件都实行网上直播。按规定，每个基层法院每个工作日内须至少直播 1 件案件，且各基层法院的法官原则上每年至少要有 1 件案件进行庭审网络直播。广西壮族自治区北海市中级人民法院很早就尝试庭审网络或微博直播。江苏、浙江等地法院的网络庭审直播也都有很大进展。但是，仍然有好几个省份庭审网络直播工作开展比较落后，或者不注重对庭审视频直播本身的公开，导致难以或无法查询其网络庭审直播情况。

第二，从网络平台建设来看，绝大部分法院都在高级人民法院或中级人民法院层面建立了自己的网络庭审直播平台，有些地方甚至基层法院走在网络庭审直播的前列。但是，网络平台建设不统一，从全国层面来看情况多样。有些省份有自己专门的庭审直播网或视频台网，并且可以通过手机扫描观看（自建 1 型）；有些省份有自己专门的庭审直播网或视频台网，但不可以通过手机扫描观看（自建 2 型）；有的在高级人民法院官方网站上设有视频直播或点播栏目，但没有专门的庭审直播网或视频网（自建 3 型）；有的直接接入中国法院庭审直播网（http：//ts. chinacourt. org）；有的法院既自建有直播网，又接入了中国法院庭审直播网；还有的庭审直播网对浏览器有要求。这种网络直播平台建设的不统一、不一致，不仅会导致重复建设、资源浪费，也不方便公众和当事人的使用。

第三，整体上看，各地法院在网络庭审直播平台建设上，仍然存在一些共同的缺陷，使网络直播庭审的公开性打了折扣。比如，网络庭审视频库建设不科学、不完善，与 2014 年全国网络庭审直播 8 万场相比，能够在网上查询到的比例极小；而且，网络庭审查询、检索不便，不利于观摩与研究。应该在全国层面出台规定，建设统一的庭审视频存储数据库，统一在线庭审视频的命名、检索关键字段等。

第四，网络直播技术有待提高，有些地方的网络直播画面不够清晰，有的直播只有画面没有声音，有的播放不流畅，都会影响直播效果。有的将庭审视频与其他视频混合在一起，不便检索和查阅。比如，中国法院网上有（截止到 2015 年 12 月 7 日）40042 个直播数据，但其中有不少是访谈等非庭审视频，而且该网站仅支持 IE 浏览器，在该网直播庭审，须按照格式提出申请。

第五，部分中级法院和基层法院在网络视频直播上的探索走在前列，但某些省份亟须高级人民法院层面提供支持和保障。中国第一次庭审网络视频直播就是基层法院举办的。2003 年 5 月 14 日，浙江省丽水市莲都区法院对一起变更抚养关系案件进行了网络直播。但在有些省份，缺乏高级人民法院层面的指导与推动，中级人民法院和基层法院的探索不仅十分困难，也因缺乏制度、政策、物质等方面的保障而随时面临夭折危险。

第六，网络视频直播庭审随机性强，仍缺乏明确、清晰的规则，不仅导致庭审直播在有些地方时断时续，比较"任性"，不少法院也不重视对自己庭审视频直播自身相关信息的公开。部分地方的法院在网络庭审直播上"做"的可能要比"说"的好，但能查询到的却不多。

二　即视正义：庭审微博视频直播

中国对司法公开一直持开放的态度，庭审视频直播更是走在国际前列。

从 1998 年 7 月 11 日最高人民法院和中央电视台合作，首次电视现场直播一起著作权侵权案开始，人民法院司法公开与时俱进，不断探索庭审公开新途径与新工具。庭审网络直播打开了司法公开的一扇大门，2003～2011 年 9 月 23 日，人民法院共进行网络图文直播 4683 次[1]，仅 2014 年各级法院通过视频直播庭审既已达 8 万次，虽然相比当年全国各级法院1566. 221 万案件的受理量比例并不高，但已经是加速度发展。

2013 年以来，法院逐步将庭审活动搬上了微博：3 月 19 日，广西北海市法院在审理一起故意杀人案时，庭审微博图文直播近 5 小时，法庭调查、举证质证和法庭辩论等关键诉讼环节均发布了庭审现场图片[2]；8 月，济南市中级人民法院对薄熙来案进行微博图文直播；9 月 16 日，北京法

① 马瑾：《民主制度下传播实践的应有之义——论庭审直播在中国的现状与完善》，载蒋惠岭主编《司法公开理论问题》，中国法制出版社，2012，第 311 页。
② 陈家财、沈晓璐：《北海两院"一把手"出庭主诉微博直播》，《广西法治日报》2013年 3 月 21 日，第 2 版。

院网官方微博直播"大兴摔童案"庭审；9 月 18 日，南京市中级人民法院微博对"饿死女童案"庭审进行实时播报。2014 年 1 月 20 日，北海市中级人民法院再次利用微博同步直播了一起减刑假释案件。"即视化"的微博新媒体庭审视频直播已然成为司法公开新的趋势。

（一）制度依据：最高人民法院的推动

根据《刑事诉讼法》及《民事诉讼法》的相关规定，除法律规定的特殊情形外，所有案件都应公开审理。

最高人民法院发布了一系列有利于促进庭审视频直播的文件和规定。《最高人民法院关于严格执行公开审判制度的若干规定》（法发〔1999〕3 号）再次强调，除法律明确规定的例外情形，一审案件一律公开审理，并规定，"依法公开审理案件，经人民法院许可，新闻记者可以记录、录音、录像、摄影、转播庭审实况"。《最高人民法院关于加强人民法院审判公开工作的若干意见》（法发〔2007〕20 号）确立了审判公开"依法、及时、全面"三原则，规定"有条件的人民法院对于庭审活动和相关重要审判活动可以录音、录像，建立审判工作的声像档案，当事人可以按规定查阅和复制"。2009 年 12 月 8 日印发的《最高人民法院关于司法公开的六项规定》提出，"通过庭审视频、直播录播等方式满足公众和媒体了解庭审实况的需要"；同日印发的《最高人民法院关于人民法院接受新闻媒体舆论监督的若干规定》规定，"有条件的审判法庭根据需要可以在旁听席中设立媒体席。记者旁听庭审应当遵守法庭纪律，未经批准不得录音、录像和摄影"。《司法公开示范法院标准》[①] 规定："按照有关规定对庭审活动进行全程同步录音或者录像。审判法庭设立媒体席，并设立同步庭审视频室。每年选择一定数量案件按照有关规定进行庭审直播。""建立物质保障机制。对立案大厅、法院门户网站、其他信息公开平台、审判法庭安全检查设备、庭审直播设备等方面提供较大的资金、设施、技术等物质保障。"《最高人民法院关于推进司法公开三大平台建设的若干意见》（法发〔2013〕13 号）提出，"人民法院应当积极创新庭审公开的方式，

---

① 该文件是《最高人民法院印发〈关于确定司法公开示范法院的规定〉的通知》的附件 2。

以视频、音频、图文、微博等方式适时公开庭审过程"。

在实践中，各级法院加强科技法庭、数字法庭建设，实行庭审活动全程同步录音录像，并以数据形式集中存储、定期备份、长期保存。江苏法院推行庭审同步录音录像、同步记录、同步显示庭审记录的"三同步"工作，全省 2279 个科技审判法庭全部实现了庭审"三同步"。浙江全省 1783 个审判用法庭全部建成数字法庭，实现"每庭必录"，累计保存录音录像资料达 110 万份。截至 2014 年底，全国法院建成科技法庭 17740 个。2013 年 12 月 11 日，中国法院庭审直播网正式开通，公民可以在线观看庭审直播和录播。

从以查询、复印和纸质载体为主的传统司法公开，到司法公开三大平台建设，尤其是可视化的电视和网络视频直播的兴起与普及，中国司法公开的广度、深度和现代化程度均达到世界领先水平。正是在此基础上，最高人民法院开始重视司法公开对新媒体的利用，要求用好网站、微博、微信、新闻客户端、中国法院手机电视、《法治天下》电视栏目等新媒体平台，建设深化司法公开、展现法官风采、树立司法公信的重要窗口，让人民群众更加了解和理解法院工作，从内心树立起对司法权威的认可和尊重。微博新媒体庭审视频直播公开正是其中最重要的内容。

（二）从图文到视频：微博庭审直播的发展

电视和网络庭审视频直播初步实现了可视正义。2013 年以来，由于实现了更便捷的转发和共享，方便手机随时随地观看和回顾的"即视性正义"——微博庭审视频直播迅速发展起来。

2011 年 3 月 21 日，山东省莱阳市人民法院微博现场直播了一起买卖合同纠纷案件的庭审过程，首开端绪。2012 年 8 月，广西壮族自治区北海市中级人民法院在广西法院率先开通官方微博，2013 年 3 月 19 日，首次通过微博直播一起抢劫案件庭审过程。2013 年 8 月，济南市中级人民法院通过 150 多条微博、近 16 万字的图文，直播了薄熙来案的审理，数亿人得以"旁听"庭审，是中国司法公开史上的重要一笔。

但早期微博直播庭审主要是图文直播，近两年，随着新浪微博与阿里巴巴云平台相结合推出司法云服务，微博庭审视频直播开始在全国推广开来，并以"即视性"的正义，成为庭审公开最有效、最便利的方式①。新浪微博的庭审视频直播从 2015 年 3 月 26 日正式开始推出，第一家接入法院是安徽省合肥市蜀山区法院。到 10 月底，全国共有 319 家法院开通了微博司法公开平台并进行了视频直播，其中高级人民法院 8 家，中级人民法院 103 家，专门法院 5 家，基层法院 203 家，主要分布情况为：华北地区中级法院 8 家、基层法院 15 家，东北地区高级法院 1 家、中级法院 4 家、基层法院 5 家，华东地区高级法院 4 家、中级法院 49 家、基层法院 94 家，华南地区中级法院 10 家、基层法院 17 家，华中地区高级法院 2 家、中级法院 20 家、基层法院 27 家，西北地区高级法院 1 家、中级法院 5 家、基层法院 23 家，西南地区中级法院 7 家、基层法院 23 家。

截至 2015 年 10 月底，全国共有 23 个省、直辖市与新浪合作推出微博庭审直播工作，其中参加微博视频直播法院最多的前五名省份为：安徽省（52 家法院）、浙江省（34 家法院）、福建省（30 家法院）、陕西省（29 家法院）、江苏省（25 家法院）。4 个直辖市中，北京有 17 家法院、天津有 1 家法院、上海有 4 家法院、重庆有 9 家法院都已开通微博并进行了微博庭审直播，其中北京已庭审直播 63 场，天津 1 场、上海 5 场、重庆 12 场。可见，在微博庭审视频直播中，中部、东南部地区法院心态较为开放积极，陕西则成为西部地区司法公开的新高地。参加微博视频直播比例最高的前 5 个省份为：北京（74%）、安徽（40%）、浙江（33%）、福建（31%）、陕西（22%）。在高级法院中，湖南省和河南省高级法院各已经直播 2 场，陕西、安徽、山东、福建四家高级法院各直播了 1 场。在中级法院中，安徽六安中院已经直播 41 场，北京一中院 18 场，安徽宿州中院 12 场，西安中院 11 场，成都中院 8 场。

虽然仅仅推出半年多时间，新浪司法云服务团队与各级法院联手，已经开展了许多颇具特色和声势的庭审视频联播服务。其中大型活动两项，一是 6 月 26 日国际禁毒日，全国 21 个省 88 家法院携手新浪，开展以

---

① 根据司法云平台网站的介绍，该平台可以提供庭审直播、微博司法公开、案件录像存储、涉诉信访系统四大服务，由南京新视云公司具体运营。参见 http://www.sifayun.com/index.html，最后访问日期：2015 年 12 月 10 日。

"阳光司法联动禁毒"为主题的涉毒案件庭审视频直播公益活动。活动当日就有超过 120 万人次观看各法院直播的审理或宣判过程。在活动中，"2015 国际禁毒日"话题阅读量达 200 万人次。27 万网络用户在了解毒品危害和涉毒罪行之后，点亮新浪特别设计的"禁毒誓言墙"，共同承诺珍爱生命、远离毒品。二是 2015 年 8 月 24 日至 28 日，新浪微博再次携手全国 16 省市 231 家法院开展以"阳光法院宣传周百万网友看庭审"为主题的司法公开大型网络巡展活动。活动期间，共有 240 件案件通过新浪法院频道及法院官方微博公开了庭审全过程，专题点击量达 3558870 次，直播期间视频观看人数达到 180 万人次，同时"阳光法院"话题阅读量达到 107.7 万人次。两次大型司法公开巡礼活动，集中展示了中国司法公开工作的最新成就，在很大程度上提高了司法透明度，提升了司法公信力。到 9 月份，实际有 17 个省 250 家法院参与了阳光司法宣传周活动，其效果是传统司法公开模式很难达到的。

七项常规活动也取得了很好的效果，包括南宁"走进法庭——民间借贷法律风险防范宣传周"活动，河南"法制阳光美丽心灵"豫法阳光宣传周活动，郑州"阳光司法宣传周，百万粉丝看庭审"活动，来宾"阳光司法——庭审公开面面观"活动，乐山"阳光司法——乐山法院庭审直播月"活动，"阳光法院石狮周"活动，"陕西院长开庭月"活动。其中，11 月由新浪微博与新浪法院频道联手陕西省三级法院共同开展的"陕西院长开庭月"，共有 50 位院长参与，网络视频直播案件 55 场，新闻发布会 1 场，视频浏览量共计近 194 万人次，微博粉丝增长量达 13 万，互动转发 5993 次，评论 6403 条。创建的微博话题"陕西院长开庭月"阅读量更是高达 113.1 万人次，受到了不少网友的好评①。

（三）值得称道的地方创新精神

一些地区的中级法院和基层法院的庭审直播走在该省前列，体现了中国改革开放中弥足珍贵的地方创新精神。尤其在中西部地区，有些中级法

---

① 贾明会：《"够公开，够公正，赞一个"——陕西法院"院长开庭视频直播月"活动纪实》，《人民法院报》2015 年 12 月 6 日，第 1 版。

院和基层法院进行司法公开创新更是难得。2013 年 10 月 31 日，山西省太原市迎泽区法院就曾在新浪微博图文直播一起销售假伟哥案件庭审；2015 年 12 月 2 日，又通过官方微博视频直播一起"信用卡诈骗案"庭审过程。以声音、视频的方式，真实呈现以庭审为中心的审判现场，事实证据调查在法庭、定罪量刑辩论在法庭、裁判结果形成于法庭。法庭内外、线上线下同步直播，打破了时间、空间的限制，公众可以通过微博、微信等网络渠道以看得见的方式"旁听"案件整个审判过程，对人民群众了解司法、参与司法具有重要的示范意义。这是太原市法院系统首次开展庭审视频直播。2013 年 12 月 3 日，甘肃省平凉市华亭县法院公开开庭审理了一起销售伪劣产品案，新浪官方微博@华亭县法院审务微博进行了现场实时播报。据悉，这是甘肃省基层法院首次对庭审案件进行微博直播，标志着该省法院在司法公开上又迈出了一步。

安徽在微博庭审视频直播上呈现中部崛起之势，不仅有全国第一所进行微博视频直播庭审的基层法院，而且接入微博直播系统的法院数量和庭审直播数量都在前列。2015 年 6 月 9 日合肥市蜀山区法院就一起故意伤害案举行微博庭审直播，并在 9~13 日举行"网络庭审直播周"，5 天内进行 10 次庭审直播。合肥基层法院将全部启动网络庭审直播。陕西法院系统则已经树立起庭审视频直播的"西部高地"，2014 年 8 月以来全省三级法院院长、副院长通过网络视频和网络微博直播庭审 5000 多次，每天都有网络庭审直播案件，对推进司法公开、满足人民群众司法需求、开展法制宣传起到了积极作用，赢得了社会各界的好评。

（四）微博庭审视频直播成效巨大

微博视频直播庭审给人民群众带来了可视化的正义，得到广泛认可。"凡是微博直播的案子，没有上访，息诉率为 100%。法官面对网络直播，会全身心地投入，把案件办好，大大提高了办案质量。"①

---

① 温如军：《法院判决书今起全上网》，《法制晚报》2013 年 11 月 27 日，第 A04 版。这则新闻是对 2013 年 11 月 27 日全国法院司法公开工作推进会的报道。

第一，微博庭审视频直播关注度高，司法公开效果好。短短半年中，北京市海淀区法院审理的"全国首例股权众筹第一案"（8月20日）、北京市朝阳区法院审理的"两男子大屯飙车涉嫌危险驾驶罪案"（5月21日开审）、北京一中院审理的"方舟子与崔永元名誉权纠纷上诉案"（6月25日宣判）、杭州余杭区人民法院审理的"1040阳光工程特大传销案"（10月23日开审）等一批广受关注的案件通过微博视频直播庭审，极大地促进了司法公开，提升了司法透明度和公信力。比如，北京朝阳法院审理的大屯路隧道飙车危险驾驶案，在新浪微博和中国法院庭审直播网播出，浏览量超过300万次。4月15日，济南市市中区法院公开审理"专车第一案"，全程微博图文直播，虽然并非视频直播，仍有282万次的网民刷屏"旁听"，监督法官庭审。新浪法院频道在新浪微博上开展的"庭审直播"话题，有6019.7万人次的访问量、27.9万人次的讨论量，这在任何其他司法公开平台都是不可想象的。

第二，微博庭审视频直播未引起严重负面舆情，反而有助于维持法庭秩序，促进调解或和解。在访谈中，各级法官整体上对微博视频直播持积极态度，认为微博庭审视频直播能够实现社会公众和诉讼参与人随时随地观看庭审，将真正实现阳光下的司法，从而提升司法透明度，倒逼司法公正。但也有一些法官存有疑虑，担心微博视频直播会导致社会公众片面解读，甚至造成重大负面舆情。但微博图文视频直播近五年来，微博视频直播近一年来，甚至包括庭审网络视频直播在内，全国各级各地法院在互联网上播出的庭审视频已达10万场次之多，从无因网络庭审直播本身而引发严重负面舆情的现象。如前所言，凡是微博直播的案子，没有上访，息诉率为100%。相反，因对司法公开不够而产生不同意见的情况倒较常见。

实践中，微博庭审视频直播还有许多其他意想不到的作用。一是大大方便了相关当事人参与诉讼。在一起被告为中国台湾地区公民的案件中，借助微博视频直播，其在台湾的亲属不用来大陆，就能够直观地看到庭审情况，他们非常感慨大陆司法公开的进步。二是有利于维持庭审秩序，在许多基层法院的案件审理中，当事人"闹庭"是一个棘手的问题，但在引入微博庭审视频直播后，法庭一旦提醒闹庭者庭审正在直播，他们一般马上就会正襟危坐，老老实实参与庭审程序。三是有助于促进当事人调解或和解。在南京某区法院受理的某女演员起诉某整形医院形象侵权案中，法院付出很多努力也无法促成双方当事人接受调解或和解，但在开庭前得知有微博视频直播后，双方当事人立即向法庭申请调解。四是由于微博庭审视频直播面向公众且留存视频信息，也能在一定程度上避免闹访、缠访，保护法官权益。

第三，网络和微博庭审视频直播将司法公开变被动为主动，而且有助于保持直播的科学完整与中立性。不同于西方国家要么限制或禁止新媒体进入法院，要么虽然允许新媒体视频庭审却将其交给媒体界来进行，中国的网络和微博庭审视频直播都是各级各地法院主动进行的。微博庭审视频直播的主体是法院，视频直播的案件对象和范围也由法院选择和决定，这样，主动权在法院手中，在微博庭审视频直播初期，有助于法院权衡得失，选择合法、适当的案件直播，有助于微博直播的有序规范进行，避免了过犹不及，也避免了媒体或当事人直播所具有的倾向性，避免国外曾经出现过的媒体干扰法庭审理秩序的问题。

（五）存在的问题

根据"中国司法公开新媒体应用研究报告（2015）"课题组的调研，并在 2015 年 11 月 4~6 日、9~10 日、12 日以及 25 日随机进行的 7 天微博视频直播实测，可以发现微博庭审视频直播发展极为迅速，但也存在一些需要克服的困难和问题。

第一，各级各地法院虽然都开通了官方微博，但认证名称不统一、不一致，有的直接以本法院的正式名称注册，而有的则以简称注册，或以"网名"注册，同样是高级人民法院，有的微博认证名为某某高院，有的认证为特定名称如"豫法阳光"等，不方便公众查询和使用。

第二，不少法院官方微博都没有设置专门的司法公开栏目，或者虽然设置司法公开栏目但无视频直播栏目。只有北京朝阳区法院、北京海淀区法院、广州和郑州中级法院官方微博，不仅能找到视频直播（回顾）栏目，还有简单的分类，虽然还不够健全、完善和便利，但值得称道。陕西、山东、四川成都等不少地方的法院有时候会将新闻发布会、学术或业务研讨会视频也发布在微博上，应予点赞，只是应做好视频栏目分类，最好不要与庭审视频混在一起。

第三，庭审微博视频直播对庭审提出了更高的要求，不仅法官的业务素质、审理水平、公正程度与程序严谨性受到考验，实际上也对法庭礼仪提出了更高的要求。从直播中可以发现，有些庭审视频中，开关门、拉桌子、扯凳子、小声议论现象未被完全禁止或消除，影响庭审及直播效果；书记员宣读法庭纪律方式及纪律内容不统一，有的法院是视频播放法庭纪律，有的法院则是口头宣读，而且内容并不完全一致；在进入法庭及就座时，大多数审判长与审判员显然未经训练，散漫、不一致，就座时，有的从两个椅子空隙挤进去，有的则拉开椅子进去，比较随意。

第四，虽然发展迅速，方兴未艾，但微博庭审视频直播目前总量还是太少，而且技术标准、音频与视频质量、直播完整性不能得到保证或统一。不过，可喜的是，访谈中，许多法院都表示庭审微博视频直播是下一步司法公开的一个重点。比如，江苏常熟市连派出法庭都在推行视频直播，有自己的"三同步"系统，海虞人民法庭每年审理七八百件案件，直播约占1/5，微博视频直播是其下一步重点思考的方面。

第五，有些地方和部门观念过于保守和陈旧。2015年发生的有些社会关注度极高的案件，如"郭美美案""成都暴打女司机案"，都是司法公开的极佳素材，但由于有些部门的保守思维，虽然都是应依法公开审理的案件，但未能实现微博视频直播，不仅失去了一次很好地展示人民法院司法形象的机会，反而助长了舆论的猜疑。

总体来看，2013年之后，借助新媒体实施司法"微"公开的理念已经得以推行，至2014年11月10日，全国法院开通官方微博的总数为3636个，也即有超过90%的法院已经开始使用社交媒体（见《全国法院新浪微博运营报告》）。与之对比，2013年底开通官方微博的法院总数仅为1120个（见《2013年新浪政务微博报告》），进步不可谓不迅速。但仍有许多司法机关无法有效推进司法"微"公开。原因主要有两方面：其一，司法新媒体运营仍处于起步阶段，缺乏统一的官方指导性规范；其二，新媒体的运营者缺乏专业知识背景，对于新媒体的功能和局限认知不足，对司法新媒体运营中的"可为"和"禁忌"缺乏共识。其结果便是许多司法新媒体虽业已存在，但处于休眠状态，或者定期不痛不痒地发布名人名言，活跃度和传播度十分有限。

三 未来愿景：司法公开的六寸天堂

庭审网络直播，尤其是微博新媒体庭审视频直播为人民群众切实"感受"每一起司法案件提供了最佳的途径，应大力推行。

第一，坚持并继续推动微博视频直播更迅速地向纵深发展。相对于传统电视直播、网络直播，微博直播所具有的即时、共享、分散化，能更好地打破线上线下、时间空间限制等特征，最适合庭审视频直播的推广、传播和影响发挥，实现从可视化的正义到即视性的正义。而且，微博庭审视频直播技术在实践中得到了检验，印证了其可靠性。其一，调研发现，当前的微博视频直播通过采集原有科技法院摄像机的视频信号和音频信号，采用新浪提供的编码设备对音视频信号进行编码后发送到互联网，不与法院内网关联，能保障数据安全性。其二，相较于相对封闭、必须关注法院后才能看到直播的微信等其他新媒体工具，微博是一个更加开放的社交网络工具，可以直接观看，同时也支持把直播信号接入法院的微信公众号，实现微博、微信同步直播。其三，只要法院法庭内配备音视频采集设备，能接入 2M 上行的互联网，就能进行微博视频直播，因此视频直播的音视频信号来源于原有科技法庭的音视频采集设备，属于对原有设备的再次利用。其四，微博视频直播对于证据无特殊画面展示，所以当事人身份证号码、银行账号、证人等隐私性、非口述性信息不会被透露。其五，经过近4年的运用之后，经过实测和实践，已经证明新浪微博等庭审视频直播技术能满足庭审直播业务需求，运行效果稳定，达到了使用预期。

展望未来，微博等新媒体视频直播庭审将成为未来庭审公开的主渠道，小小智能手机或者其他便携式智能设备将带来司法公开最为丰富绚烂的"六寸天堂"，随时随地为我们带来即视性的司法正义。

第二，继续修订和完善网络及微博庭审视频直播相关规定。其一，规范庭审视频直播，规定视频直播的主体只能是法院，视频直播的案件必须是依法应予公开审理的案件；其二，非经事先许可，禁止新闻媒体在法庭录音、录像或直播庭审；其三，非经依法许可，禁止任何诉讼参与人或旁听人员在法庭上进行录音、录像或进行任何直播活动；其四，在加大网络及微博视频直播力度的同时，也必须照顾当前阶段中国司法的现状以及民众的接受程度，应该合法、及时、有序地进行庭审视频直播，而不能不加选择，一哄而上，防止欲速则不达；其五，逐渐要求庭审视频直播的常态化，不能时有时无。

还应该修订或完善既有相关规定。比如，《最高人民法院关于加强人民法院审判公开工作的若干意见》（法发〔2007〕20号）规定，"通过电视、互联网等媒体对人民法院公开审理案件进行直播、转播的，由高级人民法院批准后进行"。根据《司法公开示范法院标准》的规定，庭审微博视频直播在考核标准中至多只能占到2分左右，分值明显偏低。因此，在条件成熟时，应该将网络及微博庭审直播的决定权交给相关审理法院，哪怕是基层法院，甚至是主审法官；同时增加网络及微博视频直播在司法公开考核指标中的分值，以此作为指挥棒促进各地法院进一步推进庭审视频直播工作。

第三，加强法院人才队伍建设，构建能适应庭审直播新形势的高素质法官队伍。一是提高法官素质和司法能力。调研中发现，虽然接受视频直播的法官占大多数，但的确有少数法官还不具备庭审视频直播的素质和能力，庭审不够规范，不能严格依照法定程序掌控庭审秩序，有些法院甚至曝出了阴阳判决书的丑闻。二是更加重视法庭礼仪的培训。有些法官庭审水平不够高，法言法语水平不够，有跷二郎腿、抽烟、说脏话等不规范行为，有的仪表、言辞、程序掌控也存在缺陷。三是改变观念，逐步适应庭审视频直播常态化。调研中发现，有时候庭审视频直播给法官很大压力，微博视频直播常态化，将带来相关主审法官的平常心。四是通过网站和自媒体实现司法公开需要具有专门知识的人才来推动。如果下一步要极大扩展司法公开的范围，那么可以预见要投入大量的人力资源，是否在未来规划的时候结合法院人员分类管理，提出扩大法官辅助人员队伍，建立专门的新媒体运营人才库，就成为值得认真思考的问题。

第四，加强司法公开平台的统一和整合，以及技术标准的统一。一是以法院网站为基础，区分法院的政务网和业务网，在业务网上整合包括庭审视频在内的各种司法公开信息，并且形成全国法院系统互联互通、格式统一，最终建成全方位覆盖的庭审视频信息库，并注重检索功能建设。二是充分利用当前互联网的主流形态，在注重门户网的同时重视移动互联网建设，形成"网站+微博+微信"三位一体的自管网络平台。三是在综合运用触摸屏、网站、微博、QQ空间、微信平台、手机客户端等载体进行司法公开，形成"一切先进方式皆为我用""一网打尽司法公开信息"全新格局的同时，也要避免贪多嚼不烂，而是有所侧重，避免过滥，在节约人力和财力资源的同时，也方便公众和当事人获取司法公开信息，免得"乱花渐欲迷人眼"。比如：法院业务网站是综合性的，应整合全部司法公开信息，最为基础的是司法公开平台；微博具有开放性，特别适合庭审视频直播；微信可以作为法院政务网的补充，公开法院政务信息；同时，网站、微博、微信要能够实现一个团队负责，司法公开信息既有分工又有统一，信息公开同步、统一。四是应借鉴中国裁判文书网做法，对网络和微博视频直播进行技术规范，一方面保障视频直播的安全有序与可持续发展，另一方面也统一视频的技术标准与规范，便利接入及互联互通，节约成本。五是应该通过各种形式发布开庭公告，公告中应该告知是否通过网络或微博直播，以及观看网络直播或微博的途径。六是应将法院微博庭审视频直播纳入国家的"互联网+"发展计划，发展无线宽带业务，降低资费标准，为微博视频直播事业的发展创造更好的网络环境。七是应充分运用政府和市场两个资源，在确保数据安全、保密可靠的前提下，最大化降低成本，提升效率。

总体上说，当前中国的司法公开，无论在深度、广度和现代化程度上，都正在向国际先进标准迈进，而网络或微博庭审视频直播，可能很快会实现对西方发达国家司法公开的"弯道超车"。

（参见法治蓝皮书《中国法治发展报告 No.14（2016）》）

第九章　湖州市司法人员遭受违法侵害状况调研报告（2015）

摘　要： 本次调研围绕浙江省湖州市两级法院司法人员遭受违法侵害情况展开，发现湖州两级法院存在司法人员遭受违法侵害情况十分严重、法院及司法人员应对情况并不理想、一线司法人员满意度较低等问题。本报告从侵害事件频发及侵害事件应对不理想两个维度深入剖析，提出了有针对性的对策建议。

近年来，诉讼参与人及其他人员扰乱法院工作秩序，侵害司法人员权益的违法事件①时有发生。为更好地了解情况，理性解决存在的问题，维护司法人员的权益，确保人民法院工作有序开展，浙江省湖州市中级人民法院（以下简称"湖州中院"）有针对性地在本院及辖区基层人民法院开展了问卷调查。

本次问卷调查的调查对象为湖州两级法院的司法人员②，调查内容为上述司法人员在 2014 年 9 月 1 日至 2015 年 8 月 31 日一年间遭受违法侵害的具体情况，法院和司法人员采取的应对措施以及司法人员对此的看法。在此期间，湖州两级法院司法人员共计 649 人，因部分人员请假、外派至其他单位等，发放问卷 638 份，收回问卷 622 份，其中有效问卷 612 份。

---

① 本报告中指司法人员遭遇的由诉讼当事人及其亲属、朋友等人员实施的辱骂、威胁、跟踪等违法事件以及扰乱法院工作秩序的违法事件。

② 本报告中司法人员包括：法院院长，分管审判业务部门、司法警察部门的院领导，审判业务部门的法官、书记员，司法警察。

一 基本情况

（一）司法人员遭受违法侵害情况

问卷调查结果显示，一年间湖州两级法院共有352位司法人员曾遭受过不同程度的违法侵害，主要包括被干扰工作秩序，受到辱骂、威胁等。具体到各法院，情况略有不同（见图1）。湖州两级法院司法人员遭受违法侵害的平均比例为57.5%，其中有5家法院的比例超过50%，最高的超过了70%，最低的接近48%。上述数据表明，在湖州两级法院中，有一半以上的司法人员在一年间遭受过违法事件侵害，情况不容乐观。

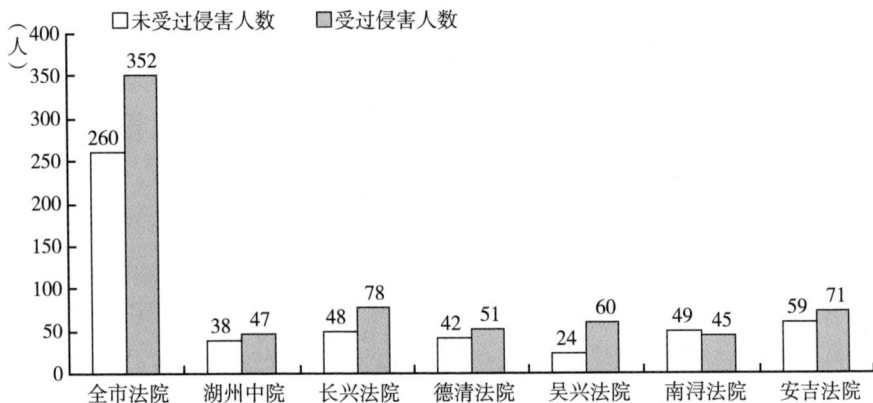

图1 湖州两级法院司法人员一年间遭受违法侵害情况

1. 扰乱法院工作秩序的侵害事件频发

湖州两级法院的司法人员一年间共遭到扰乱工作秩序侵害716起。若以时间为单位，则平均每天发生此类侵害事件1.96起；若以人员为单位，则一年中612位司法人员平均每人遭受扰乱工作秩序侵害事件1.17起。

2. 侵害司法人员权益的手段多样，以辱骂最为常见

在侵害司法人员权益的事件中，以辱骂、威胁、跟踪、殴打较为常见。调查结果显示，湖州两级法院的司法人员在一年间共受到包括辱骂、威胁、跟踪、殴打及其他手段在内的侵害832次。发生次数从高到低分别为：辱骂501次，威胁238次，跟踪37次，其他手段29次，殴打27次。

以辱骂手段实施的侵害事件发生次数占侵害司法人员权益事件总数的比重高达 60.2%，可见辱骂是最为常见的侵害手段。

3. 司法警察部门、执行庭遭受违法侵害的司法人员人数较多

本次问卷调查的部门主要有民商事庭、刑事庭、行政庭、执行庭、立案庭、审监庭及司法警察部门。调查结果显示，有 5 个部门的受侵害人数比例超过 50%（见表 1），其中司法警察部门以 69.5% 的高比例成为最易受到侵害的部门，执行庭和民商事庭受侵害人数比例分别居第二位与第三位。

表 1　各审判业务部门及司法警察部门遭受违法侵害人数及比例情况[*]

单位：人，%

人数\部门	民商事庭	刑事庭	行政庭	执行庭	立案庭	审监庭	司法警察部门
总人数	265	56	25	100	50	26	59
未受侵害人数	108	33	12	39	21	20	18
受侵害人数	157	23	13	61	29	6	41
受侵害人数所占比重	59.2	41.1	52	61	58	23.1	69.5

[*] 部门受侵害人数不包括 31 位院领导，故总人数为 581 人。

（二）违法侵害事件应对情况

1. 违法侵害事件不了了之情形居多

调查结果显示，针对违法侵害事件毫无作为的次数高达 573 次，仅向上级法院、政法委请示汇报而无后续措施的 95 次，以上两种均属于不了了之情形，合计多达 668 次。其他应对措施，按照使用次数从高到低依次为批评教育 433 次，警告 235 次，其他 223 次（包括报警、请院领导进行劝说等），拘留 36 次，罚款 15 次[①]（见图 2）。

2. 法官自治组织未能充分发挥作用

各法院内部一般设有法官自治组织，如法官协会、女法官协会等。上

[①] 司法实践中，有时针对一次违法事件会采取两种或两种以上的应对措施，因此，这里所统计的针对违法侵害事件应对的次数会高于违法侵害事件的次数。

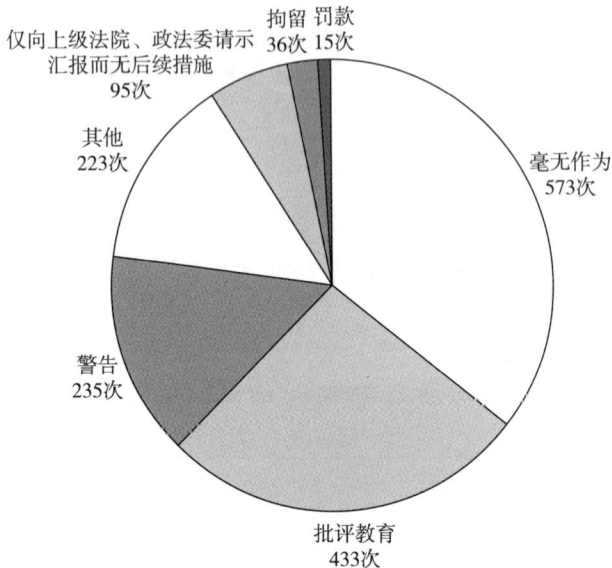

图 2　违法侵害事件应对情况

述协会章程规定，两协会既要团结全国各级法院法官、开展理论结合实际的应用法学研究、推动法官业务素质和职业道德的提高，又要关心法官生活，但本次调查显示，法官自治组织未能充分发挥作用。例如，获得过法官自治组织帮助的法官仅为 84 人，而未得到法官自治组织帮助的法官则为 193 人，后者所占比重高达 54.83%①。此外，调查还发现，部分法官完全不知道法官自治组织的存在。

3. 受侵害司法人员选择忍耐的比例高

根据前文数据可知，采用辱骂、威胁、跟踪、殴打等手段实施侵害司法人员权益的行为次数高达 832 次。面对这些不法侵害，司法人员通常采取如下几种应对措施：①忍耐，不与之发生正面冲突；②自己私力解决；③寻求法院、公安等部门的帮助；④其他措施。其中，选择忍耐的人员有 205 人，占比高达 65.7%，选择寻求法院、公安等部门帮助的有 65 人，

① 有 75 名法官虽然受到了侵害，但关于是否获得法官自治组织的帮助一题未作答，故获得过法官自治组织帮助的法官总数与未获得过帮助的法官总数之和小于 352。

选择自己私力解决的有 14 人，选择采取其他措施的有 28 人（其他措施主要体现为严词警告等）①。由此可见，忍耐是绝大部分司法人员受到侵害时作出的选择。

4. 一线司法人员满意度较低

一线司法人员对当前应对违法侵害事件的满意度较低，接受问卷调查的司法人员对当前的处置措施表示非常满意的仅有 21 人，占受侵害人数的 5.97%；表示基本满意的有 172 人，占受侵害人数的 48.86%；表示不满意的有 72 人，占受侵害人数的 20.45%；表示不满意且感到心寒，此后不愿意多做事情的有 70 人，占受侵害人数的 19.89%；另有 17 人虽然受到违法侵害，但对当前应对违法事件的满意度调查未作表态，占受侵害人数的 4.83%。表示不满意及以下的司法人员占比达到了 40.34%，属于满意程度较低的范围（见图 3）。

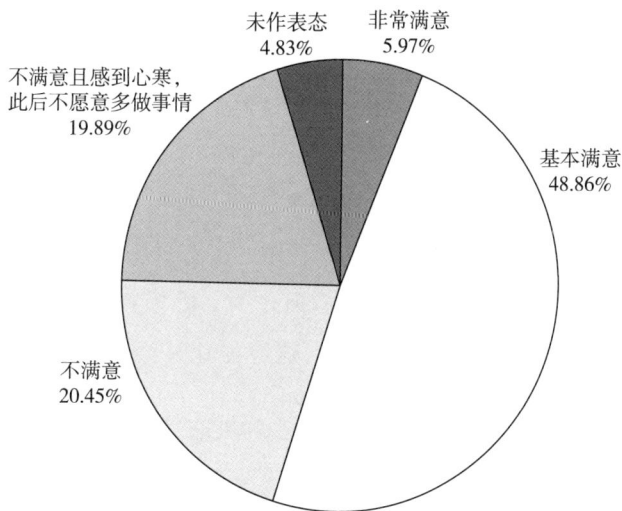

图 3　司法人员对处理相关违法事件的满意度情况

---

① 问卷设计该项调查针对的是受到辱骂、威胁、跟踪、殴打等违法侵害的司法人员，不包括受到扰乱法院工作秩序违法侵害的司法人员。所以四个选项人数之和为 312，小于受到侵害的总人数。

二 原因分析

从问卷反映的司法人员遭受违法事件侵害的基本情况可以看出，扰乱法院工作秩序及侵害司法人员权益的违法事件不在少数，情况相当严重，对这些违法事件的应对还不理想，而造成当前局面的原因是多方面的。

（一）侵害事件频发的原因

1. 不当政策带来的负面结果

维护稳定是不少地方的社会治理方式之一，为维护社会稳定有时党政机关可能会综合考量各种因素。人民法院对一些可能影响社会稳定的案件审理比较慎重。如果事关地方稳定大局，人民法院可能会提前介入事件处理。在个别敏感案件中，法院会参加各种协调会。如此，当事人、社会公众可能会认为地方人民法院与地方党委政府"穿一条裤子"，对政府、法院及司法人员表示不满。

而且，出现影响地方稳定考评的事件时，有关部门可能会不分对错，对负有领导责任的人员采取人治色彩较浓的处分措施，受处分人员也得不到相应救济，这导致公职人员不敢有所作为，处理相关事件时顾虑重重，有时会采取"花钱买平安"的方式，这容易让社会公众形成"大闹大解决、小闹小解决、不闹不解决"的印象。

2. 法院发展阶段使然

定分止争是法院职能所系，法院是社会矛盾的聚集地、消化处，这大大增加了司法人员遭受违法事件侵害的概率。无论是从法治发达国家、地区的司法经验观之，还是从中国法制发展变迁的角度观察，法院相对其他国家权力机关都是较为弱势的，加之司法公信力尚不高，法官履职保障机制尚不健全，法院司法人员非常容易成为违法事件的受害者。

3. 行为人以闹施压，企图获得不正当利益

一些公众认为，闹一闹裁判结果就会对自己更加有利或是不利于自己的裁判结果就不会执行，一旦他们认为司法人员不公正或即使知道是公正

的但判决对其不利，就会采取过激行为，意图获取想要的诉求。问卷显示，31 位院领导中共有 24 位认为，行为人企图通过侵害手段向法院施加压力获得不正当利益，只有 1 位院领导表示是因为案件程序或实体处理存在瑕疵而导致行为人实施侵害行为。

4. 个案处理存在瑕疵

调查结果显示，部分司法人员反映，侵害人采取侵害行为多是认为判决不公。司法实践中，由于司法理念、司法能力等方面的因素，个别案件确实存在一定瑕疵，特别是有一些案件的程序还不到位。例如，案件公开审理不足、当事人庭审参与度不足、法官庭审中立性不足等都侵害了案件相关人员的利益，令其对法院能否公正司法产生怀疑。

5. 当事人救济途径尚不通畅透明

按照法治思维，当事人遇到判决不公的情形，应寻找正当的救济途径去维护自身权益。例如，当事人可以行使申诉、控告等权利，或者提起上诉、申请再审、申请检察监督等。但由于内部请示机制，司法实践中二审、再审纠错功能不强，造成实质上的"一审终审"。而且，一些再审申请或被拖延解决或被当作信访处理，检察监督也没有发挥预设的作用。正常的救济途径不畅通，当事人就会转而寻找一些非正常手段维护自己的权益。

此外，人民法院对司法人员的惩戒机制还不够高效透明。很多时候诉讼参与人或其他人员找法院反映情况，工作人员不能及时记录或是不能及时反馈处理进度，有时候个别法院考虑到对单位及司法人员的影响，会选择不公布处理结果。这在一定程度上减损了法院的公信力，同时也会加剧各方之间的矛盾，更会促使侵害事件发生。

（二）侵害事件应对不理想的原因

1. 多种原因导致司法人员保持沉默

在面对辱骂、威胁时，多数司法人员选择忍耐。从表面看，这是息事宁人的做法，司法人员希望通过自身的退让，使事情能够平静地解决。但是稍加分析也不难发现司法人员选择忍耐背后的无奈。首先，法院在司法人员面对侵害事件时毫无作为，甚至不分是非一味要求司法人员向侵害人道歉，这在一定程度上挫伤了司法人员反映问题的积极性，因为很可能即使向所在单位反映，也得不到任何帮助。例如，问卷中就有司法人员表明多次向院里汇报而无人管。其次，司法人员受到侵害时，如何固定证据也是困难之一。侵害人何时实施侵害行为，选择在何地进行，采取何种措施，具有一定的不确定性。比如，侵害人打电话中的辱骂，司法人员很难保存证据。最后，也有部分司法人员面对繁忙的工作，再无精力处理受侵害事务。

2. 院领导存在多方面顾虑

侵害事件的发生，大多因具体案件而起，而且侵害事件往往涉及的矛盾较为尖锐，侵害人为实现自身权益，通常会采取较为激进的措施，如联系媒体给法院施加舆论压力、到处信访期待能绕过法院或是让法院的上级部门施压从而解决问题等。此外，一些侵害案件的涉案人员较多，如果处理不当，很可能演变成群体性事件。通过本次针对湖州两级法院院领导的调查，可发现院领导均对前述问题存在顾虑。其中，有19位院领导担忧涉诉信访，有14位担心引发群体性事件，11位顾虑舆论带来的压力，此外有8位院领导存在其他顾虑，主要包括担心处理侵害行为会进一步激化矛盾，甚至可能将司法人员家属牵涉其中，遭到不法侵害。

3. 各部门缺乏一定程度的配合

司法人员遭受违法事件侵害时，需要其他部门的配合与支持。例如，相当一部分司法人员受到侵害时会选择报警，但当公安机关接到相关信息时，有的认为发生在法院不需要公安管，有的因为担心惹上麻烦而选择推诿，导致一些侵害行为得不到追究，起不到应有的惩罚、震慑和警示作用。浙江省高级人民法院、浙江省人民检察院、浙江省公安厅虽然联合出台了《关于依法处理妨碍政法干警履行法定职责违法行为的指导意见》，但在基层落地情况并不理想。

4. 现有法律可适用性不强

针对侵害司法人员权益、扰乱法院工作秩序的违法事件，现有法律中规定了一些惩戒措施，但适用性不强。第一，法律适用条件不明确。例如，《民事诉讼法》第110条第3款规定，人民法院对哄闹、冲击法庭，侮辱、诽谤、威胁、殴打审判人员，严重扰乱法庭秩序的人，依法追究刑事责任；情节较轻的，予以罚款、拘留，但"严重扰乱"与"情节较轻"如何判断以及各自之间的界限并不明确。《刑法修正案（九）》中规定的扰乱法庭秩序罪也存在类似的问题，给法律适用带来一定的困难。第二，法律适用范围较窄。法律规定中与惩戒侵害司法人员权益、扰乱法院工作秩序的违法事件相关的内容大多专门针对的是发生在法庭审理过程中的情形，对于发生在法庭之外，乃至司法人员离开法院后的受侵害情况难以适用。第三，法律适用门槛较高，不易于启动保护司法人员的程序。例如，一般性的辱骂行为占据侵害司法人员权益违法事件的绝大部分，但是这种行为往往很难被认定为违反现有的法律规定。第四，法律适用与司法人员身份不匹配。例如，《刑法》规定侮辱、诽谤罪通常属于自诉案件，这意味着在相当程度侵害行为发生时，司法人员有权提起刑事自诉，但司法人员基于职业身份考虑，往往不愿成为法律规定的此类案件的自诉人，这也是现实中很少有司法人员选择通过此方式维护自身权益的重要原因之一。

三　对策建议

湖州两级法院司法人员遭受违法事件侵害的情况是中国司法实践的一个缩影，具有一定的代表性。"一叶落可知秋寒"，现阶段中国法院司法人员遭受违法事件侵害的情况由此可见一斑，如果此类事件得不到严肃处理，任其蔓延，既会挫伤司法人员的工作积极性，也势必会纵容类似行为。显然，有必要认真对待，并予以妥善处理。

（一）　法治是未来社会治理的主要方式

随着社会的发展，政府应当转变社会治理理念，并不断提高社会管理水平，以造福社会大众。过去个别地方政府进行社会治理时高度注重社会稳定维护，虽然表面上达到形式稳定的效果，但实则造成社会矛盾不断累积的局面，而且付出了巨大代价，衍生出更多的社会治理难题。为此，有必要抓紧推进依法治国方略，法治才是未来社会治理的主要方式。具体而言，第一，尊重并支持人民法院依法独立审判。一个权威公信的司法机构对于纠纷解决、矛盾化解至关重要，能够缓和社会矛盾，是社会稳定的基石。第二，法院职能回归本原。依法裁判是人民法院对社会治理的最大贡献，其他功能都只是行使裁判权的衍生品。人民法院是国家的审判机关，行使裁判权是人民法院的根本职能，不应当让人民法院承担其他与其职能定位不相符的工作，如社会治安综合治理、招商引资，担任河长、村级环境治理员，乃至派驻企业等等。第三，将相关事件的处理纳入法治化渠道，严格依法处理，正确区分当事人的依法维权行为与违法犯罪行为，做到不枉不纵，划分的标准就是法律法规，而非事件对地方稳定考核的影响；依法评价公职人员履职行为，在处分相关人员时确保其申诉救济的权利，营造依法履职、敢于担当的职业环境。

（二）努力提高司法公信力是治本之策

提高社会公众对司法的信任度是扭转当前局面的关键所在，严厉打击仅仅带来畏惧，赢得信任才能心服。依法处置侵害司法人员合法权益事件必须与提升社会公众对司法的信任这一过程相结合才能彰显实效。这个过程虽然缓慢，但必须努力推进。当前就是要落实好中央确定的各项司法改革措施，特别是那些与确保法院依法独立审判相关的制度安排，同时确保通过员额制改革遴选出的法官能够名实相符、胜任司法工作。

（三）党委需要进一步加大支持职能部门处置相关事件的力度

妥善处理司法人员遭受侵害的违法事件离不开党委的支持。第一，党委需要进一步加大协调力度，形成工作合力，在处置相关事件时，确保各职能部门能够克服事不关己高高挂起、多一事不如少一事等怕惹麻烦的思想，在各自职责范围内积极有为，落实好相关法律法规和规范性文件。第二，党委牵头设立考核机制，将相关职能部门处置类似事件的情形纳入年度考核，这也体现了地方党委对中央大力推行的司法改革、依法治国方略的支持力度。第三，对于党委领导作出的依法处理相关事件的批示，利用现有的督察机制，限期严格履行完毕，确保政令畅通。第四，支持法院领导依法处置侵害司法人员合法权益、扰乱法院工作秩序的事件，特别是法院领导处理相关事件引发舆情关注时，要给予法院领导以信任、支持，营造法院领导干部依法敢于作为的环境。第五，对于处理相关事件造成的信访，党委需要依法处理，避免采取息事宁人、各打五十大板的做法，避免当事人滋生大闹大解决、小闹小解决、不闹不解决的错误想法。

（四）摆脱为司法人员或人民法院背书的顾虑

在处置侵害司法人员权益、扰乱法院工作秩序事件的过程中，法院领导、上级法院、党政部门有时心存顾虑，担心为司法人员或人民法院错误行为背书——如果对涉事人员采取了惩戒措施，但最终发现相关司法人员或者案件处理等确实存在问题，那么，相关部门很可能成为舆论的聚焦点，处于较为尴尬的境地。事实上，一些事件的当事人正是基于类似认识向法院和司法人员发难。在相关事件处理中，谁违法了就处理谁，一方的违法并不是另一方违法的挡箭牌。法院领导、上级法院、党政部门在处理侵害司法人员权益、扰乱法院工作秩序事件的过程中，大可摆脱这种顾忌，依法处置。若事后发现相关司法人员或者案件处理等确实存在问题，只要及时依据相关法律、纪律作出相应处理即可。

（五）建立并推演处置预案，熟悉处置依据和程序

就建立相关事件的处置预案而言，在法院外部，各相关单位如何在党委的统一领导下针对具体事件有序处断应当建立预案；在法院内部，上下级法院之间、一个法院内部各部门之间如何协同推进也需要有预案。建立应对预案后，更为重要的是适时推演，及时查找不足，总结经验，做到考虑周全、有备无患。对于类似事件可能涉及的处置措施，各职能部门应当熟悉其法定程序，一旦启动处置预案后，要确保处置程序合法合规，不留瑕疵，以免引发"次生事故"和不必要的舆情事件。

（六）法院内部要畅通当事人的救济渠道

坚决打击违法行为与畅通当事人救济渠道必须两手抓，两手都要硬。如果仅有坚决打击，而当事人的权益依法得不到救济，整个社会就会成为没有减压阀的高压锅，非常危险。

法院自身可采取三项举措。其一，取消上下级法院之间对案件的请示汇报制度，提升二审、再审纠错能力。内部请示等机制事实上剥夺了当事人的审级权益，使得有些案件当事人一审败诉后，即使提起上诉、启动再审程序都没有任何用处，不得不转而求助信访甚至走向违法犯罪道路。当事人在上诉、再审程序中可能的"翻盘"希望会大大缓解当事人的对立情绪，减少相关违法事件的发生；同时，对于二审、再审中发现的案件问题，要勇于担当，摒弃部门利益、个人利益，依法予以纠正。其二，畅通申请再审渠道。对再审申请要提高审查效率，符合法定条件的尽快纳入再审程序，避免因工作拖延将当事人推出依法救济的大门。对于实质符合再审要求，但提出形式存在瑕疵的申请，要积极行使释明权，指导当事人补正瑕疵，必要时可以提供律师予以援助。其三，法院应当建立更加高效透明的法官惩戒程序。当事人投诉法官行为不端后，法院应当在规定的时间内给予书面回复，回复内容应当包括法院接到当事人投诉后是如何调查的，调查采取了何种措施，调查中听取了何方意见，调阅了何种证据材料，法院作出的处理结论，法院如此处理的充分理由以及当事人不服法院处理决定的救济途径[①]。

（七）法官自治组织应当有所作为

法官自治组织不能仅仅是摆设，而应当在保护法官权益上发挥更大作用。例如：在相关事件发生后，自治组织应当就相关事件发出声明，表明态度，成为法官的坚强后盾；在相关法官心理波动较大时，法官自治组织应当邀请相关专业人员进行心理干预和正面引导；对法官本人或其家属遇到的实际困难给予支持；等等。为此，建议激活法官自治组织，强化其维护法官权益的职能。

---

① 需要注意的是，在这个过程中也要体现对法官声誉的维护，不能一味迁就当事人，让法官"委曲求全"，根据最高人民法院《关于完善人民法院司法责任制的若干意见》第40条的规定，法官因依法履职遭受不实举报、诬告陷害，致使名誉受到损害的，或者经法官惩戒委员会等组织认定不应追究法律和纪律责任的，人民法院监察部门、新闻宣传部门应当在适当范围以适当形式及时澄清事实，消除不良影响，维护法官良好声誉。

（八）用足现有法律措施，推动藐视法庭罪立法

短期而言，在处理侵害司法人员权益、扰乱法院工作秩序的违法事件时，对于现有法律中与维护司法人员权益和法院工作秩序相关的规定，能够予以适用的要充分利用好现有法律中的相关规定。对于其中法律适用不明确之处，上级法院应当尽快出台实施指导意见或指导性案例，做到依法准确处置，如《刑法修正案（九）》规定的扰乱法庭秩序罪即应当如此。长远而言，针对法律适用范围较窄、法律适用门槛较高、法律适用与司法人员身份不匹配等问题，要积极推动藐视法庭罪立法，这才是处置当前问题的未来出路。

（九）法院司法人员应当注意证据留存，在事件处理中保持谨慎

法院司法人员应在现有条件下尽可能注意留存证据，避免因为证据的缺失导致相关事件难以定性，不能及时有力处置。目前可以做到三个方面：其一，开庭时全程录音录像；其二，在法院指定工作区域接待当事人，法院在此处配有高清录音录像设备，便于事件的复原；其三，为立案窗口的工作人员以及执行安检安保任务的司法警察配备执法记录仪。

虽然当前侵害司法人员权益、扰乱法院工作秩序的现象较为普遍，而且大多数事件均没有得到妥善处理，承担大量审判工作的司法人员满腹委屈，但无论如何，司法人员在遇到类似事件时都应当保持适度克制，不得采取违法行为自力救济，更不能不分情形滥施惩戒措施。

（参见法治蓝皮书《中国法治发展报告 No. 14（2016）》）

反腐倡廉与行为规范

第十章　中国公职人员财产监督制度
调研报告（2010）

　　摘　要： 公职人员的财产监督是预防和惩治腐败的重要制度，也是近年来公众关注度较高的问题。法治国情调研组 2010 年以公职人员和公众为对象，就公职人员财产监督问题进行了调研。本报告从公职人员财产监督的适用对象、受监督的财产范围、监督方式、配套措施、推进路径等方面进行了研究分析，并就建立健全中国的公职人员财产监督机制提出了建议。

　　随着国家不断加大反腐败的力度，多项反腐败措施均引起了社会的广泛回应，特别是公职人员财产监督制度已经到了需要研究如何设计和具体操作的阶段。目前，没有一项立法活动或者制度创新像公职人员财产监督那样受到公众的高度关注并形成广泛的共识。为了推进公职人员廉政法律制度建设，2010 年，中国社会科学院法学研究所法治国情调研组（以下简称"调研组"）围绕公职人员财产监督、禁止性行为、公务消费，开展了"公职人员廉洁从政法律对策"国情调研。

　　2010 年 6~9 月，调研组分别在北京、上海、天津、山东、四川、贵州、湖北、湖南、河南、浙江、青海等地，以公职人员和公众为对象，开展了问卷调查，共向公职人员发放问卷 1300 份，向公众发放问卷 1350 份，分别收回有效问卷 1137 份、1138 份。

公职人员问卷的被调查者中，男性有 698 人，女性有 398 人，41 人拒答性别情况；初中及以下学历有 10 人，高中学历有 22 人，大专学历有 183 人，大学本科学历有 665 人，博士、硕士研究生学历有 255 人，2 人拒答学历情况；本人行政级别为省部级（含副职，以下同）的有 14 人，地厅及司局级的有 23 人，县处级的 226 人，科级的有 471 人，科级以下的有 379 人，24 人拒答个人级别；本人所在单位级别为省部级的有 248 人，地厅及司局级的有 208 人，县处级的 301 人，科级的 329 人，51 人拒答单位级别。

公众问卷的被调查者中，男性有 569 人，女性有 544 人，25 人拒答性别；小学及以下学历有 4 人，初中学历有 43 人，高中学历有 130 人，大专学历有 327 人，大学本科学历有 468 人，博士、硕士研究生学历有 162 人，4 人拒答学历情况；就业在岗人员 933 人，无业（含失业、待业）人员 41 人，学生 69 人，离退休人员 85 人，10 人拒答就业状况。

下面仅对公职人员财产监督制度作出分析和探讨。

一　公职人员财产监督的规定和实践

在中国，无论是在中央层面，还是在一些地方，都已经在公职人员财产监督方面出台了一些规定，并开展了一定的实践。

在中央，1995 年，中共中央办公厅、国务院办公厅发布了《关于党政机关县（处）级以上领导干部收入申报的规定》，要求县（处）级以上领导干部申报个人收入情况。2001 年，中共中央纪委、中共中央组织部发布了《关于省部级现职领导干部报告家庭财产的规定（试行）》，将省部级现职领导干部的申报事项由个人收入扩展至家庭财产。2006 年，中共中央办公厅《关于党员领导干部报告个人有关事项的规定》进一步将县处级副职以上领导应报告事项扩展至其配偶、子女的有关事项。2010 年，中共中央办公厅、国务院办公厅又印发了《关于领导干部报告个人有关事项的规定》，细化了报告财产事项的规定。在地方，新疆阿勒泰、浙江慈溪、四川高县、重庆开县和江北区、上海浦东、湖南浏阳和湘潭所辖的湘乡等相继开展了领导干部财产监督试点。重庆市 2009 年还宣布在司法系统开展财产申报试点。

上述规定和实践已经对财产监督的对象、监督的财产范围、监督的方式等作了探索，但是，从调研情况看，现行制度与实践和有效监督公职人员、预防其腐败变质的要求相比，尚有一定差距。

二　加强公职人员财产监督已成共识

从世界各国反腐败的经验看，加强公职人员财产监督对于预防腐败、推进廉政建设有重要作用。对公职人员的财产进行监督，可以提高公职人员经济状况和财产变动状况的透明度，有利于对公职人员的行为进行有效监督。加强财产监督有助于规范公职人员的行为，极大地限制公职人员滥用公权力或者利用所处的特殊地位谋取非法利益的空间，督促其自觉约束自身行为。加强财产监督还会增加公职人员利用公权力谋取私利的成本。特别是加强财产监督，还有助于提高公众对公职人员的信任度，消除公众对公职人员廉洁情况的怀疑和猜测，保护公职人员的合法财产，维护原本就拥有一定数量合法财产的公职人员的声誉。

当前，在中国，加强公职人员的财产监督已经在不同人群中形成共识。被调查公众中，认为公职人员应当公开其财产状况的比例高达81.4%。从学历和就业状况来看，不同类别的被调查者均普遍认同公开公职人员的财产（见图 1、图 2）。

不仅如此，被调查的公职人员也普遍认同应加强财产监管。接受调查的公职人员中，有 70% 的被调查者认为应当公开公职人员的财产，表示不应当、不清楚、拒答的则分别占 21.1%、7.6%、1.3%。在不同行政级别的被调查者中，支持公开公职人员财产的也占绝对多数（见图 3）。

从上述数据可以看出，无论是公众还是公职人员，对于公开公职人员财产，都普遍持肯定态度。与公众略有不同的是，公职人员中，不同行政级别的被调查者态度略有差异，级别较高的被调查者对此的认同度更高些，这可能与近年来在县处级以上干部中推行报告相关事项的制度使得众

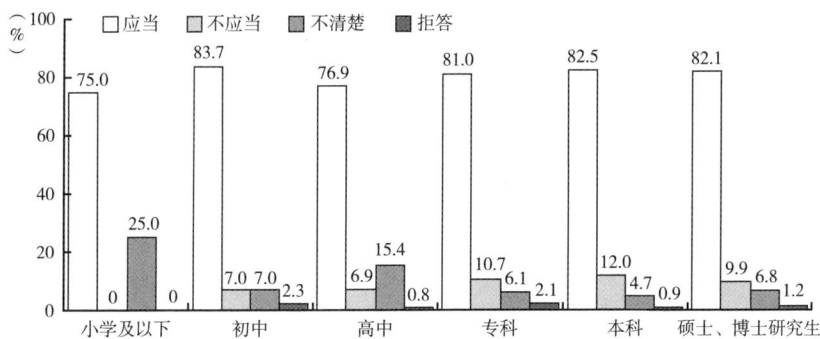

图 1　不同学历的公众认可公开公职人员财产的情况

注：统计中因四舍五入等导致部分统计数据产生误差，出现了总和超过或不足100%的现象。以下同。

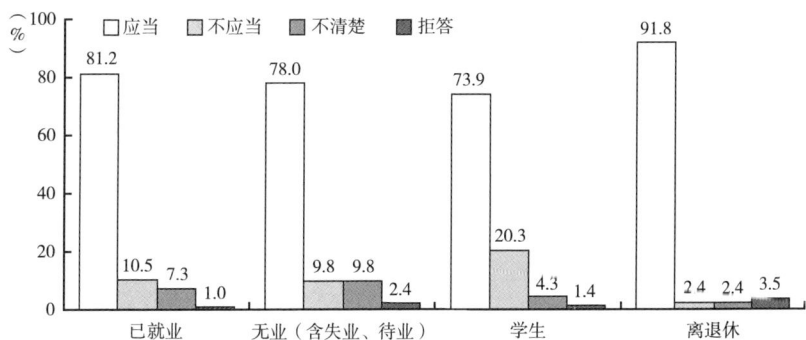

图 2　不同就业状况的公众认可公开公职人员财产的情况

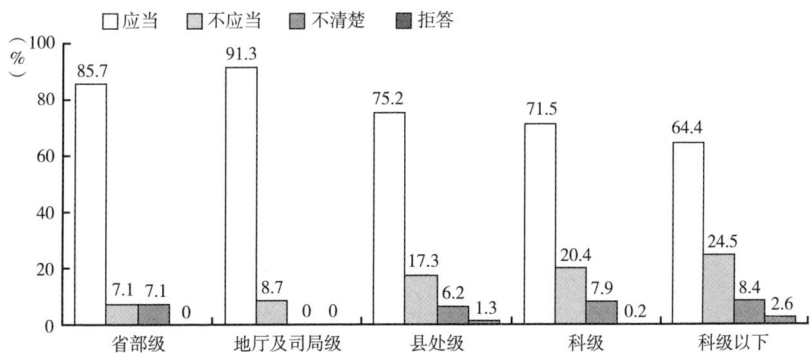

图 3　不同行政级别的公职人员认同公开公职人员财产的情况

多公职人员特别是较高级别的公职人员逐步接受了对其财产实行监督的做法有关系。

三 财产监督的范围有待扩大

财产监督的范围涉及监督对象（即监督谁的财产）以及监督哪些财产的问题。就监督对象的范围而言，近年来实施的收入申报、报告个人有关事项的制度主要适用于县处级以上领导干部。一些地方试点实施的有关制度则相应降低了监督对象的级别，如新疆阿勒泰地区就将科级干部纳入监督对象范围。受监督的财产范围则由过去的公职人员个人收入逐步扩大到个人财产乃至配偶及共同生活的子女的财产。

从调研情况看，被调查者均倾向于将实施财产监督的对象适用于更大范围的公职人员（见图4）。在认同对财产实施公开监督的公职人员中，仅有1.4%的人认同公开措施只适用于省部级以上人员，认为只适用于地厅及司局级以上人员的占6.8%，认为只适用于县处级以上人员的占35.8%，认为只适用于科级以上人员的占18.6%，认为适用于全体公职人员的占32.7%（另有部分被调查者拒答此问题或作答无效）。在认可对公职人员财产实施公开监督的公众中，对上述五种观点表示认同的比例分别为1.1%、3.7%、17.6%、26.6%和43.7%。由此可见，无论是公职人员还是公众，多数倾向于对更大范围的公职人员的财产实施监督。所不同的是，公职人员更倾向于将监督对象限定于县处级以上人员，而公众则倾向于对所有公职人员的财产实施监督。

值得注意的是，不同级别的政府机关中，具体掌握公权力的公职人员的级别有很大的差异。比如，在很多中央机关，一般只有副处级以上的公职人员才可能实际影响公权力的运行；而在基层，如区县一级地方政府中，一名科级乃至副科级的公职人员即可掌握较为实质的公权力。因此，完全按照行政级别一刀切地划定监督对象的范围并不可取。

调研显示，当前社会各界对于逐步扩大公职人员被监督财产的范围仍有相当期待。根据2010年发布的《关于领导干部报告个人有关事项的规定》有关领导干部应申报的财产主要包括：本人的工资及各类奖金、津

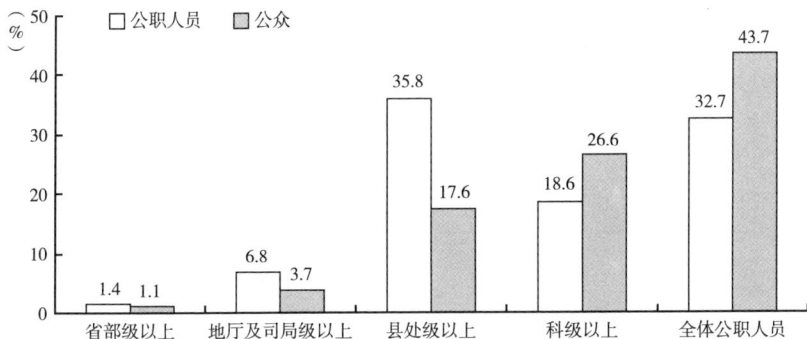

图4　认同采取公开监督措施的被调查者认为应公开财产的人员范围

贴、补贴等，本人从事讲学、写作、咨询、审稿、书画等劳务所得，本人、配偶、共同生活的子女的房产情况，本人、配偶、共同生活的子女投资或者以其他方式持有有价证券、股票（包括股权激励）、期货、基金、投资型保险以及其他金融理财产品的情况，配偶、共同生活的子女投资非上市公司、企业的情况，配偶、共同生活的子女注册个体工商户、个人独资企业或者合伙企业的情况（第4条）。调研则显示，无论公职人员还是公众，都支持公开除上述财产以外的下列财产：私车情况，持有的超过一定价值的工艺品及其他贵重物品的情况，股票、证券、期货等交易收入，收受的与行使职权相关的礼金、礼品等，继承、受赠、偶然所得的财产，兼职活动所获得的报酬或财产利益的情况，租借的资产（如借用他人的汽车、房屋等），负债状况（如银行贷款、私人借贷等），入股企业的股份（见图5）。

　　而且，随着反腐败的推进，尤其是腐败行为的隐蔽性越来越高，人们已经认识到，受监督的不应限于公职人员名下的财产。中国现行的制度已经从只是监督公职人员自身的财产扩展到监督其配偶、共同生活的子女名下的财产，一些地方（如新疆阿勒泰地区）甚至扩展到共同生活的父母名下的财产。从调查结果看，主张继续扩大受监督的公职人员亲属范围的被调查者也不在少数。比如，在认同以实施公开作为财产监督措施的被调查者中，46.5%的公职人员和57.8%的公众同意公开未成年子女的财产，41.7%的公职人员和65.0%的公众同意公开成年子女的

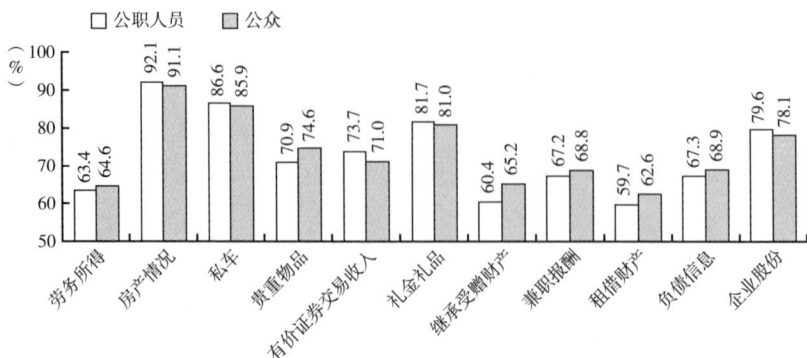

图5 认同采取公开监督措施的被调查者认为应公开财产的范围

财产，25.5%的公职人员和48.8%的公众同意公开公职人员父母的财产，23.1%的公职人员和43.5%的公众同意公开公职人员岳父母的财产，18.0%的公职人员和36.5%的公众同意公开公职人员兄弟姐妹的财产（见图6）。公职人员和公众这两大群体对于公开公职人员本人和配偶的财产分歧不大，但是，对于公开近亲属财产则存在一定差异，公职人员希望受监督的家庭成员和财产内容的范围越小越好，而公众则反之。尤其是对于是否公开公职人员父母、岳父母、兄弟姐妹的财产，公众的认同度明显高于公职人员，虽然认同比例均未过半数，表明公众在此问题上颇具理性，但相对于公职人员20%左右的认同率，公众对监督公职人员"身边人"的财产状况关注度仍然比较高。这似乎与近年来中国腐败行为日益隐蔽化，个别腐败分子通过亲属转移财产、逃避处罚有着密切的关系。

从图6的数据看，即便在公众一方，除公职人员本人及其配偶财产外，明确认可公开公职人员近亲属财产情况的比例也基本上没有达到压倒性多数。公职人员的某些私人权利因其行使公权力而受到一定限制，这于法有据，已有共识，但是，公职人员的哪些近亲属等"身边人"的权利可受限制、应受怎么样的限制，则需要适度而行。对公职人员实施财产监督，如果监督范围过窄，则无法达到监督的效果；但如果过宽则可能不当地限制公职人员近亲属的合法权益。

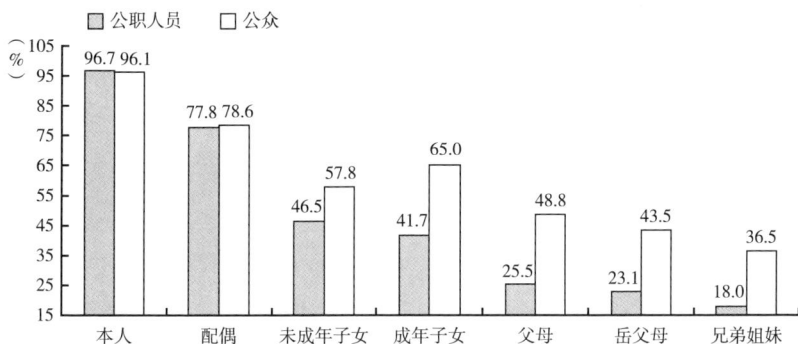

图6　认同采取公开监督措施的被调查者认为应当公开财产的主体范围

四　财产监督的方式尚需改进

调查显示，对公职人员实施有效的财产监督，必然要不断扩大财产公开的对象范围，扩展各种公开渠道。当前，从中央到地方已经实施的财产监督措施中，对于公职人员财产的监督方式主要是以向主管机关报告财产为主，一些地方则试点采取了适度向公众公开相关信息的做法，以有关机关内部自我监督为主，公众参与监督的渠道和方式相对不足，财产监督的透明度和开放性不够高，这也会制约财产监督的实际效果。

调研显示，有相当数量的被调查者认同向公众公开公职人员的财产状况，让公众参与监督公职人员的财产。在所有认同以公开的方式监督公职人员财产的被调查者中，有相当比例的公众（占认同采取公开监督措施的被调查者的68.3%，以下同）认为应当向全社会公众公开公职人员的财产状况；仅有15.1%的公众认为只需要向本单位所有人员公开；认为只需要向本单位领导公开的，则只占5.3%（见图7）。这反映了人们对公职人员财产的关注度较高。而在认同采取公开监督措施的公职人员中，认为应当向全社会公众公开公职人员财产状况的比例也很高，为63.6%，认为只需要向本单位所有人员公开财产状况的则只有17.7%，认为只需要向本单位领导公开的则仅占7.7%（见图7）。可见，就公职人员自身而言，多数也认同扩大公开范围，让公众参与监督。因此，有必要逐步提高公职人员财产状况的公开程度，合理引导公众参与监督公职人员财产状况的热情和积极性，提升公职人员的公信力。

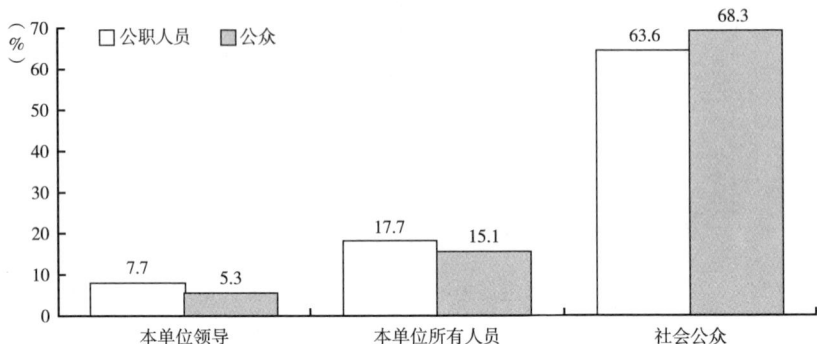

图7 认同采取公开监督措施的被调查者对公开对象范围的认识

公职人员财产状况的公开当前大致有在政府机关公告栏、政府网站、媒体上予以公开以及允许公众自行查阅4种方式。公众对上述4种方式的支持度最高的是允许公众自行查阅公职人员的申报材料（占认同采取公开监督措施的被调查者的67.1%），其次是通过政府网站公开（占61.2%）和通过政府公告栏公开（占59.4%），最低的则是通过媒体公开（占37.3%）（见图8）。这在一定程度上可以说明，公众更在意自身在监督公职人员财产活动中的主动性，希望通过自主的活动参与监督。而相对应地，公职人员对于上述4种方式的认可程度从高到低的顺序与公众的调查结果相同，分别为54.7%、48.9%、48.5%、27.6%，只不过对每一项的认可程度都比公众低（见图8）。两类群体都将媒体作为最后一种选择，这很耐人寻味。公职人员在选择公开方式时，倾向于允许公众查阅，而不太倾向于通过政府公告栏、政府网站，尤其是媒体公开，这似乎表明其不太倾向于主动性地、大范围地对外公开财产状况信息，而宁愿让个别感兴趣的公众来查阅，以缩减自身财产状况的知悉范围。但是，毫无疑问，在已经日益步入信息社会的今天，信息的大众传播的门槛越来越低，凭借越来越普及的网络，每个人都具有面向大众传播信息的能力，个人与媒体在披露信息上的力量差距已经日益缩小，近年来网络反腐的方兴未艾就是集中的体现。

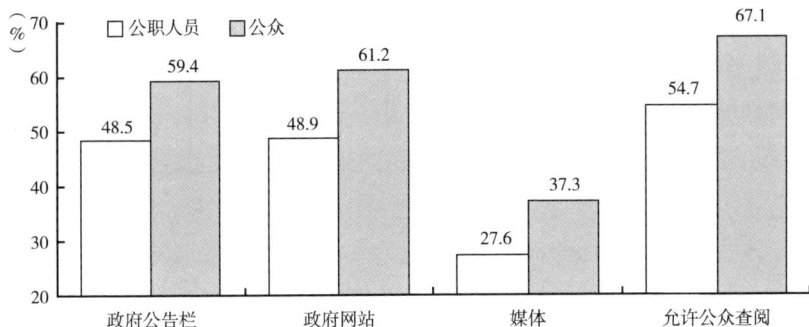

图8　认同采取公开监督措施的被调查者对财产公开方式的认识

五　财产监督的配套措施需要加强

当前，国内实施的财产监督措施除了公职人员申报财产和在有限范围内的公示以外，相关的配套措施还不够健全，以致财产监督本身并不能发挥应有的作用，既不能确保相对准确地掌握有关公职人员的实际财产状况，更不能有效地发现报告财产状况不实甚至隐匿财产的公职人员进而为对其实施严厉的制裁提供依据。

如前所述，加大对公众的公开力度，允许公众广泛参与公职人员财产的监督，将是推进公职人员廉洁从政制度建设的必然出路。为此，还必须进一步完善公众举报、投诉的机制，加强对举报人的保护和保密。而且，还必须加大对申报不实者的行政乃至刑事制裁，特别是需要继续完善巨额财产来源不明罪的有关规定。

除此之外，此次问卷调查的被调查者普遍支持完善金融实名制度、反洗钱制度等，并采取措施控制大额消费的现金交易。支持采取财产公开监督的被调查者中，79.4%的公职人员和83.9%的公众支持完善金融实名制和反洗钱制度，更有64.6%的公职人员和75.5%的公众支持控制大额消费的现金交易（见图9）。

为了有效实施这些制度，更为关键的则是要加强银行等金融机构、税务部门、房地产管理部门等不同部门之间的信息共享机制，做到各部门都

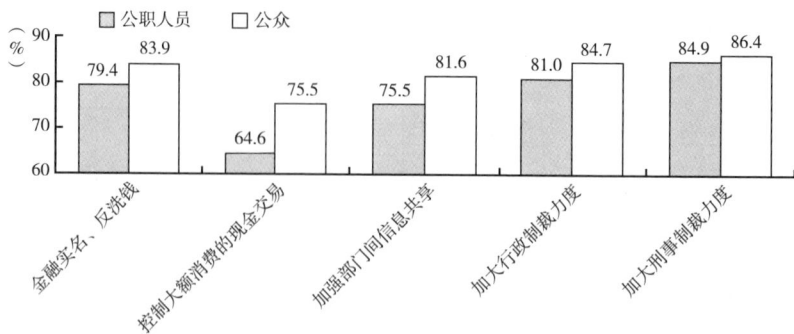

图9 认同采取公开监督措施的被调查者对实施财产监督配套措施的认识

可以对公职人员的主要财产状况互通有无、密切配合。完善金融实名制度、反洗钱制度等是实施信息共享的前提，而信息共享则是上述制度真正发挥作用的保障，是实施好公职人员财产监督的关键。在对公职人员的财产监督中建立健全信息共享机制，可以考虑借鉴当前房地产管理和房价调控过程中实行的个人家庭拥有房屋情况的信息核查机制、一些地方试点的执行信息查询机制和个人信用信息数据库的建设模式，运用信息技术，建立公职人员廉洁从政的信息平台，集中并共享不同部门掌握的公职人员财产信息。

为此，必须解决技术支持和制度支持两大问题。应该说，随着信息化技术的广泛应用，技术支持并不会存在太多困难，前述几项已经在其他领域实施的信息共享和核查机制就是很好的证明。比较重要的则是要解决不同部门之间的信息隔绝问题，应借助电子政务的推行，进一步统一各部门之间的信息编制标准，加强部门间的信息共享。而明确法律授权同样至关重要。必须在法律上明确公职人员隐私权的界限，并适当减轻甚至免除金融机构以及有关机关对公职人员特定财产信息所负有的保密义务，允许相关机构依法提供相应的财产信息，甚至应当明确将依法提供公职人员的相关信息设定为有关机构和部门的义务，并允许反腐败专门机构在法定的制度框架内建设公职人员廉洁从政的信息平台，共享、核查、分析此类信息。

六　公职人员财产监督制度的推进路径

推进公职人员财产监督必须选择恰当的路径，逐步推进。

在推进公职人员财产监督制度建设过程中，首先，要明确财产监督机制的功能定位。毫无疑问，财产监督一方面是要求公职人员如实地报告个人乃至家庭的财产状况等，另一方面则是通过实施监督，令主管部门乃至公众可以发现其与自身经历、职务、任职时间等不符的财产状况，进而查处其腐败行为。因此，财产监督无疑是具有发现腐败行为的功能的。但是，该功能绝不可被无限夸大。因为，无论是主管部门还是公众，都很难一一核查所有公职人员的财产状况。这不但要耗费巨大的管理成本与社会成本，更容易使社会与公共管理陷于混乱，从根本上并不利于反腐败的推进。事实上，从世界主要国家和地区的实践看，实行财产监督的根本目的是强化公职人员的行为自律。公职人员在报告财产状况的同时，就必须对其真实性负责，在实施任何贪污受贿行为时，必须考虑如何对个人财产的不当增加作出充分合理的说明。一旦不能作出充分合理的说明，就将被合理地怀疑其有腐败行为。这实际上是加大了公职人员因贪污受贿而被查处的风险，也会强化公职人员的诚信观念。只有这样，才能科学地设计各种相关的机制，也才能减少推行该制度的阻力。

其次，应当循序渐进，采取由点到面的方式。如前所述，公众与公职人员对财产监督对象的确定存在一定的认识差异，而且不同级别的公职人员之间的差异也很大。在实践中，一步到位地将所有部门、所有地方、所有级别的公职人员的财产不加区分地纳入被监督的范围，必然会遇到巨大的阻力。现在，一些地方已经开始了试点，但是，开展地方性试点的问题在于，试点的地方在级别上都比较低，试点措施的合法性不能得到有效解决。因此，要解决此问题，需要恰当地选择切入点，自上而下逐步推行。该过程中至少有两条路径可以考虑。一个是从新考录、提职的公职人员开始实施财产监督，即凡是新进入公职人员行列或者新晋升职务的公职人员，都必须报告财产等事项，并依法接受有关机关乃至社会公众的监督。

在此基础上，逐步将该制度扩大适用于所有的公职人员，以减少制度推行对公职人员队伍乃至全社会的冲击。另一个则是选取一些腐败高发、易发的领域，如工程建设、政法等领域，对其中的公职人员先实行财产监督，在这些领域试点后逐步推行到其他领域。这些领域往往也是公众关注度较高的，实施试点可以遏制这些特定领域腐败高发、易发的局面，提升公众的信任程度。

最后，必须尽快建立健全相关制度。实施财产监督，涉及有关部门的执法权限、公众监督权、知情权与公职人员及其近亲属的隐私权，还涉及不同部门在财产监督中的权限、职责、程序问题，在责任追究和制度保障方面，还涉及与刑事制裁的关系。如何解决上述问题，必须要依靠国家自上而下地以立法的形式推动。仅仅依靠政策性文件或者一些地方政府的推动，既不能确保制度的刚性与稳定性，更不能有效解决与各种上位法之间的抵触、冲突问题。而且，在立法中，还要充分考虑中国当前腐败高发的基本规律、社会文化传统等，借鉴其他国家和地区的经验，科学设定被监督对象及被监督财产的范围。特别是从当前隐性腐败与期权腐败高发的形势看，财产监督不应局限于公职人员的个人收入，还要扩大到其家庭收入和家庭财产变动情况，对各种金钱、物质所得，重大投资和消费行为，配偶子女从业情况、在外留学情况，接受馈赠情况等进行监督。

（参见法治蓝皮书《中国法治发展报告 No.9（2011）》）

第十一章　中国"裸官"监管调研报告（2011）

摘　要：本文梳理了"裸官"监管的现行规定，指出了目前监管中存在的问题，并结合问卷调查的结果，分析了公职人员和公众中不同的群体对于"裸官"监管的认识和态度。本文指出，"裸官"关系到公职人员对国家的忠诚度，是廉政建设的重要方面，必须加强立法，提升意识，落实各项监管措施。

改革开放之前，人们通常称有亲属在国（境）外的为有"海外关系"，有"海外关系"曾经是人们升职、参军甚至就业的一个较大障碍。此处的亲属不限于直系亲属。改革开放之后，人们对"海外关系"的态度经历了一个"歧视"—荣耀—平常的心理变化过程。人们有选择旅居和就业地的权利，这是一个社会开放和自由程度的标志。具体到中国公职人员，由于目前中国正处在腐败高发阶段，这就是一个值得注意的问题了。目前，人们将配偶子女乃至资产都移民或转移到国（境）外的公职人员称为"裸官"。少数"裸官"贪污腐败，案发后逃亡境外，他们中的大多数事前已经将配偶和子女移民海外、资产转移出境，即便公职人员本人受到惩处，其配偶和子女仍然能够享受其非法所得，正所谓"牺牲我一个，幸福几代人"。"裸官"反映出腐败公职人员风险意识增强，这为反腐败制造了阻力。"裸官"现象不仅引起公众的深恶痛绝、强烈反应，也严重败坏了政府和公职人员的声誉。有关部门注意到了这个问题，并出台相关文件和规定，试图对"裸官"行为进行规制。本报告主要分析国家关于"裸官"相关管理制度的缺失，并根据问卷调研情况分析公职人员和公众对"裸官"问题的认识，探讨如何加强对"裸官"的管理。

本文使用的"公职人员"，是指由财政负担、依法履行公共职务的国家立法机关、司法机关、行政机关、中国共产党和民主党派的党务机关、各人民团体以及国有企业的工作人员，公职人员相比"国家工作人员"更具有概括性。

一　现行"裸官"管理制度的特点

随着反腐败斗争的深入，公职人员中的"裸官"现象引起了社会的广泛关注，而有关部门意识到应加强"裸官"管理乃是不久前的事。2009 年 9 月，中国共产党第十七届中央纪律检查委员会第四次全体会议公报称，在认真贯彻落实好《关于领导干部报告个人重大事项的规定》的基础上，把住房、投资、配偶子女从业等情况列入报告内容，加强对配偶子女均已移居国（境）外的公职人员的管理。2010 年 1 月，中国共产党第十七届中央纪律检查委员会第五次全体会议提出，要解决反腐倡廉建设中人民群众反映强烈的六项突出问题，以党风廉政建设的新成效取信于民。其中，第二项就是把公职人员住房、投资、配偶子女从业等情况纳入党员领导干部报告个人有关事项的范围，加强对配偶子女均已移居国（境）外的公职人员的管理。2010 年 2 月发布的《国家预防腐败局2010 年工作要点》强调，要加强对预防腐败重要问题的对策研究，特别是研究具体落实对配偶子女均已移居国（境）外的公职人员进行管理的办法。这是监察部、国家预防腐败局首次将"裸官"监管作为工作的重点。

为治理"裸官"现象，有关部门发布了一系列文件，规定了"裸官"管理的适用对象、申报内容、管理机构和不实申报的处罚措施。

在适用对象方面，历年发布的政策文件主要限定于县处级副职以上的公职人员，不仅包括各类党政机关中的公职人员，还包括各类人民团体、事业单位、国有企业中的公职人员。

《关于领导干部报告个人重大事项的规定》（中办、国办1997年1月31日印发，现已废止）的适用对象为领导干部，范围为：各机构担任领导职务和非领导职务的副县（处）级以上［含副县（处）级］干部，社会团体、事业单位中相当于副县（处）级以上干部，国有大型、特大型企业中层以上领导干部，国有中型企业领导干部，实行公司制的大中型企业中由国有股权代表出任或由国有投资主体委派（包括招聘）的领导干部，选举产生并经主管部门批准的领导干部，企业党组织的领导干部。

《关于党员领导干部报告个人有关事项的规定》（中办2006年9月24日颁布，现已废止）适用于党员领导干部，范围为：县处级副职以上（含县处级副职，下同）的党员干部；人民团体、事业单位中相当于县处级副职以上的党员干部；国有大型、特大型企业中层以上领导人员中的党员，国有中型企业领导人员中的党员，实行公司制的大中型企业中由上级党组织、行政机关或者国有资产授权经管单位委派、任命、招聘的领导人员中的党员以及其他经上述单位批准执行职务的领导人员中的党员；副调研员以上非领导职务的党员干部报告个人有关事项，适用本规定。

《关于对配偶子女均已移居国（境）外的国家工作人员加强管理的暂行规定》（中办、国办2010年5月颁布）的适用对象为：所有国家工作人员，但县处级副职以上领导干部为规范重点；事业单位、人民团体、国有企业（含国有金融企业）中的工作人员参照本规定执行；经组织批准引进的海外高层次人才、国家特需高级科技人才和通过其他途径回国的海外高层次人才不适用本规定。这是有关部门第一次将海外引进人员排除于"裸官"监管范围之外。

《关于领导干部报告个人有关事项的规定》（中办、国办2010年7月颁布）的适用对象为领导干部，包括：各机构（含民主党派）中县处级副职以上的干部，人民团体、事业单位中相当于县处级副职以上的干部，大型、特大型国有独资企业、国有控股企业（含国有独资金融企业和国有控股金融企业）的中层以上领导人员和中型国有独资企业、国有控股企业（含国有独资金融企业和国有控股金融企业）的领导班子成员，副调研员以上非领导职务的干部和已退出现职但尚未办理退（离）休手续的干部。

在申报内容方面，历年来的规定呈现内容不断增加的趋势。《关于领导干部报告个人重大事项的规定》（1997）要求领导干部申报本人、子女与外国人通婚以及配偶子女出国（境）定居的情况；配偶子女受聘于外国企业驻华、港澳台企业驻境内代办机构，担任主管人员的情况。《关于党员领导干部报告个人有关事项的规定》（2006）要求申报党员领导干部子女与外国人、港澳台居民通婚的情况，配偶子女出国（境）定居情况，配偶共同生活的子女（指同财共居的子女，下同）私人在国（境）外经商办企业的情况，配偶、共同生活的子女担任外国公司驻华、港澳台公司驻境内分支机构主管人员的情况。《关于对配偶子女均已移居国（境）外的国家工作人员加强管理的暂行规定》（2010）要求国家工作人员申报配偶子女"移居国（境）外"的情况，具体是指获得外国国籍，或者获得国（境）外永久居留权、长期居留许可。《关于领导干部报告个人有关事项的规定》（2010）要求领导干部申报配偶子女在国（境）外通婚的情况，配偶子女移居国（境）外的情况，配偶子女在国（境）外从业的情况和职务情况。

"裸官"的管理机构主要是公职人员所属的组织人事部门。《关于领导干部报告个人重大事项的规定》（1997）规定，各机构（包括事业单位）本级党组负责受理领导干部的报告，不设党组、党委的部门和单位，由相应的机构受理，各部门和单位内设机构的领导干部的报告，由本部门、本单位的组织人事部门负责受理。社会团体、企业事业单位的领导干部个人重大事项的报告，由本单位党委（党组）负责受理。《关于党员领导干部报告个人有关事项的规定》（2006）规定本单位组织（人事）部门进行管理，不属于本单位管理的党员领导干部，向上一级党委（党组）的组织（人事）部门报告。《关于对配偶子女均已移居国（境）外的国家工作人员加强管理的暂行规定》（2010）则规定，由有权限的组织（人事）部门负责管理工作。《关于领导干部报告个人有关事项的规定》（2010）中规定的管理机构是相应的组织（人事）部门（按照干部管理权限划分）。

历年的文件都规定了不实申报的处罚措施。《关于领导干部报告个人重大事项的规定》（1997）规定，视情节轻重，给予批评教育、限期改正、责令作出检查、在一定范围内通报批评等处理。《关于党员领导干部报告个人有关事项的规定》（2006）规定，视情节轻重，对其进行批评教育、限期改正、责令作出检查、诫勉谈话、通报批评等。《关于对配偶子女均已移居国（境）外的国家工作人员加强管理的暂行规定》（2010）规定，视情节轻重，采取批评教育、组织处理、追究纪律责任和法律责任等方式予以处理。《关于领导干部报告个人有关事项的规定》（2010）规定：视情节轻重，对违反规定的公职人员进行批评教育、限期改正、责令其作出检查、诫勉谈话、通报批评或者调整工作岗位、免职等处理。

　　一些地方部门对"裸官"问题也提出了相应的管理对策。2009年11月，深圳市出台的《关于加强党政正职监督的暂行规定》提出，"裸官"不得担任党政部门正职。2010年7月深圳市公布了《关于深入贯彻落实加强党政正职监督暂行规定的若干实施意见》。该意见强调，凡配偶和子女非因工作需要均在国（境）外定居或者加入外国国籍或者取得国（境）外永久居留权的，不得担任党政正职和重要部门的班子成员。同时，在市、区两级建立领导干部配偶子女出国（境）情况年度报告制度，即领导干部配偶子女出国一年一报。深圳市在市、区两级建立领导干部配偶子女出国（境）情况年度报告制度的目的，是要加强对"裸官"的管理，防止国家利益和人民利益受侵犯的情况发生。深圳市的这种做法可以说具有开创性，对全国有一定的示范效应。《中共广东省委关于加强市、县领导班子建设若干问题的决定》也规定，公职人员的配偶子女均已移居国（境）外的，原则上不担任党政正职和重要敏感岗位的领导职务。郑州市规定，公职人员子女出国自费留学或定居，要先经过纪检机构审核，必要时还要接受廉政谈话，等等。

　　由上所述，从中央到地方，对"裸官"进行监管具有以下几个特点。

1. 监管的相关规定多为党的文件

　　对"裸官"进行规范的文件大多数仍然是以党的文件形式出现，这表明规范"裸官"运动是从党内掀起的。这是因为，公职人员，特别是领导干部多数是中国共产党党员，中国共产党从自身入手规范"裸官"

具有合理性。此外，相对于立法而言，发布党的文件和规定对相关行为进行规范更容易和快捷，不必经过立法的烦琐程序。但是，以党的文件形式对公职人员进行规范具有明显的不足。一是公职人员并非都是共产党员，对非共产党员公职人员特别是非党员领导干部该如何规制？二是党的规范和文件虽然在发布时具有快捷性，但缺乏法律的权威性，且各种通知、条例、规定重叠，前后不一的现象严重，这使党的规范和文件的效力大打折扣。

2. 监管对象不统一，重点为领导干部

各种条例、规定或通知规定了"裸官"的管理对象，但范围不统一，难以执行。多数规定适用于党员领导干部，且明确了适用范围，即县处级以上领导干部。但也有文件规定适用于所有的工作人员，领导干部只是监督的重点，如《关于对配偶子女均已移居国（境）外的国家工作人员加强管理的暂行规定》（2010）将适用对象范围改为"国家工作人员"，这与《刑法》对国家工作人员的界定类似。其第2条为：本规定适用于配偶子女均已移居国（境）外，没有子女，配偶已移居国（境）外，或者没有配偶，子女均已移居国（境）外的国家工作人员，但经组织批准引进的海外高层次人才、国家特需高级科技人才和通过其他途径回国的海外高层次人才除外。此处所称"移居国（境）外"，是指获得外国国籍，或者获得国（境）外永久居留权、长期居留许可。

该暂行规定适用于所有国家工作人员，这是一个进步。但考虑到县处级副职以上领导干部掌握更多的公共资源，一旦出现问题，给国家造成的损失也更大，暂行规定将县处级副职以上领导干部作为规范重点，并在相关条款中作了强调。事业单位、人民团体、国有企业（含国有金融企业）中的非国家工作人员，在配偶子女均已移居国（境）外的情况下，参照本规定执行。

3. 主要是内部式、非外向型的监管方式

大多数监管"裸官"的文件都规定，公职人员应向本单位主管部门申报本人、子女与外国人通婚以及配偶子女出国（境）定居的情况，但一般都是规定向本级人事组织部门报告。有的规定要求，对报告的内容一般应予保密，组织认为应予公开或本人要求予以公开的，可采取适当方式在一定范围内公开。大多数规定都未明示申报内容是否应对外公开，内部式监管特点突出。内部监管无异于自己监管自己，缺乏监督不言而喻，申报内容"一般应予保密"更是匪夷所思。保密原则适用于国家机密、商业秘密和其他需要保密的领域，公职人员配偶及子女移居海外的情况不应属于秘密。"组织认为应予公开"的条件和标准不明，"本人要求予以公开"则几乎不可能出现。

4. "裸官"监管缺乏实质内容

从上述各种规定来看，在"裸官"监管方面，公职人员需要申报的内容主要是配偶子女移居海（境）外的情况，即其配偶子女获得外国国籍，或者获得国（境）外永久居留权、长期居留许可的情况。这是有必要的，但是缺乏最关键的内容，如规范"裸官"的最重要文件《关于领导干部报告个人有关事项的规定》规定了领导干部应当报告收入、房产、投资等事项①。这条规定看似全面，但缺失了一个重要的实质内容，即"裸官"的境外财产情况。所有公职人员都应申报境外财产情况。中国是一个发展中国家，以中国现有公职人员的工资水平，无力赡养在国外定居的配偶子女，也很难负担配偶子女在海外求学的费用。要求申报其海外财产既可对公职人员的财产来源进行监督，也可对其合法财产加以保护。

5. "裸官"违规行为处罚不明

上述所有规定在"裸官"不如实申报的处罚方面都含糊其辞，没有标准和可操作性，大多是一些笼统规定。上述文件均规定，相关人员如违反本规定，应当视情节轻重，采取批评教育、组织处理、追究纪律责任和法律责任等方式予以处理。但问题是，什么是不如实申报？谁负责

---

① 《关于领导干部报告个人有关事项的规定》（2010）第4条规定，领导干部应当报告下列收入、房产、投资等事项：（1）本人的工资及各类奖金、津贴、补贴等；（2）本人从事讲学、写作、咨询、审稿、书画等劳务所得；（3）本人、配偶、共同生活的子女的房产情况；（4）本人、配偶、共同生活的子女投资或者以其他方式持有有价证券、股票（包括股权激励）、期货、基金、投资型保险以及其他金融理财产品的情况；（5）配偶、共同生活的子女投资非上市公司、企业的情况；（6）配偶、共同生活的子女注册个体工商户、个人独资企业或者合伙企业的情况。

核查？怎么核查？鉴于各机构信息共享的程度很差，目前对不如实申报的情况很难核实。在何为违反规定并不明确的情况下，给予什么处罚也就可以不了了之。实践中，也很少见相关人员未如实申报而受到处罚的案例。

二 公职人员"裸官"现象的调研结果分析

1. 调研基本数据

2010年6月至2011年5月，中国社会科学院法学研究所法治国情调研组（以下简称"调研组"）分别在北京、四川、贵州、山东、湖北、湖南、广东、河南、青海、浙江、江苏、河北、天津、黑龙江、重庆、山西、吉林、云南、甘肃、辽宁、江西、安徽、陕西等23个省市，面向公职人员和公众，开展了"公职人员廉洁从政法律机制"问卷调查。其中调研组2010年调查了16个省份，2011年追加调查了7个省份，共向23个省份的公职人员发放问卷1617份，回收有效问卷1464份。调研问卷分为两套，一套针对公职人员，另一套针对公众，其中均包括公职人员配偶子女拥有外国国籍或者外国永久居留权的问题，即"裸官"问题。

调研基本数据显示，在被调查的公职人员中，男性933人，占被调查人数的63.7%；女性480人，占被调查人数的32.8%。未回答性别的有51人，占被调查人数的3.5%。25岁以下的有60人（4.1%），26～35岁的有608人（41.5%），36～45岁的有436人（29.8%），46～55岁的有272人（18.6%），56岁以上的有34人（2.3%），未回答年龄状况的有54人（3.7%）。26～45岁公职人员占被调查人数的71.3%，这部分人是公职人员的主体，基本能满足调查的目的和要求。

被调查公职人员来自人大、政府各个部门以及司法机关，如各级人大、政协、法院、检察院、公安部门、政府内设部门、司法部门、安监部门、商贸部门、劳动人事部门、财政部门、计生部门、建设部门、民政部门、国土资源部门、统计部门、审计部门、科技部门、海关、交通部门、税务部门、盐业部门、文体广电部门、档案部门、教育部门、环保部门、城管执法部门、卫生部门、农林部门、水利部门、质量监督部门、信访部门、纪检监察部门、事业单位及国有企业、党团组织、乡镇政府、政法部门等多个部门。其中，有 266 人的单位为省部级单位（18.2%，单位均含副级，以下同），295 人为地厅级/司局级单位（20.2%），409 人为县处级单位（27.9%），429 人为科级单位（29.3%），65 人（4.4%）未回答单位级别情况。

接受问卷调查的公职人员本人的行政级别情况为，省部级 15 人（1%，含副职，以下同），地厅级/司局级有 58 人（4.0%），县处级 290 人（19.8%），科级 605 人（41.3%），科级以下 463 人（31.6%），有 33 人（2.3%）未回答此问题。从人数分布来看，县处级也占有相当比例，科级和科级以下的人员最多。

公职人员中，1237 人（84.5%）是中国共产党党员，34 人（2.3%）为民主党派，73 人（5.0%）为共青团员，37 人（2.5%）为无党派人士，59 人（4.0%）为群众，24 人（1.6%）未回答其政治面貌。

在学历方面，具有本科学历的人数最多，有 862 人（58.9%），研究生以上的有 314 人（21.4%），大专 245 人（16.7%），这三项相加人数达 1421 人（97%），这说明公职人员的文化程度已经较高。其余公职人员的学历分布情况分别为：初中及以下 10 人（0.7%），高中文化程度 30 人（2%），未回答文化程度的 3 人（0.2%）。

在工作资历方面，工作 5 年以下的有 389 人（26.6%），6~10 年的有 314 人（21.4%），11~15 年的有 207 人（14.1%），16~20 年的有 186 人（12.7%），21~25 年的有 107 人（7.3%），26~30 年的有 113 人（7.7%），31 年以上的有 33 人（2.3%），未回答工作年限的有 115 人（7.9%）。

同期，调研组分别在上述 23 个省市对公众进行了公职人员廉洁从政的问卷调查，共向公众发出 1555 份问卷，回收有效问卷 1505 份。

接受问卷调查的男性 789 人（52.4%），女性为 688 人（45.7%），28 人（1.9%）未回答性别状况。从年龄来看，25 岁以下的有 341 人（22.7%），26~35 岁的有 578 人（38.4%），36~45 岁的有 294 人（19.5%），46~55 岁的有 170 人（11.3%），56 岁以上的有 97 人（6.4%），未回答年龄的有 25 人（1.7%）。

接受问卷调查的公众中，9 人（0.6%）为小学文化以下，初中文化（含同等学力）有 62 人（4.1%），高中学历（含同等学力）有 173 人（11.5%），大学专科有 495 人（32.9%），大学本科有 582 人（38.7%），研究生以上 179 人（11.9%），未回答文化程度的 5 人（0.3%）。从学历状况来看，受过高等教育的人居多，受教育程度高应更能表达自己的思想和意志。

接受问卷调查的公众中，有 690 人（45.8%）是中国共产党党员，26 人（1.7%）为民主党派人士，339 人（22.5%）为共青团员，86 人（5.7%）为无党派人士，群众为 349 人（23.2%），未回答政治面貌的有 15 人（1%）。政治面貌状况对调查结果有不同程度的影响。此外，无党派人士较多，源于部分公众对无党派的理解有误，选择了此答案。

接受问卷调查的公众中，1188 人（78.9%）有职业，无业人士（含失业、待业）65 人（4.3%），学生 136 人（9.0%），离退休人员 105 人（7.0%），未回答就业状况的有 11 人（0.7%）。

接受问卷调查的公众的月收入情况为：有 185 人（12.3%）为无收入者，133 人（8.8%）月收入在 1000 元以下，667 人（44.3%）月收入在 1001~3000 元，387 人（25.7%）月收入在 3001~5000 元，98 人（6.5%）月收入在 5001~10000 元，10000 元以上（不含 10000 元）的有 22 人（1.5%），未回答本人收入状况的有 13 人（0.9%）。调查显示，月收入在 1001~5000 元处于中等收入区间的对象居多。

2. 调研结果分析

（1）公职人员与公众对"裸官"的认同度存在差异。

调查结果显示，公职人员对"裸官"的认同度相对较高，有 38.9% 的公职人员认为配偶可以拥有外国国籍或外国永久居留权，比例要高于公众，公众的比例为 34.2%。认为所有公职人员的配偶都不能拥有外国国籍或者外国永久居留权的公职人员比例为 17.1%，公众的比例为 19.0%；认为县处级以上级别公职人员配偶不得拥有外国国籍或外国永久居留权的公职人员比例为 14.8%，公众为 13.3%；认为司局级以上公职人员配偶不得拥有外国国籍或者外国永久居留权的公职人员比例为 14.5%，公众为 10.6%，公职人员认同的比例要高于公众的比例（见图 1）。从数据来看，认同禁止一定级别的公职人员配偶拥有外国国籍或外国永久居留权的人仍然占多数，公职人员有 46.4%，超过认可其配偶拥有外国国籍或者外国永久居留权 7.5 个百分点；公众为 42.9%，低于公职人员的百分比。此外，对此问题回答不清楚的公职人员人数占 12%，公众为 19.3%。

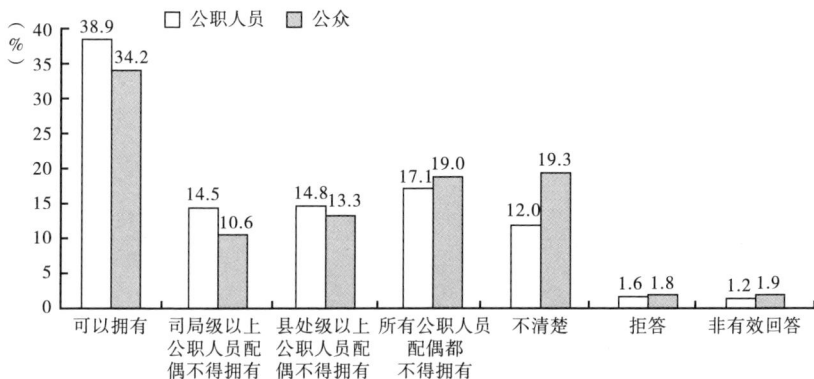

图 1 对公职人员配偶拥有外国国籍或者外国永久居留权的看法

可见，对于公职人员配偶是否可拥有外国国籍或者外国居留权问题，无论是公职人员还是公众，仍然存在比较模糊的认识。但总的来看，同意禁止一定级别的公职人员配偶拥有外国国籍或者外国居留权的人数居多。

不同级别的公职人员对配偶是否可拥有外国国籍或者外国居留权的回答也令人回味。在可以拥有、司局级以上不得拥有、县处级以上不得拥有、所有公职人员都不得拥有以及不清楚等选项中，选择可以拥有外国国籍或者外国居留权的比例比较高。在认可其配偶拥有外国国籍或者外国永久居留权的选项上，按不同级别划分，接受调查的省部级（含副职，以下同）公职人员为 33.3%，司局级为 41.4%，县处级为 38.6%，科级为 42.0%，科级以下为 33.7%。认可一定级别以上的公职人员配偶不得拥有外国国籍或者外国居留权的公职人员级别比例分别为：省部级 46.6%、司局级 53.4%、县处级 46.9%、科级 43.8%、科级以下 49.7%。此外，回答不清楚选项的公职人员级别分布为：省部级 20%、司局级 5.2%、县处级 9.7%、科级 11.4%、科级以下 14.7%（见图 2）。令人惊讶的是，居然有高达 20.0% 的省部级公职人员选择了"不清楚"，耐人寻味。

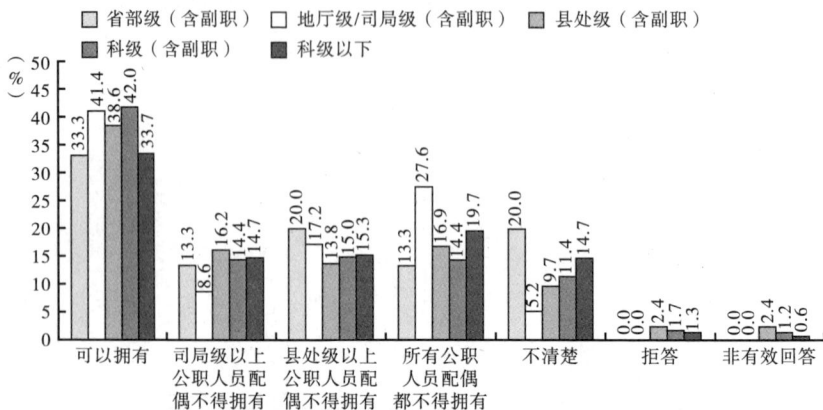

图 2 不同级别公职人员对公职人员配偶拥有外国国籍或者外国永久居留权的看法

对于公职人员子女是否可拥有外国国籍或者外国居留权，调查结果显示，公职人员认可子女拥有外国国籍或者永久居留权的比例要高于公众，有 46.7% 的公职人员认为公职人员子女可以拥有外国国籍，39.7% 的公众认为公职人员子女可以拥有外国国籍或外国永久居留权。认为所有公职人员的子女都不能拥有外国国籍或者外国永久居留权的公职人员比例为 14.6%，公众的比例为 15.7%；认为县处级以上公职人员子女不得拥有外国国籍或外国永久居留权的公职人员比例为 11.5%，公众为 11.9%；认为司局级以上公职人员子女不得拥有外国国籍或者外国永久居留权的公职人员比例为 13.5%，公众为 10.4%，公职人员认同禁止的比例要高于公众。从数据来看，同意禁止一定级别的公职人员子女拥有外国国籍或外国永久居留权的公职人员有 39.6%，公众为 38%，公众的比例低于公职人员。此外，对此问题回答不清楚的公职人员比例为 12.0%，公众为 19.5%（见图 3）。

（2）公职人员级别高低影响其对"裸官"的态度。

不同级别的公职人员对公职人员子女是否可以拥有外国国籍或者外国永久居留权的回答与前一选项的答案相似。在可以拥有、司局级以上

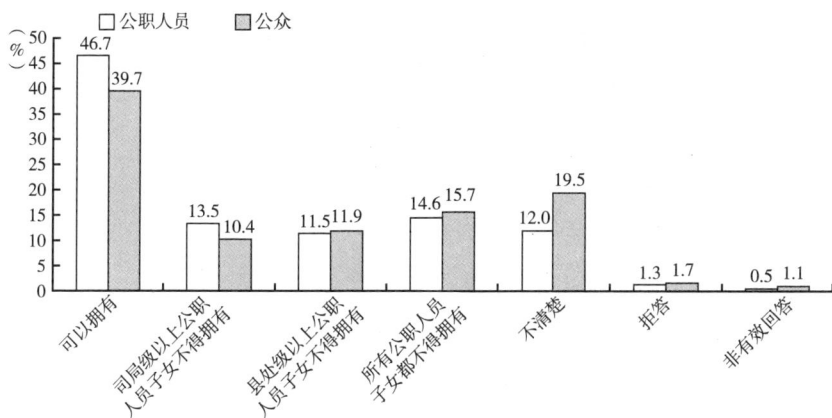

图3　对公职人员子女拥有外国国籍或者外国永久居留权的看法

不得拥有、县处级以上不得拥有、所有公职人员都不得拥有以及不清楚等选项中，选择可以拥有外国国籍或者外国永久居留权的比例非常高。在认可子女拥有外国国籍或者外国永久居留权的选项上，按不同级别划分，接受调查的省部级（含副职，以下同）公职人员中有53.3%，司局级为53.4%，县处级为51.7%，科级为49.6%，科级以下为38.9%。接受调查的省部级、司局级和县处级的公职人员超过半数认可子女拥有外国国籍或者外国永久居留权。认可一定级别以上的公职人员子女不得拥有外国国籍或者外国永久居留权的公职人员比例分别为：省部级26.7%、司局级36.3%、县处级38.5%、科级36.5%、科级以下44.5%。此外，回答不清楚选项的不同级别公职人员比例分别为：省部级20%、司局级10.3%、县处级6.2%、科级11.9%、科级以下15.8%（见图4）。

省部级、司局级、县处级有超过半数（53.3%、53.4%、51.7%），科级有近半数（49.6%）的公职人员认为其子女可以拥有外国国籍或者外国永久居留权。调查结果表现出一定的倾向性，在一定程度上显示了高级别公职人员对"裸官"更宽容，应当引起有关部门的高度重视。

（3）公众文化程度越高越反对"裸官"现象。

不同文化程度对公职人员配偶及子女是否可拥有外国国籍或者外国永久居留权的态度有一定的参考意义。调查问卷将学历分为六个层次：小学

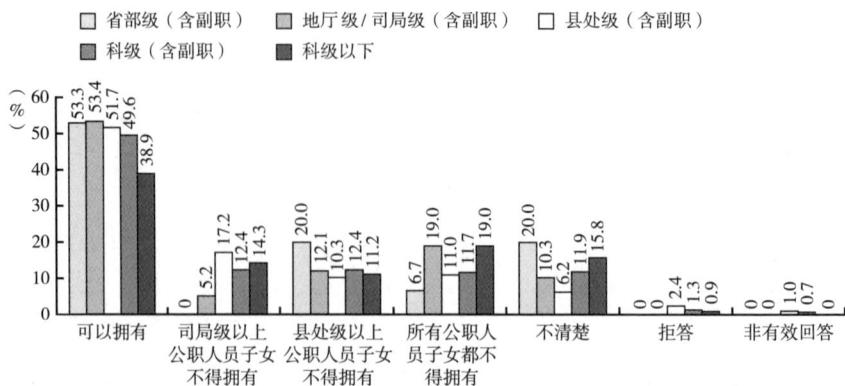

图4 不同级别公职人员对公职人员子女拥有外国国籍或者外国永久权的看法

及以下、初中、高中、大学专科、大学本科、研究生及以上，分析六种文化程度的人对预防腐败问题的认知程度。

调查结果显示，认同公职人员配偶拥有外国国籍或者永久居留权的，小学及以下的人数占33.3%，初中为19.4%，高中为26.6%，大学专科为34.5%，大学本科为38.1%，研究生及以上为33.0%；认为司局级以上公职人员配偶不得拥有外国国籍或者外国永久居留权的比例，小学及以下为0，初中为4.8%，高中为9.8%，大学专科为8.5%，大学本科为12.0%，研究生及以上为14.5%；认为县处级以上公职人员配偶不得拥有外国国籍或者外国永久居留权的比例，小学及以下为11.1%，初中为11.3%，高中为8.1%，大学专科为13.7%，大学本科为13.4%，研究生及以上为17.9%；认为所有公职人员配偶都不得拥有外国国籍或者外国永久居留权的比例，小学及以下为22.2%，初中为17.7%，高中为16.2%，大学专科为22.0%，大学本科为17.4%，研究生及以上为19.6%（见图5）。

调研结果还显示，认同一定级别的公职人员配偶不得拥有外国国籍或者外国永久居留权的比例分别为：小学及以下33.3%，初中33.8%，高中34.1%，大学专科44.2%，大学本科42.8%，研究生及以上52.0%。从这一组数值来看，认为应该对一定级别的公职人员的配偶拥有外国国籍或者外国永久居留权加以限制的人数比例要远远高于认同不作限制的人数比例。小学及以下学历的人，认同的比例为 33.3%，不认同的占 33.3%，不清楚的占 33.3%；初中学历的人认同的占 19.4%，不认同的占 33.8%，不清楚的占 33.9%；高中学历的人认同的人数比例为 26.6%，不认同的占 34.1%，不清楚的占 32.4%；大学专科学历的人认同的人数比例为 34.5%，不认同的占 44.2%，不清楚的占 20%；大学本科学历的人认同的人数比例为 38.1%，不认同的占 42.8%，不清楚的占 15.3%；研究生学历及以上认同的占 33.0%，不认同的占 52.0%，不清楚的占 12.3%。

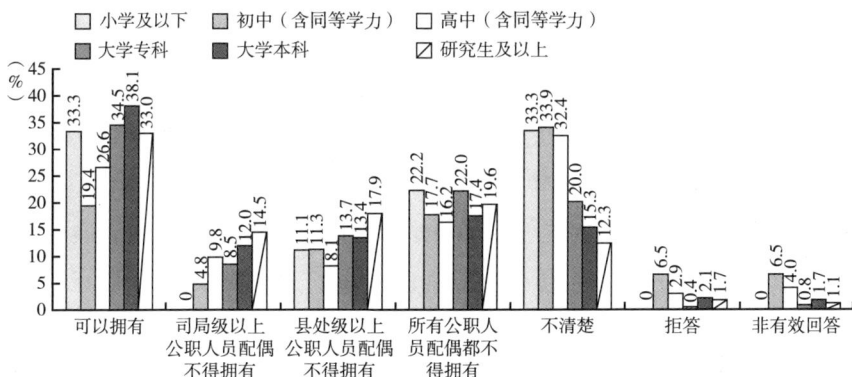

图 5　不同学历公众对公职人员配偶是否可以拥有外国国籍或者
永久居留权问题的看法

由此可见，公众学历越高，反对公职人员配偶拥有外国国籍或者外国永久居留权的人数越多。

调查结果显示，认同公职人员子女拥有外国国籍或者永久居留权的，小学及以下的占 33.3%，初中的占 25.8%，高中的占 28.9%，大学专科的占 36.4%，大学本科的占 47.8%，研究生及以上的占 38.0%；认为司局级以上公职人员子女不得拥有外国国籍或者外国永久居留权的比例，小学及以下为 0，初中为 4.8%，高中为 6.9%，大学专科为 9.7%，大学本科为 10.8%，研究生及以上为 16.8%；认为县处级以上公职人员子女不得拥有外国国籍或者外国永久居留权的比例，小学及以下为 11.1%，初中为 6.5%，高中为 10.4%，大学专科为 13.1%，大学本科为 10.3%，研究生及以上为 17.3%；认为所有公职人员子女都不得拥有外国国籍或者外国永久居留权的比例，小学及以下为 22.2%，初中为 14.5%，高中为 15.6%，大学专科为 18.0%，大学本科为 14.8%，研究生及以上为 12.8%（见图 6）。

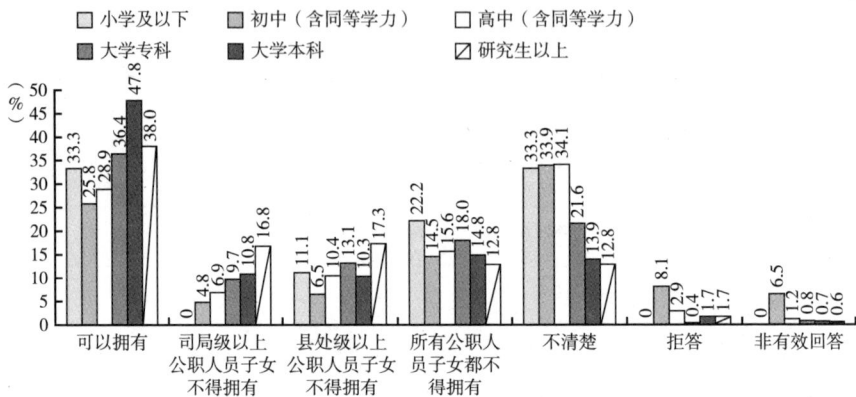

图 6　不同学历公众对公职人员子女拥有外国国籍或者外国永久居留权的看法

调研结果还显示，认为应当限制一定级别的公职人员子女拥有外国国籍或者外国永久居留权的比例分别为：小学及以下 33.3%，初中 25.8%，高中 32.9%，大学专科 40.8%，大学本科 35.9%，研究生及以上 46.9%。从这一组数值来看，认为应该对一定级别的公职人员子女拥有外国国籍或者外国永久居留权加以限制的人数比例要远远高于不作限制的人数比例。小学及以下学历的人，认同的人数占 33.3%，不认同的 33.3%，不清楚的 33.3%；初中学历的人认同的占 25.8%，不认同的 25.8%，不清楚的 33.9%；高中学历的人认同的人数比例为 28.9%，不认同的 32.9%，不清楚的 34.1%；大学专科学历的人认同的人数比例为 36.4%，不认同的 40.8%，不清楚的 21.6%；大学本科学历的人认同的人数比例为 47.8%，不认同的 35.9%，不清楚的 13.9%；研究生及以上学历认同的占 38.0%，不认同的占 46.9%，不清楚的占 12.8%。

结论同样，公众学历越高，反对公职人员子女拥有外国国籍或者外国永久居留权的人数越多。不过，在公职人员子女能否拥有外国国籍或者外国永久居留权问题上，相对于配偶问题，公众更宽容一些。

（4）不同政治面貌的公众对"裸官"的态度不同。

不同政治面貌的公众对公职人员配偶拥有外国国籍或者外国永久居留权的态度呈现值得注意的倾向，尤其是民主党派人士反对"裸官"的态度更鲜明。在接受问卷调查的公众中，政治面貌为中国共产党党员的公众中37.7%的人认为公职人员配偶可以拥有外国国籍或者外国永久居留权，民主党派人士为30.8%，共青团员为32.2%，无党派人士为33.7%，群众为29.8%。认为司局级以上公职人员的配偶不得拥有外国国籍或者外国永久居留权的党员公众为11.6%，民主党派为42.3%，共青团员为8.8%，无党派人士为8.1%，群众为8.6%。认为县处级以上公职人员配偶不得拥有外国国籍或者外国永久居留权的党员公众为14.3%，民主党派为7.7%，共青团员为12.4%，无党派人士为9.3%，群众为13.8%。认为所有公职人员配偶都不得拥有外国国籍或者外国永久居留权的党员公众为17.5%，民主党派为11.5%，共青团员为21.5%，无党派人士为19.8%，群众为20.1%。对此问题不清楚的党员公众为15.4%，民主党派为7.7%，共青团员为23.0%，无党派人士为27.9%，群众为22.1%（见图7）。

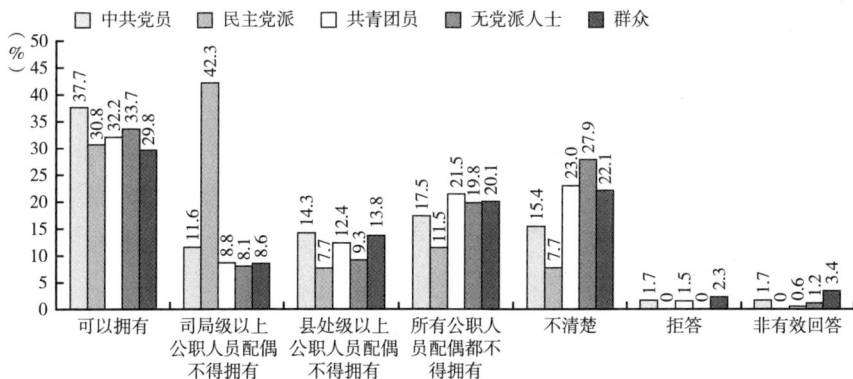

图7　不同政治面貌的公众对公职人员配偶拥有外国国籍或者外国永久居留权的看法

值得注意的是，有42.3%的民主党派人士认为司局级公职人员配偶不得拥有外国国籍或外国永久居留权。

不同政治面貌公众对公职人员子女拥有外国国籍或者外国永久居留权的态度也不同。在接受问卷调查的公众中，政治面貌为中国共产党党员的公众中，有44.6%的人认为公职人员子女可以拥有外国国籍或者外国永久居留权，民主党派人士为34.6%，共青团员为36.3%，无党派人士为34.9%，群众为34.7%。认为司局级以上公职人员的子女不得拥有外国国籍或者外国永久居留权的党员公众为11.6%，民主党派为26.9%，共青团员为10.6%，无党派人士为11.6%，群众为6.6%。认为县处级以上公职人员子女不得拥有外国国籍或者外国永久居留权的党员公众为12.2%，民主党派3.8%，共青团员12.7%，无党派人士8.1%，群众12.0%。认为所有公职人员子女都不得拥有外国国籍或者外国永久居留权的中国共产党党员为11.9%，民主党派26.9%，共青团员17.4%，无党派人士17.4%，群众20.9%（见图8）。

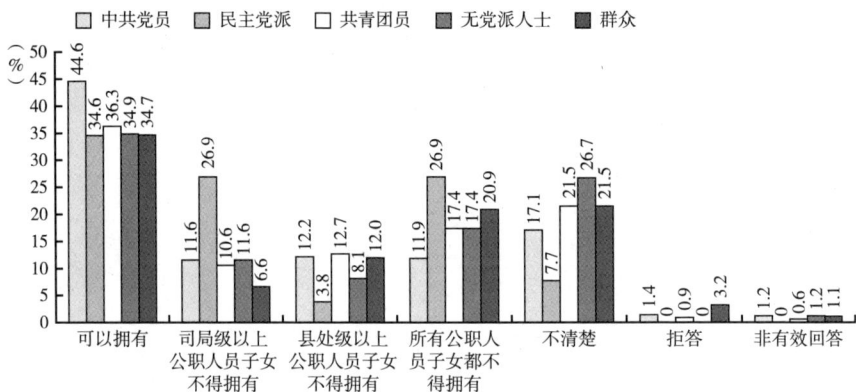

图8　不同政治面貌的公众对公职人员子女拥有外国国籍或者外国永久居留权的看法

调查结果显示，除政治面貌为中国共产党党员的公众外，其他人群中主张限制一定级别公职人员子女拥有外国国籍或者外国永久居留权的人数同样超过认同人数。比例分别为：认同限制的共产党党员人数比例为35.7%，不认同的44.6%，不清楚的17.1%；认同限制的民主党派比例为57.6%，不认同的为34.6%，不清楚的为7.7%；认同限制的共青团员为40.7%，不认同的为36.3%，不清楚的为21.5%；认同限制的无党派人士为37.1%，不认同的为34.9%，不清楚的为26.7%；群众认同限制的为

39.5%，不认同的为 34.7%，不清楚的为 21.5%。

可见，除了具有党员身份的公众认同公职人员的子女可以拥有外国国籍或者外国永久居留权的人数比例高于主张限制的外，其余的人群都是限制派占多数。更有甚者，民主党派人士的比例高达 57.6%，尤其是意见又分为两派，一方主张司局级以上公职人员子女不得拥有外国国籍或者外国永久居留权，另一方则主张所有的公职人员子女都不应该拥有外国国籍或者外国永久居留权。

三　"裸官"治理是反腐败措施中的软肋

应该承认，不是所有配偶和子女移居海外的公职人员都有腐败问题，但"裸官"无疑是贪腐的高危人群。有关部门针对"裸官"问题出台了各项规定，采取了各种措施，"裸官"的问题仍然难以得到真正解决。"裸官"盛行的原因很复杂，既有认识上的，也有法律和制度上的。

1. 人们对"裸官"现象的危害性认识不足

如调查显示，尽管大多数人认为应该对"裸官"加强管理，但仍然有相当比例的人认为公职人员配偶及子女可以拥有外国国籍或者外国永久居留权。改革开放以来，不少公职人员和普通民众的配偶或子女拥有外国国籍或外国永久居留权，因此，很多人对这种现象并不觉得欠妥，调研也显示有 38.9% 的公职人员和 34.2% 的公众认同这种做法。无论是接受调查的公职人员还是普通民众，都有 1/3 多的人对公职人员配偶及子女是否应该拥有外国国籍或者外国永久居留权认识不清。对普通民众而言，这当然无可厚非，但对公职人员而言，却并非如此。

"裸官"对国家利益和人民具有潜在的危害。首先，公职人员作为国家和人民利益的代表、公权力的行使者，将配偶子女乃至存款转移至境外，孤身在国内任职就表现出对国家前途的不信任。中国在 30 多年的改革开放期间，取得了巨大的成就，积聚了大量的财富，同时，也出现了许多问题，如社会分配不公、贫富差距加大、社会冲突加剧、环境破坏严重。一部分人将这些问题放大，同时低估中国政府解决这些问题的能力。不少公职人员也持有这样的看法，他们选择将配偶和子女移居海外，防范国家将来可能出现的风险。这种做法与公职人员的基本职责相背离。因为，缺乏对所服务国家前途的信任，其对国家和人民的忠诚度就非常值得怀疑，也就很难指望其能恪尽职守。因为，当其配偶和子女宣誓效忠他国的时候，要求公职人员效忠本国本身就是一个两难选择。其次，一些要害部门的公职人员，其配偶和子女拥有外国国籍或者外国永久居留权将影响中国的政治和政府决策。这与前一个问题有密切的关系。公职人员因其配偶或子女具有外国国籍或者外国永久居留权，在履行与这些移居国家有关的公务时，难免会出现"身在曹营心在汉""暗度陈仓"的行为，或者有失偏颇，或者失去公正性，或者损害国家或人民的利益。最后，不利于反腐败工作的推进。尽管我们承认，并不是配偶和子女拥有外国国籍或者外国永久居留权的所有"裸官"都是腐败官员，但是同样要承认"裸官"是贪腐的高危人群。事实已经证明，大量贪官为谋求后路的确提前将配偶子女移民国外，财产转移国外，以便东窗事发时出逃海外，并申请政治避难。一旦出逃，由于中国的法律制度和其他国家法律制度的差异，引渡贪官往往事倍功半。贪官出逃给国家和人民造成重大损失，严重损害了政府的形象，危及了执政党的合法性。

2. 制约"裸官"的现行规定数量不少，但缺乏法律权威性

大多数规范"裸官"的相关规定都是党的文件或规定，虽然大多数公职人员都是执政党党员，这些规章制度对其有约束力，但毕竟不是适用于全体公职人员。规定之间还存在不统一的地方，如有的规定适用于党员领导干部，有的规定则适用于国家工作人员，但重点是党员领导干部。还有的规定是行政法规、地方性法规或规章制度，其法律位阶太低，权威有限。有的规定是以执政党和政府的名义联合发布，仍然没有解决权威性问题，颁布的规章越多，规章的权威和效力越趋向递减。

3. 现行制度制裁乏力

相关制度都规定，党员领导干部或工作人员不如实申报，将视情节轻重程度给予相应的处罚。这些规定"看起来很美"，实际上却很难操作。首先，内部监管难以实现真正的监督，本单位人事部门对本单位领导进行监管难以落到实处。其次，申报内容只是本人陈述，缺乏核实申报信息的相关配套制度和技术手段，无法确定申报内容的真实性，使这项制度沦为形式化、走过场。再次，相关规定几乎都未涉及申报之后是否应向公众公开，使申报失去了最重要的监督途径——外部监督。最后，限制和制裁"裸官"的措施软弱乏力。有的规定，公职人员不按本规定报告或不如实报告个人重大事项的，其所在组织应视情节轻重，给予批评教育、限期改正、责令作出检查、在一定范围内通报批评等处理。还有一些规定，如《中国共产党党员领导干部廉洁从政行为若干准则》第13条规定，党员领导干部违反本准则的，依照有关规定予以批评、教育、组织处理或纪律处分，涉嫌违法犯罪的，依法追究其法律责任。这些处罚规定几乎都无法与相关法规衔接，大多只是一种警示性宣告。这些避重就轻"掸灰尘"式且华而不实的处罚措施，不足以遏制"裸官"现象的蔓延。

4. 相关规定要求报告的人员范围过窄，术语模糊，对要害部门公职人员配偶及子女移居国（境）外未作特殊规定

2006年修改后颁布的《关于党员领导干部报告个人有关事项的规定》中规定的领导干部不包括副处级以下的公职人员，这部分人员并非没有"裸官"问题，一些要害部门的公职人员，即便是科级公职人员也具有相当的权力，也可能给国家和人民的利益带来危害。而且，科级公职人员往往直接接触公共财物、直接行使公共权力，以权谋私的可能性也更大。调查显示，有相当部分的公职人员和公众认为，应当将报告配偶和子女拥有外国国籍或者外国永久居留权的"裸官"范围扩大到全体公职人员。有17.1%的公职人员认为所有公职人员的配偶都不能拥有外国国籍或者外国永久居留权，公众的人数比例为19%；接受调查的公职人员认为子女都不能拥有外国国籍或者外国永久居留权的人数占14.6%，公众的人数比例为15.7%。因此，有关部门应当研究论证适度扩大现行规定的适用范围。

5. 监管"裸官"的技术手段尚待完善

公职人员应当申报的内容涉及各个方面，其中财产申报与监督是最重要的内容。"裸官"现象往往涉及资产转移情况，部分"裸官"在财产转移方面存在洗钱行为。相关部门对洗钱类的资金流动有了一定的规范标准。洗钱是犯罪嫌疑人通过各种方式掩饰、隐瞒犯罪所得的活动，是资产转移并合法化的最重要手段。全国人民代表大会常务委员会2006年通过的《反洗钱法》第2条将洗钱的上游犯罪规定为以下几种：隐瞒毒品犯罪、黑社会性质的组织犯罪、恐怖活动犯罪、走私犯罪、贪污贿赂犯罪、破坏金融管理秩序犯罪、金融诈骗犯罪。其中，贪污贿赂所得也是洗钱的上游犯罪，然而如何监测公职人员的不法资产转移，以及如何核实公职人员的海外资产状况均是"裸官"治理的难点问题。这不仅涉及国内监管部门的监测技术完善，也涉及国际反腐败合作问题。

四 加强"裸官"监管的对策

（一）完善立法

并非所有"裸官"都是贪官，但其的确可能面临利益冲突，存在对国家前途缺失信心、为公众树立负面榜样的问题。相关法规对"裸官"进行了一定规制，但如前所述，这些规制存在较大的局限性，最主要的是散见于各项规定之中，缺乏系统性，即便授权地方立法，各地的实践也不统一。更为关键的是缺乏监督管理机制以及不如实申报的制裁措施。目前，"裸官"尚不完全属于公职人员的禁止性行为，而且从调研的结果看，许多公职人员对"裸官"并不反对，因此可以预见，要将其明确规定为禁止性行为尚有一定的难度。但是，相对于认同"裸官"的比例而言，大多数人仍然反对"裸官"，因此，应制定统一可操作的高位阶的公职人员行为准则，在其中辟专章规制"裸官"行为。

（二）公开透明是监管"裸官"的最好措施

监管"裸官"，应建立公职人员配偶子女移居境外的年度公开制度，公开公职人员配偶和子女获得外国国籍或者外国永久居留权的情况。公开的来源可以是公职人员的自我申报，也可以是相关部门的其他资料来源。现行相关规定只要求领导干部向上级有关部门报告，不符合阳光政府的要求。"裸官"现象可能危及国家安全，因此，公职人员作为权力行使的代理人，其配偶子女移居境外的情况应该向公众公开，而不仅仅是对上级部门公开。对配偶及子女拥有外国国籍或者外国永久居留权的公职人员建立预警档案，知晓其动态。

公职人员配偶和子女存款在国外的情况也应当公开。公职人员配偶和子女拥有外国国籍或者外国永久居留权只是可能使该公职人员在决策时发生利益冲突情况，而部分"裸官"转移到境外的非法财产则是对国家和人民利益的实际损害。当然，并不是所有的"裸官"在境外的财产都是非法所得，但可以肯定的是，中国公职人员的正常收入还不足以支撑其配偶子女在境外尤其是在发达国家的消费需求。因此，"裸官"在境外的财产数量和来源是一个非常值得质疑的问题。公开"裸官"在境外的财产就显得非常重要，当然，由于技术原因，国家现在还无法对公职人员的境外财产状况进行监控，这也使治理"裸官"成为中国反腐败斗争中最薄弱的环节。

（三）防范不法"裸官"的具体路径

上述内容只是一些原则性的措施，防治"裸官"还需要有一些具体的推进路径，以推动这些原则和措施的真正贯彻和实行。

第一，新提拔和任命的司局级正职以上的配偶和子女一律不得申请获得外国国籍或者永久居留权，但海外回归人才、有合法理由并经批准或者配偶子女在境外求学的除外。处级公职人员配偶及子女加入外国国籍或者获得外国永久居留权的要定期报告。凡要害部门科级以上公职人员的配偶子女不得移民国（境）外，经批准的和求学的除外。凡要害部门现职司局级公职人员的配偶和子女移居国（境）外的，该公职人员应退出要害岗位。

第二，所有处级以上公职人员配偶及子女获得外国国籍或者获得外国永久居留权的情况均应向社会公开或允许公众查阅。这既保证了公众的知情权，也扩大了"裸官"的监督渠道，更会增强公众对国家治理"裸官"的信心。

第三，加强对资金流动状况的监测是掌握"裸官"动态的重要手段。转移至国（境）外的非法资产是"裸官"赖以生存的基础，掐断其非法资产转移的渠道，釜底抽薪，是防治"裸官"的最有效措施。因此，应建立对银行和非银行金融机构及其他特别易被用于洗钱的机构的综合性监督制度，以便查明并及时制止各种形式的洗钱活动。其内容应包括：验证客户身份、保持记录和报告可疑的交易等规定，采取切实可行的措施调查和监督现金和有关流通票据出入国境的情况，个人和企业应报告大额现金和有关流通票据的跨境划拨情况等。

第四，加强国际合作。中国应该与各国司法机构深化预防和惩治腐败的合作，内容为：切实履行双边司法协助条约、引渡条约；在各自法律允许的范围内，积极开展相互间的司法协助工作；在互设案件的调查取证、缉捕和引渡罪犯、涉案款物追缴返还等领域进行合作；相互依法提供最大限度的协助；发展和促进执法和金融管理当局之间的全球、区域和双边合作等，严厉打击地下钱庄等非法金融活动；拓宽司法合作渠道，提高合作效率，在各检察机构之间建立直接合作机制，尽可能将外逃"裸官"遣返回国接受法律惩治。

（参见法治蓝皮书《中国法治发展报告 No.10（2012）》）

第十二章　中国公职人员亲属营利性行为的法律规制（2012）

摘　要： 公职人员亲属利用公职人员掌握的权力从事营利行为，谋取不当利益，损害了公共利益，使腐败行为隐蔽性日益加强，也是未来中国反腐败工作的重点。本报告对中国规范公职人员亲属营利活动的规定进行了梳理，根据问卷调查结果，当前公职人员对亲属营利性行为的认识存在误区，不利于开展反腐败法治。报告提出，应当加强制度建设，加大执行力度，规范公职人员亲属的营利性行为。

改革升放以米，中国的经济和社会发展取得了长足的讲步，人民生活水平得到了显著提高，但部分公众对个别公职人员以权谋私，任人唯亲，利用职权和职务上的影响，任由亲属获取利益的行为极为反感。有关部门为规范公职人员及其亲属的行为出台了一系列规范性文件，但规范内容和力度均不能满足现实的需求。中国共产党十八大报告重申，各级领导干部特别是高级干部必须自觉遵守廉政准则，严格执行领导干部重大事项报告制度，既要严于律己，又要加强对亲属和身边工作人员的教育和约束，绝不允许搞特权。由于无法了解专门部门所掌握的公职人员亲属管理的真实数据，本文将对公职人员亲属的相关规定进行梳理，并对公职人员亲属从事营利性活动的问卷调查结果作出初步分析。

一　公职人员亲属管理的界定

公职人员亲属的某些行为与公权力密切相关，因此对公职人员亲属的行为进行规范是对政府权力进行规范的必然延伸。一些公职人员本身并无重大违法行为，但是在约束亲属方面却乏善可陈，有的是公职人员故意利用亲属的身份从事营利性活动，有的则是亲属利用公职人员的权力大肆敛财。这些行为对执政党和政府的形象造成了极为严重的损害。目前对公职人员亲属管理的研究不足，公职人员亲属管理无论在理论上还是在实践中都存在一些需要澄清的问题。

现行被纳入管理的公职人员亲属的范围为配偶和子女，其兄弟姐妹及其父母和岳父母、公职人员身边的工作人员，如秘书、司机等是否应当纳入管理范围则既无明文规定，实践中也存在一定的分歧。将公职人员的兄弟姐妹、父母、岳父母以及身边的工作人员纳入监管范围，虽然有牵连和扩大化的嫌疑，但并非完全没有道理。由于其与公职人员有密切的关系，实践中这部分人员利用公职人员的职权谋取私利的现象也非罕见，现有规定仅将公职人员的配偶和子女纳入监管范围，明显存在监管范围窄小、效果不理想的问题。但本文所讨论的"亲属"管理范围暂不涉及公职人员身边的工作人员。

公职人员亲属滥用公职人员权力谋取不当利益的行为大体包括以下几类。

一是职务类。主要表现为一些公职人员在人事任免中，违规提拔亲属担任要职或肥缺，目的是获取某种利益。

二是财物类。主要表现为用公款支付亲属的学习、培训、旅游等费用，为配偶、子女及其配偶以及其他亲属出国（境）定居、留学、探亲等向个人或者机构索取资助，或是亲属利用公职人员职务之便，收受他人的礼品、礼金。

三是妨碍公务类。主要表现为当亲属违规经营时，公职人员充当逃避执法部门处罚的"保护伞"，或是在亲属涉案接受调查时进行干预。

四是营利性活动类。主要表现为公职人员为亲属经商、办企业提供便利条件，如允许、纵容亲属在本人管辖的范围内个人从事可能与公共利益发生冲突的牟利活动。这类行为的表现形式最为复杂，如为帮助亲属成立假外资企业获利，将其配偶、子女移居境外，然后再以中外合资或独资企业为名，套取银行贷款，谋取利益；或是为亲属筹集资金，批项目，提供优惠的政策条件，以获取非法利益；或是"官商勾结"，公职人员给予某企业以关照，受关照企业向公职人员的配偶、子女提供商业交易的机会，或者自己或家属在一些企业入股等获取非法利益。

五是就业类。主要表现为利用职权为亲属安排就业等。一些机构招考公务员及事业单位招聘时，比照其公职人员子女的情况规定招聘条件，形式上是面向大众招聘，实际是暗中照顾公职人员子女。

表面上，上述几类行为的实施者是公职人员的亲属，如配偶、子女、兄弟姐妹等，但实际上这些行为与公职人员的职务和权力大小有密切关系，几乎都存在公职人员滥用权力的情形。而且，这些行为具有主体多元性、暴富性、隐蔽性、交换性等特点。

一是主体多元性。公职人员亲属利用公权力谋取私利行为的实施主体除了公职人员外，非公职人员，即其亲属，或者与公职人员有密切关系的人也可以是实施主体。

二是暴富性。在市场经济条件尚不完备的情况下，公职人员配偶、子女及其他亲属经商办企业，凭借公职人员的职务和权力，可以轻易获得贷款或其他机会，在各种市场活动中占尽先机，实现一夜暴富。

三是隐蔽性。通过亲属收受贿赂、接受资助、经商办公司等形式来获取私利，公职人员利用职权和职务为其亲属谋取非法利益时大都藏于后台，甚至其亲属也都藏于后台，因其隐蔽性而难以查实并追究。

四是交换性。公职人员相互之间可以形成亲属行为交易交换关系，如关照彼此的亲属，使其在自己的管辖领域内经商办企业，规避管理制度；公职人员可以与企业之间形成权钱交换关系；公职人员可以与对其权力有需求的自然人之间形成交换关系，如其亲属利用公职人员手中的行政审批权收受各种利益。所有的交换本质上都是权钱交换。

公职人员利用职权和职务上的影响为亲属谋取非法利益，使权力成为谋取私利的工具，严重败坏了公职人员的形象，影响到了执政党的合法性；而且公职人员的亲属依靠其特殊的地位和身份，经商办企业或在外商独资企业和中外合资企业任职，获得稀缺资源，破坏了市场配置资源的原则，既导致了市场的竞争不公，又加剧了社会的分配不公；此外，还严重毒化了社会风气。本应身为表率的公职人员及其亲属肆无忌惮地利用职权，通过各种公开的或隐蔽的手段获取私利，对社会是一种无形的刺激，导致社会各阶层的效仿，社会领域如商业活动、教育、工程建设、医疗竞相失范，弃社会良知、道德规范如敝帚。

二 公职人员亲属营利性行为规范的相关规定

（一）主要规范性文件

规范公职人员亲属及相关人员行为的大多是一些党的纪律规定和政策性文件，其形成有一个发展的过程。

20 世纪 80 年代初，中国经济体制改革如火如荼，经商办企业成为社会潮流，一些公职人员及其亲属利用职权经商办企业获取暴利，引起社会的强烈不满。为了制止这种现象，1985 年 1 月 5 日，中央纪委以一号文件形式发出《关于贯彻中共中央、国务院〈关于严禁党政机关和党政干部经商办企业的决定〉的通知》，要求认真清理检查党政机关和党政干部经商办企业的问题。在清理的同时，有关部门发现一些党政机关领导干部的子女、配偶套购国家紧缺物资，进行非法倒买倒卖活动。因此，1985 年 5 月中共中央、国务院出台了《关于禁止领导干部的子女、配偶经商的决定》，"凡县、团级以上领导干部的子女、配偶，除在国营、集体、中外合资企业，以及在为解决职工子女就业而兴办的劳动服务性行业工作者外，一律不准经商。所有干部子女特别是在经济部门工作的干部子女，都不得凭借家庭关系和影响，参与或受人指派，利用牌价议价差别，拉扯关系，非法倒买倒卖，牟取暴利"。

尽管出台了相关规定，但在整个 20 世纪 90 年代，领导干部配偶及其子女经商办企业现象并未得到有效遏制，反而日趋严重。因此，2000 年以来，中央加强了对领导干部亲属经商和办企业的监控力度。2000 年 1 月，中共中央纪律检查委员会（以下简称"中纪委"）第四次全体会议公报指出，领导干部不准利用职权和职务上的影响为配偶、子女谋取非法利益，省（部）、地（厅）级领导干部的配偶、子女均不得在该干部管辖的地区和业务范围内的外商独资企业或中外合资企业担任由外方委派、聘任的高级职务。2000 年 5 月中纪委印发了《关于"不准在领导干部管辖的业务范围内个人从事可能与公共利益发生冲突的经商办企业活动"的解释》（以下简称《解释》），要求省（部）、地（厅）级领导干部的配偶、子女，均不准在该领导干部管辖的业务范围内个人从事可能与公共利益发生冲突的经商办企业活动，不准与该干部管辖的部门、行政机构、行业内的机关、社会团体、国有企业、事业单位直接发生商品、劳务、经济担保等经济关系。该《解释》对亲属的行为还作了较为详尽的归纳，对"利益冲突""社会中介和法律服务活动""证券交易活动"也作了界定。这些规定主要是禁止在公职人员管辖的业务范围内从事营利性的活动，如不得从事由政府投资或审批的项目的投标、承包等活动，不准从事营业性歌厅、舞厅、夜总会等娱乐业，洗浴按摩等行业的经营活动，不准为公职人员所在单位直接管辖的案件和具体事项提供有偿社会中介和法律服务活动，上市公司的行业和上市公司的国有控股单位的主管部门、证监会的领导干部的配偶、子女不得从事其管辖公司的证券交易活动等。《解释》颁布后，中央国家机关和地方各级党委政府相继出台了配套性规定。

2000 年 8 月，中纪委发布《关于中央国家机关各部门制定的司（局）级以上领导干部配偶、子女个人经商办企业的具体规定适用于地方厅（局）级以上领导十部的通知》，明确了相关规定适用于地方对口部门的厅（局）级领导干部以及省、地（市）党委、政府分管该部门的领导干部。

2001 年 2 月，中纪委印发《关于省、地两级党委、政府主要领导干部配偶、子女个人经商办企业的具体规定（试行）》的通知，再次对省（自治区、直辖市）、地（市）两级党委、政府主要领导干部配偶、子女不得在该领导干部任职地区个人从事经商办企业的行为作出规定，要求已经从事经商办企业活动的，配偶、子女应退出所从事的经商办企业活动，或者领导干部本人辞去现任职务或给予组织处理。规定发布后继续从事上述活动的，对领导干部本人给予违纪处分。

2004 年的《中国共产党纪律处分条例》同样明确规定，党员领导干部的配偶、子女不得在该党员领导干部管辖的区域或者业务范围内经商。

2010 年，《中国共产党党员领导干部廉洁从政若干准则》对公职人员亲属管理作了有史以来最严格的规定，其第 5 条规定，不得默许纵容亲属以本人名义谋取私利、为亲属经商创造条件、亲属在本人管辖范围内经商等。

除了党的文件外，一些国务院部门也有相关的规范。例如，2009年监察部、人力资源和社会保障部、国务院国有资产监督管理委员会出台《关于国有企业领导人员违反廉洁自律"七项要求"政纪处分规定》，其第 3 条规定，国有企业领导人员不得有下列行为：利用职务上的便利通过同业经营或关联交易为本人或特定关系人谋取利益；相互为对方及其配偶、子女和其他特定关系人从事营利性经营活动提供便利条件。

法律对公职人员亲属及相关人员的行为并无直接规定。2005 年通过的《公务员法》只是在其第 53 条第 7 款中规定，公务员不得贪污、行贿、受贿，利用职务之便为自己或者他人谋取私利。第 68 条规定了公务员因亲属关系而实行任职回避的问题。2007 年 7 月，最高人民法院、最高人民检察院联合发布《关于办理受贿刑事案件适用法律若干问题的意见》，明确了各种新类型受贿刑事案件法律适用问题的具体意见。这是继中纪委下发《中共中央 纪委关于严格禁止利用职务上的便利谋取不正当利益的若干规定》之后，依法惩治受贿犯罪、推动反腐败斗争的一个重要规定。《关于办理受贿刑事案件适用法律若干问题的意见》规定，国家工作人员利用职务上的便利为请托人谋取利益，将有关财物给予特定关系人的，以受贿论处。"特定关系人"指与国家工作人员有近亲属、情妇（夫）以及其他共同利益关系的人。该意见是迄今为止对公职人员亲属及相关人员行为最严厉的处分规定，但仍然未涉及对公职人员亲属违法从事营利活动的规范。

根据有关数据，2009 年，中纪委首次公布了十七大以来全国范围内的领导干部亲属子女管理方面的数据，全国共有 185940 个领导干部申报登记了配偶、子女的从业情况，有 493 名领导干部的配偶、子女违规问题得到了纠正，82 名领导干部因配偶、子女违反从业的有关规定受到了查处①。相

---

① 《2.4 万官员上交 1.6 亿财物》，《新京报》2009 年 1 月 7 日，第 A05 版。

对于庞大的公职人员队伍，这个数字微乎其微。对此，有两种解释，一种是违规的公职人员确实少，另一种则是监管不到位，一些违规现象未被发现和处理。后一种解释比较符合逻辑和现实。

（二）相关规范性文件存在的问题

综上所述，公职人员亲属行为的规范存在以下几个问题。

1. 规制对象存在争议

当前的法规仅禁止公职人员直系亲属在其职权管辖范围内从事营利性活动，对旁系亲属在其职权管辖范围内从事营利性活动并没有限制，因此对相关人员和相关行为无法认定和监管，即公职人员近亲属从事营利性活动的管理在制度上完全是空白，他们可以自由享受特权带来的好处，却不受任何制度的约束，这也是公职人员隐性经商大行其道的重要原因。在已经查处的公职人员腐败案件中，亲属经商办企业的不在少数，并非其亲属都有经商办企业的天赋，而是公职人员手中的权力能助其获得巨额利润。公职人员亲属从事营利性活动的成功率远高于一般人，其中原因毋庸置疑，权力交易具有重要作用。曾当选"2009 中国十大品牌市长"的广东省中山市原市长李启红的亲属——其丈夫、弟弟、丈夫的弟弟等多人经商办企业。市长亲属参与工程招投标，无往而不胜。像李启红这样披着"人民公仆"的外衣，通过土地经济、房地产开发、内幕消息等，与民争利、中饱私囊、集聚家族财产的公职人员并非只此一人。因此，有关部门需要加强对公职人员近亲属的管理，如果不加大预防和查处力度，这类行为将层出不穷、危害巨大。

2. 互惠行为难以监管

现实中，公职人员互惠亲属的现象突出，如公职人员与其他公职人员形成交换关系，其亲属的公司不在本人管辖的地区经营，而是在其他公职人员管辖的地区经营。比如，甲在乙处经营公司，乙在甲处经营公司，这种行为与传统的以贪污、受贿方式谋利不同，其不仅规避了监管，获取了暴利，还赢得了"勤劳致富"的好名声。尽管前述《关于国有企业领导人员违反廉洁自律"七项要求"政纪处分规定》规定，国有企业领导人员不得相互为对方及其配偶、子女和其他特定关系人从事营利性经营活动提供便利条件，但显而易见的是，此文件的适用范围和效力都非常有限，不能满足现实的需要。公职人员互惠其亲属的行为难以查处和监管，却对民心的聚散、社会风气的好坏有着直接影响，因此，如何有效监管这种现象值得有关部门认真研究。

3. 监管内容虚置

在监管内容上，虽然有关规定要求公职人员申报亲属经商情况、在管辖行业就业情况、出国情况，但这几乎只是形式上的规定，只要公职人员本人不出问题，其亲属仍然能我行我素，恣意妄为。其中特别值得提出的是，许多文件都规定亲属不得在公职人员管辖范围内从事获利性活动，但什么是管辖范围并不清楚，如公职人员身任某一地区的最高长官，其直系亲属可以从事什么行业、不可以从事什么行业并无明确规定。

在监管形式上，无公职人员亲属信息公开的制度、公开的程序等。公职人员亲属实施了营利性违规行为，一般不会主动申报，即使申报了，违规的内容、违规的处理结果也不会向社会公开。公开是一种最好的监督形式。公开可以将隐藏在黑暗之中的信息透明化，便于监督和管理，最大限度地使公职人员廉洁自律、奉公守法，使其亲属及特定关系人难以利用公职人员的职务和权力谋求私利。

4. 规范缺乏强制性

各种与公职人员管理相关的法规缺乏刚性和强制力，尽管多数文件规定，领导干部直系亲属经商办企业须申报，处级以上领导干部亲属不得在领导管辖范围内经商办企业等，但多数只是要求公职人员申报或回避，对违规公职人员亲属违规行为如何定性、怎么处罚、由谁处罚规定不明确，更谈不上对非直系亲属的规范了。由于信息不透明，公职人员直系亲属或非直系亲属的信息很难获取，无疑给公职人员亲属"暗度陈仓"从事营利活动留下了可操作的空间。

5. 公众参与方式单一

各种文件中，规范公职人员行为的监管措施都是内部的，外部监管未见明确规定。实践中，公众监督大多是通过媒体，特别是互联网进行的，由于缺乏规范，互联网的监督沦为了媒体和大众的狂欢，涉及的政府部门和人员往往处于被动应付状态，虽言之凿凿，却难掩质疑之声。这种方式虽然能够有效监督公职人员，以至于人们将反腐败的希望寄托于网络，但其负面影响也不可忽视，"表哥""房叔"的不断出现使得一场严肃的斗争演变为一幕幕闹剧。互联网披露的信息或真或假，有关部门核实时半推半就，这些都造成了政府公信力急剧下降。公众求助于网络实因现实中缺乏有效的参与途径，因此，如何开辟渠道使公众参与更有效，尚待有关部门进行制度设计。

三　公职人员亲属从事营利性活动调研结果分析

公职人员亲属从事营利性活动是公众普遍关心的问题。为了解公众和公职人员两个群体对公职人员亲属从事营利性活动的认识，以便有关部门掌握第一手材料，完善相应的制度，中国社会科学院法学研究所法治国情调研组（以下简称"调研组"）在全国二十余个省市就人们对公职人员亲属从事营利性活动的认识进行了问卷调查。这里所说的公职人员亲属从事营利性活动，主要是指其亲属在该公职人员管辖范围内而非在其管辖范围外从事营利性活动。调研组共向公职人员发放问卷1617份，回收有效问卷1464份；向公众发放问卷1555份，回收有效问卷1505份。

（一）反对公职人员亲属营利性行为的公众多于公职人员

在对公职人员亲属从事营利性活动的认识方面，尽管公职人员具有一定的政策水平，理应比公众有更清醒的认识，但公众的认识反而清醒于公职人员，公众反对的人数比例要高于公职人员。61.4%的公职人员和66.1%的公众认为应当将公职人员直系亲属从事营利性活动的情况向社会公示；51.2%的公职人员和53.3%的公众认为应责令公职人员亲属退出营利性活动，或者责令公职人员辞职；35.5%的公众认为应当将公职人员直系亲属的获利所得上缴国库，而公职人员的比例仅为24.3%（见图1）。就此问题而言，并非公职人员的素质低于公众，而是其身在其中，受利益的驱使，屁股决定脑袋而已。

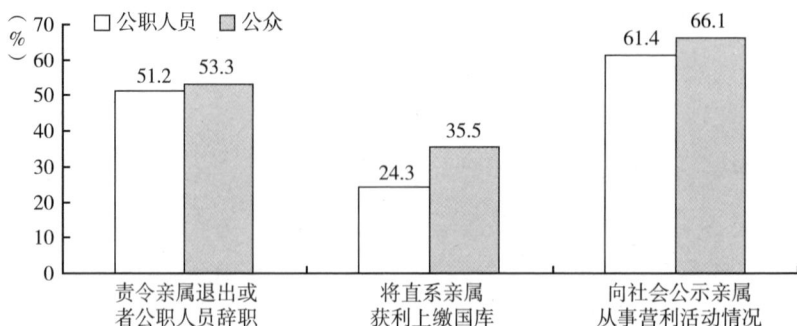

图1 公职人员与公众对公职人员亲属在其管辖范围内从事营利性活动的态度

（二）不同行政级别单位公职人员对亲属营利性活动的认识不同

考察单位的行政级别的意义在于，不同行政级别单位的公职人员的权力大小不一样，其认识也会有差别。图2显示，无论单位是什么行政级别，仅有半数左右的公职人员同意应当责令在自己管辖范围内从事营利性活动的亲属退出或者本人应当辞去职务，选择反对、不清楚和拒答的占一半左右。此外，有21.8%的单位为省部级的公职人员和24.4%单位为司局级的公职人员明确反对责令亲属退出或者本人辞职。此组数据不可谓不令人吃惊。

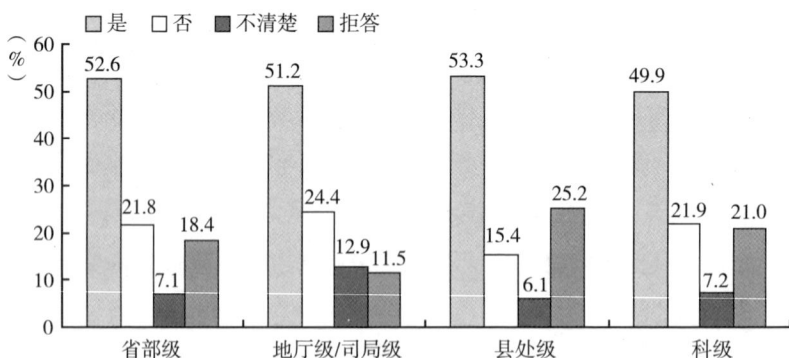

图2 不同行政级别单位的公职人员对于应否责令直系亲属退出或本人辞职的认识

注：因四舍五入原因，部分数据总和高于或低于100%，以下同。

公职人员对于应否将直系亲属的违规获利上缴国库的认识程度则让人触目惊心。数据显示，多数公职人员反对将亲属违规经营所得上缴国库（见图3）。单位为省部级、司局级的多数公职人员反对将亲属的获利上缴国库。省部级单位的公职人员表示同意的仅为22.2%，反对的为38.3%，加上不清楚和拒答的人数，有70%以上的人员并未持有赞成态度；司局级单位的公职人员表示同意的仅为21.4%，反对的为35.3%，加上回答不清楚和拒答的，其人数比例甚至超过了省部级单位的公职人员。此外，单位为县处级和科级的公职人员反对的人数低于省部级和司局级单位的公职人员，但是其选择拒答的人数则处于高位，加上选择不清楚答案的人群，同样有70%以上的公职人员未持有赞成态度。

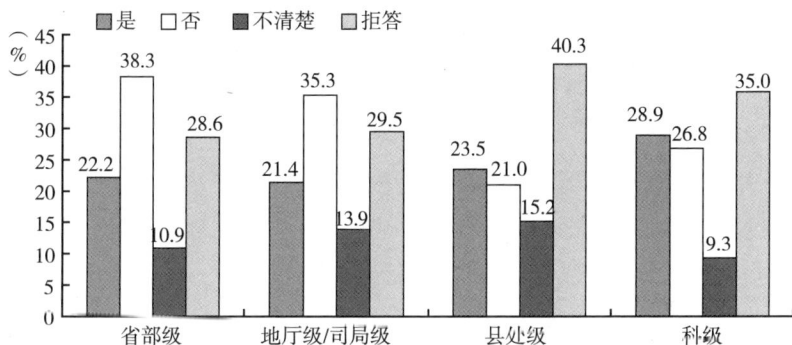

图3　不同行政级别单位的公职人员对于应否将直系亲属的获利上缴国库的认识

令人惊异的是，尽管反对将亲属的获利所得上缴国库，但不同行政级别单位公职人员对于应否向社会公示直系亲属在其管辖的相关行业从事营利活动的情况持肯定态度的居多，大有"君子坦荡荡"的气度。不同行政级别单位的公职人员人数比例分别为：省部级单位的为72.6%、司局级单位为57.6%、县处级单位为64.5%、科级单位为56.4%（见图4）。这里出现一个假设，即真正在其管辖范围内经商从事获利性活动的亲属或许不算多，而更具隐蔽性的公职人员互惠亲属行为居多，后者更难监管和查处。

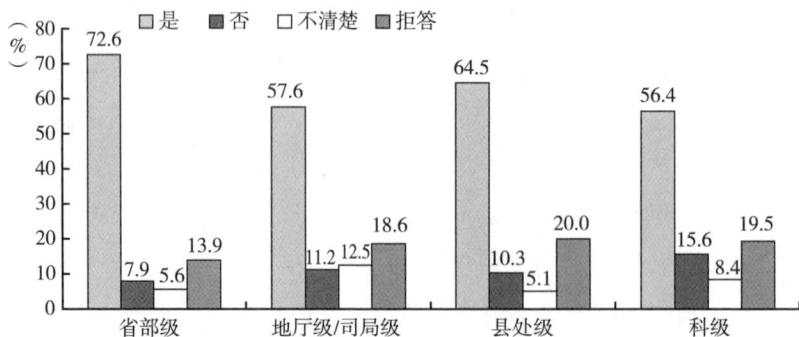

图4　不同行政级别单位的公职人员对于应否向社会公示直系
亲属从事营利活动的认识

（三）年龄与公职人员亲属从事获利性兼职的相关性

年龄可以从两方面来考察：一个是工龄，一般而言，工龄长的公职人员年龄较大；一个是公职人员的实际年龄。将年龄作为分析指标是希望了解不同年龄段的人对公职人员亲属从事营利性活动的认识。

数据显示，不同工龄的公职人员对亲属从事获利性活动的认识存在差异。图5显示，工作年限为26～30年的公职人员中，认同亲属退出获利性活动或公职人员本人辞职的比例最高，为69%，其余比例由高到低的顺序为，工龄为30年以上的为57.6%，16～20年的为56.5%，11～15年的为54.6%，21～25年的为52.3%，6～10年的为51%，5年及以下的为44%；认为不必责成亲属退出或者公职人员本人辞职的人数比例最高的为5年及以下的公职人员，人数比例为29.3%，其余比例由高到低的顺序为，工龄为21～25年为27.1%，30年及以上的为24.2%，6～10年的为21%，11～15年的为15%，16～20年的为13.4%，26～30年的为10.6%。上述数据显示，工龄分布与此问题的相关性呈现较为复杂的关系，总的来说，工龄在5年及以下的年轻公职人员认为不必责成亲属退出或者本人辞职的比例最高，但工龄在21～25年以及30年及以上的人数比例也不低，反而工龄在26～30年的比例较低。因此可以说，不论工龄长短，认识都存在模糊之处，或是的确认同或是认识确实不清楚。

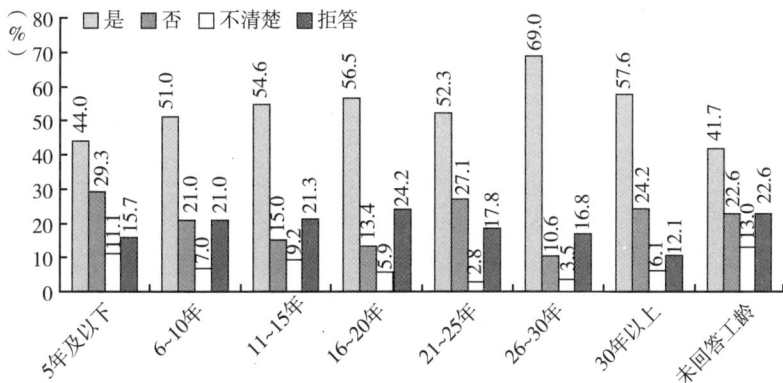

图 5　不同工作年限公职人员对责令亲属退出或者本人辞职的态度

而且，不同年龄的公职人员对监管亲属从事营利性活动的认识也存在差异。图 6 显示，随着公职人员年龄的递减，对应当责令亲属退出营利性行业或者公职人员本人应当辞职观点的认可程度呈下降趋势。65.9% 的 20 世纪 50 年代生人及以上的公职人员认为应当责令亲属退出或者自己应该辞职，而 60 年代生人为 56.2%，70 年代生人为 53.2%，80 年代生人为 41.4%，90 年代生人为 28.6%。另外，还有相当多的公职人员拒绝回答这个问题，比例分别为：20 世纪 50 年代生人及以上为 17.6%、60 年代生人为 20.3%、70 年代生人为 20.6%、80 年代生人为 16.9%、90 年代生人为 14.3%。此外，90 年代生人的公职人员回答是、否和不清楚的人数比例一样多。由上述数据可见，对于这个问题，年纪较大的公职人员比年轻公职人员的认识较清楚，更了解相关政策，由于年轻公职人员是高级公职人员的后备队，其行为是否合乎规范事关重大，因此，有关部门应当加强对年轻公职人员的教育和管理。

（四）不同行政级别公职人员对亲属从事营利性活动的认识

在调查公职人员对直系亲属在其管辖行业从事营利活动的认识时，对是否应责令亲属退出相关行业或公职人员本人辞职，级别不同的公职人员的认识也不同。态度最为积极的是司局级公职人员，有 67.2% 的司局级公职人员认为应该责令其亲属退出相关行业或者公职人员本人应当辞职。

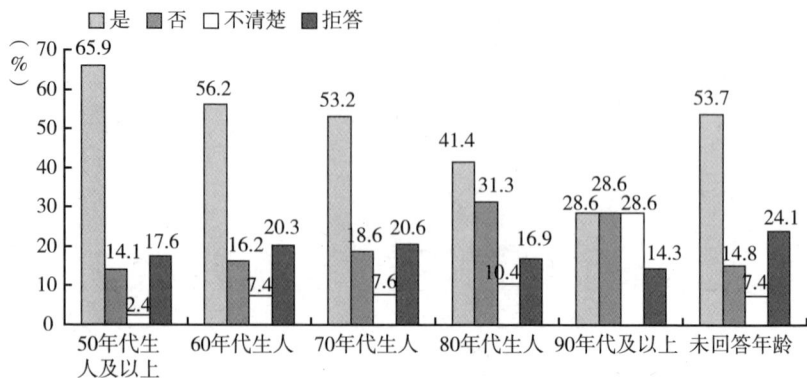

图 6　不同年龄的公职人员对责令亲属退出或者本人辞职的态度

其余人数比例从高到低分别为，县处级 59.0%、省部级 53.3%、科级 48.9%、科级以下 48.6%。反对人数比例最高的是省部级公职人员，其人数比为 26.7%，其余比例从高到低分别为科级以下 23.5%、科级 20.7%、县处级 17.9%、司局级 15.5%（见图 7）。在这个问题上，省部级公职人员反对的比例较高，值得有关部门密切注意。

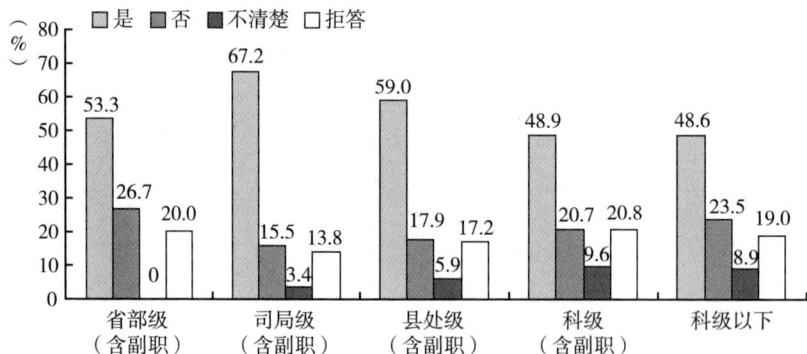

图 7　不同级别公职人员对应否责令亲属退出或公职人员本人辞职的态度

不同级别的公职人员对是否公布亲属从事营利性活动的认识则有较大差异。图 8 显示，多数公职人员都认同应当向社会公开公职人员亲属从事营利性活动的情况，其中，省部级公职人员持赞同意见的比例最高，为 66.7%，其他依次是：科级公职人员为 63.8%，科级以下为

62%，司局级为 58.6%，县处级为 57.2%。比较而言，县处级公职人员的认同比例最低。另外，值得注意的是拒答数据组。由图 8 可见，有相当一部分公职人员选择了拒答，而且行政级别越高，选择拒答的人数比就越高。省部级为 33.3%，司局级为 31%，县处级为 24.5%，科级为 17.4%，科级以下为 13.4%。之所以呈现这样的分布，一个假设是，省部级公职人员的亲属在其管辖行业内从事获利性工作的人数多。当然，这还只是公职人员对此问题的认识，实际情况究竟如何，还需要权威数据予以证实。

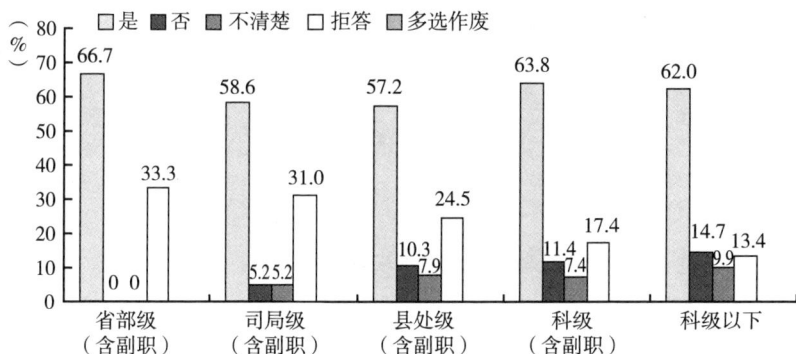

图 8　不同级别公职人员对是否应向社会公布直系亲属从事营利性活动的态度

对是否应将公职人员直系亲属在其管辖行业内从事营利性活动获利上缴国库，不同级别公职人员的态度同样出现了较大的分化。省部级公职人员的态度呈截然相反的态势，即赞同的人数和拒答的人数比例相同，都为 40%；司局级公职人员的态度复杂，赞成的比例为 27.6%、反对的为 27.6%、拒答的为 43.1%；县处级公职人员的态度更加复杂，赞成的人数比例低于反对的人数比例，赞成的为 19%、反对的为 27.9%、拒答的为 36.9%；科级公职人员赞成的人数比例为 24.1%、反对的为 29.4%、拒答的为 33.8%；科级以下的公职人员赞成的人数比例为 28.5%、反对的为 30.5%、拒答的为 29.4%（见图 9）。不同级别的公职人员对这个问题的态度有一点是趋同的，即多数人选择拒绝回答此问题，占人数比例的第一位。而且，行政级别较高的被调查者中，拒答的人数比例相对较高。在不同级别的公职人员中，反对将亲属的获利上缴国库的人数比例居第二位。对待利益的态度最能够体现公职人员服务于国家和人民的愿望和意志，如此高比例的公职人员拒绝将亲属违规获利所得上缴国库，说明公职人员队伍的确出现了问题，部分公职人员以个人利益而不是人民利益为重，与基本的公职道德相违背。

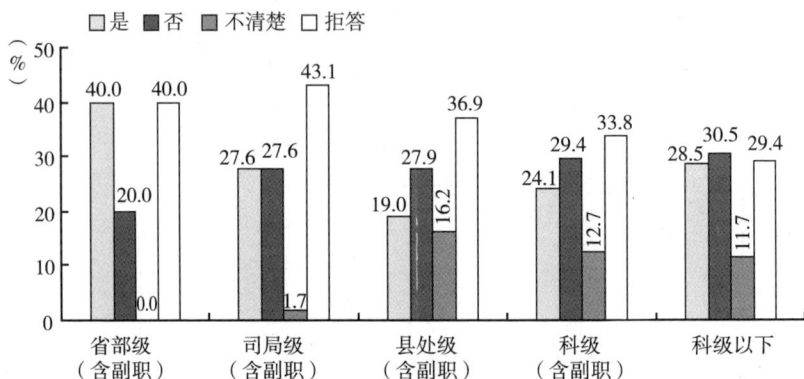

图 9　不同级别公职人员对是否应将亲属获利上缴国库的认识

四　公职人员亲属营利性行为管理的对策

公职人员亲属违规营利性行为是规范公职人员行为中最为复杂、最难监管的一种行为，因此，采取什么样的监管方式极为重要。十八大报告提出，要加强对公职人员亲属的管理。要实现这个目标，只有彻底铲除公职人员及其亲属腐败行为产生的土壤，从制度上将其违规的空间挤压至零，方能奏效。

1. 完善规范公职人员亲属行为的法律体系

用法律来规范公职人员的行为是许多国家和地区的共识和选择。法律是规范公职人员行为的多种社会调整方法中的一种，而且应是最为有效的一种。对公职人员亲属及其相关人员的管理监督应依法治理，在未来制定的规范公职人员行为的专门法规中辟专章为妥。对公职人员亲属行为的规范制度应包括：公职人员亲属及相关人员经商办企业的管理监督制度、公职人员亲属及相关人员收受物质和非物质性利益的监督制度、公职人员亲属移居海外的监督制度、公职人员亲属在其管辖行业内就业经商的监督制度、公职人员及其亲属的财产监督制度。上述制度全方位地对公职人员、公职人员亲属及其相关人员的职业、定居地、财产状况进行监督，可以有效避免监管漏洞。

2. 建立健全公职人员亲属行为监管机制

公职人员亲属的行为得不到有效监管的原因之一是缺乏有效的监管机制，应当在现有的监管机构中明确公职人员亲属行为监管的部门、权力和责任，由专人负责审查、核实。

要有畅通的监督渠道和得力的手段，有针对性地实施监督，这需要制度和技术的支持。例如，在银行等金融机构、税务部门、房产部门等不同部门之间建立信息共享机制，做到互通有无、密切配合。可以考虑借鉴当前房地产管理和房价调控过程中实行的个人家庭拥有房屋情况的信息核查机制、一些地方试点的执行信息查询机制，乃至于个人信用信息数据库的建设模式，运用信息技术，建立规范公职人员廉洁从政的信息平台，集中并共享不同部门掌握的公职人员财产信息。部门间信息共享的关键是解决法律授权的问题，在法律上明确公职人员隐私权的界限，并免除金融机构以及有关机关对公职人员特定财产信息所负有的保密义务，允许相关机构依法提供相应的财产信息，甚至应当明确将依法提供公职人员的相关信息设定为有关机构和部门的义务，并允许反腐败专门机构在法定的制度框架内建设公职人员廉洁从政的信息平台，共享、核查、分析此类信息。

从技术上看，建立公职人员捆绑式个人结算账户即可实现其资金的全方位监督。捆绑式公职人员个人结算账户制度是指每个公职人员在银行建立一个唯一且终身的结算账户，该公职人员在其他商业银行的所有账户都捆绑到这个主账户上，其日常生活中大额的支付（如超过5万元）都必须用银行转账支付，收入支出都可以在这个主账户中查到。公职人员的收入和支出情况在主账户中一目了然，且无法用现金大额支付住房、汽车以及高档首饰等奢侈品，现金除了储藏家中无法使用。捆绑式公职人员个人结算账户在一定程度上解决了传统上依靠公职人员申报财产不实的难题，比公职人员公布财产制度遏制腐败更为有效。而且，这种制度还可以广泛适用于企业和其他领域。公职人员个人主账户信息由相关部门掌握并与其他部门共享。当然，一些公职人员仍然有规避的空间，如可能出现利用其亲属开设账户规避监管的情况，因此，是否可以将公职人员直系亲属的账户也纳入捆绑式个人结算账户中，也是需要权衡的问题。

要科学配置监督机制。在这方面应完善以下工作，一是改革和完善党内监督体制。健全党内民主监督机制，落实党员监督权、党内情况通报制度，党内事务听证咨询、党员定期评议领导班子成员等制度。二是加强行政监督。行政监督是指行政监督主体依法利用职权对行政机关是否合理合法行使职权所实施的督察、纠偏等活动。具体做法是推进权力运行程序化和信息公开透明，严格执行公职人员述职述廉、诫勉谈话、函询、质询、罢免或撤换等制度。三是整合各种监督力量。科学配置机构解决的是体制内的监督问题，整合各种监督力量，党内监督与党外监督、专门机关监督与群众监督相结合，发挥好新闻舆论监督作用，形成监督合力才能取得成效。

3. 公开公职人员亲属涉权力的相关信息

信息公开是依法有效治理的有效措施。目前，公职人员亲属涉权力的相关信息不透明，如是否在其管辖范围内经商，是否存在公职人员之间亲属互惠行为、亲属收受礼品的情况、就业的情况、是否移居国外等，公众都难知晓。公布此类信息，既可阻止公职人员亲属利用公权力谋取私利，也可消除谣言，保护公职人员的合法权益。

4. 建立公职人员及亲属财产公开机制

发现和曝光公职人员及其亲属的财产状况不能仅靠公务员自己申报财产，必须多管齐下，充分利用每一种能够曝光公职人员财产的途径，诸如健全税务制度、充分发挥各种媒体的作用、重视群众举报等。建立公职人员亲属行为的防范网络，从重点领域、重点部门、重点环节入手，形成以预防为核心，以管理为重点的防控机制。首先，扩大财产监督对象的范围，可先将配偶和未成年子女的财产纳入监督范围，父母、岳父母以及兄弟姐妹的财产是否受监督，应具体情况具体分析，如与该公职人员及其直系亲属有直接的财物联系，经有关部门批准后应一并监督。其次，扩大公职人员及其亲属应受监督的财产范围。受监督的财产不应限于公职人员及其直系亲属的有形财产，还应该包括各种无形资产以及各种潜在性利益；不仅包括公职人员自己名下的财产，还要适当考虑其近亲属名下的财产，以及家庭收入和家庭财产变动情况，各种金钱、物质所得，重大投资和消费行为，配偶子女从业情况、在外留学情况，接受馈赠情况等。

5. 严惩违法违规的公职人员及其亲属

权责应当平衡，拥有什么权力，失职时就应承担相应的责任，因此构建权责对等的公职人员亲属违规营利性活动问责机制是规范公职人员及其亲属行为的重要步骤。

因此，应当对某些以权力交易为后盾、造成恶劣社会影响的公职人员及其亲属经商行为进行严厉惩处。凡是不如实申报一经查实的，应当责成公职人员辞去公职，并没收所得收入；公职人员亲属应当退出所涉及领域，并没收违规所得。此外，凡是公职人员对其亲属利用权势从事非法营利性活动知情的，应修改有关法律，予以严厉刑事处罚。公职人员知情的构成共犯，不知情的，单独处罚公职人员亲属，但同时该公职人员应因其约束家人不力而受到党纪政纪处分。

6. 加强对公职人员及其亲属的教育

法律规范只是调整社会生活的诸多方法之一，上述调研显示，不少公职人员对亲属从事营利性活动方面存在认识误区，对涉及人们的思想、信仰、认识等问题只有加强教育力度方能标本兼治。教育的目的是提高公职人员及其亲属的法律意识和道德水平，通过制度与道德的融合，自律与他律的结合，使之形成自觉抵制滥用公权力谋取私利的习惯。有良好品行的公职人员才能够自觉地为人民服务，教育的目的就是培养更多具有良好品德的公职人员。只有提高公职人员的道德水平，实现自律与他律的结合，才能有效地减少公职人员利用权力谋取私利的动机。此外，道德教育应以高级别公职人员为重点，不断完善相关制度，提高反腐倡廉教育的科学性、规范性、有效性。

（参见法治蓝皮书《中国法治发展报告 No. 11（2013）》）

专题四

社会治理与基层建设

第十三章　广东依法化解基层矛盾的
探索与实践（2014）

摘　要：近年来，基层矛盾逐渐呈现多元化、过激化与群体化特征，有必要积极探索新的解决思路和处置方法，从而为改革开放的深化发展提供稳定有序的社会经济环境。广东省积极探索依法化解基层矛盾的制度创新，并在提高基层法律意识与调解能力、加强基层矛盾化解约束机制等方面取得明显成效，从而为深化法治建设奠定了坚实基础。

随着社会经济的持续繁荣，国内流动与国际交往日趋频繁，社会转型过程中的新现象与新问题不断涌现，中国基层矛盾逐渐呈现出多元化、过激化与群体化特征。曾经适用于化解基层矛盾的传统方法，开始难以适应新情况，迫切需要新的思路与方法。近年来，广东省积极探索依法化解基层矛盾的制度创新，并在提高基层法律意识与调解能力、加强基层矛盾化解的约束机制等方面，取得明显成效，积累了重要经验，为进一步深化法治建设奠定了坚实基础。

一　社会转型面临的基层矛盾难题

改革开放 30 多年来，中国社会主义市场经济建设取得显著成就。不过，随着国民经济的持续高速增长和人员流动性的迅速加强，中国社会发展的结构性失衡现象日趋明显，贫富分化、城乡分化、地区分化不断扩大，社会各阶层利益分配冲突进一步加剧。近十年来，中国基层矛盾不仅数量迅速增加，而且日渐呈现不同于以往的新特征。

（一）基层矛盾的多元化趋势

随着改革开放的深化发展，中国传统的社会结构日渐瓦解，原本稳定的家庭关系、邻里关系、土地关系、劳资关系、官民关系、政商关系等，都在持续不断的冲突过程中面临艰难的调适与重组。这是各国从传统社会步入现代社会所必经的社会转型过程。不过，区别于西方发达国家渐进式的发展历程，中国在经济上采取跨越式的增长方式，因此短期内引发的社会转型冲击将会表现得更为集中和剧烈，更容易在各领域形成并发式的利益分歧与权力争端。

近年来，由于受社会转型影响，中国基层矛盾的来源日趋多元化，不再局限于劳资纠纷等少数传统领域。这就使得基层矛盾的发生频率和解决难度都显著增加，尤其是在同一主体涉及多重矛盾后形成的复合型基层矛盾，更会严重影响基层稳定与可持续发展，如果得不到及时有效化解，甚至可能引发大规模群体性事件。

（二）基层矛盾的过激化趋势

近年来，由于基层矛盾引发的各类社会治安事件层出不穷，而且频次和烈度都呈现上升态势，经常成为各大媒体的关注焦点。从基层矛盾的总量来看，采取激进手段的行为主体仅是其中的很少一部分，但其造成的社会负面影响和人身财产损失却相当显著，严重妨碍了社会稳定与经济发展。

中国正处在社会经济改革进程中，很多传统经济和社会关系都发生重要转变，从而使一部分人不可避免地受到冲击和损害。由于涉及结构层面的调整，在新的制度框架下，通过正常程序，很多历史遗留问题都难以得到有效解决。这就使得相关行为主体转而寻求制度外的解决方案，试图通过激进手段迫使政府"特事特办"解决问题。再加上部分领导在维稳压力下，奉行"搞定即稳定，摆平即水平"的信条，更在很大程度上助长了相关行为主体的激进化倾向。

（三）基层矛盾的群体化趋势

从表现形式来看，传统的基层矛盾通常都是相对孤立的个案，很少形成广泛的社会影响力，有利于矛盾的排查与化解。这在很大程度上得益于广播、电视、报纸等官方主流媒体的信息监管。不过，随着信息网络技术的高速发展，网络媒体开始打破传统媒体垄断，逐渐成为基层矛盾的信息传播主渠道。据统计，2013年中国网络新闻用户已增至4.91亿，博客用户增至4.36亿，社交网站用户增至2.78亿①。通过网络信息交流，很容易引发不同主体对相同或者相似矛盾的关切和参与，进而引发群体性事件。

二 广东省提高基层法律意识与调解能力的实践

随着社会经济的发展与转型，很多传统人情社会的习惯做法开始变得不合时宜，难以适应现代法治社会的思维方式与办事规则。近年来，中国社会的基层矛盾不断增加，很重要的原因就是基层法律意识淡薄，无论干部还是群众，都还没有适应从传统到现代的重要跨越，因此，在面对社会经济转型过程中出现的新现象与新问题的时候，未能及时有效运用法律手段加以调解，使得误会与摩擦不断积聚，并最终发酵成为基层矛盾。近年来，广东省地方政府积极推进基层法治建设，通过聘任"法制副主任"、组建民间调解委员会等方式，切实提高了基层干部群众的法律意识与调解能力，从而为化解基层矛盾创造了有利环境。

（一）聘任"法制副主任"，改善基层法律服务水平

"法制副主任"制度是广东省惠州市于2009年开始试点的法治建设项目。所谓"法制副主任"，是指自愿参加惠州市法制宣传志愿者服务总

---

① 中国互联网信息中心：《第33次中国互联网络发展状况统计报告》，2014，第36页。

队，由村（居）委会自主自愿聘请担任副主任的法律专业人士。到 2012 年底，惠州市全市 1249 个村、社区都已聘请"法制副主任"，并在基层依法治理工作中取得明显成效。2014 年，广东省在深入总结惠州市"法制副主任"经验的基础上，着手部署"一村一社区一法律顾问"工作，首先在粤东西北地区 12 个地级市各选择两个县（市）区开展试点，并在珠三角地区各地级以上市全面推进，计划 2015 年在全省形成一整套比较系统完备的工作程序、工作规范和评估标准①。

从表现形式看，"法制副主任"具有三方面重要特征。首先是专业性。据统计，截至 2013 年底，在惠州市的 879 名"法制副主任"中，有执业律师 530 名，占比超过 60%，有公检法干警 171 名，以及其他法律志愿者 200 多名，普遍具有较高的法治素养。其次是公益性。"法制副主任"为基层各村、社区提供的所有服务都是非营利行为，基层群众无须支付任何费用，就能获得高质量的法律服务。作为志愿者，"法制副主任"并不收取劳务费，但政府会提供少量的交通、误餐、通信等费用补贴。再次是中立性。"法制副主任"不是村（居）干部，不参与村务决策管理，不干涉村（居）日常事务，而且通常也不是本地人，因此在各村和社区中处于相对超然的中立地位，从而在评判和化解基层矛盾的过程中，拥有较强的公信力。

从功能成效看，"法制副主任"的核心作用主要体现在三方面。首先是提高普法效率，培养基层法律意识，增加群众法律知识。到 2014 年 5 月，"法制副主任"共解答群众法律咨询 12 万次，提供法律意见 3226 条，开展法制宣传、讲座 3100 多次。事实上，对基层群众而言，并不是不知道法律在现代社会中的重要作用，但是要找到明白人深入讲解却并非易事。尽管每年都有普法活动，但是通用式的标准普法材料，很难满足基层群众的特定需求。"法制副主任"则为基层群众提供了近距离与法律知识互动的重要机会，因此深得好评。

其次是化解基层矛盾，提高基层群众法治观念。到 2013 年底，"法制副主任"共化解各类矛盾纠纷 3210 件，协助调解矛盾纠纷 965 件，提供

---

① 《惠州"法制副主任"制度将在全省推广》，《南方日报》2014 年 3 月 26 日。

法律援助 1765 人次，妥善处理集体上访事件 28 宗。得益于"法制副主任"的有效引导，为数不少的村（居）民都由原来遇到矛盾纠纷动辄讲"我揍你"，转变为"我告你"，开始学会用法律手段解决问题。

再次是加强基层民主建设，提高基层法治水平，维护群众权益。到 2013 年底，"法制副主任"共审查各类经济合同 639 份，制定、修改、完善村规民约 620 条，列席村（居）委会会议 3816 次。惠州市惠阳区角村在 1998 年将一块集体土地出租给大亚湾城景公司，2004 年城景公司将土地转租给香港俊宏公司。由于转租时村委会干部缺乏法制观念和保护意识，并未严格依照法律程序办理，使得部分材料缺失，结果造成俊宏公司拖欠租金 180 多万元。角村村民群情激奋，准备在当地中学百年校庆时进行集体上访。角村聘任的"法制副主任"在了解到情况后，依据《信访条例》相关规定，劝退了上访群众，并很快着手收集证据材料，通过与俊宏公司的多次协商，成功拿回了拖欠的租金，从而不仅化解了矛盾，而且为村民上了一堂生动的法治课，有效增强了村委会的法治意识。

（二）构建人民调解委员会，调动社会力量化解矛盾

随着社会经济的发展与转型，曾经在协调基层社会关系中发挥重要作用的传统社会结构逐渐衰落和瓦解，从而使得原本通过社会自我协调即可化解的基层矛盾，开始大量进入行政和司法领域，导致近年来基层矛盾大量增加。因此，重组稳定的基层社会结构也就成为化解基层矛盾的重要内容。

近年来，广东省积极推动社会组织发展，通过组建人民调解委员会，有力促进了基层矛盾化解，尤其是行业性的专业调解委员会，更是在解决劳资纠纷、医患纠纷等方面取得了明显成效。从人民调解委员会的组建和运作来看，主要有两种模式。

其一是市场化运作模式。以医患纠纷为例，市场化运作模式是以医疗机构购买医疗责任险为基础，在保费中提取一定比例给第三方中介组织，由该组织出资建立并运作医疗纠纷专业调解委员会（简称"医调委"）。这一模式的主要优势，一是财政负担较小，二是医疗机构统一委托第三方发包给保险公司承保医疗责任险，可以通过保险协议约定，保险公司必须

认同医调委的调解结果，因此调解协议执行效力高。不过，如果采取这一模式，政府部门难以对医调委及其工作人员进行监管和考核，而且，目前并不强制医疗机构购买医疗责任险，因此医调委工作可能难以覆盖未购买医疗责任险的医疗机构。

其二是政府购买服务模式。其特征是办公场所、启动资金、日常运作和工作人员薪酬等经费都由政府财政支付。这一模式主要有以下优势：一是有利于保证医调委的日常运作，二是有利于稳定调解队伍，三是政府可对医调委进行管理、监督和考核。不过，如果采取这一模式，政府财政负担将明显增加，而且在调解协议签订后，还需得到医疗机构或保险公司认同，因此执行力略显不足。

两种模式各有利弊，但就目前而言，由于医调委尚属新兴事物，社会认可度有待进一步提高。因此，通常而言，初期采取政府购买服务模式更稳妥，随着制度的建设完善，可再转为市场化运作模式。广东省东莞市医调委于 2013 年 10 月成立，采取政府购买服务模式，起步阶段由政府出资搭建平台，由市司法局负责日常管理，市卫计局负责指导，依法独立受理和调解医患纠纷，现有 13 名专职人民调解员和 3 名社工。其职能是通过调解，引导医患双方当事人依据事实和法律解决纠纷，从而防止医疗纠纷激化，维护社会稳定。

作为新成立的第三方调解组织，东莞市医调委在短期内就赢得了社会的认可与信任，并在化解医患纠纷方面取得显著成效。据统计，到 2014 年 6 月，东莞市医调委半年内已接待来访 3107 人次，电话咨询 3342 人次，及时介入"医闹"现场 5 次，接到医疗纠纷报案 253 宗次，其中符合受理条件的 136 宗，成功调解 132 宗，案件索赔金额 6545 万元，结案金额 696 万元，协议履行率和双方满意率均达到 100%，切实做到了"案结事了"。

从工作机制来看，东莞市医调委能够成功运作，主要得益于以下因素。首先是独立性。医调委是独立于卫生、司法、保险、医院和患者的第三方调解组织，不受任何部门掣肘。这就使得医调委在调解工作中相对超然，有利于"一碗水端平"，切实保证调解的客观公正。其次是专业性。医调委调解员由医学和法学等领域的专业人员组成，并设有医学和法律专家库，从而为医疗纠纷的调查、评估和调解提供了强有力的技术支持，有利于增强调解工作的权威性。再次是联动性。医调委建立了多方联调处理机制，其中包括与法院建立诉调对接和司法确认的"绿色通道"，与镇街社会综合治理维稳中心建立"医闹"化解机制，与市司法局法律援助处建立医调委工作站，与卫生部门建立信息共享制度，从而有效整合资源，切实提高了医调委的执行力。最后是规范性。医调委建立了医患纠纷接待受理、定期排查、重大医患纠纷报告、医患纠纷集中研讨、医患纠纷定期分析等工作制度，明确咨询受理、调查调解、专家评估、认定责任、协商赔偿、回访结果、卷宗管理等工作流程，从而保证了医调委工作的井然有序与公开透明，切实提高了调解工作的公信力。

三 广东省构建基层矛盾预防与发现机制的实践

从化解基层矛盾的有效性来看，防微杜渐地将矛盾解决在萌芽状态，毫无疑问是最经济合理的策略选择。近年来，广东省在基层矛盾预防与发现机制建设方面进行了广泛探索，并取得明显成效，尤其是在化解异地务工人员社会不安定因素、预防劳资纠纷风险等方面的制度性建设，颇具借鉴意义。

（一）构建村（居）特别委员制度，化解二元结构障碍

随着国内社会流动性的不断增强，作为沿海劳动密集型产业中心，广东省的异地务工人员数量持续保持高增长态势。到 2013 年底，广东省异地务工人员总数超过 2700 万人，其中省内 1040 万人，省外 1660 万人，部分沿海城市的外地人数量已远远超过本地人。因此，如何引导异地务工人员有序融入当地社会，也就成为亟待解决的重要课题，否则就有可能引发本地人与外地人的深刻矛盾冲突，影响地区社会经济的和谐与稳定。针对这一问题，近年来广东省中山市创设村（居）特别委员制度，从而为新中山人参加居住地社区建设搭建了平台，促进了新中山人参与社区服务和管理，并为及时解决新中山人的合理需求，提供了制度支撑，促进了基层社会的和谐善治。

村（居）特别委员制度，是指在外来人口达实有人口 40% 以上的村（居），由村（居）"两委"或者村（居）代表推荐产生特别委员，主要负责收集和反映包括异地务工人员在内的辖区居民诉求，收集苗头性、倾向性信息，调解民间纠纷，并根据需要，列席村内重大会议，对村（居）工作提出意见和建议。至 2013 年底，中山市 218 个村（居）聘请了 560 名新中山人作为特别委员，分别来自全国 18 个省（自治区、直辖市）及广东省内各市。从社会身份来看，特别委员的构成主要有以下三种类型：一是同乡中有一定威望的人士，二是当地较大企业的业主或高层管理人员，三是在当地居住时间长、当地群众熟识的异地务工居民。

从近年来的实践情况看，村（居）特别委员制度取得了明显成效。这主要表现在三方面。首先是作为异地务工人员的诉求表达渠道，切实解决现实困难，化解基层社会隔阂。通过特别委员表达新中山人的诉求和心声，使得异地务工人员的诉求得到解决，利益得到保障，使其在心理上实现了由"过客"到"主人"的身份转变，增强了归属感和凝聚力。其次是促进异地务工人员与本地人的沟通交流，促进社会融合。东凤镇东兴社区特别委员邓某，长期关切新老中山人的邻里和谐与新中山人婚恋等问题，并通过与社区"两委"沟通，创建了集课外辅导、婚恋交友、矛盾调解等多功能于一体的"东兴社区"七彩驿站，累计为 500 多人次提供服务，受到广泛好评。再次是在收集苗头性信息、维护社会稳定和化解基层矛盾方面等发挥积极作用。例如，沙溪镇龙山村特别委员高某，长期率领社工、义工等志愿服务队伍，深入辖区宣传社会治安知识。2013 年 5 月，龙山村接连 5 辆面包车被撬盗，结果引发 20 多名异地务工人员聚集，准备通过媒体宣泄不满情绪。高某了解情况后及时介入，并第一时间向村委会汇报，使得事件迅速得以平息。

从运作机制看，村（居）特别委员制度能取得预期成效，很大程度上得益于"驻、访、议、督"一体化工作方法，保证了特别委员有序参与居住地社会管理和社区事务，从而在复杂的二元结构下，有效接纳和梳理不同利益诉求，及时化解社会矛盾，促进共建共治共享。"驻"是指驻室接待。各村（居）为特别委员提供工作室，定期接待来访群众，接听电话咨询和情况反映，并将问题及时反馈给村（居）委会，共同研究解决。"访"是指走访调查。特别委员定期深入异地务工人员集中的企业、居住区，倾听民声，将异地务工群体最关心、最迫切的利益诉求向村（居）"两委"反映，对发现的矛盾纠纷参与调处化解。"议"是指参与议事。村（居）委会讨论异地务工人员相关议题时，必须要有特别委员参加，并且特别委员可将收集到的热点问题提交村（居）委会讨论。"督"是指督查落实。特别委员对村（居）民代表大会、村（居）委会有关异地务工人员服务管理事项，有权跟踪督查，并就落实情况听取群众的意见和建议。

（二）构建劳动关系预警系统，防范劳资纠纷风险

近年来，随着中国产业结构调整的步伐加快，沿海劳动密集型产业生存压力明显增加，再加上受全球经济危机的重大冲击，很多中小企业破产倒闭，部分老板卷款逃匿，结果导致广东省的劳资纠纷数量在 2008 年和 2009 年呈现井喷式增长态势，并从 2010 年开始保持高位运行。劳资纠纷涉及面广，如果调处不及时，很容易引发大规模群体性事件。

广东省东莞市石龙镇于 2009 年出台了《石龙镇企业欠薪逃匿风险预警和应急工作方案》，并且开发了"石龙镇企业风险预警应急系统"，形成了覆盖全镇的风险预警网络，对企业的欠薪逃匿问题做到"及时预警、及时介入、及时化解"，发挥了有效防范的作用。近年来，东莞市在石龙镇经验的基础上，逐步推广全市劳动关系风险预警系统建设。到 2013 年底，东莞市已有 32 个镇街建成劳动关系风险预警系统，并在运行过程中取得初步成效。

从工作机制看，石龙镇企业风险预警应急系统主要包括四个环节。首先是信息采集。根据规定，统筹涉及劳资与企业管理的 25 个单位部门组成领导小组，镇领导为组长。对用人单位的工资、租金、水电费、社保费、税费、经营管理异常、法律事务、警情访情等 10 项信息进行综合监控。各成员单位如发现用人单位发生群体劳资纠纷、非法转移资产设备、企业主非正常失去联系两天以上等重大经营管理异常，必须立即上报预警系统和领导小组办公室。

其次是风险评级。根据成员单位上报的相关信息，预警系统将按照

"逢二进一，逢高就高"的原则将企业综合风险评定为正常、问题、风险、危险、高危等五种级别，并结合空间地理信息技术，在石龙镇电子地图上以不同颜色闪动展现。"逢二进一"是指在风险评定中，如果任何两项指标出现除"正常"以外的相同风险等级，那么，风险评级将自动上调一级；"逢高就高"是指，风险评级将以各项评级中最高的风险等级为准。

再次是应对管理。针对潜在风险，预警系统将发出部门跟进、部门到场、领导小组办公室协调、领导小组组长协调等综合处置指令，书记、镇长、副书记和领导小组组长可对指令进行优化调整。各成员单位必须根据指令对用人单位进行给力帮扶、督办整改、跟踪监控，并作相关预案。

最后是考核管理。成员单位于每月 12 日至月底向预警系统上报用人单位的问题信息，系统将于次月 6 日发出预警信息及处置指令，次月 7 日至 11 日各成员单位履行监管职能和协同处置，并于 12 日前向系统上报处置结果。为保证工作流程有序运行，石龙镇设立了各成员单位报送和处理信息的第一责任人和信息员，明确突发事件及时报告、月预警工作报告、月处置工作报告等"三报告"制度，制定了预警信息和应急信息处置规定，以及信息报送、处置的统计、通报和追责细则，从而有力加强了责任分工和工作落实。

从运作成效看，石龙镇企业风险预警应急系统的作用主要表现在以下方面。首先是预警作用，有助于防范企业欠薪逃匿等风险。通过预警系统的预警功能，各成员单位和相关部门能及时跟踪处置，使劳资纠纷和工资支付诉求得到提前介入和有效解决，从而有效遏制企业欠薪逃匿事件，尤其是在发生企业倒闭和企业主逃匿时，有助于防止企业转移资金和财产。

其次是帮扶作用，有助于企业渡过经营管理难关。预警监控一方面是为了防范风险，另一方面也是为了帮扶企业发展，根据预警系统提示的预警信息，"领导小组"在对问题企业采取监控、处置措施的同时，也会提供帮扶服务。

再次是应急作用，有助于处置劳资纠纷的突发性群体事件。预警系统的运行不仅加强了石龙镇对辖区内企业运行状况的监测分析，而且有效提升了各部门在面对突发事件时的应急协调处置能力。预警系统能帮助

"领导小组"和办公室快速启动应急程序，并进行综合研判和有效调度，从而及时化解群体性劳资冲突，有效防止事态升级。得益于此，石龙镇近年来未曾发生严重的冲击社会秩序和越级上访的事件。

最后是效能作用，有助于提高政府的行政监管与社会服务能力。预警系统拥有信息监控优势，有关问题报送、处置指令下达、处理结果反馈、报表统计、数据分析、工作考核等可以通过计算机网络平台加以整合，从而有效提高了部门间的情况通报、协助请求的效率，加快了传输和处理速度，简化了工作流程。通过事前信息采集、事中预警提示、事后归档分析，预警系统为政府的企业监管提供了全面的、可视化的、可追溯的数据，有效增强了政府工作效能。

四 广东省依法化解基层矛盾的经验启示

从广东省依法化解基层矛盾的制度创新来看，以下做法颇具借鉴意义，有助于为深化法治建设奠定坚实基础。

其一，鼓励基层组织创新工作机制，吸纳志愿者参与信息收集，切实发挥基层组织矛盾化解的前沿堡垒作用。

村、居两委在基层矛盾化解工作中位于第一线，承担着重要的日常排查与疏导责任，其社会管理与服务能力直接影响基层矛盾化解的工作成效。但从调研来看，村、居两委的传统工作方式难以适应基层矛盾的多元化趋势，尤其是正式编制人手不足问题更为突出，很难做到全面有效覆盖。因此，有必要鼓励基层组织的工作机制创新，改变体制内思想的局限性，激发公众参与管理的主动性和积极性。可以借鉴广东经验，采用村（居）特别委员机制，吸纳志愿者参与信息收集，切实拓展基层监控的广度和深度。

其二，提高地方政府信息研判能力，依托网络信息技术，跨部门整合信息资源，构建有重点、全覆盖的风险监控体系。

地方政府要对辖区内群体性事件的潜在风险进行准确研判，必须首先全面掌握辖区内基层矛盾的总体情况和发展趋势。为数不少的群体性事件，其实在基层显现矛盾形态时，就已被相关部门所掌握，并在一定程度上纳入了监控范围，但由于各部门信息资源的条块分割和传统文牍呈递过程的滞后性，再加上基层矛盾经由信息网络的高速传播，有些时候，甚至基层矛盾都已演化为群体性事件，地方政府还未汇总各方面呈报的信息资料。因此，有必要改变部门意识局限性，依托网络信息技术，进一步完善信息交流与共享机制。可以借鉴广东经验，采用跨部门自动化信息监控与风险研判系统，切实提高信息的利用效率和风险预警能力。

其三，通过政府购买服务方式，提供基层公益法律服务，降低通过法律手段解决矛盾的门槛，转变民众过度依赖行政手段的观念和做法。

从调研来看，经过多年普法教育，民众对法律常识都有所认知，但通常不足以运用法律手段解决基层矛盾，依然需要求助于专业法律人士，并承担相应的法律服务成本。与此相比，借助行政手段解决矛盾，则无须承担成本。再加上长期以来强势行政"权大于法"的社会形象以及"父母官"的传统文化影响，不少民众在面临问题时，都会习惯性地"找组织"，甚至是"信访不信法"，致使基层矛盾化解的分流工作进展差强人意。因此，有必要通过政府购买服务或志愿者服务等方式，提高基层法律服务水平，切实保证民众"用得上，用得起，用得好"法律服务。可以借鉴广东经验，采用村（社区）法律顾问工作方法，引导民众形成运用法律手段解决基层矛盾的行为习惯。

其四，积极扶持专业化的第三方调解组织，提高民众对调解组织的信任感与认可度，切实分担地方政府的基层矛盾化解压力。

近年来，第三方调解组织呈现蓬勃发展态势，有效缓解了地方政府面临的基层矛盾和压力。不过，从调研来看，民众对于第三方调解组织的认可度依然有限，通常还是习惯于寻求行政手段解决矛盾。究其原因，就在于市场化运作的第三方调解组织缺乏执行力，难以确保民众达成合理的预期目标，经常出现调解结果成为一纸空文的尴尬局面，严重影响第三方调解组织的公信力。因此，有必要积极扶持专业化的第三方调解组织，建议进一步加强政府部门与第三方调解组织的协调联动，为第三方调解组织的调解结果提供背书，切实增强民众对第三方调解组织的信任感。

（参见法治蓝皮书《中国法治发展报告 No. 13（2015）》）

第十四章 中国农村土地流转的法律问题（2009）

摘 要：本文对 2009 年农村土地承包经营权流转的整体态势进行了整体描述，探讨了农村土地承包经营权流转中的相关法理问题，并对 2009 年农村土地承包经营权流转中亟待完善的农村土地承包经营权入股的法律问题、农村土地承包经营权抵押法律问题以及农村土地承包经营权流转的交易安全保障法律问题进行了研究，提出了相应的解决方案。

目前中国农村土地上的基本地权结构是：在集体土地所有权的基础上，存在农村土地承包经营权、宅基地使用权、集体建设用地使用权等重要的农村土地物权。由于法律不允许集体土地所有权流转①，农村土地流转的法律问题分别表现为土地承包经营权、宅基地使用权以及集体建设用地使用权的流转问题。

一 2009 年农村土地承包经营权流转的整体状况

2008 年 10 月 12 日，中国共产党的十七届三中全会审议通过了《中共中央关于推进农村改革发展若干重大问题的决定》，指出要建立健全土地承包经营权流转市场，按照依法自愿有偿原则，允许农民以各种形式流

---

① 在现实中存在集体土地所有权流转的潜在冲动，但是这种现实的流转并不普遍而典型。比如，河南省安阳市郊区郭家庄整体搬迁中就用了 90 亩农民宅基地与国有土地置换，而安阳钢铁公司修路也与铁西戚家庄置换了 14 亩土地。

转土地承包经营权。决定颁布以后，全国各市县积极贯彻落实，出台了多项鼓励流转的政策，如土地流转后政府进行奖励或补偿等，推动了土地承包经营权的流转。十七届三中全会结束以后，各地并先后成立了产权交易所、土地流转交易中心或者农交所等机构来推动农村土地的进一步流转。例如，2008 年 10 月 13 日，成都市就成立了成都市联合产权交易所，至 2009 年 9 月，该交易所促成了 1500 多宗、18 万亩左右的承包经营权的流转交易，成交金额达到 3 亿元①。2008 年 11 月 14 日，安徽首家挂牌成立的凤阳县农村土地流转交易中心也投入运营。2009 年，武汉、上海农村综合产权交易所相继成立，截至 2009 年 10 月 28 日，武汉市农村综合产权交易所流转的土地经营权已达 61 宗，土地流转面积达 13.63 万亩，总金额 14.44 亿元；武汉市所有流转土地面积已占全市农地总面积的 28%，达到 86 万亩②。

2009 年，随着中国经济的稳步复苏与发展，农村土地承包经营权流转进一步呈现稳中有进的态势，截止到 2009 年 9 月份，全国耕地流转面积由 2008 年底的 8.9% 提高到 11%③。部分地区的流转还出现了快速发展的趋势。例如，银川市流转面积达到 15.26 万亩，比上年迅猛增长了68.9%；流转涉及农户 24486 户，较上年增长了 64.3%④。

从流转趋势来看，2009 年土地承包经营权的流转表现出了向种田能手、龙头企业、农业公司、合作社等农地经营人员和机构集中的趋势，促进了规模经营、高科技经营以及特色经营，提高了土地的使用率和产出率。

2009 年农村土地承包经营权流转的另一个重要特点是，林地承包经营权流转异常活跃。2008 年 6 月，《中共中央、国务院关于全面推进集体林权制度改革的意见》提出，"在不改变林地用途的前提下，林地承包经营权人可依法对拥有的林地承包经营权和林木所有权进行转包、出租、转

---

① 数据见 2009 年 9 月 10 日中央电视台经济半小时报道《成都市土地走进深水区》。
② 《农村土地经营权抵押贷款追踪：土地流转价格半年飙升 6 倍》，《长江商报》2009 年 10 月 29 日。
③ 农业部部长 2009 年 9 月 21 日在国务院新闻办公室举行的新闻发布会上披露的数据。
④ 《今年我市农村土地流转 15.26 万亩，涉及 2 万多农户》，《银川晚报》2009 年 8 月 28 日。

让、入股、抵押或作为出资、合作条件，对其承包的林地、林木可依法开发利用"。随后，林地承包经营权的设立与确权工作在全国范围内展开，截至 2008 年底，全国已确权到户的林地面积为 12.7 亿亩，占集体林地的 50%①。集体林权制度的改革实现了"山定权、树定根、人定心"，为林权的流转奠定了基础，与林权相关的农村土地承包经营权流转随之迅速发展起来。2009 年 6 月 22 日至 23 日，中共中央召开了新中国成立 60 年来的首次林业工作会议，全面贯彻党的十七大、十七届三中全会和 2008 年中央 10 号文件精神，系统研究新形势下林业改革发展问题，推动中国林地承包经营权流转的进一步发展。到 2009 年 7 月底，安徽省共完成林权发证面积 5001.07 万亩，占应勘界面积的 93.7%②。截止到 2009 年 10 月份，安徽省黄山市林权流转 4756 宗，流转林业面积超过百万亩，金额达 3.85 亿元，市林业经济合作社和专业协会由林改前的 41 个发展到 84 个，股份合作制林场达到 841 个③。2009 年，100 亩以上的大面积林地流转已经非常普遍，林地承包经营权呈现成片流转的趋势。另外，流转方式也日益多样，很多农民选择拍卖等公开竞价方式转让自己的林地承包经营权，林权抵押的发展更是迅猛异常，成为农村土地承包经营权流转中一个急需探讨的重要问题。

总体来说，2009 年农村土地承包经营权的流转大踏步向前发展。政府采取奖励等措施对其流转特别是规模性流转起到了显著促进作用；农村土地流转中心或服务中心的建立则发挥了积极的推动作用；农村养老保险改革的推行，进一步为农村土地承包经营权的流转创造了有利的内部环境。与此同时，调研也显示，承包经营权的流转表现出了"非粮化"的趋势，很多流入承包地的农业公司与农户均从事了林业与经济作物的经营。另外，从横向来看，与相对落后地区相比，经济发达地区的农村土地承包经营权流转更加规范与成熟，表现出了与农村经济发

---

① 《群山添绿民增富——中国全面推进集体林权制度改革综述》，《人民日报》2009 年 6 月 23 日。

② 《安徽省林业厅深入林区调研集体林权流转》，参见 http：//www.forestry.gov.cn/lygzhy/Default2.aspx？id=881。

③ 《黄山市林权抵押贷款超亿元》，《安徽日报》2009 年 9 月 16 日。

展、农村非农产业发展以及农村劳动力向非农产业转移密切关联的趋势。

二　农村土地承包经营权流转的相关法制

（一）农村土地承包经营权的确立

1986 年颁布的《民法通则》中首次使用了土地承包经营权的概念，并将其规定在第五章"民事权利"之第一节"财产所有权和财产所有权有关的财产权利"中。相对于债权，财产权利大多具有物权性，财产所有权更是一种最基本的完全物权，因此，这样的篇章设计显示出立法者从一开始就试图用物权（而非债权）的立法技术来塑造土地承包经营权的立法意图。1993 年颁布的《农业法》、1995 年颁布的《担保法》和 1998 年修订的《土地管理法》均在不同程度上推进了这一物权性定位。《农业法》明确了承包方享有经营决策权、产品处分权、经发包方同意后的权利义务转让权以及其继承人的继续承包权；《担保法》首次出现了抵押规定，允许对"荒山、荒沟、荒滩、荒丘"等四荒地承包经营权进行抵押；《土地管理法》则将土地承包经营权的期限明确界定为 30 年，由此表明，土地承包经营权绝不同于最高期限只有 20 年的农地租赁权。至 2002 年，《农村土地承包法》对涉及农村土地承包经营权的相关事宜进行了详细的规定，基本上将土地承包经营权明确为一个物权。《农村土地承包法》第 9 条规定，"国家保护集体土地所有者的合法权益，保护承包方的土地承包经营权，任何组织和个人不得侵犯"，立法者在同一层次表述对集体土地所有权与土地承包经营权的保护，显示了其将二者相并列用相同立法技术塑造它们的立法目的，彰显了土地承包经营权所具有的财产权（即物权）属性。由于历史形成的中国特殊国情，这一物权属性突出表现在其排他性特别是对集体所有权的排斥方面，因此《农村土地承包法》进一步具体规定了集体不得随意收回承包地（第 26 条）、不得随意调整承包地（第 27 条）、不得假借少数服从多数强迫承包方放弃或者变更土地承包经营权（第 35 条）等，在事实上了强化了农村土地承包经营权人对所有人甚至是集体土地所有权人的排他权能。至 2007 年《物权法》颁布，法律终于清晰地在"用益物权"部分对土地承包经营权进行了规定，最终将土地承包经营权明确为中国最重要的物权之一。至此，土地承包经营权真正体现出了农民个体与特定土地之间的本质性联系，承担起了保护农民土地权利与实现农村土地利用的人权保障功能，成为中国农村土地物权制度的核心与根本。

事实上，立法将土地承包经营权确立为一种物权的意图在于，要使农村土地真正处在农民个体的控制与支配之下，使农民最终能够享有广大农村土地上的利益：包括通过使用土地从事农业种植等方式获得产出收益，以及通过将土地流转给他人的方式获得流通收益。因此，土地承包经营权的物权属性决定了其权利人必然需要能够将土地承包经营权进行流转，如果否定这一点，就会导致权利人对土地的支配性权利降格为一种对土地的依附性义务，违背了该权利的本质属性。

此外，中国农村土地过分分散与分割的现实状况，也决定了必须通过鼓励土地承包经营权的流转来实现农地的规模经营与充分利用。中国现有农户 2.3 亿户，耕地 18.26 亿亩，但数据调查表明，在平均每户只有 7.94 亩耕地的情况下，平均每户拥有的耕地数量却多达 5.86 块[1]。显然，这种土地分散占有与规模经营之间的矛盾，必须通过农村土地的流转来改善。

（二）农村土地承包经营权的分类和流转方式

2002 年《农村土地承包法》区分土地承包经营权为"通过家庭承包方式取得的承包经营权"与"非通过家庭承包方式取得的承包经营权"，对二者规定了不同的流转方式，前者之流转受到限制，后者则不受任何限制。

通过家庭承包方式设定土地承包经营权不需要支付任何对价，其依凭在于集体土地所有权的集体成员共有性质，即承包经营权人实质是以集体所有人之一的身份在进行经营，即这种土地承包经营权系直接由集体土地

---

[1] 《土地承包经营权能否完全自由流转》，《解放日报》2008 年 12 月 8 日。

所有权转化而来，集体土地所有权具有保障农民生存的功能，因此，保障承包户的基本生存利益是该种土地承包经营权流转的基本底线，流转不能冲击这一底线。

非通过家庭承包方式设定承包经营权则是非所有权人利用他人土地的一种方式。在设定该种权利时，承包人必须向集体土地所有权的代行主体——集体经济组织或村委会支付必要的承包费。在这种承包经营权产生之初，其目的是为了实现"荒山、荒坡、荒滩、荒丘"的充分利用。也就是说，这种承包经营权的第一要义是实现农地的充分利用，其次才是实现集体土地所有权人的土地利益。又鉴于其设定之初就已经缴纳了承包费，使集体土地所有权人的利益获得了初步实现，因此，其流转不会对集体土地所有权的实现产生直接影响，也不具有保障农民基本生存利益的伦理价值。

鉴于以上性质和功能上的差异，《农村土地承包法》第 32 条明确规定："通过家庭承包取得的土地承包经营权可以依法采取转包、出租、互换、转让或者其他方式流转。"第 42 条规定："承包方之间为发展农业经济，可以自愿联合将土地承包经营权入股，从事农业合作生产。"第 49 条则规定："通过招标、拍卖、公开协商等方式承包农村土地，经依法登记取得土地承包经营权证或者林权证等证书的，其土地承包经营权可以依法采取转让、出租、入股、抵押或者其他方式流转。"上述规定表明，转包、互换是通过家庭承包方式取得的承包经营权所特有的流转方式；抵押则是通过非家庭承包方式取得的承包经营权特有的流转方式；转让、出租和入股是两种承包经营权都可以采用的流转方式，但通过家庭承包方式取得的承包经营权转让必须经过发包方同意，非家庭承包方式取得的承包经营权的转让则无须发包方同意；除此以外，土地承包经营权人还可以采取法律允许的其他方式流转承包经营权，从而为土地承包经营权流转的创新预留下了空间。

2007 年《物权法》在涉及农村土地承包经营权的物权变动方式时，强调承包经营权人须依照《农村土地承包法》的规定流转承包经营权，也即《物权法》对农村土地承包经营权的流转并没有新突破，但其第 128 条明确规定，"土地承包经营权人……有权将农村土地承包经营权采取转包、互换、转让等方式流转。流转的期限不得超过承包期的剩余期限。未经批准，不得将承包地用于非农建设"，这种将转包、互换及转让相并列的立法趋势值得注意。

2008年十七届三中全会通过的《中共中央关于推进农村改革发展若干重大问题的决定》中出现的"股份合作"所指的就是上述入股方式，而不区分哪一种承包经营权人能够享有、哪一种不能够享有。因此，决议将多种流转方式平行并提，积极倡导农村土地流转的适度规模经营，为中国农村土地承包经营权的发展指明了方向，在总体上表现出在社会保障体制日趋健全的背景下，对两种承包经营权流转规则进行同一设定的趋势。

（三）农村土地承包经营权的多种流转方式

2009年农村土地承包经营权的流转就是在上述政策和法律所提供的框架内运行的，实践中存在的流转方式主要有转包、出租、互换、转让、入股组建合作社等，非家庭承包方式取得的承包经营权还可采用抵押及入股组建公司的方式。

目前，转包、租赁、转让仍为农村土地承包经营权流转的主要方式。到2009年5月份，广西壮族自治区桂林兴安县农户土地承包经营权流转的总面积达到6.45万亩，涉及农户2.77万户（占总农户的32.21%）。其中转包3.03万亩，涉及农户1.23万户；出租2.33万亩，涉及农户0.99万户；互换0.66万亩，涉及农户0.38万户；转让0.12万亩，涉及农户0.04万户；入股0.05万亩，以其他方式流转0.26万亩①。

三 2009年农村土地流转实践及其核心法律问题

2009年农村土地承包经营权流转中出现的主要法律问题存在于土地承包经营权入股、土地承包经营权抵押以及土地承包经营权流转后的交易

---

① 兴安县农业局：《兴安县农村土地承包经营权流转调研报告》，http：//www.xazf.gov.cn/wMcms_ShowArticle.asp？WMCMS_ArticleID=1719。

安全保障中。

（一）农村土地承包经营权入股的实例及其法律问题

土地承包经营权入股包括土地承包经营权入股组建合作社与土地承包经营权入股组建公司两种形式。目前，入股组建合作社已经为中央政策和法律所认可与鼓励，相应实践在全国各地得到不同程度展开。

作为城乡统筹综合改革试验区的重庆市与成都市，是中国较早探索土地承包经营权入股组建经营实体的地区。2005 年，重庆市长寿区麒麟村在当地政府的推动与支持下，尝试以土地承包经营权入股的方式设立重庆宗胜果品有限公司，全村 1320 户农户中有 730 户村民对此表现出强烈的兴趣，最终村里在 508 户村民的 514 亩土地上试验了土地入股。2007 年 7 月，重庆市工商局出台《关于全面贯彻落实市第三次党代会精神、服务重庆城乡统筹发展的实施意见》，明确了农村土地承包经营权可以入股设立公司。为具体落实该类公司的登记问题，重庆市工商局办公室随后又出台了《关于以农村土地承包经营权入股设立公司工商登记有关问题的通知》，明确了土地承包经营权入股的约束条件和具体操作程序。不过，后来考虑到改革的风险，特别是农民失地可能带来的社会弊端，中央政府在进行全面调研后于 2008 年 8 月紧急叫停了重庆市的这一尝试，要求其重点进行土地承包经营权入股组建农民专业合作社的改革探索。

在成都市，土地承包经营权入股的典型则是所谓的"汤营模式"。2005 年，汤营村 506 户农户按自愿原则，以各自的土地承包经营权入股成立邛崃市汤营农业股份有限公司，每亩地每年有 900 斤黄谷作保底收入；入股的农户可以选择自行外出，或者在农业公司务工获取工资；农业公司当年经营利润的一半用于分红，另一半留作发展资金。后来在公司运行过程中，又有 317 户农民加入汤营农业股份有限公司，使该公司规模经营的土地增至 2070 亩。2009 年 1 月，汤营农业股份公司召开股东代表大会，经过表决，股东代表一致同意取消保底，让所有股东同公司一起"风险共担，利益共享"，促成了汤营模式的进一步创新。此后，汤营农业股份公司又引进职业经理人，每年从销售收入中提取出 10% 作为抗风险基金①，公司治理不断完善。在入股组建公司进行实践探索的同时，成都市也开展了土地承包经营权入股组建合作社的实践。2009 年 3 月份，成都市新都区由区供销联社、新繁食品公司和农户实资入股，成立了该区首家农民专业合作社——瑞联水稻专业合作社，其采用"龙头企业+专合组织+基地+农民"的运作模式，截至 2009 年 3 月份，已吸纳 568 户农户入社，入社股金 52.3 万元，水稻种植面积达 1753 亩。

允许以土地承包经营权入股组建商业实体特别是公司，这与现有相关法律规定产生冲突，引起一系列的法律问题。第一，土地承包经营权入股时的土地权利转移问题。按照《公司法》及其相关规定，入股时股东应当向公司转移相应的财产权，那么当农民以通过家庭承包方式取得的承包经营权入股时，其土地承包经营权是否应转移呢？目前法律并未给出明确的答案。第二，入股农民人数众多与《公司法》所要求的人数上限之间的调和问题。按照《公司法》规定，组建有限责任公司，其股东人数不得超过 50 人；组建股份有限公司，其发起人不得超过 200 人。而农民在发起成立公司时，人数往往会超出上述限制，如汤营村组建股份公司时入股农民达到 506 户。第三，入股组建公司后农户利益的保护问题。农户通过土地承包经营权入股而成为公司的股东后，通常仅是该公司的小股东，即使农户们联合起来共同表决，也往往难以对公司的决策产生真正的影响。在这种情况下，如何保护作为小股东的农户们的利益？第四，公司破产后入股土地承包经营权如何保护的问题。农业部颁布的《农村土地承包经营权流转管理办法》第 19 条规定，"承包方之间可以自愿将承包土地入股发展农业合作生产，但股份合作解散时入股土地应当退回原承包农户"，该原则是否也能同样适用于农户入股组建的公司？特别是对于通过家庭承包方式取得的承包经营权，如上所述，其具有的保障农民基本生存利益的价值属性，决定了该种承包经营权基本不能因公司的破产而被强制执行。那么反过来，以土地承包经营权入股组建的公司一旦不能对公司股份作价资产独立处理的话，它以什么身份取信于商业第三人，在激烈的市场竞争中如何获得一席之地？

---

① 《自愿取消保底收入，"汤营模式"又创新》，《成都商报》2009 年 3 月 18 日。

农地股权大都属于以物权为基础、以债权为运作形式的复合性土地权利，要允许农民通过入股方式组建公司，就必须进行农民土地物权制度的大胆创新：法律应允许农户在其通过家庭承包方式取得的承包经营权之上，再设定一个低于剩余承包期限的"次级承包经营权"，并以此入股组建公司。农户入股时保留原承包经营权而仅向公司移转次级承包经营权，因此，公司破产时，受到处分的就仅仅是次级承包经营权，而不会导致原承包经营权的彻底变动。当然，这一创新着重解决的仅仅是土地承包经营权入股时的权利移转与公司破产后的风险分担问题，而对农户入股后的土地利益保护等问题，亟须在实践基础上进一步谨慎探索与推进。

（二）农村土地承包经营权抵押的实例及其法律问题

目前农村中，农业经营企业及农户普遍有融入资金的需求，但它们通常缺乏必要的融资抵押物，而以家庭承包方式取得的土地承包经营权的抵押又受到法律的禁止，故此，金融机构一般不接受农业企业或者农户以土地承包经营权进行抵押提出的贷款要求。但随着农业产业的升级与农村土地承包流转的发展，2009 年前后，农村土地抵押问题，特别是林权土地承包经营权的抵押问题，日益凸显。

山东省人民政府 2008 年 5 月发布的《关于进一步做好促进就业工作的通知》规定，"农村金融服务机构要拓宽农户小额信贷和联保贷款覆盖面，放宽贷款条件，降低贷款抵（质）押标准，创业人员的房屋产权、土地使用权"等"均可作为抵（质）押品"。该规定被认为是推动土地承包经营权抵押贷款的重要举措，此后至 2009 年，很多地方都进行了破冰式的土地承包经营权抵押贷款试点。例如，2009 年 10 月，武汉市 3 家农业企业成功抵押 4046 亩农村土地的承包经营权，从该市农村商业银行获得了 1400 万元的银行贷款①。

事实上，早在此之前，伴随着林权改革的启动，林地承包经营权的抵押已经走过了一个相当长的推进历程。2004 年 7 月 5 日，国家林业局印

---

① 《武汉农村土地抵押贷款"破冰"》，《湖北日报》2009 年 10 月 27 日。

发的《森林资源资产抵押登记办法》对森林资源资产的抵押登记问题作出了较系统的具体规定；此后，进行林权制度改革的市县（区）也发布了一些相关管理办法，如福建省三明市梅列区的《森林资源资产抵押贷款管理办法（试行）》等。进入 2009 年，各省、市、县相继发布了较多涉及林权抵押贷款的管理办法，如 2009 年 1 月 12 日中国人民银行成都分行、四川省林业厅、四川银监局联合印发的《四川省林权抵押贷款管理办法（试行）》，河南省信阳市新县 2009 年 9 月发布的《新县林权抵押贷款管理办法（试行）》以及《新县农村土地承包经营权流转实施细则》等，进一步推动与规范了林地承包经营权的抵押流转。在此背景下，2009 年林地承包经营权抵押贷款迅猛发展起来。1~9 月份，广东省各级农业银行已投放林权抵押贷款逾 4 亿元，有力地支持了该省集体林权制度的改革和现代林业建设。截至 2009 年 8 月底，安徽省黄山市金融机构累计发放林权抵押贷款 10519 万元，先后为 15 户林业企业、79 户造林大户、18 户普通林农办理林权抵押贷款 200 多笔，解决了林农和林企的资金需求①。

与土地承包经营权抵押贷款相关联的最新实践是土地承包经营权流转收入的质押贷款问题。2008 年 11 月 27 日，湖南湘乡市龙洞乡泉湖村某农民获得了湘乡市村镇银行发放的 2 万元土地承包经营权流转收入质押贷款，这是湖南省银行业机构首次发放此类性质的贷款。2009 年 3 月 19 日，潍坊市商业银行寿光支行以羊口镇齐家庄子村集体土地流转收益权为质押，对该村 10 户农民发放贷款 200 万元，户均 20 万元。该笔质押贷款的基本做法是，由村干部组成的贷款评审委员会对借款人的人品和信誉进行评估；潍坊市商业银行寿光支行与借款人、村委会共同签订土地流转收益权质押协议，约定如果到期借款人不能还款，银行将拍卖其家庭享有的土地流转收益权来偿还贷款；质押登记机关为羊口镇经管站。截止到 2009 年 7 月份，潍坊市商业银行寿光支行、寿光农村商业银行、寿光村镇银行等金融机构已共计办理土地流转贷款超过 5000 万元②。

---

① 《黄山市林权抵押贷款超亿元》，《安徽日报》2009 年 9 月 16 日。
② 《我市发放土地流转贷款超 5000 万》，《寿光日报》2009 年 6 月 8 日。

土地承包经营权流转收入质押贷款模式产生以后，发展异常迅速。一方面，该种质押贷款以农田、荒山、荒沟、荒丘、荒滩等经营权的流转收入作为质押和还贷来源，又有参与租赁的农业开发公司和农民收入的双重担保，收回贷款的风险较小，银行愿意放贷，满足了广大农户的融资需求；另一方面，即使贷款人不还款、银行确实需要实现质押权时，这种质押贷款也不存在使作为承包经营权人的农户丧失其承包经营权的现实危险。因此，寿光实践也许正预示着一种新的农村金融变革。

土地承包经营权是否可以抵押一直都是人们争论的焦点。1995年《担保法》第34条允许荒山、荒沟、荒丘、荒滩等荒地的土地使用权在获得发包方同意后抵押，第37条第2款则明确禁止抵押耕地、宅基地、自留地、自留山这些集体所有土地之使用权。1996年，国务院办公厅发布了《关于治理开发农村"四荒"资源、进一步加强水土保持工作的通知》，重申了"四荒"土地使用权可以抵押的法律政策。在此基础上，2002年《农村土地承包法》第49条规定，农民可以通过抵押方式流转"四荒"土地的承包经营权。2005年《最高人民法院关于审理涉及农村土地承包纠纷案件适用法律问题的解释》第15条则明确规定，"承包方以其土地承包经营权进行抵押或者抵偿债务的，应当认定无效。对因此而造成损失的，当事人有过错的，应当承担相应的民事责任"，也即否定了对通过家庭承包方式取得的土地承包经营权进行抵押的可能性。最终，《物权法》仍旧继承《担保法》与《农村土地承包法》的相关规定，禁止了通过家庭承包方式取得的农村土地承包经营权的抵押，而认可了通过招标、拍卖、公开协商方式获得的农村土地承包经营权的抵押①。

但从前述实践中可见，2009年前后，用于抵押贷款的林地已经远远超出了"四荒"地的范畴，此时如果严格贯彻《物权法》规定，采用严格的物权法定主义，则通过家庭承包方式取得的一切土地承包经营权——包括通过家庭承包方式取得的林地承包经营权——都不能作为抵押的客

---

① 《物权法》第184条规定，耕地、宅基地、自留山、自留地等集体所有的土地使用权，除法律有特别规定可以抵押的外，不得抵押；《物权法》第133条仅仅允许以"招标、拍卖、公开协商等方式取得的荒地等的土地承包经营权"可以进行抵押。

体，即使已经就此签订抵押合同并进行了抵押登记，也不能产生抵押权设定的效果，以家庭承包方式取得的林地承包经营权之抵押贷款将转变为没有抵押权担保的贷款。长此以往，没有金融机构会对农民提供此类贷款，抑或即使勉强依政策办理此类业务，也要求农民提供除林地承包经营权以外的额外担保或要求其他机构再提供担保，以降低该种抵押的现实风险。这样的结果显然束缚了农民的融资需求，需要立法重新思考农村土地承包经营权的抵押问题，以突破农村发展的瓶颈。

事实上，农民都可以对自己的土地承包经营权进行量的分割，自主决定抵押哪部分土地承包经营权，既可以将剩余的全部承包期限内的承包经营权抵押，也可以抵押一段期限内的承包经营权。当农户仅将一定时间段内的土地承包经营权抵押时——如林权的抵押多是如此，抵押权实现时其仍保留有剩余时段的承包经营权，就不会因抵押权的实现而完全丧失承包经营权。当农户将全部剩余的土地承包经营权进行抵押时，可以考虑在原土地承包经营权上新设定一个"次级承包经营权"，抵押权实现时，该次级承包经营权转移，但当其期限届满或者权利人放弃后，原承包经营权人的权利就回复至原初对土地的支配状态。

另外，考虑到农户抵押融资从事的往往是新的生计行业，为避免其风险，改革应与大环境配套进行：伴随农村社会保障体系的逐步全面建立，陆续允许以家庭承包方式取得的各种土地承包经营权进行抵押，既可以实现农民的财产权，也能够满足农民的融资需要。在这个渐进的过程中，首先放开的应是那些保障农民生存利益的功能弱于其他方式的承包经营权，如与林权相关的土地承包经营权等。

（三）农村土地承包经营权流转后的交易安全保障问题

2009 年农村土地纠纷中的很大部分是由农村土地承包经营权的流转而产生的，2009 年 6 月通过的《农村土地承包经营纠纷调解仲裁法》提供了一定的解决途径，但仍须反思这些纠纷产生的制度原因。在个体之间的农村土地承包经营权流转中，导致纠纷的主要有转包、互换、转让等。

随着农业税的废除与粮食种植补贴的推行，很多外出打工的农民返乡，对已经转包的承包地重新提出要求。转包户往往以自己的耕作需要为由要求解除转包合同、收回承包地，或者在转包合同不明确的情形下试图撕毁该合同；也有的转包户将已经转包的农地再次租赁，意图获得更高的租金收益。2008 年金融危机带来的民工返乡浪潮，进一步加剧了这些转包纠纷，有些一直延续到 2009 年都未得到最终解决。之所以如此，很大程度上就是因为法律始终对转包的定性不清。如上所述，"转包"相当于在原来的土地承包经营权之上再次设定一个永佃权式的新物权行为，但这一属性虽然在农民传统心理上被普遍接受，却并未得到立法的明确确认。因此，在现实中就出现了转出承包经营权的"转包户"与接受转包的"接包户"之间的权利协调问题。考虑到转包所具有的物权性次级承包经营权设定属性，在转包纠纷中，除非发生情势变更等重大情形，否则，应当继续维持转包关系，接包户可以凭借其次级承包经营权（即转包合同约定从而得到农村共同体公知的转包权）在转包期内依法排除转包户的妨害及承租人的干涉，继续控制与种植接包农地。

农村土地承包经营权转让与互换的纠纷表现为，转让农户基于利益考虑先后两次甚至多次转让土地承包经营权；互换人与他人互换承包经营权后又反悔并转让原承包经营权给第三人。这些问题的真正解决都涉及中国土地承包经营权的变动模式问题。依照现有规定，农村土地承包经营权的设定不需要登记，互换、转让中的登记不是土地承包经营权变动的要件，而是土地承包经营权变动的对抗要件，即农户转让、互换承包经营权时，仅需农户双方达成协议并经发包方同意或者备案，该承包经营权归属的主体就可以发生变动，而无须再去登记、通过登记这一公示手段使外部公知土地承包经营权人已经变动的事实。这样，已经转让／互换承包经营权的原承包经营权人一旦向受让人以外的第三人再次转让／互换承包经营权，该第三人只要办理登记（由于登记具有对抗效力），就可依此排斥第一受让人／互换人的权利，真正取得承包经营权。这种立法例符合简单农村生活所具有的熟人社会特征，却埋下了农村承包经营权不安全流转的种子。换言之，在农村土地承包经营权不普遍流转的情况下，该种立法例不会出现问题，但一旦普遍流转甚至多次流转，就会出现同一块承包地上存在多个承包经营权人的冲突。事实上，正是土地承包经营权的设定与变动缺乏必要的公示手段，导致了转让、互换纠纷的频繁发生。因此，在健全中国农村土地不动产登记制度的基础上，即土地登记制度在农村普遍建立以后，可以将现有双方当事人签订转让/互换合同、土地承包经营权即发生变动的规则，变更为转让/互换合同与土地承包经营权变动登记相结合的规则，由此实现土地承包经营权的安全流转。

（参见法治蓝皮书《中国法治发展报告 No.8（2010）》）

第十五章 中国企业社会责任调研报告（2009）

摘 要： 为了解中国公众对企业社会责任的意识、企业履行社会责任的情况，中国社会科学院法学研究所法治国情调研组启动了"企业社会责任与守法"国情调研课题。基于调研结果，本报告对目前中国企业履行社会责任的基本情况作了初步的简要分析，就企业社会责任法治状况进行了点评，并提出了完善企业社会责任制度的初步建议。

中国 2005 年修订的《公司法》第一次明确规定公司应当履行社会责任，但是，社会各界对企业社会责任的具体内涵、企业履行社会责任的方式等却还未能形成共识。近年频繁发生的食品安全、安全生产、劳动者权益受损事件，以及 2009 年因有关部门集中整治而引发公众注意的通过网络、手机等新媒体传播淫秽信息的事件等，使企业社会责任进一步成为社会普遍关注的问题。

为了解企业经营者、劳动者及公众对企业履行社会责任的认识，总结中国现行法律制度保障和促进企业履行社会责任的状况，推动中国企业社会责任方面的法治实践，完善相关的制度，2009 年，中国社会科学院法学研究所法治国情调研组对中国企业履行社会责任与守法的状况进行了调查。

此次调研以问卷调查为主，访谈调研为辅，分别选取北京市、上海市、天津市、广州市、四川省、烟台市 6 地的 326 家企业进行了调查。调查人员深入企业，以企业高层管理者、中层管理者、普通员工为对象，对每家企业调查 15~20 人。调研共发放问卷 4560 份，回收有效问卷 3800 份。其中，高级管理人员有 272 人，在有效问卷中占 7.2%；中层管理者有 1865 人，占 49.1%；普通员工有 1653 人，占 43.5%；10 人拒答所任职务，占 0.3%。国有企业的被调查者有 1180 人，在有效问卷中占 31.1%；集体企业的有 75 人，占 2%；民营企业的有 1741 人，占 45.8%；外商投资企业的有 753 人，占 19.8%；拒答所在企业所有制情况的有 51 人，占 1.3%。公司制企业的被调查者有 3057 人，在有效问卷中占 80.4%；合伙制企业的有 278 人，占 7.3%；个人独资企业的有 399 人，占 10.5%；拒答企业类型的有 66 人，占 1.7%。接受调查的企业业务范围广，性质成分多样。公司制企业 221 家，占所有被调查企业的 67.8%；合伙制企业 19 家，占 5.8%；个人独资企业 30 家，占 9.2%；56 家企业拒答企业形式，占 17.2%。国有企业有 75 家，占所有被调查企业的比例为 23%；集体企业 5 家，占 1.5%；民营企业 135 家，占 41.4%；外商投资企业 57 家，占 17.5%；拒答企业所有制情况的有 54 家，占 16.6%。

调研组还与四川省自贡市、广州市、山东省烟台市、辽宁省大连市主管企业的政府机关工作人员、部分企业代表进行了座谈，了解其对企业社会责任的认识和企业承担企业社会责任的情况。

一　企业社会责任的公众意识

随着中国社会经济的发展与进步，企业社会责任的观念已深入人心。在访谈中，接受访谈的对象普遍认为，企业应当遵守企业社会责任，这一点在问卷调查中得到了印证。在被调查对象中，有 3670 人（在有效问卷中占 96.6%）认为企业应当承担社会责任（见图 1），其中，272 名高层管理者中有 269 人（占 98.9%）、1865 名中层管理者中有 1820 人（占 97.6%）、1653 名普通员工中有 1572 人（占 95.1%）认为企业应当承担社会责任；国有企业 1180 人中有 1134 人（占 96.1%）、集体企业 75 人中有 70 人（占 93.3%）、民营企业 1741 人中有 1690 人（占 97.1%）、外商投资企业 753 人中有 727 人（占 96.5%）认为企业应当承担社会责任。

在访谈中，几乎所有的企业中高层管理人员都提出，承担社会责任，

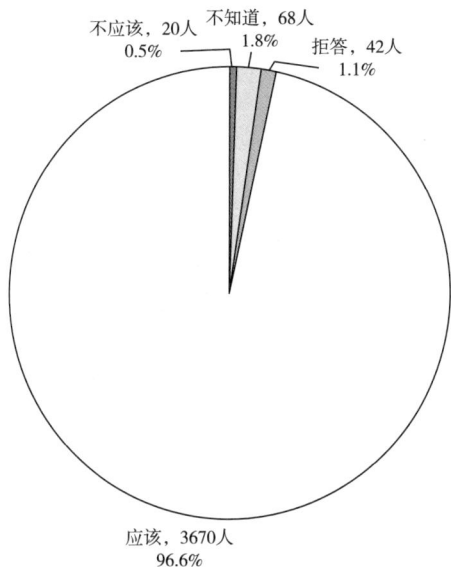

图1 关于企业是否应承担社会责任的认识

首先就必须搞好本企业的建设，推动社会经济发展。其次，他们大都将参与公益事业作为履行社会责任的重要方面，如应关爱员工家属，参与社区建设，资助敬老院、残疾人和孤儿院，设立教育基金，以及参与赈灾捐赠等社会公益活动。几乎所有的被调查者也认同，诸如禁止使用童工、预防性骚扰、提供健康安全的劳动环境、保证自由正当的竞争与公平交易、保证就业机会平等、提供优质产品、注重保护消费者个人信息、尊重和保护知识产权、参与公益事业、注重保护环境等，也是企业应当履行的社会责任（见图2）。这其中，企业较为重视的内容依次主要是：提供优质产品、提供健康安全的劳动环境、保证正当竞争与公平交易等（见图3）。

调查发现，绝大多数被调查者认为，企业履行社会责任必须遵循相应的商业规则，遵守有关的法律规定，并不得从事下述活动：生产、销售不合格产品；拖欠员工工资；拖欠或向员工转嫁企业应支付的社保费用；避税；推迟支付应付款；不如实充分说明商品内容、服务内容；仿制他人产品；使用近似商标、商号或包装；建立价格联盟；低价倾销；隐瞒真实信息，进行价格误导；串通投标；提供高额商业回扣；不向监管机关如实说明情况等（见图4）。

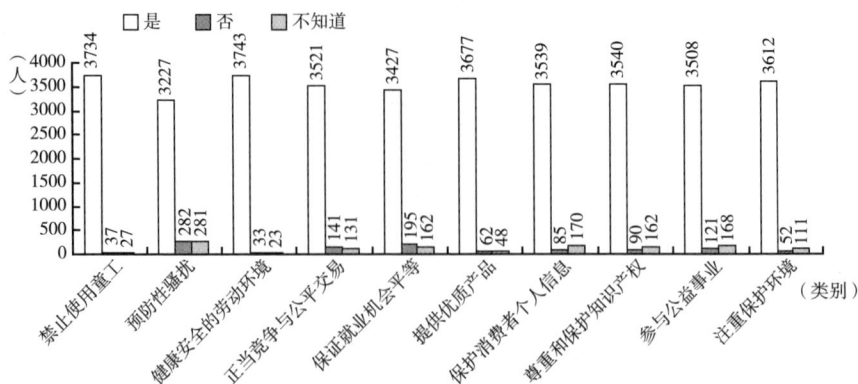

图2　被调查者对相关企业社会责任内涵的认同度

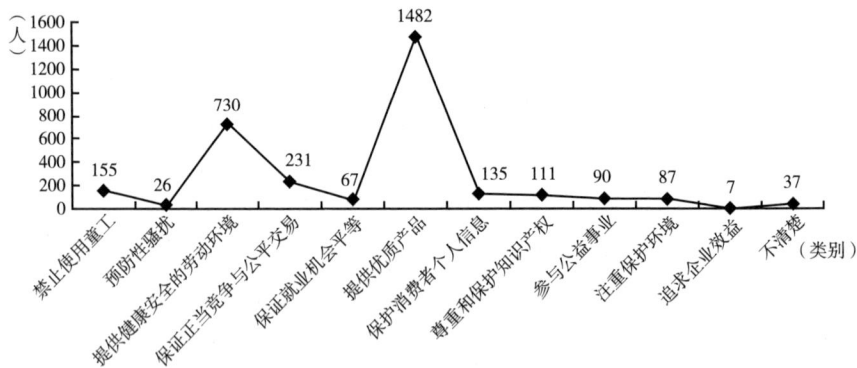

图3　被调查者认为所在企业最重视的企业社会责任情况

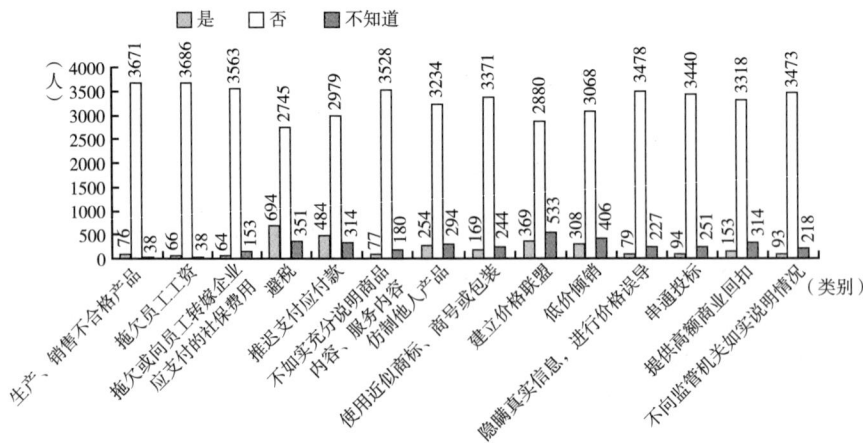

图4　被调查者对企业不得从事的相关活动的态度

二　企业履行社会责任的状况

企业履行社会责任的状况不但要依赖于公众对企业社会责任的认知程度，更要依靠企业的重视和具体落实情况，以及政府的监管和社会的监督。随着企业社会责任意识的不断提高，企业履行社会责任的状况有不少值得肯定的地方。

数据显示，被调查企业绝大多数都在禁止使用童工、预防性骚扰、提供健康安全的劳动环境、保证正当竞争与公平交易、保证就业机会平等、提供优质产品、保护消费者个人信息、尊重和保护知识产权、参与公益事业、保护环境等方面制定了相应的内部规章制度（见图 5）。

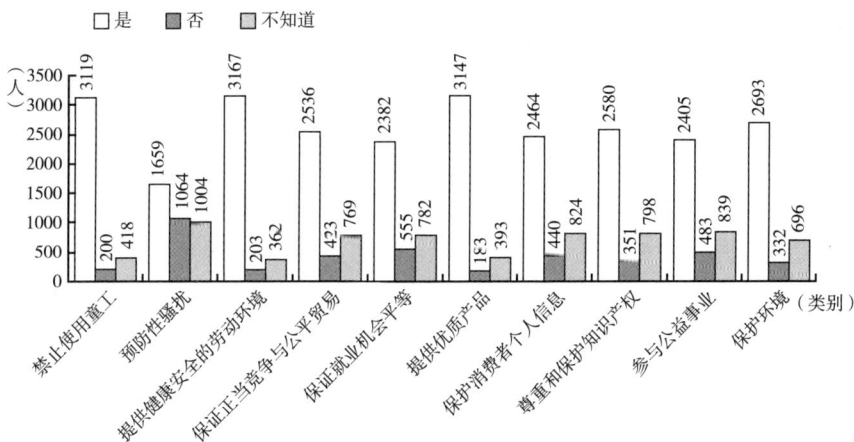

图 5　企业内部规定涉及确保履行社会责任的情况

不仅如此，被调查者反映，不少企业的内部规定还禁止从事一些违反法律规定或者可能损害他人利益的行为。例如，生产、销售不合格产品；拖欠员工工资；拖欠或转嫁企业应支付的社保费用；避税；推迟支付应付款；不充分说明商品、服务内容；仿制他人产品；使用近似商标、商号或包装；建立价格联盟；低价倾销；隐瞒真实信息，进行价格误导；串通投标；提供高额商业回扣；不向监管机关如实说明情况等（见图 6）。

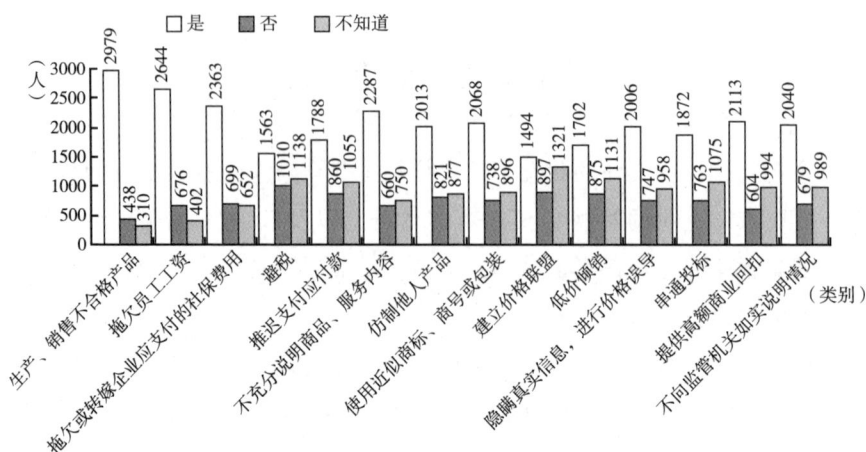

图6 企业内部规定禁止企业从事有关活动的情况

企业切实履行社会责任不仅要确立相应的规章制度，更应加强对内部员工的教育和宣传。1995 名被调查者反映，本单位专门设有内部教育和宣传机制，以预防员工和企业的违法活动。其中，国有企业 1180人中有 677 人、集体企业 75 人中有 39 人、民营企业 1741 人中有 852人、外商投资企业 753 人中有 396 人认为本企业有相关机制（见图 7，不含拒答人数）。

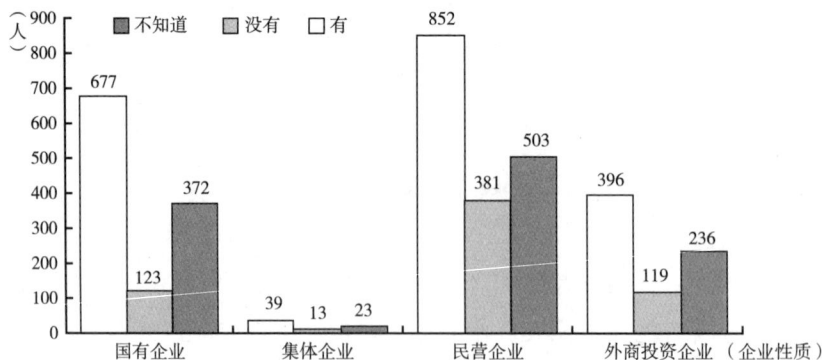

图7 被调查者所在企业设置预防违法的内部教育与宣传机制的情况

不仅如此，很多企业还有多种多样的内部宣传和教育方式，包括职务进修、公司内部召开研讨会、培训、利用公司内部报刊宣传手册、在公司内网上登载有关信息或者向员工发送宣传教育的邮件等（见图 8，不含拒答人数）。

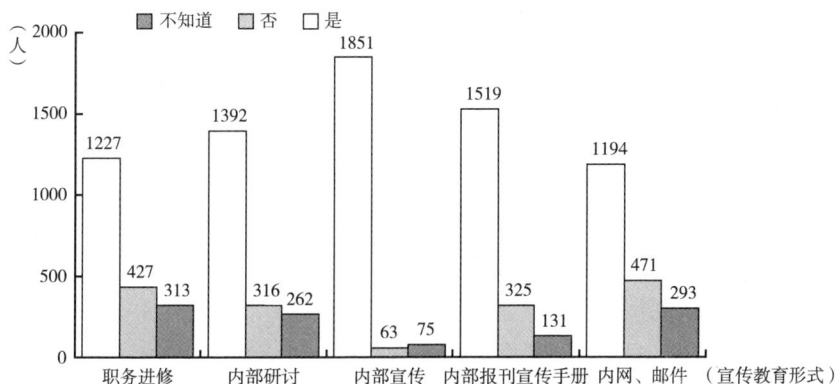

图 8　所在单位为预防员工或企业违法开展内部宣传或教育的形式

51.3% 的被调查者表示，所在企业还针对违法防范制度设有律师等第三方参与的评估机制，其中，272 名高级管理人员中有 203 人肯定了此结论。还有 63.1% 的被调查者表示，所在企业有针对员工举报违法行为的专门处理制度和机构，其中，272 名高级管理人员中有 230 人肯定了此结论。

企业犯罪是严重背离企业社会责任的行为，在刑事法律明文规定的情况下，企业违反社会责任、情节严重的行为，可能构成刑事犯罪，应承担刑事责任。目前，中国市场经济调控管理方面的法律制度已经比较完备，但由于社会控制能力欠缺、执法环节问题较多、市场经济竞争环境不够理想等消极因素的存在，在市场竞争中，与社会责任相关的企业犯罪时有发生。问卷调查显示，大部分被调查者都不清楚或者否认其所在企业有过犯罪前科，仅有 1.6% 的被调查者表示，自 2005 年起，其所在单位受到过刑事制裁；63.9% 的被调查者表示，单位并未受过刑事处罚。在其余的被调查者中，有 32.7% 表示不清楚，1.8% 未回答该问题。考虑到企业犯罪是一个较为敏感的问题，调研组设计的问卷更多询问的是企业权益被侵犯的状况，而不是本企业侵犯其他企业权益的情况。从调查结果看，有 914 名被调查者表示，本企业曾因其他企业的违法行为（包括民事违法、行政违法、刑事违法）遭受过损失，其中，272 名高层管理人员中有 130 人（占 47.8%），1865 名中层管理人员中有 496 人（占 26.6%），1653 名普通员工中有 286 人（占 17.3%，见图 9），另有两人未回答自身所处的层级情况。故而，可以认为，此次调研所得的企业犯罪的数据结论基本是可信的。

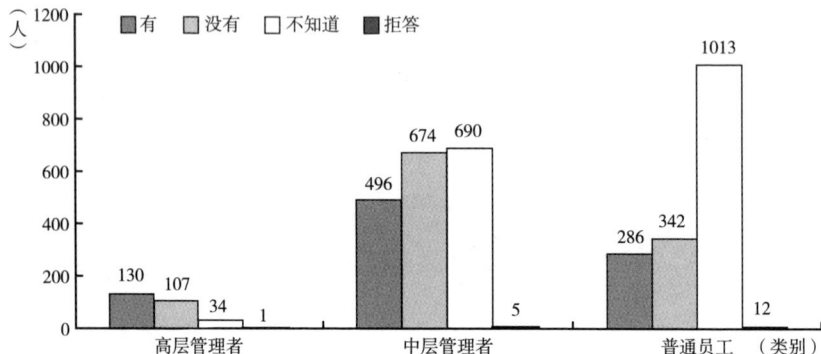

图 9　2005 年以来所在单位因其他单位的违法行为而受到损失的情况
注：本图未列明拒答人数。

三　中国地方政府推进企业社会责任建设的实践

近年来，随着社会主义市场经济的不断发展，企业活动越来越自主和活跃，人们不但关注企业创造经济财富的能力和水平，也开始注重企业对个人、社会、国家的贡献程度。尤其是近年来频频发生的食品安全、安全生产、环境污染、劳资纠纷也反复提示政府，在关注企业赢利能力的同时，更应关注企业履行社会责任的情况，并确立相应的机制引导和监督企业承担相应的社会责任。在推进企业承担社会责任方面，一些地方政府注意发挥自身作用，进行了有益的尝试，烟台市经济技术开发区的"企业社会责任考核评价机制"就具有一定的代表性。

2008 年之前，与其他地区一样，烟台市经济技术开发区考核企业时也是以利税、赢利能力、出口创汇等经济指标为导向。按照这样一种考核机制，政府关注的是区内企业是否创造更多的经济价值，政府管理主要以促进企业赢利为出发点和落脚点。这种考核机制的负面效果在于，一些企业只注重自身生存发展和最大限度地追求经济利益，忽视遵守法律和对整个社会的贡献度。因此，环境污染、产品质量事件、劳资纠纷乃至企业间的经济纠纷等损害其他企业乃至社会公众利益的问题时常发生。又因为公众的问题无法从企业那里得到解决，很多问题被推向了政府，上访、群体性事件时有发生，结果是"企业挣钱、政府埋单"。由于社会不稳定因素较多，政府像救火员一样，马不停蹄地去应对因企业违法违规而引发的各类社会问题，管理成本极高。经历了长期的被动应付之后，烟台市经济技术开发区意识到政府不能总是担当市场经济的"救火员"，必须另辟监管蹊径。企业社会责任考核评价机制就这样应运而生。烟台企业社会责任考核评价机制的目的在于，确认政府的监管责任，引导企业更好地遵守法律、贡献社会。

烟台市经济技术开发区推行的企业社会责任考核评价机制是政府依法行政的题中应有之义。考核评价是一个涵盖面极宽的体系，它不是凭空引入一套新的考核指标，而是立足于现行的各类法律法规，将企业应当遵守的制度予以具体化，形成了经济发展责任、节能减排责任、诚信守法责任、员工保障责任、社会事业责任、帮扶助贫责任、计划生育责任、稳定防范责任八大体系。其中的33项指标是企业日常应当遵守的法律规定，也是政府监管企业的主要依据。烟台经济技术开发区以此为依据进行考核，是想进一步强化有关的制度，也是要求政府自身必须严格履行监管职责。该考核评价机制不强制企业参加，没有额外增加企业的负担，也没有为企业设定新的义务和责任，但却强化了政府的监管。

烟台企业社会责任考核评价机制的具体做法是，政府依法监管和企业自我约束共同发挥作用。自推行该考核评价体系以来，由于改变了过去过于重视企业的工业总产值、进出口总额、纳税多少的做法，降低了这些指标在整个考核体系中所占的比重，特别是将企业履行社会责任的情况纳入了评价机制，这有助于引导企业的全面发展。调研发现，在推行这一考核机制之前，企业虽然也注意守法问题，但更关心的是企业的经济效益，实行企业社会责任考核机制之后，政府的评价体系发生了重大转变。在政府的引导下，全社会更加关注企业对社会的整体贡献水平，企业关心的是遵守法律，以合法手段创造价值、服务社会。而且，值得注意的是，该考核机制并非强制性的。企业自愿参与考核，考核成绩不佳也不会直接导致政府的制裁。但是，由于政府推行的考核机制具有更强的公信力和影响力，绝大多数企业都积极参加，并十分在意考核结果。在过去重视工业总产值、进出口总额、纳税多少的时代，很多民营或者中小企业根本无缘进入政府关注的视野并获得很好的考核评价。引入新的考核机制后，很多民营企业或者中小企业凭借其参与公益事业的热心、完善的内部管理机制和较高管理水平，一举进入考核成绩优良的行列，赢得了更多的社会正面评价，履行企业社会责任的积极性高涨。

烟台市经济技术开发区的企业社会责任考核评价机制将政府管理社会和企业的重点转移到了企业活动之中，变遇到问题的被动监管为以防范问题为主的主动监管。政府立足于充分发挥现有法律规定的作用，把监管的重点放在了企业日常的经营活动之中，而不是放在年终的总结和考核上，提升了政府监管的水平。这种考核对提升区内企业的综合竞争力，打造开发区吸引外资的软环境起到了重要的推动作用。

烟台市经济技术开发区的企业社会责任考核评价制度是推动社会关注企业社会责任、推动企业全面履行社会责任的有益实践，也是社会主义市场经济环境下政府职能转变的有益探索和创新。对于推动中国未来进一步转变政府职能，推进依法行政，打造服务型政府而言，该制度有如下经验值得总结。

第一，发展市场经济绝不可以放松政府监管。在建设社会主义市场经济体制的过程中，人们经常会把发挥市场作用和加强政府监管置于对立的两极，认为发展市场经济就必须减少政府监管，由市场来解决自身发展的问题。但是，近年来频发的食品安全等事故，尤其是2008年下半年爆发于美国、席卷全球的金融危机提醒我们，市场有致命的弱点，放弃政府必要的监管、任由市场主体自生自灭，必然会引发严重的经济、社会问题，制约经济社会健康发展。因此，在发展社会主义市场经济的过程中，既要严格防止政府过多插手不该由其管理的事项，直接干预企业生产经营，增加企业额外负担，又要严格防范政府监管缺位，发挥政府对市场的矫正作用。烟台市经济技术开发区企业社会责任考核评价制度的核心就是：政府立足于现有的法律规定，推动企业履行社会责任，将考核与日常执法有机结合，严格履行政府的监管职责。

第二，在市场经济体制下，政府应当以引导市场主体自觉守法，预防各类矛盾纠纷为其工作的重点。当前，一些政府部门在管理中总是消极被动地等待，只有当各种小的矛盾纠纷激化为社会问题后，才介入处理，这样往往错过了处理问题的最佳时机，结果是后期介入的成本极高。特别是随着经济的高速发展，各类矛盾纠纷处于高发阶段，政府疲于应付，顾此失彼，严重影响政府的正常活动。烟台的实践证明，政府监管应当积极主动地介入市场管理，引导和监督企业遵纪守法，将因企业违法而引发的社会矛盾消除在萌芽状态。政府积极引导和监督企业履行社会责任是依法行政的重要内容，非但不会增加政府管理的投入，反而会降低政府应对各类社会问题的成本，有助于维护社会稳定。

第三，加强政府监管、转变政府职能应转变观念，逐步改革政府监管模式，变传统的命令与强制为主为引导与鼓励为主。依靠国家强制力，以命令、强制为手段，是政府监管常用的方式，但不应是其唯一的方式。命令、强制固然可以监督企业守法，但是，实施成本较高，而且，不可能覆盖企业整个的生产经营环节。在市场经济环境下，政府监管除了要严格执法、制裁违法者之外，还可发挥引导作用。烟台的实践就是由政府出面，通过政府的宣传，将企业社会责任转化为企业打造品牌的重要依托，并内化为企业自身发展的潜在动力，变要我守法为我要守法。

四　中国企业社会责任法治发展存在的问题及展望

调查发现，企业社会责任的实践仍面临不少困难，有待进一步发展和完善。其一，政府监管有待加强。由于主客观的原因，中国在执法方面的成效有些差强人意，企业诚信的法制体系在有的情况下形同虚设，难以切实起到保障和监督作用。在问卷调查中，对于"追究加害单位民事责任的现状"，仅有16.1%的被调查者表示满意；对于"所在单位受损时，行政处罚、行政调解等的现状"，仅有15.5%的被调查者表示满意；对于"所在单位遭受其他企业侵害时的刑事损害赔偿和违法制裁等"，仅有

14.9%的被调查者表示满意。不满意的原因主要包括：举证困难、时间过长、成本过高，以及可能存在舞弊问题等。其二，社会监督有待提高。尽管品牌意识已逐渐成为各企业普遍关注的问题，但在维护品牌方面，部分企业选择了与社会责任意识背道而驰的做法，对于可能影响企业声誉的负面信息，更多的是"捂盖子"，而不是主动公开。问卷调查显示，仅有19.5%的被调查者明确表示，所在单位曾主动公开过受行政或刑事制裁的信息。与此同时，仅有36.5%的被调查者表示，所在企业曾调查过其他国内客户或者合作伙伴承担社会责任的情况；仅有25.8%的被调查者表示，所在企业曾调查过其他国外客户或者合作伙伴承担社会责任的情况。不少企业忽视合作伙伴企业社会责任的做法更是助长了部分企业"说一套，做一套"的不良风气。其三，企业自律有待完善。企业的规章制度需要员工的贯彻与落实。但是，问卷调查显示，仅有52.5%的被调查者表示，所在单位有预防员工或企业违法的内部教育或宣传制度；而且有近1/3的员工表示，并不了解"企业内部规章"的具体内容。这就使得员工对企业社会责任的概念认识模糊，缺乏清晰的了解，企业规章难以在工作中起到明确的指导和规范作用。

在防范企业违法犯罪方面，调研也显示，中国现行的制度仍有许多修改完善的空间。首先，资格刑的规定还不完善。中国《刑法》缺乏针对犯罪单位的资格刑的规定，不利于预防和打击企业犯罪行为。46.1%的被调查者表示，对所在单位遭受其他企业侵害时的刑事损害赔偿和违法制裁等不满意的原因是缺乏资格刑的规定。其次，对被害人的赔偿和被害人参与诉讼程序的制度还不够健全。被害人缺乏参与诉讼的渠道、赔偿标准低是被调查者对刑事司法不满意的重要方面。64.7%的被调查者表示，对所在单位遭受其他企业侵害时的刑事损害赔偿和违法制裁等不满意的原因是缺乏对受害者的救济机制；58.3%的被调查者表示，不满意的原因是受害人参与相关程序的机制不健全。再次，罚金刑数额规定的合理性有待进一步评估。中国《刑法》对罚金刑数额没有明确的规定，司法实践中存在数额偏低问题，不能有效地遏制某些企业犯罪。57.3%的被调查者表示，对所在单位遭受其他企业侵害时的刑事损害赔偿和违法制裁等不满意的原因是罚金刑标准过低。此外，65.5%的被调查者表示，对所在单位遭受其他企业侵害时的刑事损害赔偿和违法制裁等不满意的原因在于对违法者处罚过轻。

企业是联系国家、社会和个人以及人类社会与自然的重要纽带，企业严格依法经营，恪守社会责任，国家、社会和个人之间乃至人类社会与自然之间才能形成和谐的关系。推动企业守法、鼓励企业履行社会责任，需要国家、企业、个人等多方主体共同参与，需要企业的身体力行，更需要国家和各级政府的有效监管。首先，需要国家确立较为完善可行的法律制度和管理机制。为解决中国企业履行社会责任方面存在的问题，应当进一步完善法制体系，形成以《公司法》为核心，《全民所有制工业企业法》《合伙企业法》《个人独资企业法》《环境保护法》《劳动合同法》《安全生产法》《消费者权益保护法》《公益事业捐赠法》及税收相关法律法规和《刑法》为辅助的架构，营造鼓励企业积极履行社会责任的法制环境。应当推动建立防范企业违法犯罪的行业准则和规范，完善适用于企业违法犯罪的行政处罚、刑罚种类，注重运用限制违法企业的经营范围、经营区域、业务对象等资格限制措施，对违法犯罪企业形成有效的威慑。需要增加企业违法犯罪的成本，降低企业违法犯罪的收益。同时，还需要加强对受害人权利的保障。其次，应当严格企业社会责任法律制度的执行适用。高效的行政执法和畅通的司法救济可以确保各项法律规定落到实处，也能保证和促进企业履行社会责任。再次，政府应当采取措施不断鼓励和引导企业承担社会责任。政府运用公权力查处企业违法活动和引导企业守法与鼓励企业加强自律是相辅相成的，未来政府改革的方向既包括发挥市场配置资源的作用，避免对企业经营活动的直接干预和为其增加不必要的负担，更要优化管理模式，防止监管缺位。政府应当鼓励和引导企业将社会责任纳入管理体系和日常经营活动中，使其成为企业经营的有机组成部分，使企业将遵守法律、履行社会责任贯穿于企业生产经营的每一个细节，融入从高层管理人员到中层管理人员乃至每一个普通员工的理念和行动之中。每一个员工都应加入企业的社会责任管理，使企业的每一个员工都认识到履行社会责任的重要性，自觉地监督企业生产经营的各个环节的合法性，确保企业真正履行社会责任。

（参见法治蓝皮书《中国法治发展报告 No. 8（2010）》）

第十六章 中国学术评价机制调研报告（2010）

摘　要：学术评价是学术共同体对研究者的研究进行评价的一种活动，目前中国各学术共同体采用的大多是量化评价机制。本报告就学术评价机制，调查了全国 32 所高等院校和科研机构的学者和学生。调研结果显示，学术量化机制尽管具有一定的积极作用，但由于缺乏相关的法律规定，该体制弊大于利，并且是目前学术不端、学术腐败产生的主要因素。报告建议，应改变过度依赖量化的学术评价机制及与之相关的期刊分级制度，使学术回归学术。

学术研究、如何进行学术评价，以及与之相关的各种现象已经成为中国学术界的热门话题之一。学术评价是依据一定的标准对学术研究成果进行客观的鉴定、分析，对评价对象的学术能力得出令人信服的结论。从形式上看，现有的各种评价体系似乎能够满足这个需求，但实际上却颇遭人诟病，甚至现阶段被认为是中国学术特别是人文社会科学学术评价最混乱的时期。就此，2010 年 8~11 月，中国社会科学院法学研究所法治国情调研组（以下简称"调研组"）对国内一些高等院校和研究机构进行了问卷调研，了解学者、硕士研究生和博士研究生对现有学术评价机制的看法，并提出参考性建议。限于篇幅，本调研报告只涉及论文评价问题。

一　调研概况

本调研的目的是了解现有学术评价机制在多大程度上影响了中国的学术发展以及学术生态环境的构建。调研组采用问卷调查的方法，针对学者、科研人员和博士研究生、硕士研究生分别设计了学者类问卷和学生类问卷。这两类人群均与学术评价机制有关，对学术评价机制有切身的体会与认识，通过调研将有助于发现现有学术评价体系存在的深层次问题。

调研组在发放问卷时兼顾了不同地域、不同性质、不同类型的高等院校、科研机构，以保障调查结果的客观性和真实性。

调查问卷由五部分组成。第一部分是被调查人员的基本情况，诸如性别、年龄、职称等。第二部分，学者类问卷调查了关于职称评定、晋级的条件，主要调研学术论文和专著在职称评审中的地位、学术论文质量的判定标准；学生问卷则调查了学位授予与论文发表的关系。第三部分是关于被调查人员特定期限内发表论文、出版专著的数量及论文发表、专著出版的渠道、署名情况，以及学术期刊存在的问题，如期刊收费、稿费、分级等。第四部分是关于学术专著出版情况和存在的问题。第五部分调查了现有学术评价机制、衡量个人学术水平标准、导致学术不端的原因等内容。

调研组调查了全国 32 所高等院校及部分中央和地方的研究机构，发出学者类问卷 1230 份，收回有效问卷 904 份，其中高校学者问卷 695 份，占 76.9%；科研人员问卷 200 份，占 22.1%[①]（未回答该问题的 9 人，占 1%）。被调研学者的职称情况为：无职称的占 4.6%，初级职称的占 10.4%，中级职称的占 36.2%，副高级职称的占 30.2%，正高级职称的占 17.7%，其他（未回答该问题的学者）占 0.9%。

这些学者以中青年居多。55 岁以上的人有 44 人，占调查人数的 4.9%；45~54 岁的有 189 人，占 20.9%；35~44 岁的有 326 人，占 36.1%；25~34 岁的有 285 人，占 31.5%（未回答该问题的 60 人，

----

① 为论述方便，此后统称教师和研究人员为学者。

占 6.6%）。

被调查学者的工作年限方面，从事教学、研究工作年限为 1 年以下的有 45 人（5.0%），1~5 年的有 222 人（24.6%），6~10 年的有 205 人（22.7%），11~15 年的有 133 人（14.7%），16~20 年的有 97 人（10.7%），21 年以上的有 186 人（20.6%），未答年限的有 16 人（1.8%）。

调研组向北京大学、清华大学、北京师范大学、浙江大学、山东大学、厦门大学、四川大学、黑龙江大学、华东师范大学、西南政法大学等 16 所大学的部分硕士和博士研究生发出问卷 1270 份[①]，收回有效问卷 1173 份。其中，男性 693 人，女性 473 人，7 人未回答性别问题；硕士研究生 699 人，博士研究生 468 人，6 人未回答学历问题。被调查学生专业分布广泛，涵盖了人文科学、社会科学、自然科学近 50 个专业。

二 中国学术评价制度的发展与现状

（一）中国学术评价体系与期刊分级制度

学术论文是研究者依照某种知识谱系对某一学术问题进行分析，在实验性、理论性或预测性方面提出创新观点的文章，可以发表在某种学术载体（如期刊）上。判断学术文章的优劣是学术评价的一部分。寻找一种科学、实事求是和简便易行的评价体系是中外学术界的一个难题，人们为此进行了大量的探索，效果却不能令人满意。

中国学术评价体系的构建与学术期刊分级有密不可分的关系。20 世纪 80 年代，中国国内的论文写作规范不是十分严格，期刊数量不多，但影响较大。为了给图书馆订购期刊提供参考，有关部门开始编制期刊目录，此时尚未对国内期刊进行所谓的分级。随着中国科学文化事业的进步和发展，期刊和学术论文的数量大大增加，如何管理和评价期刊成了一个很大的问

---

① 为论述方便，此后统称硕士和博士研究生为学生。

题。80 年代末，南京大学率先引入 SCI 科研评价体系①，发表在被 SCI 收录的期刊上的论文，在国内被简称为"SCI 论文"。后来，国内还延伸出其他体系，如"CSSCI"，即论文索引体系②。目前，全国绝大多数高校以在 SCI、SSCI③ 等 CSSCI 上发表论文作为对学生、教师的重要考核指标。

对数量巨大的学术期刊进行有效的管理历来是政府部门、学术界、出版界关注的焦点，目前大多数管理部门采用的是期刊分级制度。实践中，期刊分级政出多门，政府、学术界、期刊界的方法大不相同。尽管如此，这些部门却不约而同地选择通过对期刊的分级来简化对期刊的管理，进而主导学术评价。当前比较重要的期刊评价体系有 7 种，其中，哲学社会科学期刊评价体系有三种，即北京大学图书馆和北京高校图书馆期刊工作研究会编制的《中文核心期刊要目总览》，南京大学受教育部委托编制的《中文社会科学引文索引》，中国社会科学院文献中心、社科文献计量评价中心编制的《中国人文社会科学核心期刊要览》。

学术评价体系及期刊分级有一个发展的过程。编制期刊目录最初是为了给订阅者和图书馆收藏提供依据，然而，随着学术期刊的增多，期刊分级管理似乎有了必要，于是期刊目录编制的初衷发生了偏移。根据一定标准，期刊被分为"核心期刊"和"非核心期刊"。"核心期刊"的标准是国内几所大学的图书馆根据期刊的引文率、转载率、文摘率等指标确定的，各图书馆的评比、录入标准不尽相同，但入选上述高校和研究机构编制的书目的期刊都属于核心期刊。

目前，核心期刊要目、SCI 及类似的制度不再仅仅用于期刊管理，而且成了各高校和科研机构进行学术评价的主要依据，学者、科研工作者们的职称评定、奖金、评奖、经费申请乃至院士评选都要求在核心期刊上发表一定数量的论文。不仅如此，多数重点大学要求博士、硕士研究生必须在核心期刊上发表论文方能毕业。

应该承认，期刊评价机制的建立有一定的积极作用，它促使期刊社努

---

① SCI 是"科学引文索引"（Science Citation Index）英文名称首字母的缩写。

② CSSCI 为"中文社会科学引文索引"（Chinese Social Science Citation Index）英文名称首字母缩写。

③ SSCI 为"社会科学引文索引"（Social Science Citation Index）英文名字首字母缩写。

力办好刊物，也促使学者深入研究、写出精品，并为评价科研工作的质量提供了客观依据。但是，此类制度过于追求量化，高校、科研机构不仅以论文发表数量竞相排名，还将 SCI 等制度与职称的评定、科研经费的申请等挂钩，并制定了相关的奖励政策，发表一篇被 SCI、SSCI、CSSCI 收录的论文，奖金数千元甚至逾万元。然而，除了值得炫耀的排名外，没有证据显示这些论文中的大多数体现出对学术的贡献，学术评价的主要内容——学术论文评价被期刊分级制度彻底主导。

（二）与学术评价相关的法律法规

目前，中国与学术评价、学术奖励有关的法律法规较多，如《高等教育法》《学位条例》《学位条例暂行实施办法》《教师法》《教师资格条例》《教师资格条例实施办法》《教学成果奖励条例》《教师和教育工作者奖励规定》《高等学校科学研究优秀成果奖（科学技术）奖励办法》《高等学校科学研究优秀成果奖（人文社会科学）奖励办法》《高等学校哲学社会科学研究学术规范（试行）》《教育部关于严肃处理高等学校学术不端行为的通知》《国务院学位委员会关于在学位授予工作中加强学术道德和学术规范建设的意见》《教育部、新闻出版总署关于进一步推进高校出版社改革与发展的意见》等，其中《高等教育法》第 47 条规定，教授、副教授除具备基本任职条件外，还应具有本学科系统而坚实的基础理论、比较丰富的教学、科学研究经验和突出的科研成果。《教师法》第 22 条、23 条、24 条规定了对教师的考核办法。《高等学校教师职务试行条例》对教授、副教授、讲师、助教的任职条件分别规定了最低要求，同时授权各省、自治区、直辖市结合实际情况制定实施细则和实施办法。按照上述规定，申报高级职称的科研成果应是本学科本专业的成果，论文应发表在相应的学术期刊上，由同行专家评定，但是，关于发表论文的期刊范围问题，相关法规并没有作出明确的规定，一般由地方职能部门或高等院校自行掌握。

在评定优秀成果方面，教育部《高等学校科学研究优秀成果奖（科学技术）奖励办法》规定了自然科学奖、技术发明奖、科技进步奖、专利奖四个奖项的评审条件。以自然科学为例，上述奖励办法规定了重要科学发现应具备下列条件：①前人尚未发现或者尚未阐明；②具有重大科学价值；③得到国内外自然科学界公认①。相对于前述法规，这项规定较为具体。

教育部《高等学校科学研究优秀成果奖（人文社会科学）奖励办法》第 12 条、13 条、14 条、15 条规定了获奖成果的条件。教育部社会科学委员会的《高等学校哲学社会科学研究学术规范（试行）》第 9～14 条专门谈到了反对剽窃、抄袭，避免追求数量，实事求是地署名等学术规范问题。第 19 条还谈到了学术评价问题，"学术评价机构应坚持程序公正、标准合理，采用同行专家评审制，实行回避制度、民主表决制度，建立结果公示和意见反馈机制"。

针对学术不端问题，教育部发出的《关于严肃处理高等学校学术不端行为的通知》规定了学术不端行为的范围：①抄袭、剽窃、侵吞他人学术成果；②篡改他人学术成果；③伪造或者篡改数据、文献，捏造事实；④伪造注释；⑤未参加创作，在他人学术成果上署名；⑥未经他人许可，不当使用他人署名；⑦其他学术不端行为。该通知指出，高等学校对本校有关机构或者个人的学术不端行为的查处负有直接责任，应建立健全处理学术不端行为的工作机构。

《学位条例》第 5 条和第 6 条规定了授予硕士学位和博士学位的条件，其中未涉及发表学术论文和学位授予的问题。2008 年教育部官员在回答网友提问时曾指出，教育部、国务院学位委员会对硕士在读期间是否需要在核心期刊发表论文没有作统一要求，同时，对于一些学校和学科根据各自的特点，在国家没有统一规定的情况下，要求要有研究成果发表以检验水平的做法，该官员持认可的态度②。

（三）高校研究机构学术评价现状

根据有关法规，各学术共同体均规定了职称评审晋级及学位授予的条件，如在某种级别的刊物上发表论文的篇数或出版多少专著等。北京大学《法学院学术委员会职称评定规则》就规定，申请教授（职称）的，任现

---

① 参见《高等学校科学研究优秀成果奖（科学技术）奖励办法》第 7 条。

② 详见 http://hi.baidu.com/chivalizhenhua/blog/item/91051062c0426729aa184c39.html。

职以来至少应在北大法学院或北大其他院系认定的核心期刊或重要报刊（限定于《人民日报》《光明日报》（理论版）发表学术论文 6 篇并出版一部个人专著，或学术论文 8 篇，即一般个人专著可抵折 2 篇论文，但论文不能少于 6 篇。

北京大学《关于博士研究生培养工作的若干规定》（2007 年 7 月修订版）中明确要求，在申请学位前，博士研究生应以北京大学为第一作者单位，本人为第一作者身份（导师为第一作者时本人可以为第二作者）在国内核心刊物或国际重要刊物上至少发表或被接受发表 2 篇论文。未达到要求者，一般不接受其学位申请。

清华大学学位评定委员会的《研究生在学期间发表论文基本要求》规定，研究生在学期间均应以第一作者身份发表反映学位论文工作成果的学术论文，要求博士生发表论文最多的院系规定应在核心期刊上发表 3~4 篇；硕士生至少应在核心期刊或各学位分委员会认定的学术刊物上发表 1 篇论文。上述规定是取得清华大学硕士或博士学位的基本要求。

中国人民大学的《博士研究生在学期间发表科研论文暂行规定》也要求博士研究生在学期间必须以第一作者在核心期刊上发表 2 篇以上（含 2 篇）与论文选题内容有关的学术论文。中国人民大学还给出了自行规定的期刊依据，即该校汇编的《中国人民大学核心期刊》。

此外，北京航空航天大学、北京科技大学、北京理工大学、北京林业大学、北京外国语大学、北京邮电大学、中国传媒大学、中国矿业大学、中国石油大学、中国地质大学、厦门大学、同济大学、中山大学以及很多地方院校都规定研究生申请学位前必须发表一定数量的论文，另外，不少高校还规定了论文发表的奖励办法。

此次调研的结果印证了有关学术机构的做法。调研组调查了各学术单位职称评审的条件。在 904 位被调查学者中，有 865 位被调查者称，所在单位将发表学术论文作为职称评审或者业绩考核的条件，占全部学者调查对象的 95.7%；有 800 位被调查者反映，本单位将论文期刊的级别作为职称评定或业绩考核的条件，占全部学者调查对象的 88.5%。

调研显示，发表学术论文也是多数学校学位授予的基本条件。有 728 位学生称，所在学校将公开发表学术论文作为学位授予条件，占全部学生调查对象的 62.1%；有 510 位学生称其学校将在核心期刊发表论文作为学位授予的条件，占全部学生调查对象的 43.5%；有 648 位学生称其学校划定了发表论文的期刊级别和范围，占全部学生调查对象的 55.2%。

三　学术评价制度存在的问题

为了促进学术繁荣，更好地进行学术评价，各学术共同体制定了详细的规则。编制这些规则的初衷是好的，但调研显示，实际效果却南辕北辙。学术评价问题非但没有得到解决，学术界学风不正、学术腐败现象反而愈演愈烈。质疑之，是人出了问题还是制度出了问题？

（一）学术评价机制重数量，学术研究浮躁、学术不端现象突出

学术论文记载创新成果，传播信息，交流学术思想，并为后代留下宝贵的文献。发表论文是科研工作者尤其是高级科研人员的应尽职责，也是科研工作不可或缺的重要组成部分。然而，各种学术不端行为恰恰发生在论文发表环节，期刊更是学术不端行为的高发地带。当前，许多学术共同体采用量化的评价体系，量化本身并不是一个坏东西，一定程度上可以促进学术研究的发展和进步，但过度量化违背科学研究规律，成为学术评价机制中最坏的一个选择。

调研显示，在职称评审这一重要的学术评价活动中，被调查学者普遍认为，应当综合考虑多种因素，而不仅仅考虑研究成果的数量（见图 1）。

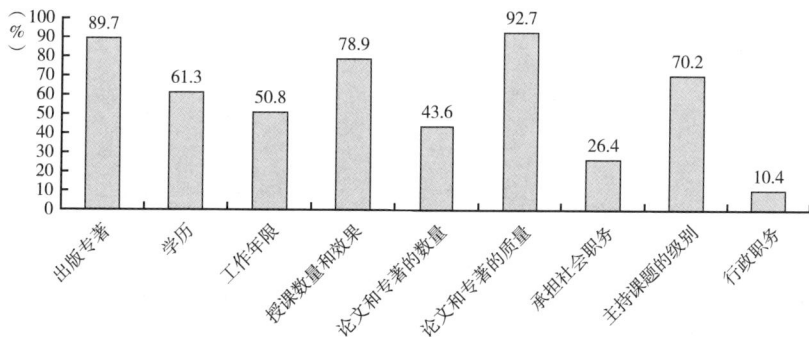

图 1　学者关于职称评审条件的认识

　　多数调查对象对现行学术评价机制持否定态度。在被调查学者中，有741人认为现有学术评价机制评价标准单一，无法反映个人综合能力，占被调查学者的82%；764人认为现有学术评价机制可能引发剽窃、抄袭、拼凑论文等现象，占84.5%；有802人认为目前的评价机制鼓励为了晋级、升职而发表学术论文、专著，占88.7%；634人认为目前学术评价机制的评价主体不当，占70.1%；744人认为目前的学术评价机制重数量、轻质量，违背学术研究的基本规律，占82.3%；752人认为目前的学术评价机制重形式，如是否属于核心期刊、是否获奖，忽略实际能力，如教学能力，占83.2%（见图2）。

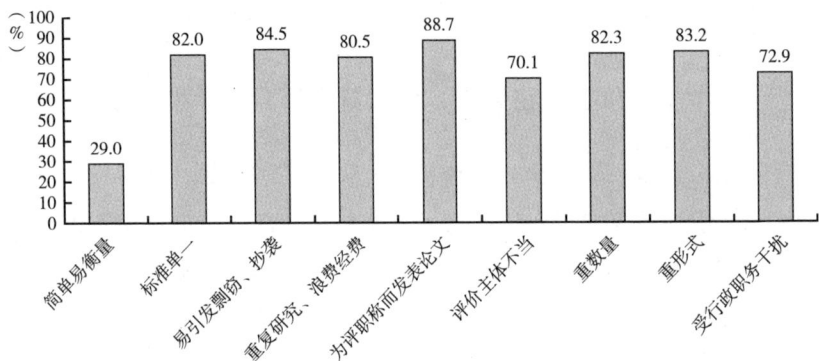

图 2　学者对现行学术评价机制的看法

　　在被调查的学生中，有874人认为目前学术论文评价标准单一，无法反映个人综合能力，占被调查学生的74.5%；768人认为学校目前将发表论文作为毕业条件，违背了学术研究的基本规律，238人持反对意见，136人称不清楚，分别占65.5%、20.3%和11.6%；920人认为目前的论文评价机制是引起剽窃、抄袭和拼凑论文的罪魁祸首，占78.4%；782人认为这种评价机制实际上是拔苗助长，学生无心钻研，占66.7%（见图3）。

　　现有学术评价体系是引发学术不端的主要因素。调研显示，有770位学者认为职称评审偏重数量是学术不端的原因之一，占被调查学者的85.2%，1008位学生认为学术评价偏重数量是导致学术不端的重要原因，占被调查学生的85.9%，学生和学者的意见基本一致；有767位学者认为单位强调短期内发表论文和出版专著的数量是导致学术不端的原因，占

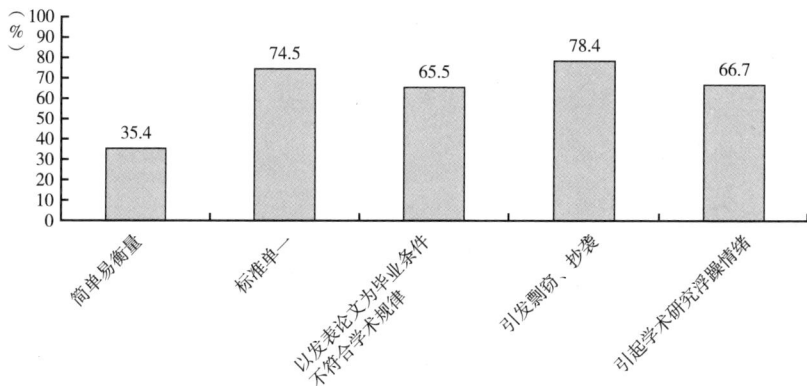

图 3　学生对现行学术评价机制的看法

84.8%，有 944 位学生认为过分强调论文发表、学生缺乏实践积累是学术不端的主要原因，占 80.5%；有 470 位学者认为核心期刊太少是学术不端的原因之一，占 52.0%，有 403 位学生认为核心期刊太少，无法满足需求容易引起学术不端，占 34.4%；有 800 位学者认为学术界风气浮躁是导致学术不端的主要原因，有 956 位学生持相同观点，分别占 88.5% 和 81.5%（见图 4）。除此之外，也有不少调查对象认为学术不端的原因还包括学术行政化严重、缺乏有效的制裁措施等。

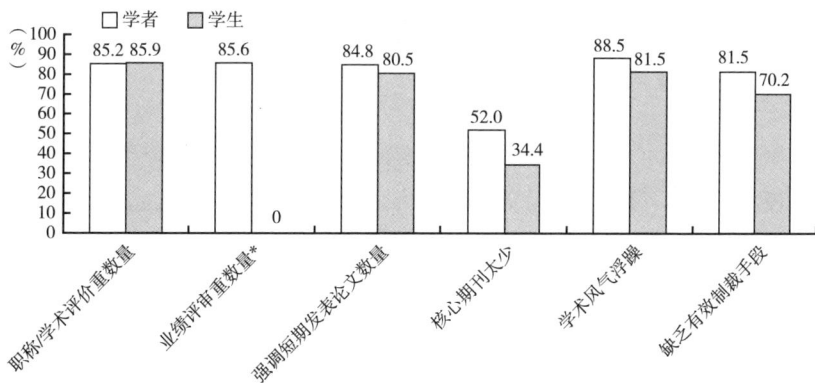

图 4　对学术不端原因的看法

* 注：学生问卷未设计此问题。

特别值得一提的是，现有学术评价机制罔顾论文发表"僧多粥少"

的现状。有学者统计，截至 2009 年，中国一般期刊、核心期刊、权威期刊共计 9468 种，一年只能发表论文 248 万篇，而全国学术人口众多，每年有 1180 多万人有发表论文的需求，其中包括 100 万高校学者、100 万在校硕士研究生和博士研究生、30 多万的科研人员以及超过 500 万的工程技术人员，特别是国企工程技术人员、70 万农业技术人员、360 万卫生行业技术人员。尽管其中一部分人员不一定每年必须发表论文，但是每年仍有数百万人需要发表论文①。

现有评价机制也是学术论文抄袭、剽窃现象严重的一大诱因。从一些公开的材料可以看出，相当比例的人迫于毕业、职称评定期限临近等因素，或加入了论文买卖市场，或抄袭、剽窃论文，或求助于非法学术期刊。用反剽窃软件查询，2007 年的样本数据中，72% 的文章是全文抄袭，24% 的论文为部分抄袭，仅 4% 的文章不存在抄袭②。更为荒唐的是，网络上甚至还有论文自动生成系统，只要输入论文题目，就会自动生成文章。究其原因，是不合理的学术评价机制在作祟。现行的学术评价体系将个人的成绩、职称、科研经费等均与论文发表数量直接挂钩，对单位和领导而言则关系着政绩和升迁。在这种制度下，一些学者和学生为了获取某种利益，不得不急功近利，为完成考核而东拼西凑，制造出大量"学术垃圾"，使学术研究"快餐化"。

（二）大量学术论文没有创新、没有思想

中国每年进入统计成果的有 250 万篇论文③。由于大多数论文只有形式，没有思想，只有躯壳，没有灵魂，这个庞大的数字并没有给国人带来多大的自豪感和成就感。

调研显示，有 791 位学者认为当前的学术论文创新性不够，占被调查学者的 87.5%；766 位学者认为论文选题重复，占 84.7%；751 位学者认

---

① 田栋栋：《中国学术论文交易繁荣　学术评价体制备受诟病》，《中国青年报》2010 年 2 月 4 日。

② 田栋栋：《中国学术论文交易繁荣　学术评价体制备受诟病》，《中国青年报》2010 年 2 月 4 日。

③ 夏锦乾：《何谓学术泡沫?》，《中国社会科学报》2010 年 7 月 13 日，第 17 版。

为当前的学术论文重论断轻论证、缺少细致的研究，占总人数的 83.1%；734 位学者认为当前学术论文对社会发展没有实质意义，占 81.2%。942 位被调查学生认为学术论文的创新性不够，占 80.3%；879 位学生认为论文选题重复，占 74.9%；878 位学生认为学术论文多数重论断轻论证、缺少细致的研究，占 74.9%；877 位学生认为对社会发展有实质意义的文章少，占 74.8%（见图 5）。

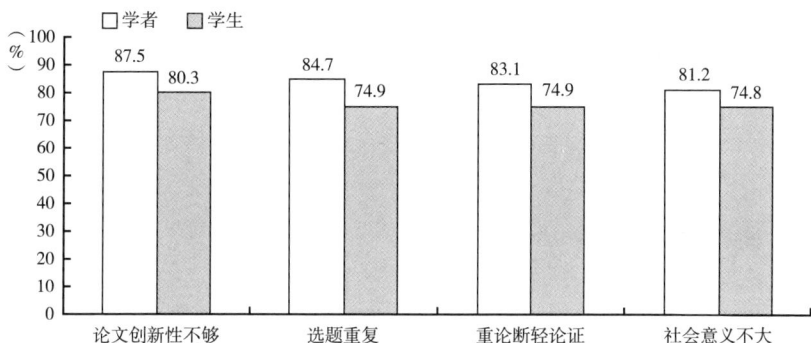

图 5　对期刊论文质量的看法

　　论文质量是期刊的立足之本，然而期刊论文的质量并不容乐观。调研显示，被调查人员对目前期刊论文的质量极不满意。研究者缺少思想和学术研究能力、学术论文缺乏自主性和自觉性成为通病。在这些论文中，一些中外理论具有先验性，成为不可证伪的前提。所谓的研究沦落为对这些先验理论进行阐释和论证，不是某某权威学者如何说，就是某某外国学者怎么看。在论文的质量标准上，86.4%的被调查学者认为论文的质量与创新性有关，69.5%的学者认为应用学科的论文应有助于解决实际问题（见图 6）。

　　不少学术共同体看重学术论文的载体，但半数以上的被调查学者和学生对此并不赞同，期刊分级制度受到质疑。调研显示，586 位学者认为核心期刊的论文未必比网站上的论文水平高，占被调查学者人数的 64.8%；652 位学者不认为核心期刊的文章一定比非核心期刊的文章水平高，占被调查学者人数的 72.1%；783 位学生认为核心期刊的文章不一定比非核心期刊的文章水平高，占被调查学生人数的 66.8%。

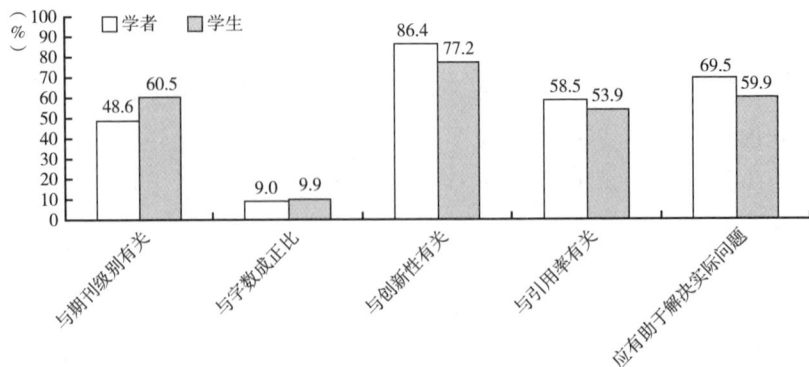

图 6　对论文质量标准的看法

（三）论文署名不能承受之重

学术论文是一个人或一个团体的研究成果，应该是谁劳动谁署名。然而现实中，作者不能署名或者只能署在最后、作者主动要求与人共同署名、被要求与人共同署名等乱象蔚为奇观。这些署名方式严重贬低了学术研究者的劳动，侵犯了著作人的权利。然而，权利被侵犯的一方并不认为受辱，有人甚至还主动要求与他人共同署名，这些现象引人深思。

调研显示，在被调查学者中，有 218 人称有过被领导、导师要求共同署名的情形，占被调查学者人数的 24.1%；360 人称有过同事、朋友、同学等联合署名的情形，占 39.8%；127 人称有过被期刊人员要求与他人共同署名的情形，占 14.0%；69 人称有过被期刊人员要求联合署名的情形，占 7.6%；244 人称在发表文章时有过主动要求与他人（如导师、领导、期刊人员）共同署名的情形，占 27.0%（见图 7）。

在被调查学生中，有 324 人称发表论文时有过被导师或其他老师联合署名的情况，占被调查学生人数的 27.6%；319 人称发表论文时有过同学、朋友要求共同署名的情况，占 27.2%；109 人称有过被期刊人员要求与他人共同署名的情况，占 9.3%；105 人称有过被期刊人员要求共同署名的情况，占 9.0%；312 人承认有过主动与他人（如导师、期刊人员）共同署名的情况，占 26.6%（见图 7）。

可见，不仅是学生，不少学者都有主动或被动与他人共同署名的情

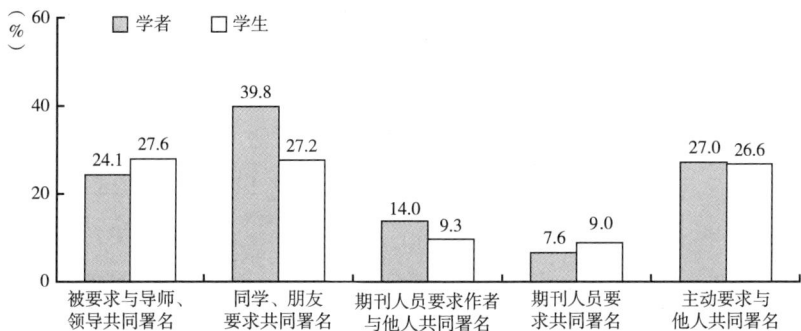

图 7　被调查人员发表论文时署名的情况

况。学者中朋友或同学要求共同署名的比例甚至高达 39.8%。除了因职务行为而必须署名的情况外，非论文作者却在论文前署名是一种学术不端行为，但这种行为现在已经司空见惯。一些学者在学生的论文上署名，或者是应学生发表论文的请求，或者是单纯地侵占他人研究成果。一些学者不仅在他人的论文上署名，还在他们的著作上署名，结果一人一年竟能发表几十篇论文、出版十几部著作。

（四）部分期刊违背传播学术文化宗旨，沦为牟利私器

部分学术期刊收取费用已成潜规则。现实中，有的期刊按篇收费，有的按页收费。发表一篇论文在网上的标价高的竟达万元[①]。为了满足日益庞大的发表论文群体的需求，社会上甚至还出现了非法、假冒的期刊，这些期刊利用人们急于发表论文的心理，大肆牟利。

在学术界，核心期刊收费一直是一个"犹抱琵琶半遮面"的问题。虽然核心期刊纷纷否认收费，然而调研显示，核心期刊收费问题甚至比非核心期刊的收费问题还要严重。期刊收费是否正当，迫切需要法律加以规范。

调研显示，在核心期刊上发表文章时，有 275 位学者称每次都有稿费，占被调查学者人数的 30.4%；471 位学者称不是每次都有，占

---

① 田国磊、马慧娟、叶铁桥：《学术期刊被指有偿刊载论文敛财千万》，《中国青年报》2009 年 4 月 22 日。

52.1%；110位学者称从来没得到过稿费，占12.2%。有92位学生称每次发表论文都有稿费，405位学生称不是每次都有，296位学生称从来没有收到过稿费，分别占7.8%、34.5%和25.2%。

在是否付费发文方面，有118位学者称每次在核心期刊上发表学术论文都要向杂志社支付费用，占被调查学者人数的13.1%；有289人称不是每次都支付，占32.0%；有80位学者称在非核心期刊发表文章时，每次都要向杂志社或指定人员支付费用，占8.8%；称不是每次都支付的有223人，占24.7%。

有184位学生称每次在核心期刊上发表学术论文都向杂志社支付费用，239人称不是每次都支付，分别占总人数的15.7%、20.4%；有227位学生称在非核心期刊上发表学术论文时每次都向杂志社支付费用，269人称不是每次都支付，分别占总人数的19.4%、22.9%。

就学者的职称来看，初、中级职称的学者为发表文章而向杂志社支付费用的情况较为突出。比如，按照初级职称、中级职称、副高级职称、高级职称排列，每次都向核心期刊支付费用的依次占12.8%、16.8%、12.8%、8.1%；不是每次都支付的依次为37.2%、35.2%、34.8%、21.9%。上述两项合计分别为50%、52%、47.6%、30%。每次都向非核心期刊支付费用的分别为9.6%、11.9%、7.7%、4.4%；不是每次都支付的分别为40.4%、26.6%、25.3%、13.1%。上述两项合计分别为50%、38.5%、33%、17.5%（见图8）。这反映出，初级、中级职称的学者为晋升职称面临更大的发表论文压力，同时，由于这些学者占有的学术资源、社会资源较少，其发表论文的难度也较大。

调研显示，期刊收取的费用金额不容小觑。学者、学生向核心期刊、非核心期刊单次支付的费用从数百元到千元以上不等（见图9、图10）。

期刊收取费用本应向付费人出具发票或收据，然而事实并非如此。有155位学者称杂志社在收取费用时每次都出具正式发票或收据，占被调查学者人数的17.1%；301位学者称不是每次都出具，占33.3%；152位学生称非核心期刊杂志社收取费用每次都出具发票或者正规收据，412位学生称不是每次都出具，分别占被调查学生人数的13.0%、35.1%。

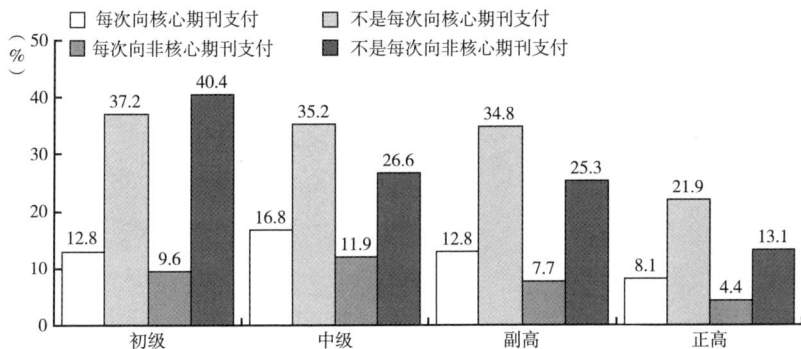

图 8 不同级别职称的学者向期刊支付费用的情况

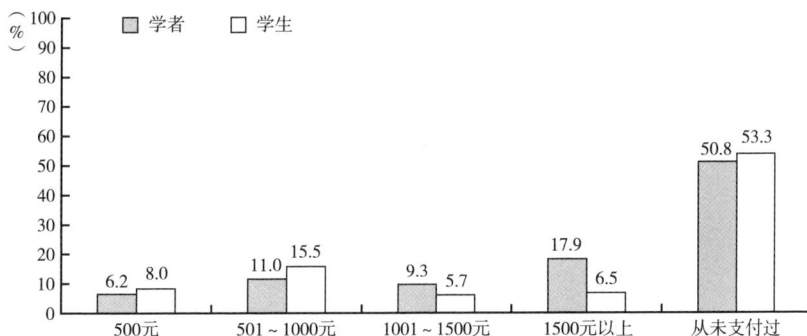

图 9 核心学术期刊单次收费情况

注：此图不包括"拒答"或"作废"的数据。图 10 同。

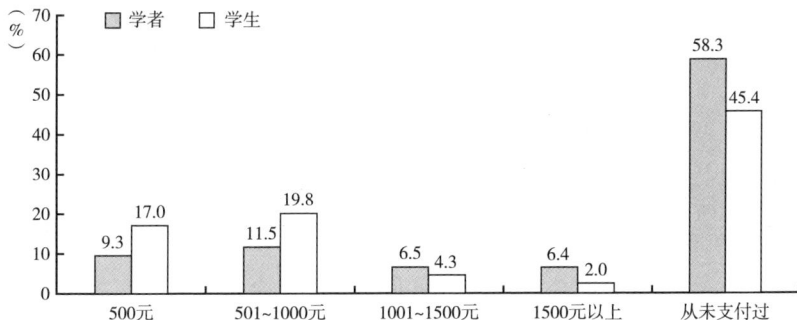

图 10 非核心期刊单次收费情况

调研显示，无论是学者，还是学生，对于期刊收取审稿费、版面费普遍持反对态度（见图 11、图 12）。虽然个别调查对象认为，学术期刊经营较难，为了学术期刊的生存适当收取费用可以理解，只是收费应该公开透明，不能出卖版面。但更多的人则认为，论文质量是期刊的生存之本，收取审稿费或版面费是一种变相的钱学交易，降低了学术价值标准，危害了学术尊严，是一种典型的学术腐败。此外，学生则普遍认为期刊收费加重了其经济负担。

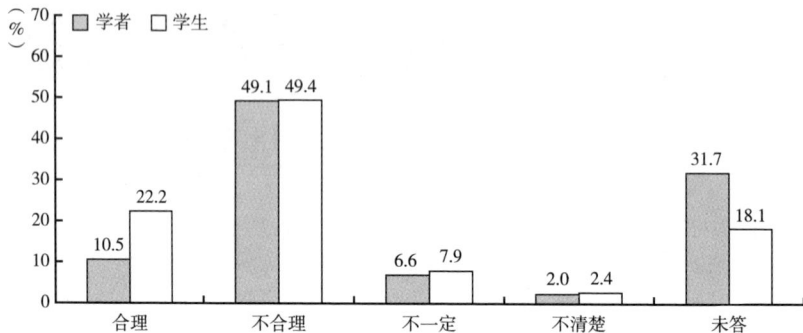

图 11 被调查者对收取审稿费的态度

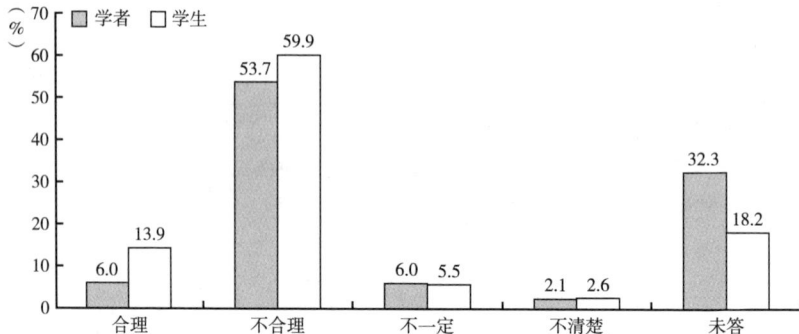

图 12 被调查者对收取版面费的态度

人们对期刊收取审稿费和版面费是否属于学术腐败①存在一定争议。有人认为期刊收取审稿费和版面费不合理，该行为违反了《著作权法》《出版管理条例》②；但是也有人认为收取版面费合情合理，可以弥补出版

---

① 学术腐败是指利用学术权力谋取不正当的利益，具体为利用学术资源谋取非正当利益或者利用不正当资源谋取学术利益，如权学交易、钱学交易、学色交易等。
② 《出版管理条例》第4条规定："从事出版活动，应当将社会效益放在首位，实现社会效益与经济效益相结合。"第22条规定："出版单位不得向任何单位或者个人出售或者以其他形式转让本单位的名称、书号、刊号或者版号、版面，并不得出租本单位的名称、刊号。"

费用的不足。中国科学院还专门发布了《中国科学院科技期刊收取发表费暂行办法》作为期刊杂志社收费的规范性依据，而且付费出版符合国际学术出版惯例与发展趋势。还有人认为，收取版面费与学术腐败并没有必然的联系，当前论文泡沫化、学术腐败化的深刻根源是学术评价机制、科研人员考核机制、职称评审机制、研究生培养机制的不合理，以论文发表数量及其发表刊物级别来评价一个人的学术水平、工作能力，决定一个人的职称晋升、学位获取，才是造成今日垃圾论文泛滥、剽窃成风的罪魁祸首，因此，将学术腐败归罪于期刊杂志社收取版面费实是本末倒置、有失公允①。但是，上述认为收费合理的观点也并不全面。多数学术期刊杂志社本身已经有财政拨款支持，学术期刊并没有到不能生存而必须依赖版面费支撑的地步。相反，期刊尤其是核心期刊收费问题已经非常严重，而且收费的去向外界不得而知。

（五）现有学术评价机制推动各种论文代发机构蓬勃发展，加剧了学术泡沫化趋势

改革开放以来，学术期刊的数量从最初的几十种暴增到如今的数千种，然而，如前所述，学术人口的增加十分迅速，按照一些学术评价机制的论文要求，现有学术期刊的数量远远不能满足学者、学生发表学术论文的需求。

课题组调查了学者和学生的发表论文渠道。有 399 位学者称曾应编辑部约稿发表文章，占被调查学者人数的 44.1%；758 位学者将向编辑部投稿作为发表论文的主要渠道，占 83.8%；346 位学者将请导师、领导、同事、朋友推荐作为发表论文渠道，占 38.3%；108 位学者委托论文代发机构投稿，占 11.9%。有 218 位学生称将编辑部约稿作为发表的渠道，占被调查学生人数的 18.6%；有 669 位学生主要采用向编辑部投稿的方式，占 57.0%；497 位学生称请导师、领导、朋友推荐发表论文，占 42.4%；220 位学生将委托论文代发机构发表论文作为主要渠道，占 18.8%（见图 13）。调研显示，请导师、朋友等熟人推荐是许多人发表文章的主要途

①　徐拥军：《不应妖魔化学术期刊的版面费》，《自然辩证法通讯》2010 年第 1 期。

径，可见，论文发表难并不仅限于学生，而是一个相对普遍的现象。

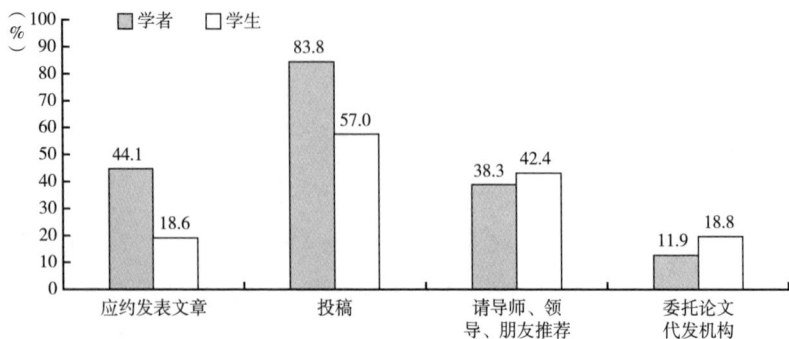

图 13　被调查者发表论文的渠道

调研显示，很多调查对象通过论文代发机构发表论文。调研组以关键词"论文代发"进行网络搜索，结果搜索到的相关网页约有 215 万个。论文代发机构宣称可在核心期刊、国家级期刊和省级期刊上快捷、便利地代发论文，可以做到 100%发表、100%录用。这些论文代发机构大都有详细的服务流程、代发条件。例如，某论文代发机构的网站上公开的服务流程宣称，委托人可提出论文发表要求，如代发刊物、发表时间等。论文代发机构与委托人沟通并报价，达成一致后委托人交付代理费，随后代发流程进入对口发表论文联系阶段——委托人将论文用电子邮件发送到论文代发机构的信箱里，代发机构安排人进行审稿并修改，直到论文达到发表的标准，收到杂志社的文稿录用通知（盖具杂志社公章）后，代发机构及时通知委托人，并要求委托人按时交付社方版面费用；论文的见刊时间通常为稿件录用通知书发出后 1~3 个月，如需加急发表，另加 50%代理费，如发表不成功，全额退费。论文代发机构提供的期刊均是经新闻出版总署批准，同时具有 CN 刊号和 ISSN 刊号公开出版的期刊，所有期刊均可在官方渠道查询真假，增刊、非法刊物、香港刊号等一概不予以推荐①。论文代发机构的数量之多、服务之周全、内容之全面令人瞠目结舌。学术研究本来是一件严肃认真的思想创造活动，而在这些代发机构的推波助澜之

① 参见下列网页：http://www.cxlwfb.com/；http://www.wblwfb.com/；http://www.shquicktrans.com/? bdclkid=eRk_ J2e-gNOk9SITqeAfoGtFSODK0gscy51-nu2LDuvP。

下，学术研究演变成了弄虚作假、谋取某种利益的肮脏勾当，令人叹为观止。

调研显示，半数以上的学者和学生认为委托论文机构，论文更容易发表，其中，持有这种观点的学生甚至达到了被调查学生的 65.9%，这与学生的实际能力弱、社会资本少密切相关（见图 14）。

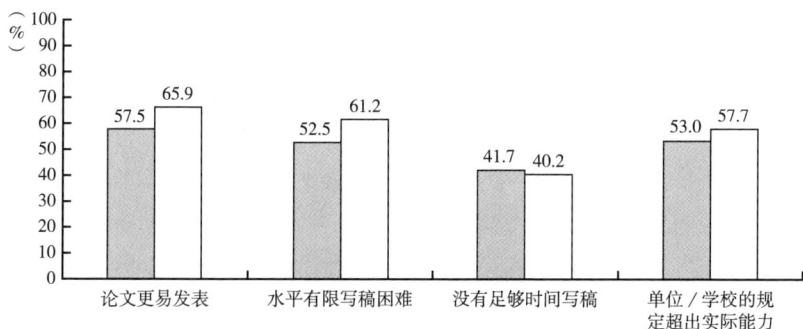

图 14　论文委托机构存在的原因

（六）期刊的论文评审机制欠完善

中国编辑群体庞大，许多优秀编辑慧眼识金，对中国的学术发展起到了重要的推动作用，但是应该看到，在"满眼皆是黄金甲"的环境里，由于缺乏规范，期刊的人情稿、关系稿、金钱稿数量也不在少数。

调研显示，学者、学生普遍认为当前的期刊评审机制存在问题。有699 位学者认为当前学术期刊存在评审机制不完善的问题，占被调查学者人数的 77.3%；500 位学者认为当前杂志社编辑存在以权谋私的情形，占55.3%；514 位学者认为当前杂志社编辑的水平不高，占 56.9%。有 755位学生认为期刊评审机制欠完善，占被调查学生人数的 64.4%；581 位学生认为有的编辑有以权谋私的行为，占 49.5%；528 位学生认为编辑的学术水平不高，占 45.0%（见图 15）。事实上，当前核心期刊收费严重、在收取审稿费和版面费方面不透明、论文质量欠佳、少数编辑以权谋私、学术水平不高、联合署名等现象十分普遍，"编辑"已经被戏称为"骗辑"。

在是否私下给期刊人员费用和馈赠物品方面，有 10 位学者称曾为发表文章私下向编辑支付费用、馈赠物品，占被调查学者人数的 1.1%；不是每次都给的有 146 人，占 16.2%。有 43 位学生称，每次都要为发表文

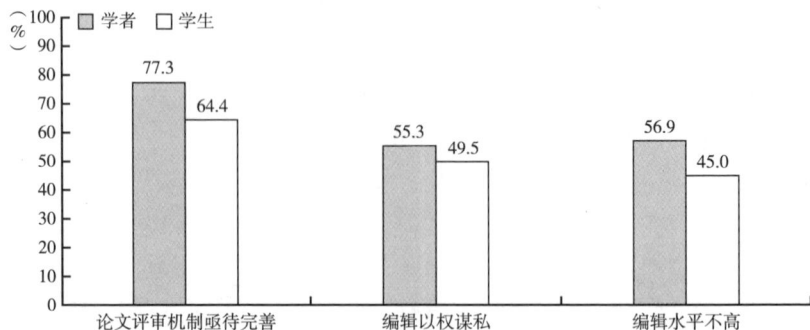

图15　被调查者对期刊状况的认识

章私下给编辑支付费用、送礼，171人回答不是每次都给，分别占被调查学生总人数的3.7%、14.6%。可以说大多数编辑还是坚守学术道德，拒绝收受额外礼品和费用的，但仍有相当数量的编辑存在以权谋私的行为。

学术评价体系过于依赖期刊分级，实际是赋予期刊编辑学术评价的权力。一方面，连"同行评议"的专家都难以对某些问题有明确的共识，部分学术刊物的主编和编辑的水平更难以担当学术评价的重任；另一方面，当主编和青年编辑们手握生杀大权时，学术资源异化成了学术权力，编辑尤其是核心期刊的编辑，不再是中国学术队伍中的普通成员，而成了一个特殊的学术阶层。

此外，以期刊主办单位的行政级别来区分刊物级别的现象比较普遍，似乎单位级别高，文章价值就高。这种做法因不能有效地反映文章本身的价值，招致了广泛的批评。

四　学术评价体系亟待改革

批判一项制度易，树立一项制度难。本文在讨论学术评价机制时也遇到了同样的问题。虽然建立一项新的评价机制非本文所能达成之任务，但是揭示现存制度的弊端，寻求改良的路径却是本文义不容辞的责任。

（一）学术评价需要法律机制的保障

首先，学术研究是研究者个人的思想创新行为，个体性是学术研究的重要特征，同时，个体性也增加了学术评价的难度。当前，与学术研究和学术评价相关的法律法规大都不具有可操作性，行政法规也少有与此相关的内容，客观上造成了学术研究缺乏有效的法律保障。是否建立统一的学术规范法规和原则，即"学术宪章"，需要学术界进行认真的讨论。

其次，由于国家不太可能对学术研究和学术评价作出具有执行力的规定，对学术研究和学术评价进行规范，主要还是要依靠学术共同体的自主性行为。学术共同体在制定学术评价体系时，应摒除过度依赖量化的行为。然而，如前所述，各学术共同体自行制定的对学者的学术评价体系大多建立在量化的基础上，具体到论文发表方面，体现在以发表在分级的学术期刊上的论文数量为依据。这样的学术评价机制促使各高校以发表在核心期刊上的论文数量为标准进行竞争、评比，使学术评价失去了学术为本的应有含义，恶化了学术研究环境。各学术共同体应该检讨各自的评价体系，以人为本，不折腾，尊重学术研究规律，为学术研究和推动学术繁荣创造一个宽松的环境。

再次，对一些违法行为加强法律监管。以论文买卖为例，其公然挑战法律底线，但有关的行政执法部门、网络监管部门、新闻出版部门、工商行政管理部门均处于失语状态。法律监管的缺失客观上为论文买卖市场提供了生存环境。由于缺乏相关法律支持，网上买卖论文行为难以定性，只能以公司涉嫌超范围经营、商业贿赂和商业欺诈进行立案调查和处理，并且最后的处罚力度一般较轻。另外，期刊人员利用职权谋取私利的行为也是变相买卖学术论文，这些行为的隐蔽性很强，而且没有法律依据进行制裁。论文买卖越来越猖獗，已经严重地干扰了学术研究环境，有关部门应该尽快行动起来，取缔此类行为。

最后，设立被评价人的权利救济机制和学术腐败惩戒机制。目前，学者权益遭受侵害（如署名权被侵犯、学术能力不能得到公正评价），没有相关部门进行追究，抄袭、剽窃、学术行政化等学术腐败行为也没有相关部门进行追究、制裁。一方面，学者指责现行评价体制的荒谬；而另一方面，相关管理部门对此却视若无睹，继续"认认真真"走过场。这说明各学术共同体的相关部门或敷衍塞责，或缺乏判断力和执行力。因此，有必要设立有效保障研究者权利的相关机制，使学者在受到不公正待遇后能够投诉，并得到有效的回应和处理。

此外，还要改革和完善学术管理与服务机制。目前，各学术共同体的科研管理部门衙门化严重，支配的资源越来越多，学者只见"被领导和被管理"，而不见"被服务"。

（二）构建一个科学的学术评价机制

研究不易，评价更难。学术评价由两部分组成：一是由谁评价（评价主体），二是怎样评价（评价方法）。由专家组成的学术评价机构解决的是评价主体问题，评价指标体系解决的是评价方法问题。由专家组成的评价机构评议（即同行评议），尽管是相对公正的一种方法，但也受到一定的质疑，有人士指出，同行评议可能会形成一个"熟人网"，一些专家的学识和经验难以适应新问题和新领域，在学术界越是名气大的人越有资格参加评议。然而，即使最权威的学者和学术机构也难免会犯严重的错误，将真知灼见弃而不取[1]。另外，同一个评价机构中的专家也可能分属于不同的学科部门，在社会分工越来越细的情况下，这些专家也难以对某个专业问题提出中肯的意见。因此，同行评议是一个次坏选择。

科学的学术评价体系应该有一个基本的标准。

首先，建立一个以质量为导向的评价制度体系，如"小同行评议"制度、代表作评价制度、听证与答辩制度、回避制度、公示制度、反馈制度、申诉制度等。其中，"小同行评议"是核心，解决的是评价的主体问题。"小同行"指的是真正的同行，而非大同行。当然，"小同行评议"并非没有弊端，如因其专业限制过于狭窄而会出现自说自话的现象。

其次，学术研究成果的创新性应是以质量为导向的学术评价的重要标准。有学者曾指出，当下中国的学术著作或复述传统，或转述西方之说，真正原创性的著作寥寥无几[2]。中国现行学术评价的主要方式如"同行评议""核心期刊""引用率"等，其原则都是少数服从多数，这种原则往往对那些突破常规的创新成果存有天然的否定倾向。少数服从多数并不是

---

[1] 参见刘明《学术评价制度批判》，长江文艺出版社，2006，第71页。

[2] 王晓华：《学术失范与中国学术的深层危机》，转引自刘明《学术评价制度批判》，长江文艺出版社，2006，第11页。

学术的原则，而是一种权衡利益关系的方法，很多情况下，科学研究反而要适用多数服从少数的规则①。每一项科研都是独特的和唯一的，无法批量生产，它们相互间缺乏共同性，不具有可比性。问题的价值与意义、分析方法的有效性与适用性，以及结论的客观性与对社会的推动力等，这些都是创新性的基本要素。没有问题，不成研究，问题无所谓大小，而在于真伪，在于研究方法是否得当。可以说，创新性才是学术评价机制的核心要素。

最后，虽然有些科研项目可以走"短、平、快"路线，但是，大多数学术研究需要一定周期。如前所述，现行评价体系一般考核学者的年度工作业绩，这极易引起急功近利的风气。单纯依赖量化体系是一个最坏的选择。各学术共同体在制订学术评价标准时，应该充分考虑学术研究规律，构建一个以质量为导向、合理的学术评价体系，只有这样，才能使研究者潜心做学问，不再"带着镣铐跳舞"。

具体而言，构建学术评价体系应充分注意以下几点。

第一，学术评价体系应以质量为主、数量为辅。不排除有个别研究者创造力特别旺盛，在某一时段厚积薄发，发表较多数量的论文或著作。数量不一定是一个坏东西，但质量肯定是一个好东西。各学术共同体应当摒弃以在 SCI 或 CSSCI 上发表论文的数量作为对学生、教师的考核指标，勒住脱缰的量化野马。

第二，综合考察一个人的能力，消除学术评价的功利化因素，将岗位聘任、工资奖金、绩效考核、领导政绩、科研项目评审、科研经费分配等与量化脱钩。摒弃年度考核科研成果的做法，改变现行评价周期的短期性，以 2~3 年或更长的一段时间为周期考察科研成果，让学者拥有较为宽松的时间专心研究。

第三，认真考核提出晋级、晋职人员的学术成果。一方面，扩大考核范围，列入考核的学术成果不应只限于学者在国内外公开刊物尤其是核心期刊上发表的论文；另一方面，革除"以刊评文"、只看刊物的"级别"，不重论文质量的评价模式，核心期刊是依据学术影响力评选出来的，但这

①　邢东田：《重新审视我国学术评价体系》，《中国党政干部论坛》2009 年第 6 期。

只是对整个刊物文献的计量学分析，不是对其每一篇论文的评价，期刊的级别不能等同于学术水平。

第四，学术评价应实行奖勤而不是罚"懒"的制度，多劳重奖，少劳少奖，不劳不奖，允许一些学者有踏踏实实地研究思考的时间。

第五，以实践检验的标准评价科学成果。学术评价关键是要看其结果能否经得起时间的考验和实践的评判。

第六，废除研究生发表论文与毕业挂钩的规定，给研究生营造一个认真学习、自由发展的良好氛围。

总之，对于现行学术评价机制进行改革，不仅事关中国数百万学者（包括教师）和学生的职称评审、年度考核、学位授予以及高校评估等问题，而且事关学术生态、学风建设、学术道德问题。

（三）学术评价应尊重人才、尊重学术研究规律

过度量化的学术评价体系将学者推入数字陷阱，在很大程度上削弱了学术创作的自由。现实中，一些学者的工作难度大、耗时长、成果少，但其重要性是不容置疑的，而在量化体制下，这种科研工作的学术价值被严重低估。与之形成鲜明对比的是，一些学者可以在较短的时间内在级别较高的期刊上发表大量论文，得到了很多量化评分，但他们对学术的贡献并不大[①]。长久以来，"钱学森之问"一直拷问着中国学术界。中国目前之所以出不了钱学森和费孝通，是因为没有了滋养他们的土壤。钱学森、费孝通之可贵，在于稀有，在于其在合适的位置，取得了合适的成就。一个学术共同体就像一片森林，大厦栋梁靠的是沃土的孕育。一个学术单位最优秀的人和最不优秀的人都属于少数，制定学术评价机制时，既不能以最优秀的人为标杆，因为那将会是一场悲剧，也不能以最不优秀的人为标准，那将是一场闹剧。学术评价标准应该以多数人的平均智力能力为标准，没有必要制造矛盾。在目前重量化的学术评价机制下，各高校和科研机构的学者承受了较大的心理压力，生态环境恶劣，尤其是年轻学者的经济压力过大，这些都是造成学者学术自主性不够、学术取向出现偏差的原

---

① 刘明：《学术评价制度批判》，长江文艺出版社，2006，第44~45页。

因。在这样的压力下，期望大师级的学者出现就只能是痴人说梦。

学术研究是个人或小群体的知识创新活动，学术评价应该尊重学术研究规律，积极寻求学术研究的制度创新，营造自由、自信的学术氛围和积极、宽容的社会氛围。唯有如此，才能真正推动科学的发展。2010 年，杭州师范大学出台的《人文社会科学振兴计划指导意见》提出了"不唯数字论"的人文社科学术评价新体系，在这方面做了有趣、有益的尝试。该院校打破了按年度考核的惯例，根据学者、老师累积和持续的学术影响，实行学术代表作评价制度和知名同行评议制度。正如该校学者所说，"我们既要有渴望出现一位大师的期待，也要有允许一百位努力者失败的胸怀"。对真正的大学和研究机构而言，对人的培养才是最重要的，无形的标准比有形的数字更有说服力。

（四）遵守学术道德，坚持学术品格

学术研究、教书育人是一个高尚的职业。每一个学者都应该清楚为什么要做研究以及怎样做研究，应肩负沉重的社会责任感，真正为国家和人民的利益做研究。每一位学者都应该遵守学术道德，恪守学术品格，在科研、写作、署名、投稿、审稿以至于发表的各个环节都要加强自律，避免抄袭、剽窃、弄虚作假、联合署名等现象。

然而，理想与现实出现了巨大的落差，学风不正是当今学术界面临的严峻挑战。学风不正既指学术不规范，也指学术不端，如抄袭、剽窃等，更指学术腐败，如权学交易、钱学交易等。学术不规范是一个技术问题，比较容易纠正。学术不端、学术腐败则是深层次的问题，短期难以匡正。学术不端和学术腐败的原因是多方面的，其中既有制度管理问题，也有社会风气问题，另外，学者的个人原因也不容忽视。有人士指出，现有的学术评价机制使学者的浮躁心态发酵，使学术研究中混入了大量的虚假问题，这就催生出两种人：一种是学术工作者，一种是学术活动者，后者则练就了一身在"高级刊物"上发表文章，在国家、省部级获奖、中标的"真本事"[①]。"为五斗米折腰"成了现行制度下一些学者不得不为的

---

① 刘明：《学术评价制度批判》，长江文艺出版社，2006，第 51 页。

选择。

与其他类型的社会腐败不同，学术腐败只是在学界发霉发臭，不致引起公众的愤怒和声讨，但其危害性并不亚于其他类型的腐败。一个民族的命运和前途也与知识分子的良心息息相关，知识分子接受了更多的教育，理应具备高于普通民众的道德操守，成为社会良好风尚的倡导者，然而一些学者道德水准直线下降，学者和科研工作者几乎成了令人蒙羞的职业。学术界应该清理权学交易、钱学交易等学术腐败现象。"吾爱吾师，更爱真理""我不同意你的观点，但我捍卫你说话的权利"是学者应当具有的品格。然而在现实中，一些学者相互吹捧、拉帮结派、充当学术"托儿"，互相交换利益；更有一些研究者丧失了学者应有的批判立场，成为利益集团的代言人；还有一些学者排斥异己、容不下与自己观点不同的人，诽谤、侮辱屡见不鲜，更有甚者，竟然走到了犯罪的地步。

每位学者都应当树立这样一种学术品格：遵守学术道德，保持严谨的学风，秉持求精、求真、务实的态度，尊重他人的知识产权，杜绝弄虚作假。当然，改革现有的学术评价机制是树立这种学术品格的前提。

（五）取消期刊分级制度，加强对期刊人员的管理

期刊尤其是核心期刊存在的种种弊端早已受人诟病。期刊分级制度淡化了期刊传播学术文化的原意，谋求更高的级别成为许多期刊竞相追逐的目标。在这种期刊分级制度的驱动下，学者们不仅仅关心自己的成果能否发表，更关心在哪里发表。期刊分级制度扭曲了学者进行科学研究的目的。

期刊分级制度不利于期刊市场的良性发展。将期刊分为不同等级，排名在前的刊物，无论办得好坏都有了长期粮票。这种制度实际上致使核心期刊能够压制后起刊物、边远地区刊物，使得这些非核心刊物难以吸收优秀文章，助长了核心期刊对学术资源的垄断。期刊的好坏应该交由读者市场检验，期刊需要做的是吸收好文章。现有学术评价体系强化了学者和学术共同体对期刊尤其是核心期刊的过度认同，对边缘期刊施加了一种"符号暴力"，扰乱而不是规范了期刊市场。

期刊评价也涉及利益问题。有很多学术期刊坚守学术、有口皆碑，但也有很多期刊迷失了方向，存在这样或那样的问题。期刊收费、编辑人员

以权谋私、论文评审机制不完善、编辑学术水平不高等现象扰乱了学术研究，败坏了期刊的形象。国家新闻出版总署于 2000 年发布了《关于禁止收费约稿编印图书和期刊的通知》，规定任何出版单位不得以任何名义直接或间接向作者（单位或个人）收费约稿；不得要求作者个人出钱资助出书，不得要求供稿单位或作者个人包销图书，不得以图书抵充稿费，不得收取"认刊费"或要求作者购买与"认刊费"同等价值的图书。但在现实中，这项规定似乎成了一纸空文，既无权威性，也无执行力。加强对期刊的内部管理，使之真正成为传播文化、交流学术的"公器"也是十分紧迫的任务。

总之，应该取消期刊分级，取消各种 SCI、SSCI、CSSCI 系统对学术评价的变相强制引导，让学术回归学术才是中国学术的振兴之道。

（参见法治蓝皮书《中国法治发展报告 No.9（2011）》）

国际合作与国际法治

第十七章　中国条约法修改研究报告（2012）

摘　要：中国现行《缔结条约程序法》内容单薄，仅就程序问题作出了规定，且其中的诸多规定又较为模糊，该法已不能满足国家对外条约法律活动快速增长的客观需要。本报告对《缔结条约程序法》实施的基本情况以及相关的程序和实体问题进行了调研和分析，为该法的修改提供积极、可行的建议。

条约是国际法的主要渊源。中国缔结的条约是中国依法在国际上享有权利与承担义务的主要依据。《缔结条约程序法》是中国缔结双边和多边条约的重要法律依据，在中国的对外交往中有积极而重要的作用。

据统计，中国迄今已缔结了340多项多边条约，以及2万多项双边条约。然而，由于《缔结条约程序法》仅就程序问题作出了规定，而未涉及实体法问题，加之该法在程序方面的诸多规定又较为模糊，在实施中出现不少问题。因此，《缔结条约程序法》已不能满足国家条约法律活动快速增长的客观需要。该法的修改也成为进一步推进中国对外交往工作发展的客观需要。为了把握《缔结条约程序法》的实施情况及其在实践中存在的问题，以便为该法的修改提供积极、可行的建议，中国社会科学院国际法研究所法治国情调研组（以下简称"调研组"）对该法实施的基本情况以及在程序和实体方面的问题进行了调研和分析。

调研组以法律文本分析为路径，以实证研究为主，对与条约缔结和实施有密切关系的一些实务部门展开了调研访谈，最终形成了本报告。

一　《缔结条约程序法》实施的基本情况

新中国建立后至 1978 年改革开放之前的 29 年间，中国参加了 50 余项多边条约、5000 余项双边条约。改革开放后，缔约数量快速增长。自改革开放至今的 30 余年间，中国参加了 290 多项多边条约，约 15000 项双边条约①。从近年来的情况看，中国每年缔结的条约尤其是双边条约更呈爆炸式的增长。

为了规范中国的条约缔结活动，《缔结条约程序法》于 1990 年 12 月 28 日通过。它是中国条约缔结的基本法律文件，也为中国的条约缔结活动提供了明确的法律依据。该法符合中国《宪法》的精神，也与 1969 年《维也纳条约法公约》的规定基本一致。应该说，《缔结条约程序法》反映了条约法方面的现代国际法规则。

在中国缔结的条约中，半数以上是《缔结条约程序法》实施以后缔结的。鉴于此，调研组就该法的实施情况，对相关实务部门进行了调研访谈，了解《缔结条约程序法》在这些部门实施或执行的基本情况。

《缔结条约程序法》实施 20 余年来对规范外交事务和行为起到了巨大的作用，但是也应看到，20 余年来中国和世界都发生了很大的变化，《缔结条约程序法》不可避免地出现不适应现实需求的问题，有关部门不得不经常采取临时性措施来弥补立法的漏洞。

就《缔结条约程序法》的适用而言，一些商贸等事项的谈判和缔约活动未将《缔结条约程序法》作为必备的需要引用查阅的法律文件，相关工作人员对其内容也略显生疏。这说明，《缔结条约程序法》在为社会

---

① 谢新胜：《中国的条约缔结程序与缔约权——以〈缔结条约程序法〉立法规范为中心的考察》，《华东政法大学学报》2012 年第 1 期。

生活实践服务方面出现了断裂。

不仅如此，调研还发现，《缔结条约程序法》的实施现状，事实上与国际法和中国国内法的关系问题密切相关。国际法与中国国内法的关系所涉问题较多，但中国国际法学者一直以来多从条约在中国法律体系中的地位、条约在中国国内的适用等方面加以探讨，而对于条约缔结程序与国内立法体系的衔接则关注不够。实际上，依法治国中的"法"不仅包括国内法，还应包括国际法。一国一旦缔结条约即受条约调整，这是国家承担其国际义务的题中应有之义。如果说《立法法》是国内立法程序启动的基本依据，那么《缔结条约程序法》就是中国参与国际立法的基本程序规范。此外，《宪法》作为中国的根本大法，无论对于国内法立法还是国家参与国际法立法均是不可逾越的红线，因此，厘清条约与国内法的位阶关系固然重要，但理顺缔结条约这一国际法立法程序与国内立法程序之间的关系也不可或缺。更为重要的是，自《缔结条约程序法》颁布施行距今已20年之久，其间作为母法的《宪法》几经修改，规范国内法立法程序的《立法法》也在2000年颁行，但作为规范中国参与国际法立法行为的《缔结条约程序法》却从未修改，不能不让人感觉有关方面对国际法价值重视之不足。当然，这也与中国国际法学界热衷于讨论国际法与国内法关系的实体问题，而对程序性较强的《缔结条约程序法》文本缺乏研究不无关系。其实，从《缔结条约程序法》的实施情况来看，该法远非完善，其中瑕疵明显，并已导致了该法实施中的诸多问题和困惑。因此，《缔结条约程序法》亟待修改。

二　条约缔结的程序性问题

《缔结条约程序法》是规定中国条约缔结的程序性规范，故对该法的修改，首先就是要对缔结条约的不合法、不合理程序进行清理。由此，调研组以促进修改《缔结条约程序法》为基本目的，围绕条约缔结的程序性问题进行了实证调研。

（一）条约的概念与分类问题

《缔结条约程序法》未对"条约"作出界定，条约概念的使用广义与狭义相互交错，纠结不清，容易混淆。

从国际法来看，条约有广义和狭义之分。含义的不同决定着条约名称的不同。广义的条约指的是国际法主体间所缔结的一切以国际法为准的国际协议，而不论其名称如何。在这个意义上，条约的名称通常有"条约""公约""协定""议定书""宪章""规约""换文""谅解备忘录"等。狭义的条约则是指冠以"条约"名称的国际法主体间所缔结的国际协议。

再分析《缔结条约程序法》的有关条款，该法第 2 条明确规定，"缔结条约"之"条约"为"中华人民共和国同外国缔结的双边和多边条约、协定和其他具有条约、协定性质的文件"。这个规定体现在其标题之中，属于广义的条约。但该法第 3 条中规定的国务院"同外国缔结条约和协定"、全国人民代表大会常务委员会"决定同外国缔结的条约和重要协定的批准和废除"中的"条约"就是狭义的条约。由于《缔结条约程序法》在广义和狭义两种意义上交错使用条约概念，故产生了一个困惑，即《缔结条约程序法》的立法考虑仅仅是关于条约名称上的区别，还是有条约分类上的区别。而不论是哪一种区别，《缔结条约程序法》中均未加以明确，导致了该法实施中的诸多问题。

虽然条约的效力不取决于它的名称，但是，条约的名称却大致区分了一项条约的重要程度。换句话说，条约使用何种名称，取决于所涉及的问题的重要程度。按照《缔结条约程序法》第 4 条的规定，中国可以国家、政府和政府部门三种名义同外国缔结条约和协定。缔约名义的不同，条约的名称和审批程序也不同。根据《缔结条约程序法》第 7 条和第 8 条的规定，全国人民代表大会常务委员会决定批准的是"条约和重要协定"，国务院核准的是"协定和其他具有条约性质的文件"。再据《缔结条约程序法》第 5 条的规定，以政府名义缔结的只能是协定。然而，由于《缔结条约程序法》对于条约和协定均无明确界定，因而造成了实践中适用审批程序的困惑。

对于条约的分类，《缔结条约程序法》第 7 条和第 8 条将条约分为条约和重要协定、协定、具有条约性质的文件等，分别适用不同的缔约程序。《缔结条约程序法》规定的条约和重要协定的内容只限于政治、领土和划界、司法协助和引渡类等范围，因而在实践中暴露出一些问题。一是各类条约的界定不明确，导致运用缔约程序的困难；二是重要协定的范围偏窄，关于投资、税收等经贸类条约关涉国家的经济主权，其性质和影响均非常重要，却不在重要协定之列①。

《缔结条约程序法》对条约的分类不能满足现实社会发展的需求。实践中，政府部门就某一事项与外国签署双边协定时较多会采取"备忘录"的方式。例如，知识产权合作备忘录等。此类备忘录是否属于《缔结条约程序法》所指的"条约"或"协定"存疑。承认其是"条约"或"协定"的话，对其就应当进行相应的程序性指导，或是采取事后向外交部备案的方式，或是规定一个更为系统的事前控制和程序，以便更有利于缔约活动的统一性与灵活性的有机结合。

（二）国家主席的缔约权问题

有关条约缔结的权力由谁行使，《缔结条约程序法》第 3 条规定："中华人民共和国国务院，即中央人民政府，同外国缔结条约和协定。中华人民共和国全国人民代表大会常务委员会决定同外国缔结的条约和重要协定的批准和废除。中华人民共和国主席根据全国人民代表大会常务委员会的决定，批准和废除同外国缔结的条约和重要协定。"这一规定来源于《宪法》。《宪法》第 89 条第 9 款规定，国务院"管理对外事务，同外国缔结条约和协定"；第 67 条第 14 款规定，全国人大常委会"决定同外国缔结的条约和重要协定的批准和废除"；第 81 条则规定，中华人民共和国主席"根据全国人民代表大会常务委员会的决定，"批准和废除同外国缔结的条约和重要协定"。可见，《缔结条约程序法》第 3 条将《宪法》中有关条约在中国生效的条款集约化，集中体现为以下内容。

其一，"条约和重要协定"由国务院缔结，但批准或废除须经全国人

---

① 谢新胜：《中国的条约缔结程序与缔约权——以〈缔结条约程序法〉立法规范为中心的考察》，《华东政法大学学报》2012 年第 1 期。

大常委会决定。即这些条约和重要协定，国务院有权"缔结"，但并无权使之生效。而在全国人大常委会作出决定后，国家主席则根据该决定对条约和重要协定进行批准或废除。换句话说，国家主席仅仅履行程序上的手续，对条约本身不进行任何程序或实体审查。国家主席最多只能以不作为使条约与重要协定不在中国产生效力，而不能主动使条约产生效力①。根据《立法法》有关条文规定，无论是全国人大通过的基本法律，还是全国人大常委会通过的其他法律，均应由国家主席签署主席令予以公布②。而法律公布为生效的前提。因此，至少从这个角度来看，有学者认为，条约批准或废除的权力由全国人大常委会行使的观点至少并不全面，忽视了国家主席履行相应手续这一环节③。而且，《缔结条约程序法》未规定国家主席根据全国人大常委会的决定批准或废除条约与重要协定的法定程序，对于《缔结条约程序法》这一规定条约如何发生法律效力的程序性规范来说，是修改时应弥补的缺憾。

其二，《缔结条约程序法》第7条规定，非重要协定则由国务院"缔结"，无须由全国人民代表大会常务委员会批准，国家主席也不用履行任何法定程序。换言之，国务院缔结协定自行"核准"即可发生效力④。非经批准的技术性协定的缔约权完全赋予国务院，与国务院制定行政法规的权限相符合。但《立法法》规定，国务院制定的行政法规均需报全国人民代表大会常务委员会备案，行政机关签署的"非重要协定"缺失向全国人民代表大会常务委员会备案的程序，也是值得讨论之事。

此外，《缔结条约程序法》第6条第2款规定："下列人员谈判、签署条约、协定，无须出具全权证书：（一）国务院总理、外交部长；（二）谈判、签署与驻在国缔结条约、协定的中华人民共和国驻该国使馆馆长，但是各方另有约定的除外；（三）谈判、签署以本部门名义缔结协定的中华人民共和国政府部门首长，但是各方另有约定的除外；（四）中华人民共

---

① 谢新胜：《中国的条约缔结程序与缔约权——以〈缔结条约程序法〉立法规范为中心的考察》，《华东政法大学学报》2012年第1期。

② 《立法法》第23、41条。

③ 谢新胜：《中国的条约缔结程序与缔约权——以〈缔结条约程序法〉立法规范为中心的考察》，《华东政法大学学报》2012年第1期。

④ 参见《缔结条约程序法》第8条。

和国派往国际会议或者派驻国际组织，并在该会议或者该组织内参加条约、协定谈判的代表，但是该会议另有约定或者该组织章程另有规定的除外。"按照上述规定，很显然，国家主席以国家元首名义参加谈判缔结条约时，须出具全权证书。这一规定与中国所参加的《维也纳条约法公约》的规定不符。该公约第 7 条第 2 款规定："下列人员由于所任职务无须出具全权证书，视为代表其国家：（甲）国家元首、政府首长及外交部长，为实施关于缔结条约之一切行为……"因此，要求国家主席参与谈判、缔结条约出具全权证书，无论从国际法的基本原则，还是从国家的外交实践来看，都是不合适的。

在外交实践中，中国的缔约实践活动实际已经突破了《缔结条约程序法》的规定。例如，中国国家主席实际代表国家对外缔结了一系列条约①。国家主席对外缔约符合国际法规则与实践，但与现行《缔结条约程序法》不符，因此需要将修改《缔结条约程序法》提上议事日程。

（三）全国人民代表大会的条约批准与废除权问题

根据《宪法》与《缔结条约程序法》的规定，条约和重要协定须经全国人民代表大会常务委员会批准，而协定和其他具有条约性质的文件只需由国务院核准即可，全国人民代表大会对于条约并无任何职权②。全国人民代表大会本是国家的最高权力机关，但在批准条约与废除条约上无权力无空间无建树是非常遗憾的事。"条约必须遵守"是国际条约法的重要原则，国际条约的缔约国必须履行条约规定的国际义务，而且这些国际义务对国内法有重大影响，因此，如果这些条约仅由全国人民代表大会常务委员会履行批准程序，而不提交全国人民代表大会批准，在立法层级上有僭越之嫌，也会产生适用效力的问题。

就中国立法现实情况来看，《刑法》《民法通则》《民事诉讼法》《刑

---

① 2007 年 1 月 15 日，时任国家主席和塔吉克斯坦总统签署了《睦邻友好合作条约》，见《中国和塔吉克斯坦签署睦邻友好合作条约》，《人民日报》2007 年 1 月 16 日；2007 年 8 月 16 日，时任国家主席与六国元首签署了《上海合作组织成员国长期睦邻友好合作条约》，见《上海合作组织成员国元首理事会会议联合公报》，《人民日报》2007 年 8 月 17 日。

② 《宪法》第 62 条。

事诉讼法》等基本法律都是由全国人民代表大会制定，而非全国人民代表大会常务委员会通过。但由于条约只能由全国人民代表大会常务委员会决定批准，在实践中可能导致以全国人民代表大会常务委员会批准的条约为标准去修改全国人民代表大会通过的法律，违反了立法的位阶次序。例如，中国 1998 年签署的《公民权利和政治权利国际公约》，一旦该公约经全国人民代表大会常务委员会批准，将在一些方面与全国人民代表大会制定的基本法律相冲突，而中国为履行国际义务，就可能以全国人民代表大会常务委员会的决定修改或废除全国人民代表大会制定的国内法。由此，若要明确《宪法》、国际条约及国内法的实体关系，应当明确全国人民代表大会批准条约的权力。否则，所有条约均由全国人民代表大会常务委员会批准，从法律层级上没有高阶地位可言，违背国际义务也就在所难免。

（四）其他程序问题

1. 条约的公布问题

按照《缔结条约程序法》第 15 条的规定，"经全国人民代表大会常务委员会决定批准或者加入的条约和重要协定，由全国人民代表大会常务委员会公报公布。其他条约、协定的公布办法由国务院规定"。中国缔结的多边条约和重要协定一般均能够及时予以公布。但对于大量无须全国人大常委会批准的条约，特别是双边条约却未能得到有效的公布。这给司法实践带来了较大的障碍。司法实践中，许多法官不能通过畅通的渠道了解中国缔结了哪些条约，哪些条约已经生效，进而影响到对条约的适用。究其原因，主要在于国务院并未制定有关条约公布的办法。因此，在实践中，条约、协定的公布仍然是一个并不明确的问题。

2. 条约的备案问题

按照《缔结条约程序法》第 9 条的规定，以政府部门名义缔结的协定需送外交部登记，其他无须全国人民代表大会常务委员会决定批准或国务院核准的协定报国务院备案。实践中，各政府部门分别缔结了大量专门性双边协定，但这些缔约活动未能适当履行备案程序，致使条约管理部门难于完整、翔实地统计中国缔结条约的情况，进而影响到条约在司法实践中的适用。为此，有必要在深入了解目前各部门履行备案程序的实际困难和问题的基础上，修订和完善条约备案制度。

3. 条约在香港、澳门的适用问题

香港和澳门回归以后，条约在香港特别行政区和澳门特别行政区适用的问题也显现出来。目前，条约在香港和澳门特别行政区适用的法律依据是《香港特别行政区基本法》及《澳门特别行政区基本法》。但这两部法律均只是在"对外事务"一章以一条规定了可以"中国香港"和"中国澳门"的名义签订协议的范围。此外，外交部于2006年制定了《关于多边条约适用于香港特别行政区和澳门特别行政区办理程序的规定》，以规范多边条约适用于香港和澳门特别行政区的办理程序。然而，这只是一个部门规章。在实践中，除存在条约在香港、澳门的适用问题外，与此相关的问题还有多边条约在香港、澳门适用时，《缔结条约程序法》与两个特别行政区基本法的关系问题等。这些也应该是《缔结条约程序法》修改时要考虑的问题。需要明确的是，香港和澳门有限的缔约权是国家通过立法赋予的，不能超越法律所规定的范围。所以，香港与澳门行使有限缔约权应该履行何种程序，也应该在《缔结条约程序法》中有所反映。

4. 条约的修改问题

《缔结条约程序法》第19条规定，中国缔结的条约和协定的修改程序比照各条约、协定的缔结程序办理。而事实上，修改有大有小，有的非常重大，需要郑重其事；有的则是很细微的修改，没有必要兴师动众。调研中了解到，2006年，世界贸易组织（WTO）成员基于公共健康方面的原因对《与贸易有关的知识产权协议》（TRIPs协议）第31条进行了一个很小的修改。根据中国常驻WTO代表团咨询WTO秘书处的结果，由外交部部长（或全权代表）或贸易部长签署批准通知书均可，且具体由谁签署和提交，最终由各成员的国内法决定；通知书的形式也较为灵活，可以采取"批准""同意"或"接受"等。由于《缔结条约程序法》中缺乏这方面的具体规定，中国最终采取了由常驻WTO代表向总干事拉米提交由国家主席签署的"批准书"这种最郑重的形式。反观美国，则仅仅是由其贸易代表波特曼向拉米提交了"接受函"。虽然不能说中国的这种做法是错误的，但以如此郑重的形式对待如此细小的一个修改，多少显得有些小题大做。因此，《缔结条约程序法》关于条约修改程序的规定显

然有必要予以细化。

5. 条约的管理问题

虽然《缔结条约程序法》规定了中国与外国缔结条约可以中华人民共和国、中华人民共和国政府及中华人民共和国政府部门三种名义进行，但是，该法关于各层级尤其是政府部门缔约的职权规定并不明确，因而造成实践中在缔约工作上的一个突出问题，即各政府部门的分工不清，缺乏统一组织和协调。具体表现为，不同的条约或协定的谈判往往是由不同的政府部门发起，并没有一个统一协调的机制或程序让各部门相互交换意见和共享信息。由于不同部门对其他部门所负责领域内的事项不尽了解，在沟通和协调不充分的情况下，容易出现各部门所缔结的条约间的矛盾，或者与相关国内法规定相矛盾的情况。最终导致条约中"问题条款"的产生，而延误条约的批准。此外，由于条约管理混乱造成缔约数量无从掌握的问题，也使得新的缔约工作缺乏必要的背景性和历史性资料。鉴于此，条约缔结部门的分工协作与条约管理问题也成为未来修改《缔结条约程序法》时应解决的问题。

三　有关条约的实体性问题

条约的实体性问题关涉的是国际法与国内法的关系，抑或国际条约与国内法的关系问题。虽然它并非《缔结条约程序法》规定的内容，但对这一问题的了解，尤其是对于其中的条约在国内适用的基本状况的了解，不仅是评估《缔结条约程序法》实施效果的重要依据，也是未来修改《缔结条约程序法》时应考量的重要因素。

（一）条约在国内适用的法律屏障问题

与《缔结条约程序法》的实施和修改紧密相关的实体性问题，即条约在国内的适用问题也是一个不能回避的问题。

在中国法律体系框架下，条约与国内法的关系尚未从立法或法律上厘清，《宪法》关于国际法与国内法关系的规定阙如，《立法法》也对此保持沉默。因此，就条约在国内的适用而言，至少存在四个不确定因素：一是条约是否是中国法律体系的组成部分尚未确定，二是条约在中国法律体系中的地位尚未确定，三是条约在国内的适用方式尚未确定，四是由前述不确定带来的国内法院可否援引条约作为其判案依据的不确定。由此可以说，目前尚存在条约在国内适用的法律屏障问题。

然而，与条约在国内的适用直接相关的是国际法与国内法的关系问题，这也是国际法的一个重大基础理论问题。因而，未来《缔结条约程序法》的修改是否有必要把国际法与国内法的关系纳入，实务部门对此有不同的观点。一种观点认为，《缔结条约程序法》的修改应以明确程序问题为重点，其他的一些问题，如条约与国内法的关系问题，因其是实体法与条约在国内的适用问题，可以暂时不作考虑；另一种观点则认为，仅仅规定缔约程序是不够的，如果不解决有关条约的实体法问题，如条约的定义、条约的性质、条约在国内法上的效力等，就不可能真正有效地运用相关程序。因此，有必要对《缔结条约程序法》进行相应修改，使其从纯粹的程序法变为兼顾程序与实体的法律。

国际条约与国内法的关系问题由于影响重大，《缔结条约程序法》的修改可能无法承受这一议题之重，但明确国际条约是中国法律体系中的一部分却是必要的，也是完善依法治国中"法"的含义的基本要求。基于此，在目前《宪法》很难修改的情况下，可以考虑在《缔结条约程序法》的修改中加入这方面的实体性内容，或许有利于推动这个问题的解决。

（二）两类条约在国内的适用分析

就私法领域的条约和公法领域的条约的适用方式，实务部门的态度和做法截然不同。本研究报告仅分析民商事方面的条约和世界贸易组织（WTO）协定在国内的适用问题。

1. 条约在国内涉外民商事案件审判中的适用

调研发现，中国缔结的民商事领域的条约在国内的适用是明确的。为了保证中国缔结的民商事领域的条约在审判实践中得到顺利执行，最高人民法院或者单独或者联合其他部委颁布了一系列相关的法律文件。①最高人民法院于1987年4月10日颁布的《最高人民法院关于执行我国加入的〈承认及执行外国仲裁裁决公约〉的通知》，就各级人民法院在执行《承认及执行外国仲裁裁决公约》（简称《纽约公约》）时应当注意的若干问题作出了规定。②最高人民法院于1987年12月10日颁布的《最高人民法院转发对外经济贸易部〈关于执行联合国国际货物销售合同公约应当注意的几个问题〉的通知》，通知各级人民法院在涉外民商事审判中正确适用《联合国国际货物销售合同公约》（简称《销售合同公约》）。③最高人民法院、外交部和司法部于1992年3月4日颁布的《关于执行〈关于向国外送达民事或商事司法文书和司法外文书公约〉有关程序的通知》，就执行《关于向国外送达民事或商事司法文书和司法外文书公约》（简称《海牙送达公约》）的有关程序作出了明确规定。此后，三部门又于1992年9月19日颁布《关于执行海牙送达公约的实施办法》，制定了更为详细并具有可操作性的实施办法。④最高人民法院于1988年2月1日颁布的《最高人民法院关于执行中外司法协助协定的通知》，就各级人民法院如何正确执行国际民商事司法协助协定的事项作出了规定。

数据显示，法院在审理涉外民商事案件时，在许多方面都有适用条约的实践，主要体现在以下方面。①一些法院将条约作为作出实体判决的法律依据。以《销售合同公约》为例，据最高人民法院的一项调研，在审理国际货物买卖合同纠纷案件时，许多法院均适用《销售合同公约》作出裁判文书。1987~2007年，至少有8个高级人民法院所辖区域有适用《销售合同公约》作为实体判决的依据的审判实践，其中浙江11件、上海6件、山东5件、北京2件、广东2件、天津1件、辽宁1件、宁夏1件、湖北2件，共计31件；还有的法院有适用相关领域的双边条约作出民事判决的实践。②各级法院在有关送达司法文书的案件中适用国际民商事司法协助领域的条约，特别是《海牙送达公约》。③各级法院在当事人向法院申请承认和执行外国仲裁裁决的案件中适用有关条约，特别是《纽约公约》。④各级法院在当事人向法院申请承认和执行外国法院民商事判决的案件中也适用了有关条约，包括中国与外国缔结的双边条约，如《中华人民共和国与俄罗斯联邦关于民事和刑事司法协助的条约》①。

---

① 以上数据及下文中的数据可参见高晓力《关于国际条约在我国涉外民商事审判中适用的调研报告》，载万鄂湘主编《涉外商事海事审判指导》2008年第1辑，人民法院出版社，2008，第204~205页。

中国法院在涉外民商事案件审判中适用条约具有明显的特点。①法院在适用民商事领域的条约时，一般是直接适用，即将条约的有关条款直接作为人民法院作出判决或相关法律文书的法律依据。②在适用相关条约时，法官普遍注意把握条约的适用范围和中国加入条约时声明保留的条款。③虽然许多法院有适用条约的实践，但是总体而言，各地法院对条约的适用并不均衡，也不普遍。从1987～2007年的情况来看，仅北京、上海、天津、浙江、江苏、山东、湖北、内蒙古、宁夏、黑龙江、辽宁、广东、海南等13个高级人民法院辖区内的法院在涉外民商事审判实践中适用了条约。④由于法官对条约的熟识程度不同，因而在审判中适用条约的主动性和频度也有所不同。例如，绝大多数法官能够熟练和基本正确地适用《纽约公约》，而对《销售合同公约》却存在不少模糊认识，因此较少适用。

调研还发现，法院在适用民商事领域条约的实践中还存在一些问题或困惑，涉及条约与本国冲突法规范的适用关系问题、双边条约和多边条约的优先适用问题、有关条约的查明与文本问题、对条约概括性条款的理解问题，等等。这些均是修改《缔结条约程序法》时应予以一并考虑的问题。

2. 世界贸易组织协定在国内的适用

世界贸易组织（WTO）协定在中国被视为公法领域的多边条约。对于WTO协定能否在国内直接适用的问题，虽然理论界讨论很多，但并没有从法律层面得到澄清。由于WTO协定的公法性质，其不同于民商事领域的条约，因此，有关实务部门倾向于WTO协定不能在国内直接适用。但不能直接适用不等于不能适用，这就涉及如何适用的问题。以WTO协定适用、WTO争端解决机构裁决的执行为例，中国在关于知识产权的WTO诉讼中已有两起案件败诉，按照WTO争端解决机构的裁决，中国需要修改相应的国内法律。实践中，在通过知识产权部门启动修法时，没有遇到什么阻力，也没有人对这种修改的法理依据提出质疑。这似乎意味着中国采用一种实用性的方式适用WTO协定。但如果从宏观和微观两个层面来看，WTO协定在国内的适用是存在问题的。

从宏观层面分析，因WTO协定的条约性质，故在处理WTO协定与中国法律间的关系时，必然要受到中国法律体系框架下条约与国内法关系现状的影响。一方面，中国《宪法》迄今尚未对条约与国内法的关系作出规定，故而条约与国内法关系的不确定因素同样存在于作为条约的WTO 协定与国内法的关系之中。因而在此状况下，并不能确定 WTO 协定是否是中国法律体系的组成部分，同样也不能确定 WTO 协定在中国法律体系中的地位及适用方式，以及这些协定能否在法院作为判案依据直接援引。另一方面，在立法实践中，的确既有通过"纳入"也有通过"转化"方式在国内适用条约的实践。但是，哪一类性质或内容的条约适用"纳入"方式，哪一类条约适用"转化"方式尚不明确。由于在条约分类上的欠缺或不足，难以确定在国内法上应以何种方式来适用性质、内容和作用各异的条约。

从微观上分析，《中国加入工作组报告书》表示，WTO 协定是经全国人民代表大会常务委员会批准的"重要国际协定"①。这似乎是对 WTO 协定在中国法律体系中的地位作了排序。其实不然，"报告书"并不是具有法律效力的法律文件。此外，条约批准程序的法律存在也并不等于条约地位的确定，故而，WTO 协定的"重要国际协定"地位还有待法律或立法的确认。因此，从立法和司法实践上讲，WTO 协定在中国法律体系中的地位仍然是不确定的，WTO 协定在国内的适用问题仍是亟待解决的问题。

总而言之，《缔结条约程序法》在概念使用和条文设计上都存在明显不足。观念原因是其重要的影响因素。立法部门轻视条约的法律性质，厚此薄彼的心态使其更重视国内法，使得《缔结条约程序法》与《立法法》存在立法权限冲突，导致国际法与国内法关系"剪不清理还乱"。同时，从立法上看，从《宪法》始，中国立法就没有把参与国际法立法置于国内法立法同等重要的位置，更没有注意到参与国际法立法与国内法立法的不同特点，这也使得国际法立法与实践相脱节②。基于

---

① 对外贸易经济合作部世界贸易组织司译《中国加入世界贸易组织法律文件》，法律出版社，2002，第 775 页。

② 谢新胜：《中国的条约缔结程序与缔约权——以〈缔结条约程序法〉立法规范为中心的考察》，《华东政法大学学报》2012 年第 1 期。

上述情况，若要完善《缔结条约程序法》，首先需要尊重国际立法的特殊性，并在《宪法》中明确条约与国内法的关系，这样才能构造以《宪法》为核心的国际法立法与国内法立法体系，使国际法和国内法在立法程序上有机衔接。

（参见法治蓝皮书《中国法治发展报告 No. 11（2013）》）

第十八章 中国对外投资安全的
法律保障（2011）

摘　要： 在积极贯彻"走出去"战略方针并取得巨大进展的同时，中国海外资产面临的安全形势颇为严峻，保护中国海外人员和资产安全已成为不得不面对的一项重大课题。为此，应当根据国际形势的不断发展和变化，摒弃传统保守的思维方式，充分运用现代国际法规则赋予主权国家的各项权利，采取国际法所允许的一切必要手段加大对我国海外人员和资产的保护力度。

2011 年伊始，埃及、利比亚、叙利亚、也门等西亚、北非一些国家或地区政局动荡，安全形势恶化，中国在这些国家或地区的人员以及投资合作的资产遭遇巨大风险和损失。2011 年 9 月 30 日，缅甸单方面宣布搁置兴建中缅合建的密松电站项目，该电站位于缅甸伊洛瓦底江的玛丽河与纳马伊河交汇处，由中国电力投资公司和缅甸国家电力公司以及缅甸亚洲国际集团合作建造，一旦搁置无疑将给中方企业造成重大损失。2011 年 10 月 5 日，中国"华平号"和"玉兴 8 号"两艘搭载 13 名中国船员的商船在泰国、缅甸、老挝三国交界处的湄公河金三角水域遭遇武装分子劫持和袭击，致使 13 人全部遇难。种种迹象表明，目前，中国海外人员和资产安全保护正面临着重大挑战。

面对这一严峻局面，我们应当深入分析中国对外投资合作形势出现的新情况、新问题、新特点，深刻总结和反思中国对外投资合作战略，探讨确立新的国家安全观，根据国际法赋予主权国家的权利和国际经济法规则，制定积极保护、及时保护、有力保护的方针，采取国际法所允许的一切必要手段加大对中国海外人员和资产安全的保护力度。

一 当前中国对外投资合作的特点

综合分析近些年中国对外投资合作发展的总体情况，中国对外投资合作具有以下一些特点。

第一，中国对外投资合作的规模迅速扩大。

随着中国整体经济实力的增强，中国对外投资合作的规模呈现迅速扩大的态势。根据联合国贸易和发展会议历年《世界投资报告》和商务部统计数据，1984~2001 年近 20 年中国对外直接投资流量年均增长 22.4%，仅 2002~2009 年 7 年的时间里，对外直接投资年均增速则达到了 54.4%，连续 6 年位居发展中国家之首①。从目前的发展趋势来看，中国对外直接投资规模仍会逐年扩大，若能保持目前的增长速度，赶超美欧等发达国家对外投资规模指日可待。

不仅如此，中国对外投资主体日益多元化，包括私营企业在内的各种所用制企业对外投资热情高涨，逐步改变了国有企业占绝对多数的格局。而且，对外投资领域不断扩大，已从过去以贸易领域为主，逐步拓宽到包括租赁和商务服务业、金融业、资源开发、工业生产、农业及农产品开发、商业零售、咨询服务、研发等行业在内的更广领域。此外，中国对外投资的地域覆盖面日渐广阔，从起步时先进入中国香港，到目前已遍及世界五大洲的 177 个国家和地区，覆盖率达 80% 以上。亚洲特别是周边国家和地区是中国对外投资的重点区域。近年来，中国企业对拉美、非洲的投资逐渐增加②。中国对外投资方式日趋多样化，跨国并购成为对外投资的重要方式。2010 年，中国企业以并购方式实现的直接投资达 297 亿美元，同比增长 54.7%，占流量总额的 43.2%，并购领域涉及采矿、制造、电

---

① 商务部：《中国对外投资合作发展报告 2010》，上海交通大学出版社，2010，第 9~10 页。1990~2001 年数据来源于联合国贸发会议每年发布的《世界投资报告》，2002~2009 年数据来源于中国商务部统计数据。

② 商务部：《中国对外投资合作发展报告 2010》，上海交通大学出版社，2010，第 5~6 页。

力生产和供应、专业技术服务和金融等行业①。除对外直接投资外，中国对外承包工程市场覆盖已从最初的东南亚几个国家和地区，扩展到目前180多个国家和地区，多元化市场格局已经形成②。与此同时，中国对外劳务合作快速发展，外派劳务业务规模不断扩大，已遍及全球180多个国家和地区③。

所有这些都意味着，中国对外投资合作的影响力日增，在全球经济发展中占有举足轻重的地位，未来这一趋势将进一步持续和发展。

第二，以资源、能源为对象的投资合作成为中国对外投资合作的重要内容。

随着中国经济的不断增长，国内经济建设对石油、矿产等能源的需求量大幅攀升，成为中国企业投资开发海外资源、能源的强劲动力。

自2000年开始，中国对外投资的领域逐渐拓展，已涵盖租赁和商业服务业、金融业、资源开发、工业生产、农业及农产品开发、商业零售、咨询服务、研发等在内的更广泛领域。其中，以能源、资源为开发对象的采矿业已成为中国对外投资的第三大行业，仅次于租赁和商务服务业、金融业，且呈现持续上升态势④。据商务部统计，2009年中国企业对外直接投资采矿业133.4亿美元，较上年增长12.9%，占当年中国对外直接投资流量的23.6%，截至2009年底，中国累计投向采矿业的直接投资达到405.8亿美元⑤。

作为中国能源行业的领军企业，中国石油天然气集团公司1997年先后中标苏丹、哈萨克斯坦、委内瑞拉的三大项目，2005年成功收购哈萨克斯坦PK公司、ENCANA厄瓜多尔安第斯公司和PETRO-CANADA叙利亚公司等大型能源企业。截至2009年底，该公司海外油气业务已涵盖全

① 参见2011年9月6日商务部、国家统计局、国家外汇管理局在第十五届中国国际投资贸易洽谈会新闻发布会上联合发布的《2010年度中国对外直接投资统计公报》，http：//hzs. mofcom. gov. cn/aarticle/date/201109/20110907729023. html，最后访问日期：2011年12月11日。

② 商务部：《中国对外投资合作发展报告2010》，上海交通大学出版社，2010，第15～16页。

③ 商务部：《中国对外投资合作发展报告2010》，上海交通大学出版社，2010，第31页。

④ 商务部：《中国对外投资合作发展报告2010》，上海交通大学出版社，2010，第6页。

⑤ 商务部：《中国对外投资合作发展报告2010》，上海交通大学出版社，2010，第73页。

球 29 个国家，运作 81 个合作项目，初步形成中亚、非洲、南美、中东和
亚太五个海外油气合作区，和上、中、下游一体化的海外油气业务格局。
截至 2009 年底，中国石油化工集团公司在 35 个国家执行 355 个石油工程
技术合同，合同额 79 亿美元；2009 年新签合同额达 28.1 亿美元，完成
合同额 24.3 亿美元，同比增长 7.7% 和 29.2%①。此外，中国铝业公司、
中国有色矿产集团有限公司、中信集团等企业也相继投资或收购许多国际
大型矿业生产、加工企业，开展能源生产、加工业务。除大型国有企业
外，中国的各类民营企业对海外能源、资源投资的热情也不断高涨，在对
外矿业投资企业中，中央企业和地方企业、国有企业和民营企业、地质勘
查单位等专业企业以及其他行业的企业，发挥各自优势，采用多种方式，
通过不同渠道积极开展对外矿业投资与合作，一定程度上满足了国内建设
对能源、资源的需求。

第三，中国对外投资合作主要集中于亚洲、非洲、拉美等发展中国家
或地区。

中国对外直接投资目前已遍及世界五大洲，亚洲特别是周边国家和地
区是中国对外投资的重点区域。近年来，中国企业对拉美、非洲的投资逐
渐增加，这些地区大多为发展中国家，且能源、资源丰富。截至 2009 年
底，中国在以上三个地区的投资存量占全部对外投资存量的 91.8%（其
中亚洲 75.5%、拉美 12.5%、非洲 3.8%）②。2009 年中国对拉美投资较
上年增长 1 倍，对非洲非金融类投资同比增长 55.4%，增速极为明显③。
据统计，2010 年末，亚洲、拉丁美洲是中国对外直接投资存量最为集中
的地区，分别为 2281.4 亿美元（占总存量的 71.9%）和 438.8 亿美元
（占 13.8%），大洋洲、欧洲是存量增幅最大的地区，其中，在大洋洲的
直接投资存量为 86.1 亿美元，是 2005 年末的 13.2 倍。对发达国家（地

① 商务部：《中国对外投资合作发展报告 2010》，上海交通大学出版社，2010，第 73~74 页。
② 商务部：《中国对外投资合作发展报告 2010》，上海交通大学出版社，2010，第 7 页。
③ 商务部：《中国对外投资合作发展报告 2010》，上海交通大学出版社，2010，第 11 页。

区）的投资存量占中国对外投资存量总额的 9.4%，较上年增加 2 个百分点①。亚洲和非洲一直是中国对外承包工程的主要市场，对业务量的总贡献率为 80% 左右，主要分布在伊朗、印度、沙特阿拉伯、阿联酋、越南、利比亚、尼日利亚、安哥拉、阿尔及利亚、苏丹等国家②。尽管受金融危机影响，2009 年中国对外劳务合作主要合作市场业务量有所下降，但对非劳务合作呈增长势头，营业额较 2008 年增长 37.93%，达到 3.37 亿美元③。

从对外直接投资、承包工程和劳务合作的地区分布情况可以看出，中国对外投资合作的业务主要集中于亚洲、非洲和拉美等世界发展中国家或地区，尽管近年来对欧美等发达国家或地区的投资合作有所增长，但以上发展中国家或地区仍然是中国对外投资合作的重点。这是中国政府实行全方位开放政策以及 "走出去" 战略所取得的巨大成果。此外，这些发展中国家或地区大多为能源、资源集中型经济体，与中国经济增长对能源、资源的大量需求有着直接关系。另外，欧美等发达国家或地区对中国资本的歧视性审查或限制制约了中国企业对这些国家或地区的投资，这也是造成中国投资合作项目在这些国家或地区增量有限的重要因素。

事实表明，中国对外投资合作已对全球经济发展作出了巨大贡献，特别是在 2008 年金融危机爆发、发达经济体投资锐减的大背景下，中国对外投资合作一枝独秀，成为世界经济企稳回升的强劲动力。但与此同时，中国对外投资合作影响力日渐增强也引发了某些发达国家的嫉妒和不满，特别是中国对能源、资源的开发利用以及对非洲、拉美等一些历史上属于欧洲列强殖民地国家或地区的投资更是招致这些国家的无端指责，这种现象已成为近年来国际经济领域关注的焦点。更为重要的是，中国的崛起引发国际政治经济格局发生深刻变化，美欧等发达国家或地区将中国作为竞争对手，其国际战略重点已转向中国。在这种国际大背景下，中国对外投资合作不得不面对新的形势和挑战。

---

① 参见 2011 年 9 月 6 日商务部、国家统计局、国家外汇管理局在第十五届中国国际投资贸易洽谈会新闻发布会上联合发布的《2010 年度中国对外直接投资统计公报》，http://hzs. mofcom. gov. cn/aarticle/date/201109/20110907729023. html，最后访问日期：2011 年12 月 11 日。

② 商务部：《中国对外投资合作发展报告 2010》，上海交通大学出版社，2010，第 16 页。

③ 商务部：《中国对外投资合作发展报告 2010》，上海交通大学出版社，2010，第 35 页。

二 "新干涉主义"使中国对外投资
合作面临巨大风险

当前，世界正处在大发展大变革大调整时期，和平、发展、合作的时代潮流更加强劲，以合作促安全、谋发展成为国际社会的广泛共识。同时，国际和地区热点问题此起彼伏，新矛盾新挑战层出不穷，维护世界和平、促进共同发展的任务更加艰巨繁重①。在这样的形势下，中国的对外投资合作面临新的形势：一方面，和平、发展、合作的时代潮流符合中国的和平发展道路，有利于中国的对外投资合作进一步拓展发展空间，迈向更高的发展水平；但另一方面，国际和地区热点问题此起彼伏，新矛盾新挑战层出不穷，迫使中国的对外投资合作面临极大风险。

当前西方一些发达国家或地区"新干涉主义"频繁抬头，其突出特点是以人道主义为名、滥用联合国安理会决议对发展中国家内政予以干涉，利用一些国家的国内矛盾通过政治、经济、军事等手段制裁现政府，同时扶植这些国家国内的反对派力量推翻现政权，并以此为契机攫取、瓜分这些国家的巨大经济利益。这种"新干涉主义"十分"青睐"那些能源、资源丰富的国家或地区，而中国在这些国家或地区的投资合作不得不因这些国家或地区的政局动荡、内乱爆发而停工、停产，从而遭受重大损失。更令人担忧的是，现阶段西方"新干涉主义"势头有增无减，国际和地区热点问题未来仍将频现。

2011年初以来，"新干涉主义"在西亚、北非地区表现得极为突出。2月中旬，利比亚安全形势发生重大变化，中国成功撤离近四万名在利比亚的中国公民。据商务部统计，目前中国在利比亚承包的大型项目一共有50个，涉及合同金额188亿美元。大部分中资企业人员撤出，对于在建项目的进展、中资企业的经营状况造成了相当大的影响②。2011年8月，

---

① 见2011年6月15日国家主席胡锦涛在阿斯塔纳举行的上海合作组织成员国元首理事会第十一次会议上发表题为《和平发展 世代友好》的重要讲话。

② 参见商务部新闻发言人姚坚2011年3月22日新闻发布会发言，http://www.mofcom.gov.cn/xwfbh/20110322.shtml，最后访问日期：2011年9月9日。

叙利亚成为新的热点地区，美欧西方国家开始对叙利亚采取经济制裁措施，叙利亚国内局势发展难以预料。据商务部统计，截至 2010 年，中国对叙利亚非金融类直接投资存量为 1681 万美元。承包劳务方面，截至 2010 年底，中国企业在叙利亚累计签订承包工程合同额 18.2 亿美元；累计签订劳务合作合同额 482 万美元；年末在叙利亚劳务人数 1100 人，新签大型项目包括湖北宏源电力工程股份有限公司承担的水泥厂自备电站项目等①。当前，美国、欧盟等西方国家和地区已开始单方面对叙利亚采取制裁措施，叙利亚局势大有重蹈利比亚覆辙的态势，倘如此，上述中国投资合作项目将再次面临巨大风险。

除叙利亚外，西亚、北非一些国家的安全局势也不乐观。自 2011 年 1 月开始，突尼斯国内部分地区爆发示威游行，示威人群与警察和军队发生暴力冲突并造成人员伤亡。2 月份，巴林部分地区发生较大规模抗议示威活动，示威人群与军警发生暴力冲突，造成人员伤亡。巴林当局将在主要城市实行宵禁。上述两国形势目前仍在发展之中。中国在这两个国家均有重要投资合作项目，截至目前，中国已在突尼斯实施了 50 多个承包工程项目，总金额达到 2.6 亿美元，通过承包工程带动的在突劳务工程人员大约有 300 人，海尔（突尼斯）家电公司、中国突尼斯科威特联合石油公司和中化石油勘探开发有限公司（突尼斯）海上油田总投资达到 8000 多万美元②。在巴林，中国参与了该国海上油田勘测开发，中石油东方公司曾于 2009 年上半年获得巴林海上"二号区块"勘探项目。

不止于此，中国对外投资合作的重要对象伊朗、委内瑞拉、缅甸等国也早已成为西方国家的"眼中钉"，美国等西方国家伺机干预其内政的迹象极为明显。此外，一些地区针对中国的敌对势力也不断对中国的对外投资合作造成严重威胁，2011 年 10 月初中国商船在泰国、缅甸、老挝三国交界处的湄公河金三角水域遭遇武装分子劫持和枪击并造成重大人员伤亡，这提醒我们，中国企业在这些地区存在巨大安全隐患。

上述国家或地区局势动荡、安全形势发生重大变化，不仅是其国内各

① 参见中国驻叙利亚大使馆经济商务参赞处网站，http：//sy. mofcom. gov. cn/aarticle/zxhz/hzjj/201106/20110607596800. html，最后访问日期：2011 年 9 月 9 日。

② http：//tn. mofcom. gov. cn/aarticle/zxhz/hzjj/200702/20070204355551. html.

种矛盾激化的结果，更有西方国家"新干涉主义"的国际背景。以上种种迹象表明，中国对外投资合作正面临前所未有的风险，这一形势迫使中国政府必须采取有力措施和行动保护中国海外人员生命以及资产安全。

三　新国家安全观与中国海外人员和资产安全保护

2011年9月6日，国务院新闻办公室发表《中国的和平发展》白皮书，指出："和平发展是中国实现现代化和富民强国、为世界文明进步作出更大贡献的战略抉择。中国将坚定不移沿着和平发展道路走下去。"和平发展是中国的基本国策，但这一政策并不意味着中国的和平发展道路会一帆风顺，在国际形势错综复杂、风云变幻的当今世界，中国必然要坚决维护国家核心利益。白皮书首次向世界宣布："中国的核心利益包括国家主权、国家安全、领土完整、国家统一，中国宪法确立的国家政治制度和社会大局稳定，是经济社会可持续发展的基本保障。"作为中国核心利益之一的国家安全理应包括中国海外人员和资产安全。

中国"十二五"规划确立了"积极参与全球经济治理和区域合作"的对外经济交往战略。立于全局角度观察，这一战略部署将对中国"走出去"进程发挥保驾护航之功效。但如何落实"十二五"规划提出的上述目标，根据不断变化的国际形势及时调整我国的外交政策，使之更好地服务于"走出去"战略目标，则是需要深入研究的重大问题。其中，摒弃传统的、过时的国家安全思维，探讨确立新的国家安全观是当务之急。

不同于传统"国家安全"的定义，新的"国家安全观"应当将保护在本国境外的公民生命安全、资产安全同保护本国境内的公民生命安全、资产安全一样作为保卫"国家安全"的重要内容。在新的"国家安全观"之下，如果本国公民的生命、资产安全在境外遭受损害或损害威胁，中国政府应当运用政治、经济、外交、法律以及国际法框架内的一切必要手段保护本国公民生命和资产的安全。

在当前形势下，中国应当积极探索保护海外人员和资产安全的长效机制，制定相关国家战略，确立"积极保护、及时保护、有力保护"的基本方针。所谓的"积极保护"就是政府各部门以及驻外机构对保护海外人员和资产采取主动积极的态度，做到事先预警和防范、事后主动采取措施保护海外人员和资产安全。所谓"及时保护"就是要求政府各部门以及驻外机构在驻外人员及资产受到侵害或严重威胁时立即启动通报、报告，涉及制订应急预案、对策研究并提出保护性措施建议等工作，以便及时、迅速、尽快采取保护措施。所谓"有力保护"就是应当运用国际法赋予主权国家的各项权利，采取国际法所允许的一切必要手段加大对中国海外人员和资产的保护力度。

确立"积极保护、及时保护、有力保护"的基本方针不但不违背中国和平发展的基本国策，反而会为和平发展创造良好的环境和氛围，也将赢得国际社会对高度重视人民生命、资产安全的中国政府的尊重。

四　充分运用国际经济法规则保护海外投资和资产

在海外投资和资产保护方面，国际经济法规则提供了可以依循的法律途径。尽管国际投资保护法律制度尚有许多不尽如人意之处，但充分运用包括国际投资法律制度在内的现有国际经济法规则仍是各国保护海外投资和资产的主要途径，发达国家长期以来在保护其海外投资和资产方面已经取得的成功经验和做法为我们提供了诸多可资借鉴之处。现阶段，应当从以下几个方面着手开展风险防范工作。

第一，改进和完善中国海外风险评估、预警机制。

为完善境外安全风险控制体系，指导企业加强境外安全风险防范，保障"走出去"战略的顺利实施，商务部曾于2010年8月26日制定并实施了《对外投资合作境外安全风险预警和信息通报制度》。该文件要求中国各驻外经商机构、各地商务主管部门和有关商（协）会负责收集涉及驻在国、本地区和本行业企业的境外安全风险信息，整理、分析和评估有关信息对中国对外投资合作造成的影响，及时向驻在国中资企业和本地区、本行业相关企业发布预警并将有关情况报送商务部。商务部视情况就各单位报送的和通过其他渠道获取的境外安全风险信息向全国发布预警。各驻外经商机构、各地商务主管部门、有关商（协）会应认真搜集信息，分析各类境外安全风险对中国对外投资合作造成的影响和后果，及时向驻在国中资企业和本地区、本行业相关企业进行通报，并将有关情况报送商务部。商务部汇总各类境外安全风险信息，视情况向全国进行通报。该文件还就境外安全风险预警和信息通报形式、具体工作方法、保密责任等作出规定①。在当前国际形势下，严肃、认真地执行和落实该文件中的各项条款显得尤为重要。

商务部《对外投资合作境外安全风险预警和信息通报制度》的及时出台在制度层面上填补了中国对外投资合作风险评估和预警工作的空白，但仍存在层次不高、单兵作战、协调和组织能力不足、执行力不强等诸多问题，建议尽快由国务院成立海外投资合作风险评估委员会。该委员会可由国家发展改革委、外交部、商务部、国资委、国务院法制办、国防部等组成，邀请国际问题专家、国际法专家以及各有关行业组织参加，举行定期或不定期会议研究讨论对外投资合作安全形势，适时发表预警信息、出台安全风险控制与防范方案。此外，各类对外投资合作企业均应当建立企业自身的安全风险防范制度，大型企业应当借鉴国外经验成立高级别企业战略顾问团，聘请著名政治家、企业家、学者作为企业发展的战略顾问，为评估对外投资合作项目安全风险提供高质量的咨询意见。

第二，尽快推广和普及中国现有海外投资保险制度。

在建立和完善海外风险评估、预警制度的同时，还应当尽快推广和普及中国现有海外投资保险制度。海外投资保险制度是世界各资本输出国的通行制度。自美国1948年在实施马歇尔计划过程中创设这一制度以来，日本、法国、德国、挪威、丹麦、澳大利亚、荷兰、加拿大、瑞士、比利时、英国等国家也先后实行了海外投资保险制度。不仅发达国家如此，发展中国家与地区也于20世纪七八十年代开始为本国本地区的海外投资者提供政治保险②。

中国已于2001年成立了中国信用保险公司，其对海外投资项目的承保范围包括政治风险，如征用险、外汇险、战争内乱险等。近年来，通过与国际知名商业银行、投资银行、咨询服务公司等的广泛合作和联络，中

---

① 详细规定请参见商务部于2010年8月26日制定的《对外投资合作境外安全风险预警和信息通报制度》，http://www.gov.cn/gzdt/2010-09/06/content_1696707.htm。

② 《采取法律行动保护我在利比亚等国资产》，《经济参考报》2011年3月23日，第8版。

国信用保险公司已成为中国企业"走出去"与国际资本市场对接、防范对外投资合作风险的重要机构。中国信用保险公司是代表中国参加国际"投资和信用保险人协会"的正式成员。国际"投资和信用保险人协会"简称"伯尔尼协会"（The Berne Union），是全球投资保险机构和出口信用保险机构的国际组织，内设短期出口信用保险、中长期出口信用保险和投资保险三个分会。伯尔尼协会投资保险分会云集了国际上 30 多个主要的投资保险机构，是国际投资保险机构实现信息共享和经验交流的平台①。然而，不容忽视的是，与企业快速扩大的海外投资规模相比，中国海外投资保险的覆盖面仍然较窄。2010 年，中国海外投资保险的承保金额 120.6 亿美元，责任余额为 173 亿美元，对比全国非金融类海外投资余额的比例仅为 5.68%②。这与中国巨大的海外投资合作规模极不相称，国家应当加大海外投资信用保险机制的宣传力度，企业的海外投资合作项目应建立强制保险制度，扩大投资保险规模，并将包括转移、安置海外企业人员在内的费用、损失等纳入保险范围，以避免再次出现企业面临安全威胁时"政府买单、企业受益"的情况。

第三，充分运用双边或多边投资保护的法律机制保护海外资产。

据统计，中国已与世界上 130 多个国家签订了双边投资保护协定，为保护中国海外投资合作企业的合法权益提供了法律保障③。中国已于 1993 年加入《关于解决国家和他国国民之间投资争端公约》，该公约系国际上解决投资争端、防范国家风险的重要国际条约④。根据双边投资保护协定，在向遭受非商业性风险的企业支付保险金后，政府可取得代位求偿权，向相关国家政府追偿。

依据现代国际法规则，与中国签订双边投资保护协定的国家发生政局

---

① 参见《投资保险的历史与发展》一文，http://www.sinosure.com.cn/sinosure/cpyfw/tzbx/gytzbx/gytzbx.html，最后访问日期：2011 年 12 月 11 日。

② 《海外投资保险亟待扩大覆盖面》，《经济日报》2011 年 4 月 8 日。

③ 参见商务部副部长陈健在国务院新闻办公室 2010 年 11 月 1 日举行新闻发布会上的谈话。

④ 《关于解决国家和他国国民之间投资争端公约》是国际复兴开发银行所创设的，公约草案经过该银行各成员国政府派员组成的咨询委员会多次分地区进行讨论后，于 1965 年 3 月在华盛顿开放签字，已于 1966 年 10 月 14 日生效。其主要宗旨是为参加该公约的各缔约方和其他缔约方的国民之间的投资争端，提供调停和仲裁的便利，以排除政治干预和外交干涉，从而改善投资氛围，有利于国际私人资本不断流入发展中国家。

动荡、社会动乱、武装冲突从而造成中国海外投资合作企业人员和资产损失，该国政府负有全面保护、充分赔偿的国家责任，许多国际法案例证明了这一点。例如，在 AMOC ASIA 公司诉印度尼西亚案中，该公司当地的合作伙伴（PT wisma）在印度尼西亚武装力量的协助下侵吞了整个投资项目，后该公司将此案诉诸解决投资争端国际中心，仲裁庭裁决认为，尽管武力侵吞投资资产行为不可归因于印度尼西亚政府，但由于印度尼西亚政府未能采取措施保护投资者免受其本国公民的侵犯，因此，印度尼西亚政府违反了它的国际义务。在另一个案件——AMT 诉扎伊尔案中，仲裁庭裁决：由于扎伊尔（现名刚果民主共和国）未能避免投资者免受武装部队的抢劫，因此违反了它应承担的国际义务，应承担国家责任①。可见，给予投资者投资资产以充分保护、政府应承担未予保护的国家责任已成为国际法的一项重要规则，中国政府应当据此代位中国企业向有关国家政府主张经济赔偿。

中国还应当利用多边投资担保机构（MIGA）提供的框架保护海外资产安全。多边投资担保机构是世界银行集团内一个专门针对外国投资者非商业性风险的担保机构，向外国投资者提供包括东道国征收风险、货币转移限制、违约、战争和内乱风险等担保。中国是该机构的第六大股东，作为发展中国家，在过去一段时间中国政府多次与该机构开展合作，为外资进入中国相关行业提供担保和其他服务，对于中国吸引外资起到了良好的作用。随着中国对外投资的大量增长，该机构提供的非商业性风险担保对中国企业对外投资的重要性日益凸显。鉴于多边投资担保机构具有承保非商业风险的特殊职能，中国政府应加大与该机构合作的力度，充分运用大股东的优势地位，扩大该机构对中国企业向发展中国家投资的承保范围和承保规模，为中国企业对外投资提供政治风险方面的特殊保障。

总之，尽快改进和完善中国海外风险评估、预警机制，大力推广和普及中国现有海外投资保险制度并注重研究国际经济法规则，充分运用双边或多边投资保护的法律机制，应当成为中国对外投资合作战略的重

---

① Amco asia corporation and others v. The republic of indonesia, award, 20 Nov. 1984, 1 ICSID REP 413. Also see AMT V. Zaire, award, 21 June, Feb. 1997, 5 ICSID REP 11.

要组成部分。

五　采取国际法允许的一切必要手段保护
中国海外人员和资产安全

包括《联合国宪章》在内的现代国际法赋予主权国家诸多保护本国公民及资产安全的权利，中国应当充分运用这些国际法赋予的权利，采取国际法所允许的一切必要手段加大对中国海外人员和资产的保护力度。

作为联合国安理会常任理事国，中国肩负维护世界和平与安全的特殊责任，应当继续秉持和平共处五项原则的基本方针，坚决反对干涉主权国家内政，对于那些以人道主义为名进行的武装干涉不予支持，主持国际正义。与此同时，应当推动联合国在维护国家主权、解决地区冲突、恢复稳定以及成员国重建中发挥领导作用，避免地区霸权或利益集团单方行动以攫取不正当经济利益。

中国应当充分行使外交保护权加大对海外人员与资产安全的保护力度。外交保护权是主权国家的一项重要国际法权利，是国家属人优越权的重要内容之一。实践中，各国都是通过本国外交机关对在国外的本国国民提供各种保护。现代国际法要求，行使外交保护必须具备两个基本条件：①符合"国籍继续规则"，因为外交保护权源于属人管辖权；②符合"用尽当地救济规则"，因为这是构成国家责任的前提。联合国国际法委员会制定的《外交保护条款草案》第 15 条规定了当地救济规则的例外，即在下列情况下，无须用尽当地救济：（a）不存在合理地可得到的能提供有效补救的当地救济，或当地救济不具有提供此种补救的合理可能性；（b）救济过程受到不当拖延，且这种不当拖延是由被指称应负责的国家造成的；（c）受害人与被指称应负责国家之间在发生损害之日没有相关联系；（d）受害人明显地被排除了寻求当地救济的可能性；或（e）被指称应负责的国家放弃了用尽当地救济的要求。在这些情况下，国家可以直接对受到侵害的本国公民和企业行使外交保护权①。

---

①　联合国国际法委员会第五十八届会议于 2006 年通过《外交保护条款草案》，共 19 条。

　　随着国际经济交往的不断增多，外交保护与国际商业之间的联系日益密切，并深受国际经济关系和各国政治、经济变化的影响，其自身的范围和内容也在不断发生变化。作为一项国际法原则，外交保护范围已经扩大至企业法人，对海外投资的外交保护也就扩大至国家对海外投资公司的保护①。国际法院在巴塞罗那电车公司案中明确指出："在国际法规定的范围内，一国可采用其认为妥当的任何手段、在其认为妥当的任何程度上行使外交保护权，因为国家维护的是本身的权利。"② 根据国际法，保护本国公民、企业在海外的资产与保护本国公民生命权一样是主权国家的责任，是外交保护权的重要内容，中国政府在当事国不能或未能实施当地救济及其他国际法允许的情形下采取行动保护中方在海外的人员和资产具有充分的国际法依据。

　　在行使外交保护权方面，应当认真考虑和科学判断中国海外人员和资产受到威胁或损失的情势。另外，应当遵循适度性和协调性原则，即行使外交保护权的规模和范围应与中国海外人员和资产安全受到威胁的严重程度相适应。同时，行使外交保护权应与运用双边投资担保协定、多边投资担保协定等国际经济法规则相互配合和协调，最大限度地降低风险、减少损失。应当强调的是，及时、适当地行使外交保护权可以促进有关国家或组织尊重和保护他国公民生命和资产安全，有利于以和平方式解决争端。

　　总之，在"走出去"战略取得巨大进展的同时，中国海外人员和资产面临的安全形势颇为严峻。随着国际形势的不断发展、国际政治格局和国家间实力平衡的不断变化，一些不利于中国海外资产保护的因素将不断出现，在某些时候对外投资合作形势会进一步恶化，保护中国海外人员和资产安全已成为我们不得不面对的一项重大课题。中国政府应当根据国际形势的不断发展和变化，摒弃传统保守的思维方式，充分运用现代国际法规则赋予主权国家的各项权利，采取国际法所允许的一切必要手段加大对中国海外人员和资产的保护力度。

（参见法治蓝皮书《中国法治发展报告 No.10（2012）》）

---

① 周忠海：《海外投资的外交保护》，《政法论坛》2007 年第 3 期，第 60 页。

② 周忠海：《海外投资的外交保护》，《政法论坛》2007 年第 3 期，第 60 页。

第十九章　中国流失海外原"皇家"文物追索的国际法问题（2009）

摘　要： 圆明园文物追索案件引起公众的广泛关注。从国际法的角度进行分析，中国政府是相关文物追索案的唯一合法原告，但不宜在外国法院提起类似民事诉讼。追索海外流失文物的可行途径应是根据具体案情，采取外交和法律相结合的办法解决问题。

2009 年初，有关圆明园流失文物在法国拍卖，中国民间律师组团进行追讨的新闻引起社会的关注。由于中国政府有关部门并未明确表态支持此类民间性追讨活动，更没有主动提起诉讼追索这些流失海外的文化财产，结果受到社会舆论的较大压力。1840 年鸦片战争拉开了中国文物流失的序幕；1860 年英法联军火烧圆明园，对园内四五十处殿堂文物进行了空前洗劫，大量稀世之宝被掠到海外；接着是八国联军在北京纵兵三日，紫禁城、中海、南海、北海、颐和园全部被洗劫。对于这些流失海外的原"皇家"文物我们当然应尽力追回，但"冰冻三尺，非一日之寒"，此问题牵扯国际公法、国际私法等诸多法律问题，还关涉中国的外交大局以及历史政策的延续问题，所以面对社会舆论的宣泄与压力，我们更应保持清醒头脑，摒弃"毕其功于一役"的急躁思想，对于相关问题要有明确认识。

一　中国政府是流失海外原"皇家"文物的唯一所有者

关于中国流失海外原"皇家"文物的所有权问题，答案是唯一的：

这些文化财产的所有者只能是中华人民共和国政府。在圆明园文物拍卖案发生后，有个别律师组织的律师团以相关政府部门不愿做文物追索的原告为由，找到所谓"爱新觉罗宗亲会"出面作为原告进行诉讼，"因为当年的圆明园是皇家园林，国宝铜兽首当年属于皇家所有"①。该会会长爱新觉罗·州迪也答应律师要求，向法国有关法院提起了法律程序。这种做法虽属无奈，却值得商榷。

首先，虽然文物原属"皇家"所有，但是，中华人民共和国政府成立后对于封建贵族以及有关官僚资产阶级的财产依法进行了国有化和征收，包括已经流失海外所有原属封建贵族的财产已经完全属于中华人民共和国所有。这种国有化的法令不仅在中华人民共和国境内有效，依照国际法和国际惯例，在外国也具有法律效力。原国民党政府被推翻后，其在海外的使馆、领馆等财产自动归中华人民共和国政府所有就是这个道理。另外，有人对现中国政府何以对 100 多年前已流失海外的原"皇家"文物享有所有权存有疑问，这就涉及国有化法令的溯及力问题。通常而言，法律对于颁布实施前的事项是不具有溯及力的，它只能对现实或未来的社会关系进行调整，但是，在国际法上，国有化法令却是有追溯力的，这种追溯力来源于国际法上的政府继承制度。圆明园文物流失时代表中国作为国际法主体的是清朝政府，在此后的 100 多年中，虽然国家政权屡遭更迭，但中国作为主权国家则始终屹立于世界民族之林，所以不存在国家继承问题，只产生政府继承问题。中华人民共和国政府在 1949 年成立后，明确表示，对于旧中国政府所签订的不平等条约和帝国主义国家的恶意债务一律废除，但有关中国人民对外所享有的国际法上的合法权益，则理所当然予以继承。正是基于此原因，虽然香港问题与澳门问题都产生于中华人民共和国成立之前，但英国政府与葡萄牙政府也只能与中华人民共和国政府谈判解决相关问题。同样的道理，100 多年前中国政府所享有的文物追索权，现在应完全由中华人民共和国政府继承，这是国际法的基本准则，也是中国国家主权的必然体现。倘若让某些个人或团体作为原告进行诉讼，岂不是承认他们对这些财产仍然保有某些权

---

① 李钢：《拥有者称考虑将两具圆明园铜兽首归还中国》，《广州日报》2009 年 2 月 23 日。

利？这无疑是荒谬的。

所以，尽管该"爱新觉罗宗亲会"表示，"铜兽首归还中国后，将上交国家，爱新觉罗家族绝对不会将国宝占为个人所有"①，但这是两个性质截然不同的问题，我们如果认同其原告资格，就等于承认其对国家财产享有权利，有关团体上交亦可，不上交亦不违反法律。这和中华人民共和国成立时的国有化法律和政策是完全背离的。倘此口子一开，国家流失海外的原"皇家"文物不在少数，难保不会鼓励极少数心存不良的人进行诉讼追索，从而损害国家利益。例如，旧沙俄贵族就曾通过诉讼追索过苏联所有的海外财产，帝国主义国家借机干涉打压苏联内政。所以，如果国家有意通过诉讼追回流失海外的原"皇家"文物，原告只能是中华人民共和国政府，其他均为非法，这是中国应予表达的严正立场。

其次，有相关 NGO 组织以公益诉讼的名义提起法律程序追索文物，如此次文物追索中民间律师团以在巴黎注册的"欧洲保护中华艺术协会"为原告提起诉讼。但由于中国的流失海外原"皇家"文物所有权属于国家，追索权也属于国家，公益团体既非这些文物法律上的产权人，也未得到所有权人的授权，所以，这个"欧洲保护中华艺术协会"的代表律师萨雅格只得另辟蹊径，声称发起诉讼的理由是"两件文物是全人类的遗产"，他们希望通过这一诉讼提醒人们关注其命运，但这也从根本上否定了中华人民共和国对流失海外原"皇家"文物所享有的所有权。好在巴黎有关法院并不糊涂，在裁定书中他们明确指出，"欧洲保护中华艺术协会"并不具有铜兽首这一可能有争议财产争议一方的授权，"该协会只能代表自己，而无权代表任何人"，于是最终的结论只能是，该协会在启动诉讼程序时"明显滥用了自己的权利"②。所以说，所谓公益诉讼的发起者必须具有代表相关公共利益的资格，无此资格则谈不上诉讼权利。由于流失海外原"皇家"文物的所有权在法律上只属于中华人民共和国，而

---

① 李钢：《拥有者称考虑将两具圆明园铜兽首归还中国》，《广州日报》2009 年 2 月 23 日。

② 陶短房：《追讨圆明园文物：虽败犹荣还是哗众取宠》，中国网，http：//www. china. com. cn/review/txt/2009-02/25/content_ 17329325. htm。

代表中华人民共和国的只能是其政府，其他人至少在法律上无法代表中国及中国人民的利益。从此角度来说，除非有中国政府授权，否则，公益诉讼之路也难以走通。

二 中国政府不宜提起此类诉讼

虽然中国政府是提起此类诉讼的唯一合法原告，但从现实利益考虑，中国政府不宜提起类似诉讼。这至少有以下三方面的原因。

第一，追索法律障碍很大，胜诉可能性很小。虽然中国政府是这些非法流失海外原"皇家"文物的唯一所有者，埃及、伊朗等国政府也曾经提起过类似诉讼，而且中国目前已经有比较完备的文物保护国内立法①，但涉及文物的跨国追索问题，这些国内立法显得鞭长莫及，对于文物原属国来说，索回文物的法律依据主要是国际公约和文物拍卖国的法律。

就国际公约而言，涉及文物保护的国际公约虽有十余个，却很不完善，整个规则体系只是框架性的，缺乏有效的约束机制。目前中国已全部参加了国际上主要的3个多边性保护文物的国际公约。

一个是1954年海牙会议首次制定的武装冲突情况下专门对文物予以保护的全球性公约——《武装冲突情况下保护文化财产公约》及其议定书。但该公约基本上是一种宣言式、原则上的规定，很难在法庭争讼中予以援用。

1970年联合国教育、科学及文化组织（UNESCO）通过了《关于禁止和防止非法进出口文化财产和非法转让其所有权的方法的公约》（以下称 UNESCO 公约），迄今已有91个国家批准加入该公约。这是目前最重要的控制文物非法流转的公约，也是参加国家最为广泛的国际公约，目前

---

① 2002年10月28日全国人大常委会修订通过《文物保护法》后，文化遗产立法工作得到全面加强，由法律、行政法规、部门规章、地方性法规、规划和标准构成的文化遗产法律体系框架已经初步形成。截至目前，共出台了20余个行政法规、行政规章和规章性文件。其中行政法规有2个，分别是《文物保护法实施条例》《长城保护条例》；行政规章有6个，分别是《文物行政处罚程序暂行规定》《文物保护工程管理办法》《博物馆管理办法》《古人类和古脊椎动物化石保护管理办法》《世界文化遗产保护管理办法》《文物进出境审核管理办法》。

包括美国、法国在内的主要西方国家均参加了该公约，公约对这些国家具有法律约束力。更重要的是，该公约第 13 条第 4 款还规定："承认本公约的缔约国有不可取消的权利规定并宣布某些文化财产是不能让与的，因而据此也不能出口，若此类财产已经出口务须促使将这类财产归还给有关国家。"按照这一规定，"某些文化遗产是永久属于文物的原主国的，这些文化遗产如果流失到海外，则有关的成员国应当无条件地促成文物的返还。但公约并没有规定哪些文化遗产在原主国享有永久权利之列"①。这就涉及 UNESCO 公约的实施机制问题。加拿大、丹麦等国就规定，公约可在该国直接予以适用，由法官行使自由裁量权确定应予返还文化财产的范围。而美国、法国等国家，对公约则采取了转化适用的方式：一方面根据有关公约的内容制定国内法；另一方面还需要有关国家与其签订双边协定，实现与公约的对接。

　　另外一个法律依据是 1995 年 6 月由罗马国际统一私法协会制定的《国际统一私法协会关于被盗或者非法出口文物的公约》。该公约虽然对有关文物被盗和非法流转的认定以及禁止拍卖等情况作出了比较详细的规定，但包括法国在内的西方主要文物流入国并未加入该公约，公约对其没有拘束力。同时，由于公约明确规定其不具有溯及力，这使得中国通过该公约保护 1996 年以前流失海外原"皇家"文物的愿望完全落空。

　　而通过适用拍卖国国内法的方式来进行追索，则面临国际私法上的取证困难、诉讼时效以及法律选择等诸多难以逾越的障碍。其障碍之一，无论各国如何利用冲突规范进行法律选择，最终所指引的实体法中都难以绕开民法上的"善意取得"制度。即各国为了保持财产流转的稳定性与安全性，即使卖方对标的物实际不具有合法所有权，为了保护善意买方的利益，物权法或财产法往往也倾向于承认标的物所有权流转的实现。基于此原因，从国内法角度国家对于善意第三人往往无法主张返还文物并取得权利。所以，目前国际上所有有关文化财产返还的案例中，几乎没有获得胜诉的先例。考虑到中国政府进行这种跨国诉讼的精力与能力，以诉讼的方

---

① 吴越：《追索圆明园铜兽首的国际法依据》，《检察日报》2009 年 2 月 26 日。

式进行追索得不偿失，败诉还会严重损害国家形象。

第二，中国政府主动提起诉讼有可能引起国外对我们的恶意诉讼。众所周知，中国政府采取绝对豁免的立场，即中国政府和代表中国政府行事的人以及财产完全免除外国法院的管辖，否则即为对中国主权的严重侵犯。但国际法中有一条普遍的准则，即享有豁免权的国家如果主动起诉或应诉将不再享有主权豁免。倘若中国政府主动提起诉讼，即意味着豁免权的丧失，难以排除他人借机提出反诉，给国家以及代表国家行事的人造成不必要的麻烦。例如，近年来比较知名的仰融诉辽宁省政府案等，都可能因国家豁免权的丧失而带来损失。更有一些对中国采取敌视态度的西方法官可能将不相关的案件合并审理，如将人权问题、西藏问题等与文化财产返还案件挂钩，给中国外交造成政治压力。还有值得注意的一点是，中国政府在财产征收及国有化问题上，对于外国投资者一直采取适当补偿的政策，与西方国家一向所主张的充分、及时、有效的赔偿原则相去甚远，倘若西方法院借此案之机对中国1949年以来的国有化政策的效力进行司法审查，恐怕难以避免尴尬局面。所以，文物追索跨国诉讼牵涉外交大局，不宜轻易而为之。

第三，跨国诉讼费用高昂，程序复杂，问题敏感。西方国家一般诉讼费用、律师费用都极其高昂，诉讼难免聘请外国律师，告知其中国相关立场，甚至国家秘密等情况，虽然可以通过保密协议的手段进行约束，但西方律师往往崇尚个人自由。由于文化背景不同，一些中国认为不宜公开的事情，他们往往以向媒体披露为乐，所以由外国人代理国家从事敏感事件的风险很大。在一般的纯商业案件中，国家雇用外国律师进行争讼，并不会产生什么麻烦，但一旦涉及国家、民族根本利益，律师作为诉讼全权代理人，能否完全从各方面考虑维护中国利益或许就不那么确定。此次兽首案中中方律师团所聘请的法国律师称争讼文物乃属"人类共同继承的遗产"，与中方立场迥然有异，即是一例教训。

总而言之，中国作为发展中的大国，过去曾长期隔膜于国际社会，在国际法的塑造与国际秩序的形成上还没有足够的发言权，导致目前的国际法律体系在某种程度上更有利于过去的殖民国家，也就是现在的西方大国，使得中国在追索非法流失海外的原"皇家"文物时在国际法依据上捉襟见肘。当然，随着中国的和平崛起，中国日益成为新国际秩序与国际法规则的参与者与制定者，国际法终究为我所用也并非遥不可及。但在目前，期望国际法迅即解决所有问题无疑还是一种奢求。

三　外交与法律手段相结合是解决问题的出路

实际上，流失海外文物的追索问题，并不仅是中国一国遭遇的问题，2008 年在墨西哥举行的世界比较法大会就把文化财产的争议解决问题作为主要议题之一①。在国际上，一些文明古国如埃及、意大利、希腊以及伊朗等国家都面临相同的痛楚，也都有各自处理的方法。例如，意大利于1969 年由其国防部和文化部共同成立了"保护文化遗产宪兵司令部和指挥中心"，统一指挥打击盗窃和走私文物活动；埃及则成立最高文物委员会，为流失海外的文物登记造册，搜集拍卖信息，并随时准备干涉涉及该国的非法文物拍卖②。中国政府虽未成立追索海外流失文物的统一机构，但这些年来的努力也不容忽视，并非如某些评论所描述的那样毫无作为。上文述及的三个主要国际公约，中国均及时予以加入，即体现了中国政府追索海外文化财产的巨大努力。当然，法律有时并不是万能的，尤其是在现阶段国际法律秩序尚有利于西方大国的现实情况下，对此问题的解决，中国政府一贯主张通过法律和外交相结合的手段，按照国际社会处理非法流失文物返还问题的法律框架和原则，依靠国际合作，依法追索非法流失海外的中国文物③。

在法律上，有关的文物流入国，即西方发达国家必须承认中国国有化法令的有效性以及中国政府是其所有权的唯一合法主体。这是中国主权的必然体现，也是国际法的基本准则，具有国际强行法的特性。就目前国际法律机制来看，保护文物最为有力的武器仍然是 UNESCO 公约，这也是

---

① 沈涓等：《第五届国际法论坛"改革开放与国际法"学术研讨会综述》，《法学研究》2009 年第 1 期，第 202 页。

② 张乐、颜颖颛：《意大利文物宪兵全球追宝，埃及追讨文物不遗余力》，《新京报》2009 年 3 月 1 日。

③ 廖翊：《国家文物局局长单霁翔表示：加快解决流失文物返还问题》，《法制日报》2009 年 11 月 24 日。

中国追索流失海外原"皇家"文物最为可能的途径。正如国家文物总局局长单霁翔先生所说，"对于当前因盗窃、盗掘、走私出境的中国文物，主要按照国际公约，通过法律和外交途径索回"。对于 UNESCO 公约可以直接在其国内予以适用的国家，中国政府已成功利用公约的实施机制追回大量珍贵文物。一个典型例证是：2006 年 2 月丹麦警方在哥本哈根市查扣 156 件疑似中国文物，并及时向中国驻丹麦使馆通报了有关情况。国家文物局根据丹麦警方提供的照片资料，判断这批文物属于中国出土文物。根据 UNESCO 公约的有关规定，中国政府委托代理律师向丹麦地方法院提出将警方查扣的中国文物归还中国的要求。2008 年 2 月 28 日，丹麦地方法院宣判将这批中国文物归还中国政府，使得一大批夏商至元明时期的珍贵文物免遭流落海外的命运①。

在外交上，像意大利、伊朗、埃及以及伊拉克等文物流出国均面临与中国相类似的问题，与中国有相同利益，因此，在国际层面应加强与这些国家的合作，增强我们的声音和力量，与文物流入国进行集体博弈，以争取最大利益。实际上，目前一些文物流出国，如中南美洲国家、意大利以及柬埔寨等 11 个国家已经与美国、瑞士等文物流入国签订了双边协定，以限制和禁止该国文物向美国和瑞士出口及在市场上进行交易。一旦文物失去市场价值，采取合理补偿的方式就可以相对容易地将其追回。中国目前也可借鉴类似办法与美国、法国等西方国家签订类似双边协定。所以，对于需要将 UNESCO 公约转化为国内法加以适用的国家，中国政府则应积极努力与其缔结双边协定，使公约精神能够得以切实履行。目前中国已与十多个国家签订了类似的协定，其中包括像意大利这样的西方发达国家，当然这与中意两国在文物保护上具有共同利益不无关系，这也同时说明中国在外交上广泛联系具有共同利益的埃及、伊朗以及希腊等国集体争取最大利益是完全可能的。而对于文物市场交易比较发达的国家，中国与

---

① 应妮：《中国追回 156 件非法流失文物》，中国新闻网：http://www.china.com.cn/culture/txt/2008-04/11/content_ 14895535. htm。类似案例还有：1998 年，中国政府从英国成功追索 3000 多件走私出境的中国文物；2001 年，从美国成功追索被盗掘的五代王处直墓彩绘浮雕武士石刻。

之缔结实施公约的协定则显得困难许多。其原因主要有两点①：第一，以美国为代表的国家法律要求所保护的文物仅限于具有考古学意义与人类学意义的物品，并至少有 250 年以上的历史，而中国则主张文物的概念超越考古学与人类学的意义，1911 年辛亥革命以前的物品均属文物范畴。因此，西方法律与中国规定有差异是正常的，我们应尽量与之谈判达成妥协，这样至少可以对符合其法律条件的文物进行保护。第二，某些西方国家认为中国目前国内立法与执法机制对保护文物并没有达到严格程度，在国内市场尚未管理好的情况下，禁止文物的出口与海外拍卖无异于奢谈。对此，我们一方面要对西方国家的偏见拿出真凭实据予以驳斥，另一方面也要切实加大打击文物非法交易的力度②。

　　值得一提的是，1998 年以来的中国外交努力并没有付之东流，2009 年 1 月 15 日，中国政府授权驻美大使与美国相关官员在美国国务院签署了《中华人民共和国政府和美利坚合众国政府对旧石器时代到唐末的归类考古材料以及至少 250 年以上的古迹雕塑和壁上艺术实施进口限制的谅解备忘录》。根据谅解备忘录，美国政府将至少限制进口原产于中国和代表中国的文物，包括从旧石器时代到唐代结束的考古材料和至少 250 年以上的古迹雕塑和壁上艺术作品。虽然备忘录的签署与中国所意图实现的目标尚有差距，但正如有人所说："中美两国谅解备忘录的签署，不仅是防止中国文物非法流入美国的重要举措，而且是推动国际社会在文化遗产领域交流与合作的具体行动。"③ 与美国这样全世界最大的文物市场国尚且能够达成协议，这使我们有理由相信，中国政府与欧盟诸国乃至日本在相关方面的突破也将为时不远。届时，中国人民面对包括圆明园文物在内的流失海外原"皇家"文物的追索在法律上或将不会再面临无法可依的窘境。

---

① 沈涓等：《第五届国际法论坛"改革开放与国际法"学术研讨会综述》，《法学研究》2009 年第 1 期，第 201 页。

② 滕兴才：《现阶段打击文物盗窃和走私比追回海外流失文物更重要》，《中国青年报》2009 年 2 月 26 日。

③ 应妮：《中美签署限制进口中国文物谅解备忘录》，中国新闻网，http：// www. chinanews. com. cn/cul/news/2009/01-17/1532187. shtml。

四 对待流失海外原"皇家"文物追索应有的理性态度

"外交无小事"，尤其是相关事由牵扯复杂的国际法、涉外法问题时，媒体尤其是主流媒体绝不能为了片面追求"眼球效应"而作不负责任的报道与评论。我们追求言论自由，但言论自由的前提则是媒体言论的自我克制与理性。像某些媒体缺乏必要功课，采访充满了常识性错误，如将国际私法中的"准据法"说成"准确法"，把国际公约与反致等最基本的国际私法常识问题混为一谈。有些媒体则在缺乏了解相关背景知识的情况下，片面批评政府有关部门毫无作为、表现令人沮丧。这些报道一方面可能会使国内读者误以为中国政府对国家利益不关心、不关注，只能由无组织的民间出面解决问题；另一方面则可能会给海外读者传递错误信息，认为我们对于此事件所涉及的外交及法律问题毫无常识，使我们的外交工作或多或少陷入被动。而实际上，有关部门在此方面的努力一直没有间断，并且成效也非常显著。所以，面对海外文化财产追索这一复杂而又敏感的问题，我们必须保持有理、有利、有节的理性态度。

首先，在国际层面，中国政府早已明确，保护文化遗产，促进文物返还原属国，是国际社会的高度共识，更是人类社会正义和文明发展的必然趋势。中国应积极通过外交和国际合作，加快解决历史上流失海外的原"皇家"文物的返还问题，充分阐述中国追索非法流失文物的原则立场，增强中国在国际文物返还领域的话语权，维护中国的文化权益①。

其次，面对国内文物走私日益猖獗的状况，要进一步加强法律法规建设，特别是不断完善关于打击盗窃、盗掘和走私的国内法规体系，使我们进行国际文物追索时，有更加有力的国内法规支撑和依据。同时，中国有必要在国内立法中明确反对有关机构和个人买卖中国流失海外的原"皇

---

① 廖翊：《国家文物局局长单霁翔表示：加快解决流失文物返还问题》，《法制日报》2009年11月24日。

家"文物的态度，对于恶意买卖中国流失海外的原"皇家"文物的机构和个人实施"黑名单"制度，宣示中国政府在国内和国际上对其进行法律制裁的权力。随着中国国力的增强，中国国内立法的域外效力也必将对那些非法买卖中国流失海外的原"皇家"文物的行为产生震慑，从而对各种途径的海外文物回流起到积极的促进作用。此次中国有关部门针对佳士得公司的个案表达就是一次很好的尝试，今后完全可以将此做法制度化、规范化。

再次，虽然中国政府目前通过多层次的努力，已经在流失文物尤其是流失海外的原"皇家"文物的追索问题上取得积极成绩，但今后有必要通过力量和资源整合，把海外流失文物的追索问题放到更高层面加以解决。例如，中国可借鉴埃及等国的做法，广泛吸纳文物界、法律界以及其他有关人士建立常设性、专门性的海外文物流失追索机构，对海外流失文物进行彻底的摸底清查，弄清文物流失的具体情况，对流失文物的非法交易采取多种形式的干预，鼓励和奖掖友好人士返还海外流失文物。

（参见法治蓝皮书《中国法治发展报告 No.8（2010）》）

专题六

应急管理与防灾减灾

第二十章 中国防震减灾立法的
发展（2008）

摘 要：2008 年，中国防震减灾法制建设得到了进一步加强。主要表现在三个方面：一是防震减灾立法越来越关注自身的实效性和民主基础；二是发布《汶川地震灾后恢复重建条例》，对汶川地震灾区的灾后恢复重建确立了一系列法律原则和制度，特别是建立了"过渡性安置"制度，弥补了中国防震减灾法律制度存在的不足；三是对涉灾案件审判和执行工作的基本原则和一些具体法律适用问题作出了规定，并对震后灾区出现的一些法律问题提出了处理意见，对于配合灾区震后的应急与救援工作起到了非常积极的作用。

2008 年，"5·12"汶川大地震的发生使得中国防震减灾立法成为政府和社会公众关注的焦点。从年初中国地震局向国务院法制部门提交《防震减灾法（修订草案）》①，到汶川大地震发生后，国务院有关部门以及最高人民法院、最高人民检察院等国家机关就地震应急救援出台了一系列政策和规范性文件，6 月 8 日国务院令第 526 号发布《汶川地震灾后

---

① 该修订草案已于 2008 年 12 月 27 日经全国人民代表大会常务委员会第六次会议审议通过。

恢复重建条例》，2008 年 10 月 29 日全国人大常委会办公厅根据第十一届全国人民代表大会常务委员会委员长会议的决定，将第十一届全国人民代表大会常务委员会第五次会议审议后的《防震减灾法（修订草案）》向社会公布征求意见。防震减灾立法从来没有像 2008 年一样，自始至终成为政府和社会公众关注的热点。

一　中国防震减灾立法的历史发展及其现状

中国的防震减灾立法工作早在 20 世纪 80 年代中期就已经开始了。1988 年，经国务院批准，国家地震局正式颁布了《发布地震预报的规定》。这是中国第一部正式发布的防震减灾方面的行政规章。1990 年，国家地震局开始组织专家制定地震法，但由于该法涉及的理论和实践问题很多，所以，从 1990 年底开始突出以防震减灾立法工作为重点，成立了由若干专家组成的《破坏性地震应急条例》立法起草小组，这是中国突发公共事件领域第一部与应急有关的行政法规。当时立法的指导思想是，鉴于唐山大地震的经验和教训，地震应急工作是防震减灾工作中最重要的环节，因为它涉及公民的人身安全，特别是震后"生命线工程"，如果能够给予法律上的保障，可以最大限度地抢救生命，突出防震减灾工作"以人为本"的人道主义价值。所以，该条例很快就得到各方支持，并在 1995 年 2 月 11 日由第 172 号国务院令发布，1995 年 4 月 1 日起正式施行。可以说，《破坏性地震应急条例》中有关灾害应急的思想和制度设计是比较先进的，它已经成为中国突发公共事件应急制度的制度起源和样本，在此次汶川大地震后的应急中，该条例起到了很好的作用。

《防震减灾法》作为调整防震减灾活动中社会关系的法律规范，其制度建设经历了十年左右的时间。从 1988 年国务院出台关于《发布地震预报的规定》开始，到 1997 年全国人大常委会通过《防震减灾法》，防震减灾法律体系基本形成。其后，各个不同性质的立法机关又基于《防震减灾法》的规定出台了一系列实施规定。

1997 年 12 月 29 日第八届全国人民代表大会常务委员会第二十九次会议通过的《防震减灾法》是中国防震减灾领域的基本法律，根据该法

第 2 条的规定："在中华人民共和国境内从事地震监测预报、地震灾害预防、地震应急、震后救灾与重建等（以下简称防震减灾）活动，适用本法。"《防震减灾法》共 7 章 48 条，对涉及防震减灾领域的各项社会关系进行了比较全面和系统的规范，规定了政府、社会组织和公民个人在地震应急以及震后救灾与恢复重建中的法律职责与法律义务，是地震应急以及震后救灾与恢复重建的基本法律依据。

改革开放特别是近些年来，中国高度重视突发事件应对法制建设，取得了显著成绩。据统计，中国目前已经制定涉及突发事件应对的法律 35 件、行政法规 37 件、部门规章 55 件、有关文件 111 件[①]。国务院和地方人民政府制定了有关自然灾害、事故灾难、公共卫生事件和社会安全事件的应急预案，突发事件应急预案体系初步建立。《突发事件应对法》已由第十届全国人民代表大会常务委员会第二十九次会议于 2007 年 8 月 30 日通过，并自 2007 年 11 月 1 日起施行。《突发事件应对法》的颁布实施，是中国突发事件应对工作不断成熟的经验总结，也是中国应急法律制度走向法制统一的标志。《突发事件应对法》作为规范突发事件应对工作的全国性法律，第一次系统和全面地规定了突发事件应对工作的各个领域和各个环节，为突发事件应对工作的全面法律化和制度化提供了最基本的法律依据。《突发事件应对法》从如下几方面加强了突发事件应对工作的统一性和规范性。①确立了突发事件应对工作的主要流程，主要有突发事件的预防与应急准备、监测与预警、应急处置与救援、事后恢复与重建等应对活动（第 2 条），形成了集预防与应急于一体的突发事件应对工作体系。②建立了针对不同性质和不同程序的突发事件的应急工作体系，有利于采取合理的应对措施，提高突发事件应对工作的效率。该法第 3 条所规定的"突发事件"，是指突然发生，造成或者可能造成严重社会危害，需要采取应急处置措施予以应对的自然灾害、事故灾难、公共卫生事件和社会安全事件。而按照社会危害程度、影响范围等因素，自然灾害、事故灾难、公共卫生事件分为特别重大、重大、较大和一般四级。上述规定使得突发事件应对工作的开展能够有针对性，可以因时因事采取必要的、有效的应

---

① 参见 http://www.xici.net/b426687/d60567845.htm，最后访问日期：2008 年 2 月 18 日。

急措施来应对不同性质和不同程度的突发事件，使突发事件应对工作具有更强的科学性。③建立了高效、统一的突发事件应对工作组织体制，有效地保证了突发事件应对工作的开展。该法第 4 条规定：国家建立统一领导、综合协调、分类管理、分级负责、属地管理为主的应急管理体制。

作为处理突发事件问题的一般法，《突发事件应对法》所确立的一系列应对突发事件的法律原则，为中国的防震减灾活动提供了最基本的行为指引，属于规范中国防震减灾领域各项活动的最重要的法律。地震应急以及震后救灾与恢复重建都必须依据《突发事件应对法》所确立的法律原则，建立具体的法律制度，开展有针对性的防震减灾工作。

目前，调整中国防震减灾领域的立法除了《突发事件应对法》《防震减灾法》两部重要法律之外，国务院还依据上述两部重要法律，先后颁布了五部重要的行政法规，即 1994 年 1 月 10 日国务院令发布的《地震监测设施与地震观测环境保护条例》、1995 年 2 月 11 日国务院令发布的《破坏性地震应急条例》、1998 年 12 月 27 日由国务院令发布的《地震预报管理条例》、2001 年 11 月 15 日国务院令发布的《地震安全性评价管理条例》以及 2008 年 6 月 8 日国务院令发布的《汶川地震灾后恢复重建条例》等。这五部重要的行政法规详细地规定了地震应急以及震后救灾与恢复重建所应当遵循的各项具体法律制度，是做好地震应急工作以及震后救灾与恢复重建工作的最直接的和最重要的法律依据。

为了加强防震减灾工作的制度化和法治化，国务院有关部委、地方人大以及地方人民政府还先后出台了实施《防震减灾法》以及有关行政法规的部委规章、地方性法规和地方政府规章，这些法规、规章通过规定各级人民政府在地震应急以及震后救灾与恢复重建中的具体法律职责与法律义务，确保了防震减灾的各项具体工作都能做到有法可依。例如，中国地震局先后制定和发布了 7 个具体的防震减灾领域的规章，包括《震后地震趋势判定公告规定》《地震行政执法规定》《地震行政复议规定》《地震行政法制监督规定》《地震行政规章制定程序规定》《建设工程抗震设防要求管理规定》《地震安全性评价资质管理办法》等。地方人大也先后出台了实施《防震减灾法》的地方性法规。例如，《四川省防震减灾条例》《山东省防震减灾条例》，等等。上述这些法规、规章全方位规范了中国防震减灾领域的各项活动，为防震减灾活动的法治化提供了重要的法律依据。

二 "5·12" 汶川大地震后有关地震应急与救援工作的一系列政策和规范性文件的出台及其意义

2008 年 5 月 12 日汶川大地震发生后，党中央、国务院采取了迅速果断和有效的措施，成立了国务院抗震救灾指挥部，直接指挥灾区的地震应急与救援工作，在最短的时间，动员了最大的应急和救援力量支援地震灾区人民的抗震救灾，抗震救灾工作开展得井然有序。目前，地震灾区过渡性安置工作已经全部到位，地震灾区也正在全国人民的大力支持下有条不紊地开展地震灾后的恢复与重建工作。

总结此次汶川大地震震后应急与救援以及过渡性安置工作的经验与教训，依法开展防震减灾活动发挥了非常重要的积极作用。一方面，从中央政府到地方政府以至地震灾区的各级人民政府，都比较好地遵循了《突发事件应对法》《防震减灾法》《破坏性地震应急条例》等有关防震减灾方面的法律法规的规定，认真地履行政府的各项职责，最大限度地维护了人民的生命和财产安全；另一方面，针对汶川大地震后在地震应急与救援过程中出现的各类问题，有关部门还及时出台了一系列政策和规范性文件，对《突发事件应对法》《防震减灾法》等防震减灾法律法规的贯彻和落实起到了非常重要的保障作用。

例如，为依法做好灾区审判和执行工作，保障灾区人民群众合法权益，维护灾区社会稳定，为抗震救灾和灾后恢复重建提供有力的司法保障，最高人民法院分别于 5 月 27 日和 6 月 6 日发布了《最高人民法院关于依法做好抗震救灾期间审判工作 切实维护灾区社会稳定的通知》（法〔2008〕152 号）和《最高人民法院关于依法做好抗震救灾恢复重建期间民事审判和执行工作的通知》（法〔2008〕164 号），上述两个通知对涉灾案件审判和执行工作的基本原则和一些具体法律适用问题作出了规定。7 月 14 日，最高人民法院发布了《关于处理涉及汶川地震相关案件适用法律问题的意见（一）》。该意见总共 10 条，对震后灾区出现的一些法

律问题提出了处理意见，对于配合灾区震后的应急与救援工作起到了非常
积极的作用。该意见涉及以下内容。

（1）对于涉及灾区群众人身、财产关系的婚姻家庭、继承、宣告死
亡、宣告失踪等案件，人民法院要依法积极受理，尽快解决因地震造成相
关人身和财产权利义务关系变化而带来的问题。

（2）灾区群众安置地与原住所地、经常居住地不在同一行政区的，
对于异地安置以后发生的诉讼，可以将安置地视为当事人的居住地依法确
定管辖。

（3）农村承包地因地震灾害导致不能耕种、边界不明，当事人起诉
要求进行调整、边界划定或重新确权的，人民法院应当告知当事人向有关
政府行政主管部门申请解决。

（4）案件承办法官因遇难或者其他原因无法履行职责的，人民法院
可依据《最高人民法院关于人民法院合议庭工作的若干规定》（法释
〔2002〕25号）规定的程序更换办案人员继续审理。案件被移送或者被指
定管辖的，由受移送或者指定管辖的人民法院继续审理。

（5）人民法院正在审理的刑事案件、民事案件、行政案件以及执行
案件中，当事人死亡或失踪的，要依法分别处理。刑事案件被告人死亡
的，终止审理。民事案件、行政案件和执行案件当事人死亡或者失踪的，
裁定中止审理、执行，待灾区安置及恢复重建工作进行到一定阶段，经法
定程序对涉案人身、财产关系明确后，人民法院依法决定是否恢复审理、
执行，或者按撤诉处理、终结诉讼、终结执行，或者变更主体等。

（6）当事人在诉讼中提交给法院的证据如系原件，在未经质证的情
况下在地震中灭失，待证事实或者损毁灭失的证据内容又不能通过其他证
明办法证明的，人民法院应当通过调解等办法妥善处理。

（7）对《民法通则》第139条规定的"中止时效的原因消除"，《民
事诉讼法》第76条规定的"障碍消除"、第136条规定的"中止诉讼的
原因消除"以及第232条规定的"中止的情形消失"，《最高人民法院关
于执行〈中华人民共和国行政诉讼法〉若干问题的解释》第51条规定的
"中止诉讼的原因消除"之日的确定，要区别灾区不同情况，坚持从宽掌
握的原则，结合个案具体情况具体分析。人民法院在确定时可以考虑以下

因素：①人民法院恢复正常工作的情况；②当地恢复重建进展的情况；③失踪当事人重新出现、财产代管人经依法确定、被有关部门确定死亡或被人民法院宣告死亡明确继承人的情况；④作为法人或其他组织的当事人恢复经营能力或者已经确立权利义务承受人的情况。

（8）正在审理中的案件当事人在地震灾害中下落不明的，人民法院在核实当事人的身份、下落等有关情况后可以公告送达法律文书。利害关系人申请宣告下落不明人失踪的，人民法院作出宣告失踪判决后，应当变更财产代管人为当事人，相关法律文书向财产代管人送达。

（9）在诉讼过程中，因地震造成已查封、扣押的财产损毁、灭失的，应当参照最高人民法院《关于人民法院民事执行中查封、扣押、冻结财产的规定》第24条的规定处理；申请人提供其他财产线索申请查封、扣押的，可不再缴纳申请费。对于已评估过的财产，因地震造成损毁或价值贬损的，可以根据申请人的申请重新评估，评估费用按照《诉讼费用交纳办法》第12条的规定确定。

（10）申请执行人为非灾区企业或者公民，被执行人为灾区企业或者公民，财产无法确定或者缺少财产可供执行的，应当中止执行；被执行人遭受灾害后有财产可供执行的，执行机关应尽力促成和解结案；申请执行人要求继续执行，但执行该财产将严重影响恢复重建工作顺利进行的，可以中止执行。中止执行的情形消失后，应当及时恢复执行。灾区受灾企业或者公民申请强制执行，被执行人为非灾区企业或者公民的，人民法院应当加大执行力度，依法及时执行，以利于灾区企业和公民更好地恢复生产、重建家园。

再比如，国务院以及国务院民政部、财政部等部门就地震灾区震后应急与救援工作先后出台了一系列的政策，这些政策对于地震灾区的震后救灾工作起到了非常重要的保障作用。这一方面的政策文件主要有：《国务院关于支持汶川地震灾后恢复重建政策措施的意见》（2008年6月29日，国发〔2008〕21号），《民政部、财政部、国家粮食局关于对汶川地震灾区困难群众实施临时生活救助的有关问题的通知》（民发〔2008〕66号），《民政部、财政部关于对汶川地震灾区困难群众实施后续生活救助有关问题的通知》（民发〔2008〕104号），《国土资源部关于实行保障灾后恢复重建特殊支持政策的通知》（2008 年 6 月 11 日，国土资发〔2008〕119 号），《财政部、国家税务总局关于认真落实抗震救灾及灾后重建税收政策问题的通知》（2008 年 5 月 19 日，财税〔2008〕62 号），等等。

上述一系列政策和规范性文件的出台，积极有效地配合了国务院以及地震灾区各级人民政府的抗震救灾活动，有效地维护了地震灾区震后应急与救援工作的法律秩序。

三　《汶川地震灾后恢复重建条例》的主要内容、特征及其意义

2008 年 6 月 8 日国务院颁布了《汶川地震灾后恢复重建条例》，该条例的出台可以说既及时适应了地震后灾区恢复与重建工作的要求，同时也很好地弥补了目前中国防震减灾立法的不足，是一部保障地震灾区恢复重建最重要的行政法规。

首先，该条例第一次以行政法规的形式，对"汶川地震"后地震灾区的恢复重建工作作出了系统和全面的规定，在中国行政法规的立法史上具有开创意义，说明了中国行政法规立法指导思想的开放性以及行政法规适用范围的灵活性。作为全国性的法律规范，行政法规是由国务院依据《宪法》和《立法法》的相关规定制定的适用于全国范围的重要的法律渊源，而此次汶川大地震，由于地震造成的影响涉及近 10 万平方公里的区域，近 4000 万人受灾，按照国务院主要领导同志的比喻，"必须倾全国之力"才能起到应有的救灾效果。所以，汶川地震所造成的社会影响实际上是全国范围的，不仅涉及灾区，而且也涉及非灾区。因此，《汶川地震灾后恢复重建条例》实际上调整的事项涉及全国范围。该条例的出台充分反映了执政党"以人为本""执政为民"的执政理念以及立法应当"实事求是、一切从实际出发"的科学精神，具有明显的时代性、进步性。

其次，该条例以行政法规的形式，弥补了中国目前防震减灾立法的不足。其第 1 条规定：为了保障汶川地震灾后恢复重建工作有力、有序、有效地开展，积极、稳妥地恢复灾区群众正常的生活、生产、学习、工作条件，促进灾区经济社会的恢复和发展，根据《突发事件应对法》和《防

震减灾法》，制定本条例。《突发事件应对法》是中国处理突发事件领域的一般性法律，调整范围涉及自然灾害、事故矿难、突发公共卫生事件以及社会安全事件。作为一般法，《突发事件应对法》所确立的法律原则同样也适用于防震减灾活动。《防震减灾法》是调整防震减灾领域各种社会关系的基本法律。该法第2条规定：在中华人民共和国境内从事地震监测预报、地震灾害预防、地震应急、震后救灾与重建等活动，适用该法。根据上述规定，震后救灾与重建工作也要适用《防震减灾法》的立法原则。不过，由于《防震减灾法》并没有对震后救灾与重建活动作出深入、全面和系统的规定，而此前国务院也没有依据该法来制定实施关于震后救灾与重建规定的行政法规，所以，面对汶川大地震所带来的震后灾区恢复与重建所出现的各种复杂的社会问题，国务院颁布的《汶川地震灾后恢复重建条例》及时填补了立法的空白，使得目前灾区的恢复与重建活动能够纳入法治的轨道，这充分说明了此次汶川大地震事件中政府自始至终是坚持依法办事的，是政府"依法行政"的结果，也是法治政府理念的最好表现形式。

再次，《汶川地震灾后恢复重建条例》建立了一项新的法律制度，即第二章规定的"过渡性安置"。所谓"过渡性安置"是针对地震灾区在完全恢复生产和生活功能之前，对于灾民采取的临时性的政府帮助措施。由于此次地震影响范围广，受灾面积大，涉及受灾群众近4000万，而目前在户外作"过渡性安置"的灾民人数也达到了近千万人。这么大数量的灾民，需要在1～3年的时间内作"过渡性安置"，从安置到管理都面临着一系列比较复杂的法律问题。所以，该条例将"过渡性安置"作专章规定，充分体现了政府"以人为本"的执政理念。"过渡性安置"也必然会随着该条例的颁布实施，成为中国行政法制度的一大亮点。

最后，该条例将政策与法律有机地结合在一起，对于一些重要的问题采取了实事求是的处理方式，对于地震灾区恢复重建确立了以人为本、科学规划、统筹兼顾、分步实施、自力更生、国家支持、社会帮扶的方针（第2条）。条例规定了地震灾后恢复重建应当遵循以下原则（第3条）：①受灾地区自力更生、生产自救与国家支持、对口支援相结合；②政府主导与社会参与相结合；③就地恢复重建与异地新建相结合；④确保质量与注重效率相结合；⑤立足当前与兼顾长远相结合；⑥经济社会发展与生态环境资源保护相结合。应当说，上述地震灾后恢复重建方针与原则的确定将政策的灵活性与立法的稳定性高度结合起来，体现了一切以人为转移、一切以灾民的生产和生活安置为目的的立法思想。为了突出该条例的"以人为本"精神，该条例第 50 条还规定：对学校、医院、体育场馆、博物馆、文化馆、图书馆、影剧院、商场、交通枢纽等人员密集的公共服务设施，应当按照高于当地房屋建筑的抗震设防要求进行设计，增强抗震设防能力。该规定的重要意义是强调在灾区恢复重建过程中，一定要将人的生命放在各项工作的首位，而不能片面地强调追求生产效率，片面地追求经济的畸形发展。

总之，《汶川地震灾后恢复重建条例》作为在汶川地震后迅速出台的行政法规，对于稳定地震灾区的救灾大局，保持地震灾区的社会稳定，推动社会各方投入有序救灾，提高灾区生产和生活自救的能力，强化地震灾区各级人民政府依法防震减灾的法律意识，都具有非常明显的现实性和保障作用。

四　《防震减灾法（修订草案）》对《防震减灾法》的完善及其特点

汶川大地震之后，地震应急与救援和过渡性安置中所出现的大量法律问题，以及即将开始和正在进行的震后灾区恢复重建工作面临的大量复杂的法律问题，都迫切需要通过修改《防震减灾法》，建立更加有效和完善的防震减灾制度，为汶川地震灾区的过渡性安置和灾区的恢复重建工作提供明确具体和可行的法律依据。在这种背景下，十一届全国人大常委会加紧了对《防震减灾法（修订草案）》的审议进程，在第五次会议上审议了《防震减灾法（修订草案）》。根据此次汶川大地震出现的新情况和新问题，同时，结合中国社会主义法治建设的总体要求，该修订草案对1997 年制定的现行《防震减灾法》提出了大量的修改意见。为了尽量吸收社会公众对《防震减灾法（修订草案）》的意见，《防震减灾法（修订草案）》经十一届全国人大常委会第五次会议审议后，委员长会议决定，全文公布《防震减灾法（修订草案）》，广泛征求社会的意见，作进一步修改后，再提请全国人大常委会会议审议。

从《防震减灾法（修订草案）》相关修正条文的规定情况来看，相对于现行《防震减灾法》而言，《防震减灾法（修订草案）》从以下五个方面进一步深化了中国的防震减灾立法，为防震减灾法律制度的健全和完善奠定了比较坚实的法律基础。

1. 《防震减灾法（修订草案）》科学地界定了"防震减灾"的性质，建立了更加科学、合理的防震减灾工作流程

现行《防震减灾法》将防震减灾确定为"四个环节"，即第 2 条规定的"在中华人民共和国境内从事地震监测预报、地震灾害预防、地震应急、震后救灾与重建等（以下简称防震减灾）活动，适用本法"。而《防震减灾法（修订草案）》第 2 条则规定："在中华人民共和国领域和中华人民共和国管辖的其他海域从事地震监测预报、地震灾害预防、地震应急救援、地震灾后过渡性安置、地震灾后恢复重建和监督管理等活动，适用本法。"从上述规定来看，《防震减灾法（修订草案）》很显然对"防震减灾"性质的认识更加全面，表现在两个方面。一方面，将"防震减灾"由"四个环节"扩展为"六个环节"，增加了"地震灾后过渡性安置"和"监督管理"。"地震灾后过渡性安置"从性质上来讲，属于"地震灾后恢复重建"的范畴，但是，此次汶川大地震后灾民安置的具体情况表明，在像汶川地震这样的大地震发生后，"地震灾后过渡性安置"是一个独立的防震减灾环节，有许多特殊的问题需要法律来加以规范。而"监督管理"虽然不是防震减灾工作的一个独立环节，却是每一个环节都必须突出的"工作重点"，所以，《防震减灾法（修订草案）》深化了"防震减灾"性质的认识。另一方面，进一步细化了原来作为一个独立环节的"地震应急"，将"地震应急"修改为"地震应急救援"。相对于"地震应急"来说，"地震应急救援"更能体现"防震减灾"活动的特点。因为根据法治原则和人权原则，"地震应急"受到一定期限的限制，而地震发生后，许多抢险救灾工作仅仅依靠"地震应急"是不够的，还需要"地震应急"后的"救援"，以及与"地震应急"同时并存的"地震救援"。因此，可以说，《防震减灾法（修订草案）》对"防震减灾"性质的认识更加全面了，由此建立起来的防震减灾法律制度也能更好地适应防震减灾实际工作的需要。

2.《防震减灾法（修订草案）》丰富了防震减灾工作的指导思想，进一步拓展了防震减灾工作的思路

相对于现行生效的《防震减灾法》来说，《防震减灾法（修订草案）》进一步强化和丰富了防震减灾工作的指导思想，拓展了防震减灾工作的思路，主要表现在三个方面。一是第 7 条规定：各级人民政府应当积极组织开展防震减灾知识的宣传教育和地震应急救援演习，增强公民的防震减灾意识，提高全社会的防震减灾能力。此项规定是以"提高全社会的防震减灾能力"作为各级人民政府防震减灾工作指导思想的，这一工作方针的提出实际上扭转了原来在防震减灾工作中主要依靠政府应急与救灾的思路，这是在总结此次汶川大地震震后应急救援以及过渡性安置等政府工作的经验教训基础上获得的全新认识。事实上，像汶川大地震这样的地震发生后，仅仅依靠政府的力量来应急和救灾是远远不够的，必须动员社会各方面的力量，甚至是倾全国之力投入应急与救灾，才能达到应有的效果。所以，政府今后防震减灾工作的中心要从以强化政府防震减灾工作能力为主转到以提高全社会的防震减灾能力为核心，政府主要起组织、协调和保障的作用。二是第 8 条规定：国家鼓励、支持社会组织和个人开展地震群测群防活动，并提供必要的条件。这一规定与现行生效的《防震减灾法》相关表述有明显的差异。现行的《防震减灾法》第 8 条第 1 款规定：任何单位和个人都有依法参加防震减灾活动的义务。由上述规定可见，根据现行的《防震减灾法》，社会组织和公民个人在防震减灾中的作用是"消极"和"被动"的，只是应当依法承担"义务"。但《防震减灾法（修订草案）》却对社会组织和公民个人在防震减灾中可能发挥的作用给予了更多的支持和肯定，增强了社会组织和公民个人在防震减灾工作中的主动性和积极性。三是第 9 条规定：中国人民解放军、中国人民武装警察部队和民兵组织，依照本法和其他有关法律、行政法规、军事法规的规定以及国务院、中央军事委员会的命令，执行抢险救灾任务。该条规定相对于现行的《防震减灾法》来说，更加突出了中国人民解放军、中国人民武装警察部队和民兵组织在防震减灾中的重要地位和作用。

3.《防震减灾法（修订草案）》通过确立"防震减灾规划"的法律地位，强化了政府防震减灾工作的系统性和整体性

与现行《防震减灾法》相比，《防震减灾法（修订草案）》在章节结构安排上作了重大调整，增加了一章"防震减灾规划"，而且将该章置于总则之后、其他各章之前。这说明《防震减灾法（修订草案）》对防震减灾工作的高度重视，完全改变了过去"以事论事"的工作模式，通过"防震减灾规划"来敦促各级人民政府真正投入人力、物力和财力来从事防震减灾工作，避免了地方政府因为片面追求经济发展，或者以地震是一个小概率事件为由，形式上重视实际上却对防震减灾工作抓得不紧的现象发生。此外，制定"防震减灾规划"，也使各级人民政府从事防震减灾工作具有了整体性和系统性。《防震减灾法（修订草案）》第14条规定：防震减灾规划的内容应当包括震情形势和防震减灾总体目标、地震监测台网建设布局、地震灾害预防措施、地震应急救援措施以及防震减灾技术、资金等保障措施。从防震减灾规划的功能来看，它比地震应急预案具有更全面的指导作用，可以从更宏观的角度来为政府依法开展防震减灾工作提供指导。

4.《防震减灾法（修订草案）》规定了"地震灾区过渡性安置"制度，弥补了防震减灾工作环节的漏洞

《防震减灾法（修订草案）》在总结汶川地震灾后救灾与恢复重建的经验基础上，充分肯定了6月8日国务院发布的《汶川地震灾后恢复重建条例》所建立的"地震灾区过渡性安置"制度，针对像汶川大地震这样的地震灾后救灾工作，规定了切合抗震救灾实际的过渡性安置制度，进一步健全和完善了防震减灾工作的具体工作环节，提高了防震减灾工作的针对性和效率。

5.《防震减灾法（修订草案）》对防震减灾工作各个环节应当遵循的"法律原则"作了科学和准确的表述，有力地推动了防震减灾事业不断健康有序地向前发展

相对于现行生效的《防震减灾法》而言，《防震减灾法（修订草案）》特别重视对防震减灾工作每一个具体环节工作原则的确立，避免因为立法不清晰或者是相关法律制度缺失给防震减灾工作的具体实践带来无法可依的问题。例如，在《防震减灾法（修订草案）》中，既肯定了"以预防为主、防御与救助相结合"的防震减灾工作指导方针，同时在一些具体的工作环节上，又确立了比较具体和有针对性的工作原则。第 60 条第 1 款规定了"地震灾区过渡性安置"的工作原则，即对地震灾区需要进行过渡性安置的受灾群众，应当根据地震灾区的实际情况，在确保安全的前提下，充分尊重受灾群众意愿，采取就地安置与异地安置、集中安置与分散安置、政府安置与投亲靠友等自行安置相结合的方式。第 75 条第 1 款又规定了"恢复重建工作"的一般原则是"地震灾后恢复重建应当坚持政府主导、社会参与和市场运作相结合"。

　　总之，《防震减灾法（修订草案）》从多个角度、多种途径进一步完善了中国目前的防震减灾法律制度，特别是通过立法的形式建立了许多现行《防震减灾法》所没有规定的新制度，这些制度都是在总结此次汶川大地震后地震应急救援与恢复重建工作中的经验和教训基础上产生的，因此，符合中国现阶段防震减灾工作的实际需要，具有实效性。《防震减灾法（修订草案）》在充分听取社会各界的意见后，对防震减灾制度的设计将更加科学、合理，对各级人民政府提高依法防震减灾的能力和水平具有更重要的推动和促进作用。

（参见法治蓝皮书《中国法治发展报告 No.7（2009）》）

第二十一章 中国城市防灾减灾管理报告 (2012)

摘 要: 面对日益严峻的灾害形势，中国城市管理在灾害的预防、处置与应对诸环节，暴露出观念意识滞后、法制不健全、标准过低、政府反应迟缓以及各方协调配合不力等问题。本报告分析了其原因，并提出城市防灾减灾管理应通盘兼顾各类灾害风险类型，从体制、法制、技术标准等方面改进灾害治理水平，并有针对性地加强基础设施的防灾能力，改进灾害预报预警机制；发动社会各方力量，强化宣传教育培训，加强多学科综合研究，最终实现"安全城市"的目标。

面对全球气候变化与环境恶化，中国城市面临着日益严峻的灾害形势，而人员、财富日益集中的城市却普遍防灾意识薄弱、承灾能力不强、灾害管理水平较低。社会经济发展的巨大成就与人民群众的生命健康财产安全，暴露于高风险之下。因此，有必要厘清中国城市的灾情，梳理中国灾害管理存在的问题并反思其根源，以科学指导完善中国的防灾减灾管理制度体系。

一 中国城市防灾减灾的现状

近年来，强降雨、暴雪等极端天气对城市的生产、生活、交通、通信诸方面产生严重影响，极端天气和各类自然灾害日益频繁。"N 年一遇"

的暴雨，在全国各地年年遇、反复遇。

城市的脆弱性凸显，造成的危害后果日益严重。虽然城市化快速推进，科学技术进步，经济社会不断发展，但面对日益严峻的灾害风险，城市的承灾能力难以匹配，灾害后果愈发严重。一场暴雨导致数亿乃至数十亿损失的情形，已不少见。

以北京"7·21"特大自然灾害为例，其受灾人口160.2万人，造成直接经济损失116.4亿元。具体后果有以下几个方面。一是道路损毁、通信中断。共有206条道路被毁，长约2100公里。供水设施受到污染损坏，156家供水单位因被淹、设备损坏、水源污染等原因停止供水，影响99万人。二是次生、衍生灾害严重。加上排水系统运行不畅，暴发洪水，山区发生泥石流，冲毁道路、桥梁，房屋倒塌。截至2012年7月23日18时30分，全市房屋倒塌10660间。从区域分布上，偏僻郊区受灾较为严重。房山区死亡人数达到38人，倒塌房屋8265间。三是死亡人数较多。在抢险救援中因公殉职5人，遇难人员74人。已确认身份的63名遇难者（因公殉职者已排除在外）中，致亡原因大体包括溺水、触电、房屋倒塌、泥石流、创伤性休克、高空坠物、雷击等。

自然灾害兼有自然属性与社会属性。以北京"7·21"暴雨为代表的城市极端天气，固然具有天灾、偶然性和"不可抗力"的自然属性，但暴雨灾害的发生及其影响又具有明显的社会性、人为性，其发生与影响后果有规律可循，可预防、可控制。政府、社会、公众各方的观念意识、制度机制和应对措施，都对灾害后果有至关重要的作用。若完全归之于"天灾"，既违反了客观规律，也是对人民生命、财产的不负责任。

二　城市防灾减灾中的主要问题

中国城市的防灾减灾管理面临着严峻挑战。就防灾减灾的形势而言，暴雨、洪水等各种极端天气频发。城市不断扩张，城市的减灾能力并未显著提升。在各种自然灾害面前不堪一击，暴露出城市在规划建设、基础设施、应急管理等方面都存在缺陷和不足。

（一）观念意识层面存在严重误区

城市管理者面对严峻的灾害形势，往往浑然不觉，普遍未充分意识到城市气象灾害的严峻形势及可能的严重后果。管理者往往或者抱有侥幸心理，或者觉得与本部门无甚干系，或者觉得抓防灾减灾缺乏政绩而重经济发展轻防灾建设、重抗灾而轻灾害预防、重救灾而轻灾害管理制度构建。种种错误认识的累积导致城市管理者灾害意识淡薄，防灾减灾未获得应有的关注。

（二）灾害应对法律制度不健全

城市应对自然灾害既缺乏综合性、针对性的法律依据，又缺乏健全的应对气象灾害的法律法规体系。应急预案建设存在较大缺陷，虽然缺乏预案的问题已逐步缓解，但是大量应急预案外观上看较为完善，实际上流于形式，缺乏法律赋予的强制力、执行力，也缺乏应对灾害的针对性，不能发挥预期效应。

（三）城市建设的防灾抗灾标准陈旧过时

防灾抗灾标准陈旧过时是各地城市建设中的普遍问题。以广受关注的排水设施为例，修订前的《室外排水设计规范》的规定为，城市一般地区排水设施的设计暴雨重现期为 0.5～3 年。2011 年修订后的《室外排水设计规范》规定："重要干道、重要地区或短期积水能引起严重后果的地区，重现期宜采用 3～5 年，其他地区的重现期宜采用 1～3 年。"标准虽然有所提高，在实施过程中，一些城市却采用标准规范的下限。对于频频发生的"N年一遇"暴雨甚至数十年不遇的特大暴雨，此种标准显然过低。

房屋倒塌是暴雨、洪水、地震等各类自然灾害的常见后果。仅 2011年一年，全国各类自然灾害就导致房屋倒塌 93.5 万间，损坏 331.1 万间。更要一提的是，2011 年已是 2000 年以来损坏房屋数量次少的情形①。大

---

① 参见民政部《2011 年度自然灾害应对工作总结评估报告》，民政部网站，http://www.mca.gov.cn/article/zwgk/mzyw/201207/20120700333725.shtml，最后访问日期：2012 年10 月 26 日。

量房屋倒塌的背后，是房屋建设的抗灾标准不能适应日益严峻的灾害形势。

（四）政府企业反应迟缓

政府企业面对急如星火的灾害，却往往反应迟缓。一些城市多次发生过暴雨预报不及时的问题。2010 年 5 月 7 日广州特大暴雨，在暴雨发生前 2 小时，气象预报是"6 日 23 时至 7 日 20 时中到大雨，局部暴雨"；直到暴雨即将到来的 6 日 23 时 46 分，才发布广州各区强雷雨警报；7 日 0 时 22 分发布市区暴雨黄色预警信号，7 日 1 时 50 分升级为橙色，3 时 2 分进一步升到最高级别的红色。所发布的已经难称"预报"，不如说是新闻报道。

在应急处置反应方面，不作为、慢作为更是常见。北京"7·21"暴雨期间，京港澳高速北京段越来越拥堵、积水越来越深，但收费站依然"正常"拦车发卡、收费，未对车主给予通知、疏导，未关闭高速入口、停止收费加快通行速度，导致不少车辆被淹。

（五）政府相关部门之间、政企之间协同不畅、配合乏力

遇到自然灾害，市政、环卫、消防、公安、交通运输、供电、供气等多个部门和行业必须联动、协作，但近年来发生的城市灾害都反映出各部门缺乏协作的问题。

以"7·21"暴雨灾害为例，灾害发生后，电力部门不及时在重点区域采取拉闸断电措施，消防等救援部门不能及时出警或者采取有效的援救措施，交通运输部保障运力的措施难以满足市民的实际需求，在一定程度上加剧了灾害造成的损失。该次灾害中，北京市有 5 人因触电身亡。在广为人知的广渠门桥溺水事件中，报警人反复拨打应急电话。110、122 无法打通，120 打通后，却说报警人需要打 122。最终打通了 110，但最宝贵的第一处置时间已被白白浪费。且现场救援中也存在交警、消防等机构人员之间的协调不力问题。再以出租车行业管理为例，北京市政府发给出租车每车（单班车）每月 905 元的油料补贴，每年政府给出租车行业的补贴总量约 7 亿元。但每当暴雨暴雪等极端天气出现时，出租车却渺无踪

影或漫天要价。不少出租车司机选择"避雨不出车"有其客观原因，如路况不好，行车有危险；大部分出租车公司仅给车辆上交强险，一旦发生事故，只能由司机自行负担维修费用和停运损失。这其中有出租车行业长期积累的管理问题，灾害天气时政府应急与出租车行业管理协调不力也是重要原因。此外，相关部门没有及时通知高速道路采取暂停收费等有效的疏堵措施，也是导致一部分路段出现车辆被淹的原因之一。北京"7·21"暴雨中，因车库外的污水管堵塞，雨水迅速灌进地下车库，私家车瞬间被泡；车主打物业电话求援，物业表示下雨不属于物业维修范畴，导致排水工作无法展开。各方的相互推诿和缺乏协调，加剧和放大了灾难带来的后果。

三 城市防灾减灾管理问题的根源

各地城市灾害暴露出的问题，存在着深刻根源。

（一） 城市发展思路不无偏差

在中国快速走向城市化、现代化的过程中，一些地方城市建设存在"重建设、轻市政""重地上、轻地下""把钱花在脸蛋上"的不良倾向。其结果是，城市地上发展与地下发展严重失衡，地下排水管网等地下设施、地下空间建设严重滞后于现代城市需求和抗灾要求。更严重的是，随着城市地面建设的密集化，防灾减灾基础设施建设、地下管网改造的难度将不断加大，改造升级成本也将剧增。

一些城市的政府部门、工作人员存在偏重社会安全，相对忽视自然灾害的观念，对各类灾害应对的重视程度畸轻畸重。比如，北京一直干旱严重，缺雨少水，地下水透支，多年来重抗旱，而未将防洪特别是防内涝作为重点工作，且相对缺乏防洪经验，也缺乏足够的防洪准备。"7·21"暴雨灾害事实上也给所有城市敲响了警钟，城市应走平衡发展之路，提高综合防灾减灾能力。

（二）城市管理体制存在缺陷

各个城市面对极端天气所暴露的种种乱象，其关键问题在体制、制度层面，条块分割导致体制运行协调不力、职责不清。以北京地下管网管理为例，北京地下管网系统相当庞大、复杂，煤气、电力、热气、上水、排水等各种管道维持着地面的运行。其管理模式则采取各司其职的分管体制，雨水的排水管由市政部门主管，污水的排水管则由环保部门和其他部门来管。地下管网的管理还涉及其他多个部门。这种分管体制固然有其一定的合理性，但面对暴雨和其他各种极端天气、自然灾害与其他突发事件，有分割而无综合，有分工而缺协调，职权空白与职权交叉同时存在，多部门如何配合、协同应对成为棘手难题。各级政府机关、部门的努力甚至相互抵触，如汛期防汛部门与环保部门之间的不协调。汛期时防汛部门把排污口打开，但环保部门为实现特定环保目标却自行封死污水进入河湖的排污口，导致雨水无法排走，加剧了暴雨的影响。

（三）全民防灾减灾意识薄弱、救灾避灾能力低下

多数民众未受到足够的防灾减灾宣传教育，几乎没有参与过防灾演练，更普遍缺乏自救救人的技能。不少车主不知道如何进行车内自救逃生，旅游者不知道遭遇山洪、泥石流与滑坡如何逃生，一些人连雷雨天不能在大树下避雨、房屋浸水后应避免使用电器等基本常识也缺乏。结果是本可通过自救措施避免的伤亡依然发生，甚至因为无知导致更大的伤亡。

防灾减灾意识薄弱也与预警信息发布有一定的关系。2012年7月21日当天，虽然北京市五次发布暴雨预警，最后升级为暴雨橙色预警，并启动应急预案；但橙色预警究竟代表什么含义，降雨若干毫米意味着某地瞬时积水多深，这些关键信息，不具备专业知识的公众无从知晓。在预警发布后，原定的足球比赛照踢，大量市民照旧出行，对于相对危险的场所毫无警惕，浑然不觉间生命健康受到严重威胁。

四　城市防灾减灾管理的建议对策

未来仍将会发生各种城市自然灾害，有必要更新发展理念，以人为本，安全至上。在统筹全局、安全第一的理念指导下，全盘设计城市规划建设，发展与安全并重，将暴雨等自然灾害导致的灾害损失降到最低。有关部门在应急管理思路和能力上，应当在重视抗灾、大力救灾已有成效的基础上，将工作重心前移，注重灾害的预防，主动防灾、减灾、避灾，通过摸清灾害源、风险点，统筹兼顾，系统改进。

（一）兼顾平衡各类城市灾害风险类型，综合防灾减灾

兼顾各类灾害风险是城市发展中维护城市安全的必然要求。尤其要统筹兼顾自然灾害和社会安全事件。在城市防洪防涝方面，应当统筹"防外洪"与"防内涝"。以北京为例，自2003年抗击非典之后，北京应对公共卫生事件的意识、能力显著提高；自2008年奥运会以来，北京应对社会安全事件的水平也有大幅上升。但是，在自然灾害的预防、处置方面则收效甚微，难以满足社会公众的安全需求，也与中国特色国际大都市的目标存在较大差距。通盘考虑，综合各灾种、各环节，是城市灾害治理的必由之路。

（二）健全城市防灾减灾体制，改进灾害治理的协调配合机制

各种自然灾害的监测预警、抗击应对、灾后重建并非某一家政府部门之事，需要政府相关部门、社会团体、企业组织各方的协调配合，形成合力，达到最佳效果，才能将灾害的损失降到最低。

首先，健全防灾减灾体制。应将防灾减灾体制嵌入管理体制，将防灾减灾规划纳入国民经济与社会发展的总体规划，将灾害管理纳入城市日常行政管理并成为其有机组成部分。灾害管理职能及实施逐步常规化，加强平时管理与演练，促进应急处置反应的快速化。在此基础上，明确各类主体在防灾减灾活动中的职责，理顺在防灾减灾活动中上下级政府的纵向关系，政府各部门的横向关系，政府与企业、社会组织的内外关系，综合性

防灾减灾机构与专业性防灾减灾机构的关系，应急办公室与防汛抗旱指挥部的关系。

其次，建立完善防灾减灾的协调联动机制，强化协调效果。一旦发生自然灾害，在启动应急预案之后，相关部门、企业、组织应迅速采取措施。不少城市有防汛抗旱、应急处置的议事协调机构，但是防汛抗洪应急指挥部的协调乏力，导致各个部门之间协而不调、联而不动。应当明确特定机构在城市防灾减灾中的协调主体地位，赋予其独立职责和权力，确保其在平时和灾害发生时能够有效、有力协调相关部门共同做好防灾减灾工作。联动机制是应急处置的关键，如交通部门、公安交管部门、新闻媒体应与气象部门联动，第一时间对危险路段采取封闭断路措施并广而告之。在应急处置时期，应确保各种紧急电话相互联动，能打通，有人接听或转接，有人员救援。协调联动机制既包括政府部门之间，还包括政企之间、企业个人之间的协调联动，应明确企业在重大灾害中的联动和配合义务。

最后，将外来人员纳入城市防灾减灾体系。每个城市都有大量的外来人员，在加强城市防灾减灾工作中，同样要注意将其纳入防灾减灾体系，发挥其主动性，避免不必要的人员伤亡和财产损失。

（三）完善法律制度和标准，依法防灾减灾

现行《突发事件应对法》《防震减灾法》《防洪法》《气象灾害防御条例》等防灾减灾相关法律法规，已经初步形成规模。但是，这种"一事一法"的思路并不适应城市灾害的综合性、复合性特点。应在现有法律制度的基础上，制定出台综合性的防灾减灾基本法，做到职权明确、体制顺畅，依法防灾、抗灾、救灾。

对陈旧过时的基础设施标准、建设标准，有关部门应及时修订更新。在城市规划、基础设施建设时，应从当地实际出发，摸清当地风险源、风险点，就高不就低，采取能够满足城市防灾需求、确保人民生命财产安全的防灾抗灾标准。

（四）加强规划实施，改造升级基础设施

城市规划和建设应当着眼长远，整体协调，将防灾减灾规划纳入城市

整体规划。

一是改造地下设施与人防工程。现代城市必然向地下发展，以缓解地上空间的压力。但地下空间是防水患的薄弱环节，管理水平较差，地下室、人防工程、下水道更是暴露出诸多缺陷，给人民生命财产带来巨大威胁。"7·21"暴雨中北京全市有278处人防工程受灾，地下室受灾严重，仅变电设备毁损一项就带来近千万元损失。应当提升各类地下设施的防灾标准，改进相关预案，提升对暴雨、暴雪等自然灾害的防御能力。

二是改造地下排水管网。近年来各地发生的暴雨灾害都与排水管网不畅有直接关联。高标准的地下排水系统对于城市防内涝具有重要作用，地下排水管网的改造升级应尽快提上议事日程，制定下水道法，严格规定地下排水管网的各项技术指标、排水能力、维护频率。

三是改造下凹式立交桥。下凹式立交桥是各大城市遭遇暴雨时积水断路、汽车被阻的主要地点。北京市重要的交通枢纽莲花池立交桥桥下多次在暴雨之下严重积水，积水又往往导致各种问题。全国各地也都出现过类似情形。为此，应由城市交通部门、水利部门进行下凹式立交桥的改造，按照较高的防涝标准予以改造，提升其在暴雨中的排水能力。

四是建设雨水收集、再利用系统。暴雨一方面带来灾情，同时对缓解水资源短缺、治理城市干旱有积极作用。2004年北京市提出从"见水就放"转变为"在安全的前提下尽量多蓄水"的防汛思路。事实上，北京2008年提倡的"绿色奥运"，雨水利用即为核心技术，奥运场馆建设时，规划者、建设者充分考虑到水立方屋面和中心广场的雨水利用，森林公园的景观补水也利用了大量雨水。整个奥林匹克中心区近年来一直未出现过积水。因此，有关部门应尽快出台雨水蓄积利用的强制性规定，加大对雨水的蓄积利用，起到化弊为利的良好效果。

（五）改进灾害预报预警机制，提升预报预警效果

自然灾害相关的信息公开告知机制，对于城市居民避灾、防灾，采取适当措施安排生产生活，具有重要意义。灾害警示告知机制，应以权威、易得、易懂、即时为目标。

在权威方面，应尽快建立起统一的气象预警信息发布平台系统，并发动社会各界力量参与，确保气象预警信息发布到每个相关的个人。气象预警应与其他各类预警信息发布联动，如与交通信息发布联动。当特定路段、立交桥降雨积水达到警戒线时，气象部门应立即通知交通部门、公安交管部门并对外发布相应交通信息。

在预报时间上，应做到尽早预报。北京、广州各大城市预警迟缓反复发生。气象部门应改进更新预报机制，取消一些不必要的审批流程，在第一时间提供预报预警信息。

在预报方式上，应做到多样化预报。应当考虑到不同群体的公众接收预警信息的需求、电路网络等的实际情况，有区分、有针对性地运用手机短信、广播电视、指示牌、公告栏等方式。还应充分发挥现代新传播方式、企业商家的渠道作用。北京"7·21"前后，一些汽车 4S 店、购物网站、银行向其客户发送气象预警短信并提示出行安全，既提供了便民服务，又起到广告效果。政府应探索利用商家企业的这种积极性，以更低的成本、更好的效果为公众提供灾害预警、气象信息服务。

在预报内容方面，应增强丰富性和针对性。比如，暴雨预警应明确的内容包括：降雨量与出行安全的关系；降雨量对特定路段的影响；积水点段的告知，相关安全绕行路线的告知；危险路段、积水点的公开公示等。

（六）发挥社会企业力量，强化救援反应力量建设

救援处置力量是防灾减灾能力建设的人员保障。为此，城市应当构建立体的救援处置队伍，专业救援力量、社区救援力量与志愿者救援力量，三位一体形成合力。本着生命重于一切的理念，针对时常堵车的情况，一些大城市应尽快建立起直升机救援队。

主管部门应将出租车行业、公交系统纳入防灾减灾、突发事件应对的交通、人员保障之中。应确保出租车到位，并明确补偿、补贴标准，有效保障出租车司机的合法权益。通过相关引导性措施、紧急情况的强制性措施，探索设置极端天气出车保障机制。在极端天气时出车的，免除特定费用的缴纳义务，并提供其他优惠及补偿、补贴；不出车的不享受相应优惠减免。极端天气达到一定程度，应将出租车行业纳入应急处置的交通保障之中。在此方面，四川泸州的经验做法值得借鉴。2012 年 7 月 21~23 日，

泸州遭遇几十年一遇的特大洪峰。泸州市交通运输局要求主城区 1224 辆出租车、50 辆客车、30 辆货车、30 辆公交车，必须全部进入应急抢险状态，并决定免费提供出租车和公交车，转运抢险救灾人员和受灾群众，所有出租车辆不能借故停运，所有市民在主城区内搭乘出租汽车一律免费①。据不完全统计，自 23 日凌晨至当日晚 6 点半，出租汽车行业共运送受灾群众 58700 余人，运输普通市民 12 万余人，共计 61200 余趟次 183600 余人②。这种将出租车企业、公交企业纳入防灾减灾体系，并强制免费参加抢险救灾的做法，起到了良好的效果。另外，应探索引入商业保险，逐步建立完善极端天气出车的保险机制。

志愿者队伍建设与管理也具有不可或缺的补充意义。北京"7·21"暴雨应对的一个突出亮点是市民自发组织车队免费接送乘客。据不完全统计，当晚共出动 500 多辆私家车，在机场、市区把滞留乘客送回。还有一些个人、企业提供免费住宿、餐饮③。京港澳高速上更有 150 名农民工自发救起 182 位被困群众。这些现代社会中的志愿者服务成为政府抢险救灾的有效补充。对于志愿者，政府应更好地进行服务、管理，提高志愿者活动的效率、发挥其功能，保障其权益，形成防灾减灾的一支重要力量。

（七）强化宣传培训演练，提升全民防灾减灾意识与能力

通过将政府宣传、媒体宣传、企业宣传、社区宣传相结合，增强全民的防灾减灾意识。

教育部门将国民灾害教育纳入全民教育的必修课程，纳入各类劳动者的岗前培训、日常培训中。相关政府部门、企业加强对员工、领导层的培训，特别是有针对性的防灾减灾与突发事件应急培训。充分引入企业和社

---

① 任倩影：《泸州市运管局免费提供出租车和公交车转运疏散抗洪抢险人员》，四川省交通运输厅网站，http://www.scjt.gov.cn/10000/10001/10073/10075/2012/7/26/10059045.shtml，最后访问日期：2012 年 10 月 25 日。

② 参见《暴雨来袭：出租车免费运送 18 万多人 泸州全城写大爱》，新华网四川频道，http://www.sc.xinhuanet.com/content/2012-07-31/c_112578439.htm，最后访问日期：2012 年 10 月 25 日。

③ 张琦：《大雨中的"冷"与"暖"》，《中国新闻周刊》2012 年第 27 期。

区力量强化演练规模、频率，进一步扩大演练的对象范围，对于流动人口、车主展开有针对性的演练，从"运动式"、一阵风的演练，走向制度性、常规化的防灾减灾演练，切实增强演练效果，有效提升全民的防灾减灾、自救互救技能。

（八）健全问责机制，落实法律制裁

在防灾减灾中政府应起主导作用，防灾减灾应当从政府官员特别是领导成员抓起。为此，在前端必须强化官员的防灾减灾意识，在后端必须落实问责机制。

虽然各地城市对灾害预防处置不当比比皆是，但形成巨大反差的是责任承担与问责却寥寥无几，问责级别过低甚至"临时工"成为主要问责对象。北京"7·21"暴雨灾害中因为反应迟缓、协调管理不力等人为因素造成巨大的人员伤亡和财产损失，但鲜有公职人员因此担责。问责既要追究一般工作人员滥用职权、玩忽职守构成违法违纪的行政责任，更应将领导人员的政治责任作为问责重点。在责任追究内容上，既包括一般的党纪政纪处分责任，还应追究情节严重构成犯罪的刑事责任。

（九）加大资金投入，优化投入结构

在防灾减灾资金投入方面，中国各大城市的防灾减灾经费投入总量不足与结构失衡同时并存。防灾减灾的国家社会总体投入与中国经济社会发展水平不成比例，导致城市的承灾能力低下。在投入结构上，政府防灾减灾投入较大而企业防灾减灾投入过少；在投入环节上，救灾与灾后恢复重建投入大而灾害预防预警、灾害宣传教育演练投入严重不足。为此，应确保政府财政向防灾减灾领域投入的稳定增长，并优化防灾减灾的投入结构。

（十）加强多学科综合研究，提供科学技术支撑

城市灾害的预防、处置、应对具有其特殊性，有必要加强相关自然科学、社会科学的综合研究，形成合力，特别是加强灾害对城市的影响研

究。在防灾减灾科技研究方面，传统洪水灾害研究主要分为两个类型。一是由于台风、风暴潮引起的沿海地区洪涝灾害，二是由于暴雨或持续降雨引起的江河流域洪水灾害①。城市化推进过程中，暴雨对城市的致灾机理，则属于传统气象学研究的空白领域，这是亟待强化的。在城市防灾减灾的软科学研究方面，应促进防灾减灾的经济学研究、公共管理与公共政策研究、法学研究等，进而建立科学的灾害风险评估与灾害损失评估机制。

（参见法治蓝皮书《中国法治发展报告 No. 11（2013）》）

---

① 陈静等：《2011 年汛期北京城市暴雨特征及其灾害成因初步分析》，《暴雨灾害》2011年第 3 期。

第二十二章 贵州省凝冻灾害政府应急法制调研报告（2008）

摘 要：通过对贵州省抗凝冻灾害工作的调研，本文总结了政府应急体制建设中值得推广的经验，并提出了需要引起重视的问题。贵州省抗凝冻灾害之所以能取得胜利，得益于日臻完善的应急预案体系，其有助于增强应急意识，完善预警机制，提高决策效率。对于应急预案而言，可操作性有待提高，相互衔接有待完善，预演机制有待加强，修订程序有待明确。

2008 年初，中国南方诸多省份发生严重冰雪灾害，给当地人民的经济社会生活带来了严重的影响。中国社会科学院法学研究所组织调研组于 7 月赴贵州调查，目的在于了解突发灾害事件对贵州造成的影响，以及自然灾害政府应急的法制建设情况。调研组在贵州与省、市、县各级参与救灾的政府部门工作人员进行了广泛的讨论，并走访了居委会、村委会以及居民家庭。本报告就贵州省各级政府在凝冻灾害中采取的各项应急措施作出了分析，总结了贵州值得推广的经验，并提出了需要引起重视的问题。

一 贵州凝冻灾害损失及采取的抗灾措施

2008 年 1 月 13 日至 2 月 15 日，贵州省出现历史罕见的凝冻天气，大部分地区为 50~80 年一遇，部分地区达 100 年一遇。灾害使贵州的工农业生产遭受了巨大的经济损失，人民的生活也受到严重的影响。

在凝冻灾害中，贵州农业因灾造成直接损失约 75 亿元。全省 88 个县（市、区）全部受灾，受灾人口 2736 万人，因灾死亡 30 人，伤病 8.1 万人，被困 40.9 万人，因饮水困难受灾 770.7 万人。农作物受灾面积 2112.75 万亩，绝收面积 606.6 万亩，倒塌房屋 31224 间，损坏房屋 127679 间，死亡牲畜 54830 头，紧急转移安置人口 53.2 万人。

凝冻灾害造成贵州电网输电通道结冰严重，杆塔倒塌 184875 基，10 千伏以上的电网线路受损 5072 条，648 座变电站停运，50 万伏环形电网被完全破坏。由于电网受损，电煤运输受阻，多数电厂电煤库存急剧下降，最严重时，全省 15 个火电厂只有 9 个维持运行，仅占全省火电装机 1553 万千瓦的 23.8%。全省有 50 个县（市、区）、1117 个乡镇、11069 个行政村受停电影响，涉及 1817 万人。

凝冻灾害期间贵州全省交通严重受阻。受凝冻影响，各市（州、地）辖区内 14 条高速（高等级）公路和国、省干线公路车辆低速缓行，堵塞严重。农村公路通行条件恶化，公路水运联运脱节，43.2 个客运班次停发，道路旅客运量同比下降 65% 以上，水运旅客运量同比下降 51% 以上。铁路湘黔线东段和黔桂线南段无法行车，客、货列车一度全部停运。贵阳龙洞堡国际机场 1 月 11~31 日累计共取消航班 536 班次。全省公路滞留旅客高峰时达 10.7 万人，贵阳火车站滞留旅客高峰时约 3.5 万人，贵阳机场累计滞留旅客 1.99 万人。省内生活必需品、电煤、成品油等物资运输困难，救灾物资不能及时运抵灾区，全省电煤、成品油等一度供应告急。全省一度有 30 个县（市、区）成品油库存不足 50 吨，200 多个加油站不能正常供应。一些交通阻断时间较长的县（市、区），粮食、御寒物品、药品、食盐、肉类、民用燃气、取暖设备等基本生活物资供应紧张，特别是蜡烛和煤油等临时照明物资紧缺。

全省通信等重要基础设施受损严重。通信、广电、教育、供水、金融等基础设施受损严重。全省累计有 341425 站（次）的通信基站、17590 千米通信光缆受损，大量通信设施无法正常运转。全省广播电视传输线路、设备损坏严重，有线网络传输干线被压断 457.6 公里，76 个县（市、区、特区）2961 所学校倒塌校舍 7 万平方米，形成危房 35 万平方米。部分地区自来水管道损坏、供水中断，垃圾和污水得不到及时处理。金融证券交易网点正常营业受到影响。文化卫生设施、城镇路网、绿化设施、照明设备、商业设施、加油加气等基础设施不同程度受损。

全省工业生产大幅下滑。冶金、有色、化工、建材等高耗能企业 1 月 18 日起因停电全部停产，1 月 22 日起除部分煤矿外，全省工业企业用电全部中断，工业生产基本处于停顿状态，2 月下旬才陆续恢复生产。灾害对全省工业企业造成的直接损失 100 亿元以上，间接损失 200 亿元以上[1]。

面对严重的灾情，贵州省各级政府的应急管理体制在抢险救灾过程中充分发挥了作用。如果不是各级政府的紧密合作抗灾救灾，损失将更加严重。从救灾实践来看，贵州省各级地方政府基本都在第一时间成立了由政府一把手和各职能部门主管领导组成的应急指挥部，依照"一保民生、二保安全、三保供电和交通"的原则，综合调配各职能部门的人力、物力、财力，有重点、有计划地开展抢险救灾。

比如，针对灾害期间的物资紧缺问题，省政府建立了省地两级物资会商协调机制，从 1 月 24 日起每日 17 时 30 分，由省政府应急办组织省经贸、民政、交通、建设、公安、粮食、商务、农业、安监等相关部门和石油、盐业等有关企业会商，及时组织落实抗灾抢险中急需的粮食、成品油、液化石油气、猪肉、蔬菜、方便食品、饮用水、发电机、蜡烛等物资，确保灾区群众基本生活必需品和抢险救灾物资不断档、不脱销[2]。据统计，截至 3 月 5 日，民政、商务部门落实救灾资金 4.6 亿元，粮食 16819 吨，猪肉 400 吨，食用油 387.7 吨，衣被 55.6 万件（床），救助灾民 351.8 万人次，确保了灾区困难群众有饭吃、有衣穿、有燃料取暖。

又如，针对高速（高等级）公路一度全部封闭、国省干线公路大部分阻断、全省道路交通运输基本中断、数万辆车和 10 余万人滞留、部分地区货物短缺的恶劣情况，贵州省交通厅在交通部和省委、省政府的指导下，开始采取"高速公路低速运行"的办法缓解交通压力，并逐步发展

---

① 数据来源：贵州省人民政府调研访谈，2008 年 7 月 18 日。
② 黄莎莎：《大灾中的执政考验——省委、省政府抗凝救灾回顾》，《当代贵州》2008 年第 4 期。

为"限时、限量、限速、保通"的措施。"限时，即在有利时间段组织车辆上路通行。限量，即限制车辆上路通行量。限速，即在受灾路段限制车速。保通，就是力保公路基本畅通。"同时，全面动员各部门的行政资源，从1月13日至2月10日，先后投入资金约4227万元，出动路政、养护、保洁等人员近10万人次，救援车辆、机械设备近2.8万台次，运用压速引导车辆行驶等方法疏散车辆96157辆次，疏散人员30多万人次，组织运力12.4万车次，抢运电煤56.2万吨，救灾物资2.1万吨。随着"三限一保"措施的贯彻落实，因恶劣天气造成的道路运输阻滞情形明显好转，不仅确保了旅客运输基本正常，而且，煤、电、油及救灾重点物资运输和"绿色通道"也得以逐渐恢复。对此，交通部副部长冯正霖在贵州检查抗冻保畅工作时评价指出，"贵州在特殊气候条件下实行限时、限量、限速，保公路畅通的做法，取得了明显的实效，在全国具有推广价值"①。

再如，面对凝冻灾害的严峻形势，黔南州都匀市政府明确提出"宁可越位，不可缺位"的口号，鼓励各职能部门在应急指挥部的统筹规划下，充分发挥主动性和积极性，想尽一切办法将救灾工作做细致、做到位。市政府为节约时间，争取应急工作的主动权，还改变了常态下的会议规范流程，采用流水式的议程，即议定一事，参会人员离开一个，接着决定下一项应急事务，被称为典型的打都匀"茅草拳"（灵活处置）。针对"保民生"的重任，都匀市政府一方面由政府主管领导直接出面，从周边县市采购民生物资。对此，都匀市副市长在救灾手札中，曾详细记叙了在都匀市停电停水第二天带队顶风冒雪前往贵阳市采购物资的艰难过程，其间不仅全面调度了本市财政、工商、交警、交通运输等部门的行政资源，而且，还争取到省军区作训处和省应急办的协调与配合，这才购得面条、蜡烛、电筒、电池、矿泉水等急需物资，从而有效缓解了都匀市受灾初期的紧张状况②。另一方面是加强市内物价监管。该市于1月29日、1月31日、2月2日连续发布《关于对猪肉牛肉零售价格实行最高限价的公告》

① 萧子静、谌贵璇：《保障千里交通线——全省交通职工、公安交警抗雪凝保畅通》，《当代贵州》2008年第4期。
② 傅强：《一个挂职干部的抗冻救灾手札》，都匀市新闻中心，2008年2月5日。

《关于对食用植物油、面条、蜡烛等重要商品零售价实行最高限价的公告》《关于稳定和规范石油液化气价格收费秩序的公告》《关于规范交通运输和市场经营秩序的公告》，同时鼓励各大超市和物流企业前往临近县市和广西等地组织民生物资，并且明确承诺在凝冻条件下对重要物资的运费给予财政补助，交通运输安全则由政府组织交警护送等方式予以保障。与此相似，安顺市政府也经由政府办公室先后发布了《关于进一步做好粮油等供应稳定市场价格工作的紧急通知》以及《关于加强鲜活农产品运输和销售工作的紧急通知》，全面协调发改委、经贸委、粮食局、物价局、商务局、畜牧局、农业局、民政局、劳动社保局、交通局、质监局、工商局，以及公安、公路交通部门和铁道部门的力量共同"保民生"。

特别值得留意的是，"以块为主"的应急管理体系，不仅有助于通过"统一领导"提高行政效率，而且有助于促使各职能部门在"综合协调"过程中找到应对突发事件的新思路和有效途径。

比如，都匀市在 1 月 25 日至 2 月 5 日全市停电期间，首先提出了"闪警灯，亮车灯"行动。每到夜间，全市警车都闪着警灯、亮着车灯巡逻在都匀市的大街小巷，并有公安干警、民兵、辅警、保安等组成的巡逻队巡视各处。这不仅给予全市居民以安全感，同时也切实震慑了潜在的不法分子。据统计，都匀市停水停电期间发生的治安案件不到 50 起，而上年同期的发案数量则为 270 多起①。

由上可见，2008 年初的这场罕见自然灾害给贵州带来了巨大的损失，而在灾难面前，贵州人民在中央和各部委、各省和社会各界的支持下，贵州各级党委、政府及时启动应急预案，组织抗灾救灾。各级应急机构按照各自职能紧急行动，以人为本，保障了民生，确保了人民的生命财产安全和社会稳定。下面将就贵州在凝冻灾害中政府应急预案的制定执行情况作出分析，并提出改进的建议。

---

① 张仁远：《都匀 2008 年抗冻救灾保民生的几幅精彩画卷》，都匀市新闻中心，2008 年 2 月 21 日。

二 贵州自然灾害预案法制状况

（一）贵州已基本形成以省级总体预案和 32 件省级专项预案为主干的应急预案体系

政府应急预案是各级政府应对突发事件的法律依据。所谓应急预案，是指根据国家、地方法律法规和各项规章制度，综合本部门、本单位的历史经验、实践积累和当地特殊的地域、政治、民族、民俗等实际情况，针对各种突发事件类型而事先制定的能迅速、有效、有序解决问题的一系列行动计划或方案。

从内容来看，应急预案需要在辨识和评估潜在的重大危险、事故类型、发生的可能性、发生过程、事故后果及影响严重程度的基础上，对应急管理机构与职责、人员、技术、装备、设备、物资、救援行动及其指挥与协调等项目预先作出具体的安排①。相比欧美发达国家，中国应急预案的研究和编制工作起步较晚，全方位的应急预案编制更是直到近年才开始全面推行。但是，中国应急预案体系建设的行政效率相当高，仅在数年之间，就已基本实现了从单项应急预案阶段向国家体系应急预案阶段的过渡。

中国早期的单项应急预案是由部分企事业单位，特别是高危行业根据相关法律法规的要求而编制的，称为"事故应急救援预案"或"灾害预防与处理计划"，如核电企业编制的"核电厂应急计划"。这些预案强调的主要是企业责任，通常并不涉及政府责任②。2003 年非典疫情防控过程中所暴露的制度性问题，促使中央政府在全国范围内全面加强和推进应急管理工作。2005 年 1 月，国务院主要领导同志主持召开国务院常务会议，原则通过《国家突发公共事件总体应急预案》和 25 件专项预案、80 件部门预案，共计 106 件。同年 7 月，国务院召开全国应急管理工作会议，针对 2004 年底印度洋海啸的教训，

---

① 钟开斌、张佳：《论应急预案的编制与管理》，《甘肃社会科学》2006 年第 3 期。
② 李湖生：《如何提高突发事件应急预案的有效性》，《现代职业安全》2008 年第 80 期。

提出要进一步建立健全社会预警体系和应急机制，提高政府应对突发公共事件的能力，对全面落实"一案三制"进行了部署。至此，中国应急管理纳入经常化、制度化、法制化的工作轨道。2006 年 1 月，国务院正式发布《国家突发公共事件总体应急预案》。随后，中国各级政府和企事业单位都普遍开始了预案编制工作。据不完全统计，迄今为止，以《国家突发公共事件总体应急预案》、57 个"国务院部门应急预案"、21 项"国家专项应急预案"以及 31 个"省级应急方案"为主干，全国制定的各级各类应急预案已达 150 多万件，基本上覆盖了常见的各类突发事件①。

目前，贵州也已基本形成以省级总体预案和 32 件省级专项预案为主干，包括总体预案、专项预案、部门预案、地方预案、企事业单位预案以及重大活动单项预案在内的应急预案体系。其中，中央和省属企业预案制定率已达 100%，地方国有企业和其他所有制企业预案制定率已达 80%，大专院校预案制定率已达 100%，乡（镇）、街道及社区预案制定率也已达 60% 以上，并预计在 2008 年底达成 100% 的目标，从而实现预案编制"横向到边，纵向到底"的规划要求。从市县两级政府来看，预案编制工作也已取得明显成效。2005 年以来，黔南州都匀市已相继制定实施总体应急预案 1 件、专项应急预案 27 件，所属各乡镇、办事处、工作部门以及企事业单位编制的各类应急预案共 326 件，初步形成了覆盖市、乡（镇）、村、企事业单位和重大活动的多层级、多领域的应急预案网络。各类应急预案如表 1 所示。

表 1　贵州省突发公共事件专项应急预案简表

贵州省自然灾害救助应急预案	贵州省通信保障应急预案
贵州省水旱灾害应急预案	贵州省传染性非典型肺炎应急预案
贵州省气象灾害应急预案	贵州省突发传染病疫情应急预案
贵州省地质灾害应急预案	贵州省重大食物中毒事件应急预案
贵州省森林火灾应急预案	贵州省突发食品安全事故应急预案

---

① 李湖生：《如何提高突发事件应急预案的有效性》，《现代职业安全》2008 年第 80 期。

续表

贵州省自然灾害救助应急预案	贵州省通信保障应急预案
贵州省重大林业有害生物灾害应急预案	贵州省高致病性禽流感应急预案
贵州省矿山事故应急预案	贵州省口蹄疫应急预案
贵州省危险化学品事故应急预案	贵州省处置大规模恐怖袭击事件应急预案
贵州省火灾事故应急预案	贵州省处置大规模群体性治安事件应急预案
贵州省道路交通事故应急预案	贵州省处置劫机事件应急预案
贵州省水上交通事故应急预案	贵州省涉外突发公共事件应急预案
贵州省建筑安全事故应急预案	贵州省粮食应急预案
贵州省航空事故应急预案	贵州省价格异常波动应急预案
贵州省铁路事故应急预案	贵州省企业债券突发事件应急预案
贵州省大面积停电事件应急预案	贵州省金融突发事件应急预案
贵州省突发污染事故应急预案	贵州省突发公共事件新闻发布应急预案

资料来源：《贵州省应急管理科普宣传工作总体实施方案》，载《贵州省人民政府公报》2007 年第 4 期。

（二）抗凝冻灾害期间贵州政府应急预案的成效

判断应急预案是否奏效，最直接的方式就是在现实的应急工作中予以检验。2008 年初的雪凝灾害，正是对贵州省各级政府应急预案的一次重要、全面、严格的考验。从实践来看，贵州省的应急预案体系确实发挥了相当重要的作用。这主要表现在以下方面。

1. 增强了应急意识，提高了预警机制和物资储备水平

政府应急管理的立足点在于"预防"，正所谓"居安思危，思则有备，有备无患"[①]。应急意识对各级政府部门的应急管理工作具有重要的指导意义，应急意识明确，各级政府部门才可能保持清醒认识，真正做到"防患于未然"，将应急准备工作做全、做好、做到位。

从贵州省的抗灾实践来看，应急意识的重要作用，首先体现在预警机制方面。比如，在凝冻灾害发生之初，贵州省政府就及时发布灾害气象预报，要求各地各部门高度关注天气变化，及时做好防范准备，积极应对灾

---

① 《左传·襄公十一年》。

害天气对生产生活造成的困难，从而为之后的抢险救灾赢得了时间。其次体现在物资储备方面。比如，安顺市在凝冻灾害发生之前，就已经针对春节的应急保障，进行了物资储备和调配，使得安顺市在受灾初期避免了民生物资紧缺的困境，从而为进一步的物资筹集留下了相对充裕的时间，有效地减轻了凝冻灾害对社会生活的直接冲击。

2. 改善了应急管理，为决策提供依据

对于政府应急管理而言，正确的处置决策是应急工作取得成效的重要前提。所谓正确，主要包括两层含义：首先是要在面对突发事件时，能够清醒地认识到问题已经发生，或是无可避免地即将发生，从而果断地启动应急管理程序，及时转入紧急状态，避免因决策迟缓而错过应急的最佳时机，致使损失扩大；其次是能准确地评估突发事件的严重程度与影响范围，从而选择合适的处置措施，避免因应急管理的扩大化而使得民众遭受不必要的冲击和损失，引发社会公众的不安情绪和对政府的不信任。

应急预案的重要作用之一，就在于能够为政府的应急决策提供标准化的依据，从而正确地选择在何时、何地，采取何种方式、何等程度的处置措施，而不再依靠主管领导的经验判断和"拍脑袋"决策。比如，凝冻灾害是从 1 月 12 日开始的，尽管初期问题并不显著，但黔南州都匀市根据有关天气预报和道路封冻情况，还是依照应急预案的要求，于 1 月 14日启动了恶劣天气条件下道路交通安全管理工作预案等专业应急预案，成为南方地区县级城市中第一个展开抗凝冻斗争的地方政府，从而为之后的应急工作争取了宝贵的时间[1]。再比如，随着凝冻灾害的逐渐加剧，贵州省依照应急预案的规定，适时逐级启动了重大气象灾害凝冻三级、二级应急预案，贵州省重大自然灾害应急救助预案三级响应、二级响应，大面积停电预案二级响应、一级响应，恶劣天气条件下道路交通安全预案，而各地政府和气象、供电、物价、供水、交通、农业、民政等部门也都相继启动了应急预案，从而确保了总体救灾工作的稳妥及时和协调有序。同时，尽管在抗凝冻灾害的关键时期，贵州省各地普遍面临停

---

[1]　熊恒辉：《冰临都匀，党委政府处危不惊力挽狂澜，彰显执政卓越能力》，都匀市新闻中心，2008 年 2 月 21 日。

水、停电、交通封阻、物资紧缺的严峻局面，但贵州省政府依然严格遵循应急预案的规范，并未盲目地启动全省总体应急预案，从而确保了社会的稳定和民众的信心，避免了应急管理的扩大化，为灾后重建营造了有利的社会氛围。

3. 提高了应急能力，强化了预案演练

从政府应急管理的成效来看，最高目标显然是预先规避或遏止突发事件，避免其成为具有现实危害的事态；次之是通过事先的周密安排，及时控制或化解突发事件，使之消失在萌芽状态；再次之是在事发后，通过有效的动员和调度，集中力量尽快平息事态，阻止社会危害的扩大；而最次之的则是应对乏策，放任突发事件对社会的冲击，直到事态自然平息才着手善后工作。

应急预案编制的重要作用之一，就在于通过预先对各项事宜的细致安排和周密部署，实现在突发事件发生时或即将发生时的有序、有效、沉着应对，防止最次的情况出现，并在确保政府应急管理工作能实现第三级目标的基础上，逐步向第二级目标迈进，甚至在一定情况下达成最高目标。比如，贵州省大型国有企业贵州铝厂重视预案工作，针对可能发生的停电情况制定了周密的应急预案，明确规定了各个岗位、每名人员的职责，并多次组织演练。凝冻灾害期间，该厂接到停电通知后，立即启动预案，在16小时内完成了300多台铝槽的停运和除铝工作，有效地避免了停电可能造成的重大损失。

需要强调指出的是，演练对于预案的实施而言，具有至关重要的作用。首先，预案必须经过反复演练，才能为各相关参与者所理解和认知，否则即使是倒背如流，也很难在紧急关头发挥预期作用。其次，预案在编制后，必须经过检验才能发现其中的优点与不足，而演练正是实践检验的重要方式之一，有助于预案的修正与改进。再次，预案演习具有重要的宣传和教育功用，有助于应急观念和知识的深入民心。2007年12月19日，在省政府的统一领导下，贵州省成功组织开展全省范围处置大面积停电事件应急联合演练，这不仅进一步完善和细化了应急预案，同时也为各部门协同应对大面积停电事件积累了经验，从而为凝冻灾害期间保电工作的有序进行奠定了坚实的基础。

三 从贵州经验看中国应急法制亟待完善的方面

尽管在抗凝冻灾害中，近年来逐步确立的应急法制和地方应急体制发挥了重要的作用，但实践过程中仍显露出不少问题。这些问题绝大多数都不是某一地方所特有的，而是带有全局性和普遍性的，有待进一步从总体上予以健全和完善。

（一）应急预案的可操作性有待提高

应急预案的基本功用之一，就在于通过事先的规划安排，确保政府在突发事件的管理过程中，能以预案为指导，从容应对各类问题，实现应急决策的"有法可依，有据可查"。但是，从调研访谈看，贵州省很多部门的同志均反映，应急预案在抢险救灾实际工作中普遍存在缺乏可操作性的问题。对此，都匀市、安顺市、贵阳市的政府应急办都无奈地指出，应急预案在抗灾工作中的意义，也就仅限于为应急状态的启动提供条文依据，而后就成为了名副其实的"抽屉预案"，无法指导抗灾实际工作，所有的具体部署和安排，都要靠应急指挥部进行临时规划，有时甚至仅凭第一线领导的"拍脑袋"决策。这对于应急管理相当不利，容易致使政府在紧急状态的压力之下，武断地作出错误或失当（不符合"比例原则"要求）的决策，侵害民众的权益，引发社会公众的不满。

"抽屉预案"现象产生的主要原因在于，各类应急预案特别是基层的应急预案，普遍缺乏针对性，通常都是在上级应急预案的基础上简单删改，很少有真正结合当地现状制定的预案，多数都是"指导原则多，对策部署少；总体规划多，具体操作少"。于是，在面对突发事件时，应急人员也就很难从预案中找到相应的有效对策。

因此，切实提高应急预案的可操作性，已成为应急预案体系建设的当务之急。不过，必须看到的是，具有可操作性的应急预案，必然是密切结合本地实际的应急预案，需要深入的调研和细致的规划，这对于"一缺经费，二缺人员，三缺技能"的基层政府和企事业单位而言，显然并不现实，而且对于相邻地区政府或同行企业，还会面临同质性重复建设的窘境。可见，如何选择合适的预案编制管理层级，进而实现"共性"与"个性"的平衡，将是问题的关键所在。

我们认为，由市（地、州）级政府牵头，负责加强对应急预案的实证调研和流程编制，将是最为合适的。首先，与省级以上政府相比，市（地、州）政府辖区内的气候、水文、地质、社情的相似性更为明显，不会因为辖区过大而面临影响因素的多样性差异问题，从而有利于在应急预案编制中提出更具针对性的事先安排与部署。其次，与县级以下政府相比，市（地、州）政府的行政资源较为充裕，能够提供应急预案调研所需的人员和经费。再次，市（地、州）政府是重要的枢纽，作为省级以上政府政策规划工作与县级以下政府日常处置工作的连接点，不仅与省级政府关系密切，有利于咨询和理解上级应急政策精神，而且与基层联系紧密，时常直接参与应急处置工作，有利于从应急实践中归纳和整理"行之有效"的应急安排，避免因"闭门造车"而重蹈"抽屉预案"的覆辙。

（二）应急预案的相互衔接有待完善

政府应急管理是需要各部门相互配合的工作，特别是在面临复合型灾害（如2008年初的凝冻灾害）的时候，各类问题同时涌现，综合协调的重要性也就显得更为突出。但是，从调研访谈看，在抗凝冻灾害过程中，贵州省有关方面均认为地区间、部门间的配合协调还存在不尽如人意之处。比如，贵阳市、都匀市应急办的同志，都对跨地区的交管协调提出了责难，贵阳市对省属道路收费站不听从封路指示有所不满，而都匀市则对相邻地区启动道路交通管制迟缓有所不满。

导致各级政府部门之间缺乏协调配合的原因，除了信息平台不完善导致的信息交流不畅、职能条块分割导致的部门利益分立、同级部门主次不明导致的决策迟缓等因素之外，应急预案体系缺乏统一规划，各级各部门预案之间尚未实现"无缝衔接"，亦是关键性的因素之一。

应急预案是对突发事件应对方案的预先规划，因此对于参与应急工作的各级政府部门的职责，应有全面的综合部署和安排。但是，从贵州省目前的情况看，上下级预案、同级预案、政府与企业预案以及相邻地区预案之间，普遍缺乏职权协调和功能对接，进而导致应急预案体系在实践过程中出现运转不灵的现象。这突出表现在两方面。

其一是各部门之间的职权重叠。由于行政资源总是有限的，在工作中各部门都会试图更多地占有行政资源，而在面临抢险救灾的任务时，行政资源更成为能够确保任务完成的关键，这就难免引起相邻部门之间在职权设置方面的重叠与冲突，进而影响行政资源的合理有效分配。

其二是各部门之间的职责空缺。对于部分处在交叉领域的事项，尽管理论上各相关部门都有权处理，但是在实际工作中，由于此类事项与各部门考核并不挂钩，责任界限也不明确，所以各部门都不愿主动承担管理职责。从而形成了最易遭受突发事件冲击的"三不管"地段。

对此，我们认为有必要通过应急预案编制主体的转换，逐步实现应急预案的"无缝衔接"，使之成为协调的统一整体。事实上，由于各级政府应急办成立时间较晚，现行的各类应急预案通常都是各职能部门自行编制的，这使得应急预案的职权与职责划分普遍是以部门利益为依据的，较少考虑同其他部门的协调与配合。应急办的设立产生了超越原有各部门利益之上的应急管理机构，这就为构建协调统一的应急预案体系提供了主体条件。因此，可以考虑由各级政府应急办牵头，重新规划应急预案体系中各职能部门的权责范围，完善各级政府部门应急预案的相互衔接，防范职权重叠与职责空缺现象，从而有助于切实提高应急预案体系在实践中的作用与成效。

（三）应急预案的预演机制有待加强

应急预案的演习有助于加强应急人员对工作流程的理解和认知，有助于通过实践检验预案的有效性，有助于应急知识的社会宣传和民众教育。因此，《突发事件应对法》第29条明确规定："县级人民政府及其有关部门、乡级人民政府、街道办事处应当组织开展应急知识的宣传普及活动和必要的应急演练。居民委员会、村民委员会、企业事业单位应当根据所在地人民政府的要求，结合各自的实际情况，开展有关突发事件应急知识的宣传普及活动和必要的应急演练。"贵州省人民政府在《关于全面加强应急管理工作的实施意见》（黔府发〔2007〕2号）的第六项要求中指出，

"各级人民政府应急管理办公室要协同相关应急指挥机构或有关部门，制定年度应急预案演练计划，经常性地开展预案演练，特别是涉及多个地区和部门的预案，要通过开展联合演练等方式，促进各单位的协调配合和职责落实。要重视对预案演练结果的评估分析，并将其作为预案修订完善的重要依据"①。同时，贵州省《全省2007年应急管理工作要点》的第二项要求中也强调指出，"要进一步强化预案演练，特别是各级政府应急办要组织开展实战性强、群众广泛参与的跨部门、跨地区的综合演练，从中发现问题、积累经验，提高实战能力，确保一旦发生突发事件，能够做到拉得出、用得上，能够在应对处置中发挥有效作用"②。

不过，从调研访谈来看，应急预案演练仍有待进一步落实和完善，特别是预案演习的方式，更是值得探讨和商榷。事实上，对应急预案演习而言，最重要的在于反复训练，从而在实践中不断检验预案的有效性，同时提高参与者对预案的理解和掌握程度。相比之下，偶尔为之的大规模演习，尽管能在一定程度上培养各部门间的协调性，同时有助于社会宣传和教育，但在应急预案演习的核心价值方面，作用相对有限。有的演练很大程度上是以宣传性、演示性为主，是做给大家看的"演习秀"，而不是按照实际需要组织的演练，没有真正发挥演练在检验预案、锻炼队伍、磨合机制、教育群众等方面的作用。

对此，调研访谈中发现不少同志都有改革意向，但问题在于，这一现象是多种因素共同作用的结果。首先，正如前文所指出的，应急预案本身缺乏可操作性，这就从根本上限制了实战演习的可行性，需要依靠"彩排"的方式完成演习。其次，基层政府财政经费有限，与其举行多次小规模的部门应急演习，还不如各部门共同举行一次大规模的联合演习，既完成了行政任务，又能称得上是政绩。再次，因党政宣传的需要，演习通常都会事先定下"只许成功，不许失败"的基调。最后，从增强民众对政府信心的角度看，"演习秀"甚至已超越了应急预演的原本范畴，具有了独立的社会价值。

---

① 《贵州省人民政府公报》2007年第5期，第9页。
② 《贵州省人民政府公报》2007年第4期，第17页。

我们认为，有必要通过制度化建设，逐步完善应急预演机制，使之更具实效性。可以考虑以下措施：①明确规定各级政府应急办在演习方面的主管地位，统筹安排各部门的演习工作；②改变目前演习经费的政府审批制度，将演习预算以专项资金的方式，直接拨付应急办，由其自主管理和使用；③设置评估制度，聘请第三方（社会）组织参与演习过程评估，确保演习的务实性和有效性。

（四）应急预案的修订程序有待明确

变化性是突发事件的重要特征之一，这就使得应急预案也必须随之不断修正，以避免"计划赶不上变化"的问题。对此，《突发事件应对法》第 17 条规定："应急预案制定机关应当根据实际需要和情势变化，适时修订应急预案。"但是，从调研情况看，贵州省各级政府部门的应急预案，普遍在制定后就未曾修订过。诚然，保持应急预案的相对稳定确有其重要价值，有助于应急人员理解和掌握应急预案，不会因频繁修订而无所适从，但这并不意味着墨守成规是合理的。

2008 年抗凝冻灾害中所反映的诸多应急问题，成为修订应急预案的重要契机。贵阳市应急办已提出修订应急预案的规划，并准备在年内付诸实施。于是，"如何修订"的问题也随之而来。尽管《突发事件应对法》第 17 条规定，"应急预案的制定、修订程序由国务院规定"，但迄今尚无明确的规范出台。于是，由谁发起并主管修订工作、修订应包括哪些环节、如何评估修订成果，已成为亟待明确的重点。对此，我们有以下几点看法。

首先，建议由市（地、州）政府应急办发起并主管修订工作。这包括两层含义。其一是从机构看，由应急办牵头负责预案的修订。早先编制应急预案时，由于应急办尚未设立，因此都是由各职能部门自行编制草案，而后经法制办核定，再呈交政府领导审批通过。随着应急办的成立，基于"统一领导，综合协调"的考虑，由应急办牵头负责预案的修订工作，将有助于提高应急预案体系的统一性和协调性，避免各自为政的条块分割问题。其二是从层级看，由市（地、州）政府承担预案修订的主体工作。此举的好处，除前文分析预案编制主体时已指出的有关辖区同质、资源充裕、联络枢纽的优势外，还在于预案体系相对完整，有利于通过修订工作，从体系层面统一规划预案体系。此外，也有助于提高修订工作的规模效应。

其次，建议以五年为一个周期，依照"试点—审批—推广—评估—试点"的模式，分批推进各类应急预案的修订。其一，应急预案的修订具有一定的风险性，尽管事先要经过深入的调研和反复的推演，但在实际工作中仍有可能出现问题，因此有必要对修订草案加以验证。可选取特定乡（镇、区）作为试点，推行修订草案，确认可行后再向其他地区推广。这不仅有利于化解和控制风险，也有助于积累实践经验。其二，由于应急预案的种类较多，从行政资源利用的角度看，不宜采取集中式的修订，可考虑以五年为周期，分批次选取同类型预案进行滚动式修订。这不仅有助于节约行政资源，也有助于提高修订工作的规范性。

再次，建议引入第三方（社会）机构参与应急预案的修订评估工作。对于应急预案修订的成效，需要建立客观、科学、有效的评估制度，以确保修订工作的务实和到位。从评估主体来看，可分为三类模式。其一是自我评估，由参与修订工作的成员自行评估，这不仅有助于总结工作，也有利于为再次修订积累经验和教训。其二是视察评估，由上级部门派遣工作组，对预案修订的执行情况进行视察评定，这对于上级部门及时掌握情况，具有重要意义。其三是外聘评估，由对外聘请的第三方（社会）机构负责评估，制作评估报告，这对于确保评估的客观性具有显著作用。需要指出的是，外聘评估应有严格的规范制度，某些评估活动邀请专家学者"走过场"的现象必须校正。可以考虑将评估工作以政府项目的外包形式，通过委托或招标交由学校、研究机构或社会组织负责实施。此外，还应将评估报告向社会公开，以确保评估过程的公开、公平、公正。

（参见法治蓝皮书《中国法治发展报告 No.7（2009）》）

第二十三章　四川省灾后重建基层民主参与调研报告（2009）

摘　要： 四川汶川大地震发生后，在抗震救灾和灾后重建过程中，四川省创新民主参与的模式和机制，鼓励灾区广大人民群众参与抗震救灾和灾后重建工作，既保障了抗震救灾和灾后重建的有序开展，也维护了人民群众的合法权益，实现了政府管理与人民群众自我管理的良性互动。本文对四川灾后重建基层民主参与的实践进行了总结分析，并对未来基层民主发展提出了建议。

2008 年，四川汶川发生特大地震，房屋倒塌，人员伤亡，经济遭到毁灭性打击，社区遭到破坏，其惨烈程度几乎史无前例。在汶川地震发生一年之后，中国社会科学院法学研究所法治国情调研组于 2009 年 4 月和 8 月两赴四川灾区调研灾后重建工作，了解四川灾后重建涉及的相关法律问题。调研组走访了绵阳、北川、都江堰、彭州、双流、新都等地，与各级干部和基层百姓进行了广泛深入的座谈。

调研发现，地震引起的问题之多、之复杂超出了人们的想象。地震虽然是非常态的，但是，四川各级部门在灾后重建中的基层民主实践和经验，对常态的和非常态的基层民主建设都具有一定的启发和参考作用。

一　四川省灾后基层民主"参与式"重建的内容

四川汶川地震灾后安置和恢复重建为中国的基层民主实践提供了更广

阔的平台，展现了更大的空间。大灾难对各级政府提出了严峻的挑战，沿用传统的政府治理、救灾和灾后重建模式显然是不现实的。

汶川地震引发的问题非常复杂。首先，政府必须在较短的时间内解决1000多万人的住所问题。其次，必须尽快恢复基础设施、服务能力和工农业生产。再次，各种利益错综复杂，地震造成的各种诉求多，协调困难。最后，在市场经济条件下，这样大规模的救灾工作是一个全新的课题，也是一个巨大的挑战，需要有新理念、新思路、新机制和新举措，四川灾后"参与式"重建恰好给人们提供了这样的经验。

1. 恢复受损的基层组织，保障灾后"参与式"重建的领导核心

四川汶川地震对灾区的基层组织造成了巨大的破坏。据不完全统计，到 2008 年 5 月 24 日，有 585 名基层干部遇难（其中有县级干部 2 人），31 名县级干部重伤；上千个基层党组织残缺，百余个受到严重损失[1]。北川羌族自治县有 897 名党员遇难，466 名干部遇难，遇难干部占全县干部总数的 22.65%，受伤住院 200 余人，占干部总数的 10.3%。其中，村级基层组织干部遇难 50 人，村级党组织书记、村委会主任遇难 27 人，141 个基层党组织严重受损[2]。由于一些地区干部伤亡严重，出现了救灾群龙无首、人心涣散的现象，这对灾后人心稳定、灾后恢复重建等极为不利。在最短的时间内恢复受损的基层党组织，使基层干部走在救灾和重建的第一线、组织灾民抗震救灾，是抗震救灾以及灾后重建工作的关键。

灾区最常见的办法是组建临时党组织，有了党组织，就有了抗震救灾的主心骨。当灾难降临，上级领导遭遇不幸后，一些党员自发地在受灾的乡村、帐篷区、板房区、集中安置点成立了临时党组织，组织领导抗灾自救工作。据统计，震灾发生以来，四川省各灾区农村共组建临时党组织 720 个。都江堰市虹口乡在地震后成为一座"孤岛"，交通、通信与外界完全阻断，乡党委震后 10 分钟便在政府大楼废墟上成立了虹口乡抗震救

---

① 《四川启动干部队伍重建　部分重灾区或将轮换官员》，《瞭望东方周刊》2008 年 6 月 5 日总第 238 期。

② 吴翔：《四川地震灾区农村基层党组织建设的回顾与思考》，三农中国，http://www.snzg.cn/article/show.php? itemid-15222/page-1.html。

灾指挥部，将机关党员干部分成 8 个组，迅速赶赴学校、医院、村庄组织自救，仅用一天半时间就转移灾民 6000 人，从废墟下抢救出伤员 66 名。极重灾区北川县在曲山、擂鼓、陈家坝、桂溪等重灾区受灾群众集中安置点，采取村与村、村与社区、村与企业、村与援建单位联建、合建、共建等多种渠道，建立临时党委 6 个、临时党总支 5 个、临时党支部 28 个、帐篷党小组 501 个。临时党组织引导各个集中安置点成立了临时管委会，组建了安全保卫、卫生防疫、思想安抚、弱势帮扶等群众性自治小组，鼓励受灾群众自我管理、自我服务。极重灾区安县在受灾群众安置点建立了临时党委 9 个，临时党支部 31 个，党小组 112 个，其中，茶坪乡千佛村、德胜村党支部与开展援建的驻滇高炮旅某营党组织共同组建 1 个临时党委、2 个党支部，有效推进了抗灾自救工作①。

为解决地震造成的干部减员问题，灾区各级领导部门注重选拔抗震救灾一线干部到基层领导岗位。例如，救灾期间，北川共选拔补充乡镇领导干部 40 名，安县选拔补充乡镇领导干部 25 名，并将其中 23 人安排到受灾最重、工作难度最大的乡镇工作。江油及时将 33 名在抗震救灾和灾后重建工作中表现突出的优秀干部选拔进入乡镇或部门领导班子②。各地还注重选拔在抗震救灾一线表现突出的人员直接担任党组织书记、代理村主任，把在本地服务受灾群众、推动灾后重建、促进灾区和谐等方面工作能力较强、在群众中呼声较高的人才及时选拔到村领导岗位上和后备干部中。

基层领导班子配备齐全后便有效地开展了工作。首先是不断加强党务公开工作。地震发生后，都江堰市就全市抗震救灾进展情况、救灾物资发放情况、灾后援建及救助政策、灾后重建规划及政策等向全社会公开，广泛征求各方面的意见建议；各乡镇、村（社区）在受灾群众集中安置点、党组织临时办公点等地的醒目位置设立公开栏，及时把党组织的决议、救助对象、表彰对象、救助政策等向党员和群众公开，并通过党内会议向全

① 吴翔：《四川地震灾区农村基层党组织建设的回顾与思考》，三农中国，http://www.snzg.cn/article/show.php? itemid-15222/page-1.html。

② 吴翔：《四川地震灾区农村基层党组织建设的回顾与思考》，三农中国，http://www.snzg.cn/article/show.php? itemid-15222/page-1.html。

体党员通报。目前，都江堰市各乡镇党务、政务和村（居）务公开达
100%。其次是积极探索"一核多元专业化"工作机制。一核是指村级党
组织是工作的领导核心；多元是指由村民议事会、村委会、农业合作社、
其他社会经济组织等组成的多个治理机构；专业化是指在村委会、农业合
作社、其他社会经济组织中探索实行民主治理与制度治理、专业化治理相
结合的村级治理模式。

正是采取了上述措施，灾区遭到破坏的基层组织得到尽快恢复，并带
领灾民开展了及时有效的救灾和灾后重建工作，激发和调动了广大党员群
众的积极性、主动性和创造性。

2. 救灾物资分配和发放让灾民自己做主

汶川地震受灾面积大，极重灾区有 10 个县（市），伤亡达数十万，
直接受影响的人达千万。灾后的一项重要工作是救灾资金和物资的发放，
也是灾害发生之初各级政府面临的首要难题。

救灾物资的来源有三部分：中央下拨物资、社会捐赠物资和海外捐赠
物资。政府审计部门除了加强对救灾捐赠物资的监管，对救灾物资接受单
位的工作进行跟踪检查，定期公布检查结果，发现问题及时处理外，还要
对救灾物资的管理使用以及有关部门履行监管职责的情况进行专项检查，
对违法违纪单位和个人予以严肃处理。此外，新闻媒体及时披露救灾捐赠
活动中的违法违规行为也是不可或缺的。

地震发生后，各种物资源源不断地被送到灾区。由于物资的品种各
异，数量不同，规格不一，难以平均分配，发放困难，这是引发矛盾的诱
因之一。灾民往往会质疑村干部的公平性：为什么他有这样的物资，我没
有，他是这种物资我是那种。因此，一些村干部甚至不愿意要这些五花八
门的捐助物资。如何将其发放到灾民手中，且不至于引起较大的矛盾是基
层组织和干部当时面临的难题。为了解决这样的问题，避免产生纠纷，灾
区自发地进行了村民"参与式"民主实践。"参与式"民主的主体——村
民议事小组在此过程中发挥了关键的作用。在灾区很多地方，每五户家庭
产生一个代表组成村民议事小组，由这些代表决定救灾物资的分配。例
如，彭州市新兴镇接收到的救灾物资中有生猪，如何分配却成了很大的难
题。经村民议事小组的讨论，村民达成协议，将生猪宰杀后做成肉馅，按

户分配。这些具体做法看似简单，但却表明基层政府组织从习惯于"为民做主"向"让民自主"的转变。凡是有类似村民议事小组这样的机构并发挥作用的地方，物资分配方面的矛盾相对就较少，问题也相对容易解决。

3. 住房重建坚持充分尊重灾民的意愿

灾后解决安置住房是最紧迫、最基础和最核心的任务。前期的临时安置基本解决了应急住处，过渡性住房和永久性住房建设则是恢复重建中应解决的重要问题。

地震灾区在住房建设方面充分调动灾民的自主性，尤其是发挥基层组织的作用。在居住地重建和选址方面，地震灾区实行政府引导、村组牵头，依托自身自然环境资源和基础设施条件，科学规划，建造社会主义新农村。在住房重建过程中，四川省各级政府强化群众自主参与意识，鼓励自己决策。首先，在重建农房模式上，探索创新道路，如都江堰市大观镇茶坪村采用了引入社会资金联建方式，天马镇结合川西林盘保护建设新农村、紫坪铺镇沙湾村依托产权融资重建等多种模式。以都江堰市大观镇茶坪村为例，茶坪村面积 3.5 平方公里，辖 7 个村民小组，全村共有 153 户 572 人。地震中，有 81 户农房倒塌损毁，14 户农房受到重大损坏，2 人因躲避地震受伤。茶坪村结合农村产权制度改革和灾后重建政策，利用农户宅基地（集体建设用地）引入社会资金3000 余万元参与联建。截至 2009 年 8 月份，茶坪村 153 户农户中选择联建的农户有 85 户（已经完工入住 9 户，正在施工建设的有 56 户，正在做施工前期准备的有 20 户，选择原址自建的有 3 户），其余农户正在洽谈之中。当时，整个联建已经引入社会资金 3000 余万元，2009 年可以全部完工入住。该村在联建中主要采取了以下措施：加大联建招商引资力度，为提升招商成功率，消除联建投资方顾虑，在镇政府的指导下，由村组统一对外招商，并负责协调联建方与群众的利益冲突；加强规划设计和质量监管，每个联建设计方案既考虑了农户的居住性，又兼顾了今后产业发展问题。在建设过程中，村中成立了质量监管领导小组，对工程进行全程监督。

又比如，都江堰龙湾社区房屋严重损坏，不可修复的有 779 户，选择原址重建的住户面临四种矛盾。第一，经规划后土地面积无法容纳原址重建的住户，如藏羌新村居民共有 55 户选择原址重建，但规划后的面积无法满足重建需求。第二，选择原址重建的住户与选择 38 号文件规定①的住户无法达成一致意见。第三，选择原址重建的住户愿望强烈，但比例没有超过 2/3，且在规划的红线外，大多数住户则要求按 38 号文件重建。第四，居住点处于规划红线内，但住户要求原址重建的意愿十分强烈。为了在遵守规划红线的前提下努力寻找一种各方面均能接受的重建方式，龙潭湾社区研究认为，将零散的土地串联成片，集约利用，不仅能满足原有住户的要求，而且能实现附近其他住户的重建意愿。为此，龙潭湾社区在住房重建方面提出了"三不两靠"，即政策宣传不走样、重建方式不强求、重划红线不越界，组合重建靠自愿、重建资金靠自筹作为重建的指导思想。为了让灾民真正具有重建决策权，使灾民真正成为灾后重建的实施主体、利益主体和责任主体，社区干部走村入户，召开了 100 多次形式多样的楼长会议，最终使广大灾民明白，虽然进行原址统筹重建可能会造成房屋建筑面积缩减，但居住地环境更好，配套的设施更齐全，交通更便利，生活水平将大大提高。了解了重建的好处，灾民就能对重建作出自己的决策。

4. 经济的恢复与灾民的利益和发展愿景紧密结合

地震重灾区地处山区，受灾群众中农业人口比重大，属于经济不太发达地区。因此，有专家建议在重建过程中借鉴国务院扶贫办实施"整村推进"的扶贫经验，充分发掘乡土中国的社会资源②。"整村推进"是中国政府 2001 年为尽快解决少数贫困人口温饱问题提出的农村扶贫工作思路，主要是以村为单位，用参与式方法自下而上制定扶贫开发计划。通过参与，老百姓有渠道掌握项目资金的使用、监督项目的实施。实施参与式重建，就是激发群众的能动性和创造力，让村民们给重建事项排顺序，自己决定是该先修路，先架电，还是先修复农田，以找到因地制宜的解决

---

① 即《成都市人民政府关于做好都江堰市城镇居民住房灾难救助安置工作的意见》（成府发〔2008〕38 号）。

② 《中国将实施"参与式"灾区重建　保障受灾群众话语权》，http：//news. xinhuanet. com/newscenter/2008-05/30/content_ 8285983. htm。

方案。

都江堰市向峨乡石碑村、棋盘村就采取了这样的做法。这两个村在汶川地震中受灾较严重。面对巨大的自然灾害，在村党支部的领导下，村民议事会在充分尊重民意、体现民意的基础上，在灾后重建的规划定位、联建项目的引进、实施产业大发展等重大决策中发挥了重要作用，推动了农村灾后重建步伐和经济社会全面发展。2008 年 8 月，上海盛为木业有限公司投资 2000 万元在棋盘村建设了爱心猕猴桃园区。截至调研时，有 2000 余亩猕猴桃种植基地的农户与该公司签订了协议，到2010 年，仅猕猴桃产业人均收入将近 3000 元，实现了灾后经济的快速恢复和发展。

都江堰市茶坪村在灾后重建中，对经济规划定位、产业发展等方面的重大决策，全部由议事会在尊重群众意愿的基础上，召开会议协商议定，充分体现民意、民愿。该村旅游环境优美，基础设施较为完善，考虑到茶坪村的具体情况，该村在灾后重建时广泛征求灾民的意见，建立了全省首家"乡村家庭连锁客栈"。该客栈有五大好处，一是可以获得集体经济组织入股的股金分红；二是可以获得房租收入；三是可以获得务工收入（优先解决农民剩余劳动力）；四是可以获得副业收入（客栈优先收购农副产品）；五是可以获得土地流转收入（公司将流转部分农用地改造环境）。这种方式使农户的生产、生活条件得到了明显的改善。

二　灾后重建"参与式"民主的制度保障和基本形式

法治是四川省"参与式"灾后重建的重要保障。四川省"参与式"救灾和重建基层民主活动的国家法律依据主要为：《宪法》、2000 年颁布的《立法法》和 1998 年颁布的《村民委员会组织法》。

《宪法》第 111 条规定，城市和农村按居民居住地区设立的居民委员会或者村民委员会是基层群众性自治组织。居民委员会、村民委员会的主任、副主任和委员由居民选举。居民委员会、村民委员会同基层政权的相互关系由法律规定。《村民委员会组织法》全方位规定了农村基层组织的产生方法、形式和职责，是中国农村基层组织存在的法律依据。根据

《村民委员会组织法》，有 1/10 以上的村民提议，村民委员会就应召集村民会议，讨论决定涉及村民利益的事项，如村办学校、村建道路等村公益事业以及村民的承包经营方案和宅基地使用等。

四川省人大也出台了各种基层民主自治的法规，如 1994 年颁布的《四川省〈中华人民共和国城市居民委员会组织法〉实施办法》、2001 年的《四川省〈中华人民共和国村民委员会组织法〉实施办法》、2009 年的《四川省村务公开条例》等。

此外，除了《突发事件应对法》和《防震减灾法》以外，国务院各部门、最高人民法院、最高人民检察院，以及四川省、市各级政府都就地震相关问题颁布和出台了众多法规和文件，引导灾民有效地参与到抗震救灾以及灾后重建的活动中，并保障其合法权利。

2008 年国务院公布的《汶川地震灾后恢复重建条例》是一部专门规范四川灾后重建的行政法规。条例明确了各级政府和国务院有关部门在恢复重建中的责任，确保地震灾后恢复重建工作有力、有序、有效地进行。条例明确规定，地震灾后恢复重建应当坚持以人为本、科学规划、统筹兼顾、分步实施、自力更生、国家支持、社会帮扶的方针。同时，条例也明确了地震灾后恢复重建应当遵循的原则：一是受灾地区自力更生、生产自救与国家支持、对口支援相结合的原则，二是政府主导与社会参与相结合的原则，三是就地恢复重建与异地新建相结合的原则，四是确保质量与注重效率相结合的原则，五是立足当前与兼顾长远相结合的原则，六是经济社会发展与生态环境资源保护相结合的原则①。

正是在法治的保驾护航下，四川省的灾后重建工作被置于各种形式的监督中。按照《政府信息公开条例》的规定，灾区各级政府建立救灾款物信息公开制度，主动公开救灾款物的来源、数量、种类和去向，自觉接受社会各界和新闻媒体的监督。按照《政府采购法》等相关规定，物资采购凡有条件的都公开招标，择优选购，防止暗箱操作；救灾款物的发放，除紧急情况外，都坚持调查摸底、民主评议、张榜公示、公开发放，

---

① 国务院法制办就汶川地震灾后重建条例答记者问，http://www.china.com.cn/news/txt/2008-06/10/content_ 15735115_ 2. htm。

力求做到账目清楚、手续完备、群众知情满意。这些法规不仅规范了救灾物资的监管，而且赋予了民众以知情权和参与权，保证了救灾物资和资金发放的公正合理。可以说，汶川地震使刚颁布不久的《政府信息公开条例》经受了一次重大的洗礼。

四川灾后重建的"参与式"民主主要有四种形式，一是协商式民主参与，二是议事型民主参与，三是阳光式民主参与，四是引导式民主参与。

协商式民主是指政府灾后重建的重大事务均与灾民协商解决。灾后重建各项事务涉及灾民的切身利益，灾后重建的关键是要保证灾民对重建的诸多事务有话语权，而协商式民主是保证灾民具有话语权的主要制度。决策不能由上而下，而应由下而上，因为，没有任何政府能够同时让所有人对同一件事情感到满意。允许村民对重建自由表达观点才能形成最佳政策，减少社会成本，避免使问题演变成矛盾和冲突。在"参与式"重建中，各级政府在房屋的选址和建设、经济恢复等方面不是强行贯彻政府意志，而是与灾民进行充分的协商，以达到良好的效果。例如，都江堰市荷花池片区的幸福社区入选了城镇重建试点。该社区位于市中心最繁华的幸福大道侧，属于"利益关系复杂"的典型区域，开始拆迁后困难重重。为此，市领导带领重建办和相关部门的干部先后几十次深入片区和群众一起开"坝坝会"、举行板房"夜话"，广泛交流对灾后重建政策的意见和看法，逐步形成和完善了都江堰城镇灾后重建政策。该政策的主要内容是，统规统建、统规自建、组合重建、原址重建、货币补偿，以及在市重建办的指导下，居民以幢为单位选出业主代表，业主代表再推举产生重建议事会，重大决定必须由议事会讨论决定并有一定比例的住户和业主签字方能生效。由于充分尊重群众意愿，重建政策得到群众赞同，居民充分自治，较好地推进了城镇危房拆迁工作。荷花池片区灾后重建是汶川地震极重灾区中开工面积最大的城镇住房重建片区。事实证明，灾后重建的关键是保证灾民对重建的诸多事务有话语权，协商式民主是保证灾民具有话语权的主要制度。

议事型民主是灾后重建民主参与的另一种主要形式，村一级灾后事务的重大决策都是通过村民议事会决定的。在总结村民的实践经验基础上，都江堰市委组织部、都江堰市民政局于2009年制定了《都江堰市村民议事会议事规则（试行）》。该议事规则分别就选举工作机构、选举方法和步骤、选举规则等作了详细的规定。村民（村民小组）议事会成员选举必须坚持党的领导，充分发扬民主，严格依法依规办事。村党组织书记兼任村民议事会议事长，不参加村民议事会选举。其他村民（村民小组）议事会成员均通过选举产生。村民议事会成员选举一般与村党组织、村委会换届选举同步进行，由市委、市政府统一部署，统一领导。村民议事会成员选举工作由村党组织主持。村民（村民小组）议事会成员结构比例、选举办法等建议方案由村党组织提出，经村民会议或"一户一票"表决通过后生效。在灾后重建中，村民议事会、监事会等组织使灾民广泛地参与了资金发放、房屋评估、规划建设等工作。

阳光式民主也是"参与式"重建的重要形式。在村级社会层面，阳光式民主是释疑解惑，实现灾区稳定的关键点。阳光式民主说到底就是村务公开、民主管理。村务公开是一项综合性很强的工作，涉及农村工作的各个方面，对促进灾后恢复重建起着举足轻重的作用。四川省绝大多数受灾村都能做到积极推进村务公开民主管理工作，促进了村务公开工作的制度化、规范化和科学化，如大都能及时将上级财政补助、救灾物资、钱款的发放公之于众，保障了村民的知情权、决策权、参与权和监督权，维护了农村社会的稳定和经济的恢复发展。

引导式民主是在保证村民充分自治的前提下，政府通过政策引导，以村民认同为基础，由村民自己决定重建模式，共同建设自己家园的一种民主形式。地震后，国家出台了许多鼓励和扶持政策支持灾区重建。为了帮助灾区群众及时了解和掌握国家政策，乡镇、村组干部带着国家的灾后重建政策，深入每家每户进行宣传解释，帮助和引导灾区群众正确选择建设模式。广元市宝轮区回龙村二组地处两山之间的沟壑地带，地震后山体移位，原来的地方已不适宜再建住房。根据国家规划，全部村民需要从地质已经损害的沟壑搬迁到两公里外的平坝区，国家帮助建设道路、地下管网和水、电、气、光纤、电视等配套设施。但是，搬还是不搬必须由村民自己说了算。经乡村干部深入宣传解释，村民会议同意集体搬迁，并由村民选出代表，组成村民建设小组，根据村民会议的决定，自主招聘工程建筑队伍进行建设。如今，环境优美、配套设施齐全、紧靠青山绿水、户户现代小楼式的美好新家园已经落成，村民们正怀着美好的期待开始新的生活。

三　"参与式"灾后重建对基层民主和法制的推动作用

在四川省灾后重建中，灾民积极参与灾后重建的各项具体工作，取得了非常明显的成效，但是也存在一些具体问题。例如，"参与式"民主发展不平衡，议事、协商和公开都存在一定的问题。一些地方的村务公开仍然不够，表现为村务公开监督小组的设立不规范，监督审核职权不到位；村务公开往往是"事后公开"；一些公开内容不够真实、全面；个别村委会没有公示救灾款项、物资的发放情况；等等。此外，一些基层干部素质参差不齐，心理素质差。地震之后，个别干部因承受不了压力出现轻生的现象，导致人们对干部素质的拷问。尽管如此，从总体上说，四川省灾后"参与式"重建仍然为中国基层民主积累了一定的经验。

（一）"参与式"民主重建代表了中国基层民主政治的发展方向

"参与式"民主是当代中国民主政治发展的方向，四川省灾后重建的"参与式"活动为这种实践提供了新的范例。地震发生后，四川省基层民主实践在抗震救灾和灾后重建方面发挥了重要的作用。地震给灾区带来了许多利益冲突问题，这些问题大多发生在基层，需要通过制度平台进行有效化解。参与式民主、议事式民主、协商式民主为灾区社会各阶层所接受和认可。在救灾和灾后重建过程中，让老百姓知情、平等参与决策，真正实现民主管理和民主监督，成为灾后重建基层民主发展的要点。在一些地方，基层群众的自治活动也影响着基层政府的行政方式，对其形成"倒逼"态势。基层群众自治的一些内容和形式正在向县乡一级扩展，以实现政府行政管理和基层群众自治的有效衔接和良性互动。

（二）"参与式"民主重建充分体现了政府职能的转变

参与式民主理论的核心概念是参与，强调群众的政治参与，主张通过群众对公共事务的共同讨论、共同协商、共同行动解决共同体的公共问题。参与式民主是立足于群众公民身份的政治，群众不仅仅是选民，不是仅仅把自己看作政府的顾客、政府的管理对象，群众自身就是管理者、自治者，是自己命运的主宰者。

"参与式"救灾和重建体现了政府职能由主导向引导的转变，即政府不再包办所有的事情。无论是灾后房屋重建的选址、建设方式，还是建设资金来源，政府都充分听取灾民的意见，尊重灾民的意愿，制定出各种方案和规划，供灾民选择。灾民就这些方案和规划进行讨论，提出不同意见，最后达成共识。这种方式的核心是灾民自己选择，而不是被选择，是在许多意见中进行选择，最终选择出能调解各种分歧的方案。

这种做法跟中国传统的救灾方式有很大的差别。传统上是政府主导，强制规划，基层组织只是传达和领会上级的意图，并将其付诸实践。政府自认为每件事情都是为灾民考虑。然而，现实世界千差万别，政府主导的政策不能包罗万象，结果大多不能令人满意。四川省在这次灾后重建过程中，在许多重大事件上让灾民自觉自愿参与，官方不插手，让每个人都成为管理者，并使政府从管理者变身为指导者。

（三）"参与式"民主重建可以有效解决社会纠纷

地震之初全民众志成城抗震救灾，但之后各种矛盾和纠纷就逐渐显现出来。地震给灾区人民带来巨大灾难，恢复重建中存在各种利益冲突和分歧也是情理之中的事情。"参与式"灾后重建和基层民主建设，可以让不同的利益诉求都能有表达途径，使矛盾在激化前就得到及时化解，让群众和政府习惯于在表达、沟通、妥协过程中共同成长。可以说，"参与式"民主重建，拓宽了群众之间、群众和干部之间的对话基础，是解决社会纠纷的重要途径。

广大人民群众日常接触的是基层的直接民主，其作用在于，群众手中看不见摸不着的民主权利，转化为给村里修条经久耐用的柏油路，给学生盖座抗震的新的学校，保证低保金发到最需要的人手里，让灾民尽快住进新建的房屋……四川省"参与式"重建最大限度地发挥了基层群众自治的作用。四川省的参与式民主说明，民主的形式没有一定之规，灾后重建既有直接参与民主，也有基层代议民主。在不同的背景下，民主也需要"量体裁衣"才能合身适用。

（参见法治蓝皮书《中国法治发展报告 No.8（2010）》）

Abstract

The development of legal research is closely related to the development of rule of law. The transformation and development of rule of lawin China calls for the innovation of law research methods and paradigms. In the period of rapid changes in Chinese society, empirical analysis is an important basis for the better service of contemporary law research to social development, and the survey and investigation on national situation the rule of law is an important way of the study of empirical law. The survey and investigation on national situation of rule of law is an inevitable requirement for the construction of a new legal think tank, which is an important part of promoting the modernization of the national governance system and governance capacity.

For years, the Institute of Law of the Chinese Academy of Social Sciences has maintained a foothold in the practice of rule of law in China, organized a wide range of experts to conduct extensive survey and investigation on national situation the rule of law, and made a panoramic scan of the construction of the rule of law in China from two dimensions, both qualitative and quantitative, from two layers of macro to microcosmic. Based on the national perspective, this book selects the representative collection of representative reports on survey and investigation on national situation the rule of law in the Blue Book of Rule of Law, which is rich and comprehensive. These reports summarized the experience and innovation of China in law enforcement and supervision according to law, disputes settlement and judicial construction, anti-corruption and code of conducts, social governance and grass-roots construction, international cooperation and international rule of law, and emergency management and disaster relief, and forecast the future of their development.

This book makes a multidimensional study on the application of various methods to thedevelopment of practice of rule of law in China and produces fruitful results. This book has a profound discussion on the design of the system, the level of legal formulation, and the observation and analysis of major events and typical cases. This book is a sort of annual or cross-sectional specific time period is recorded in history books, but also on the specific areas and areas of intensive and meticulous farming, the child is father of the man. This book not only has a review of the evaluation of the effectiveness of the existing practice, but also the prospect of the future.

In a word, this book is not only an objective record of the practice and effect, experience and deficiency in the practice of ruling the country by law and building a socialist country ruled by law, but also provides a rich hand material and valuable historical mirror for the future system.

Contents

Introduction: Survey and Investigation on National Situation of
Rule of Law and the Construction of Law Think Tank

Part 1: Law Enforcement and Supervision according to Law

Chapter 1   Development and Trend of the Administrative Fees System in China（2007）

Abstract: Administrative fees is one of the ways to get social resources for carrying out administration and providing public services to the public, which is generally accepted by government in collecting financial resources. This paper discusses the administrative fees regarded as none-tax revenue, focusing on the Fund's income, special revenue, charges involved in administrative fees. China's administrative fee is a price-oriented municipal management system, and needs to be perfected in law, scientific definition, management system and in scope scale and structure. To promote administrative charges under rule of law, we must speed up the legislative process in administrative fees.

Chapter 2 Investigation Report on the Implementation of the System of Government Procurement in China (2012)

Abstract: This report analyzes the openness of information about government procurement for 26 provinces and municipalities directly under the Central Government and, based on available data, compares the transaction prices of supply agreements and of centralized batch procurements of state organs of the Central Government with the average market prices. The report points out that the current situation of disclosure of information about government procurement in China is not ideal and that transaction prices of government procurement of certain goods are higher than market prices. Therefore more attention should be paid on the revision and improvement of the legal system for government procurement.

Chapter 3 Report on the Current Situation of Personal Information Protection in China (2008)

Abstract: With the rapid development of informatization, personal information protection is increasingly becoming an issue of public concern. In order to assist China's legislation on personal information protection, the Law Institute of Chinese Academy of Social Sciences built a project team to investigate and research on status auo and public awareness on personal information protection in China. This report analyzes the current situation of abuse of personal information and of laws and regulations on the protection of personal information in China. It also analyzes, through questionnaire investigation, public awareness of personal information protection and, explores through investigation on China's credit cards business, the protection of personal information in China's financial industry. On the basis of the above research work, this report puts forward some suggestions on the future of legislation on the protection of personal information in China.

Chapter 4 Investigation on the Current Status of the Protection of Personal Information by Enterprises in China (2012)

Abstract: This report, based on a questionnaire investigation on the protection of personal information carried out among various business enterprises' employees, analyzes many problems existing in the protection of personal information by enterprises, including defective institutions, poor awareness among employees, and non-standard handling of personal information within enterprises, and offers suggestions on improving the legal system for the protection of personal information.

Chapter 5 Report on Supervision and Regulation of Television Advertisements in China (2010)

Abstract: This report examines the mechanism for the supervision and regulation of TV advertisements in China, discusses the problems in the broad-casting and the contents of TV advertisements, analyzes the loopholes and insuf-ficiencies in the mechanism for the supervision and regulation of TV advertise-ments, and puts forward recommendation on the revision of the Advertisement Law and the strengthening of supervision and regulation of TV advertisements.

Part 2: Disputes Settlement and Judicial Construction

Chapter 6 Investigation Report on Legal Disputes Settlement Mechanism in China (2006)

Abstract: Since the 21st Century, with the deepening of the economic system reform, China's social contradictions and social disputes are generally high and various in types and forms, which caused the public's general concern and great dissatisfaction, and greatly destroyed the social harmony and stability. In the face of social disputes, we should take them as social normal management items, establish and improve the mechanism of dispute prevention, focus on legal and institutional measures, follow the legal procedures, and follow the principles of justice, fairness and openness, and seek to solve the disputes on the basis of fully ensuring the legitimate rights of the parties to the dispute. We should establish a scientific and reasonable institutional link between the legal channels of various disputes to form a complete and coordinated system of dispute resolution, and make full use of various legal channels to solve the overall effect of disputes.

Chapter 7   An Empirical Study on Disputes Settlement in Rural China (2007)

Abstract: After comprehensively taking into consideration the national economic development, status and history, four places were selected for research by the special research team from the Law Institute of CASS, which is as follows: Xing County in Shanxi Province, Yingcheng city in Hubei province, Hengxi Town in Jiangning District, Nanjing, Jiangsu province, and Jiashan County in Zhejiang province. The main disputes in rural areas include: (1) the right dispute about land for operation is quite common, (2) contradictions and disputes over land requisition compensation prevails, (3) disputes over purchase of housing land in developed areas are prominent, (4) large influx of migrants into the developed coastal areas challenges the society management. We found some successful experiences of flexibly handling land disputes in rural areas, but the following questions ought to be emphasized: (1) the channel for judicial relief is not smooth, (2) land disputes are difficult to be resolved by law, and (3) result and standard of law enforcement are difficult to balance.

Chapter 8　Research Report on the Application of New Media to New Media to Judicial Openness in China（2015）

Abstract: Trial broadcast live, for the convenience of the people watching, understand and monitor the trial, to fully protect the people and lawsuit participates in a person's right to know, the right of supervision is not only under the new situation, the people's Court judicial openness of the theme of the times, is to further enhance the transparency of judicial, new ways of facilitating the participation of the masses, understanding, supervision of judicial activities, and eventually helps to improve the people's Court of public credibility of the judiciary and judicial authority. Firstly, followed by the introduction of the trial networks and microblogging live video development situation and problems, and then put forward the new media vision of open justice, pointed out that in the future, microblogging and other new media video broadcast of the trial will become the main channel of the public hearing, to maintain and continue promoting micro Bo live video more rapidly to develop in depth, to revise and improve the network and microblogging trial video live relevant regulations, strengthen the building of court personnel, build can adapt to live trial new situation of high-quality team of judges, to strengthen the unity and integration of justice open platform, promoting China's judicial publicity, stride forward to the international advanced standards.

Chapter 9　Investigation Report on the Situation of Unlawful Attacks against Judicial Personnel in Huzhou City (2015)

Abstract: In recent years, participants in the proceedings and other personnel to disrupt the court order, violations against the interests of judicial personnel have occurred. In order to better understand the situation and rational solution to the existing problems, to safeguard the rights and interests of judicial personnel, to ensure the orderly conduct of the work of the people's courts, Huzhou City, Zhejiang Province, the intermediate people's Court (hereinafter referred to as " Huzhou City Intermediate People's court") have to in the hospital and the jurisdiction of the grassroots people's court to carry out the research. The research on Zhejiang Province Huzhou municipal court judicial officers suffered unlawful infringement cases, Huzhou two court of judicial personnel have been unlawful infringement is very serious, court and judicial officers to deal with the situation is not ideal, line of judicial personnel lower satisfaction and other problems. The report from the frequent incidents of violations and violations should not ideal in-depth analysis of the two dimensions, this paper puts forward some suggestions.

Part 3: Anti-Corruption and Code of Conducts

Chapter 10　Investigation Report on the Civil Servants Property Supervision System in China (2010)

Abstract: Supervision over the property of civil servants is an important system for the prevention and punishment of corruption. It is also an issue of great public concern. This report, on the basis of investigations carried out by Research Group on National Condition of Rule of Law, Institute of Law,

Chinese Academy of Social Sciences in 2010, analyzes the objects of application, the scope of property subject to supervision, the methods of supervision, supporting measures, and enforcement of the system, and puts forward proposals on the establishment and improvement of civil servant property supervision mechanism in China.

Chapter 11 Investigation Report on the Supervision over and Control of "Naked Government Officials" in China (2011)

Abstract：This report reviews the current Chinese laws and regulations on supervising and controlling so-called "naked government officials" (those whose family members have all gone abroad), points out the existing problems in the supervision and control mechanism, analyzes, on the basis of the result of a questionnaire investigation, the understandings and attitudes of different groups among civil servants and the general public towards the supervision over and control of "naked government officials", and emphasizes that the issue of "naked government officials" is related to the issue of the loyalty of public officials towards the state, that supervising and controlling such officials is an important aspect of the construction of a clean government, and that efforts therefore must be made to strengthen the relevant legislation, raise the relevant consciousness and truly implement various supervisory and regulatory measures.

Chapter 12 Legal Regulation of Profit-Making Activities of the Relatives of Civil Servants in China (2012)

Abstract：The practice of the relatives of public officials using the power held by public officials to engage in profit-making activities and obtain improper benefits harms public interest, causes corruption that is increasingly difficult to discover, and therefore has become a focus of future anti-corruption work in China. This report reviews the existing provisions regulating the profit-making activities of the relatives of public officials and, based on the result of a questionnaire investigation, identifies existing misunderstandings about the profit-making activities of the relatives of public officials that may adversely affect the development of anti-corruption laws. The report points out that China should strengthen the construction of the relevant systems and improve the enforcement of the relevant laws so as to better regulate profit-making activities of the relatives of public officials.

Part 4: Social Governance and Grass-Roots Construction

Chapter 13 The Exploration and Practice of Resolving Basic Contradictions at Grass-Roots Level according to Law in Guangdong (2014)

Abstract: In recent years, grassroots conflicts in China have showed the features of pluralization, radicalization, and involvement of a large number of people. Therefore it is necessary to actively explore new approaches to the resolution of these conflicts, so as to create a stable and orderly social and economic environment for the deepening of the reform and opening up. The government of Guangdong Province has carried out institutional innovation on the resolution of grassroots conflicts in accordance with law and achieved marked results in enhancing the legal awareness and medication ability of grassroots government organs and in strengthening the mechanism for the resolution of grassroots conflicts, thereby laying a sound foundation for the further construction of the rule of law in the province.

Chapter 14 Legal Issues Relating to the Circulation of
Land in Rural China （2009）

Abstract: This article gives an overall description of the current situation of the circulation of the right to land contractual management in rural areas in 2009, explores some relevant legal issues that urgently need to be resolved, including shareholding in the management of contracted land, mortgaging of the right to land contractual management, and transaction security in the circulation of the right, and puts forward proposals on resolving these issues.

Chapter 15 Investigation Report on Corporate Social
Responsibility in China （2009）

Abstract: In order to understand the public awareness of corporate social responsibility in China and the current situation of implementation of corporate social responsibilities by Chinese enterprises, the research team has launched an investigation on "Corporate Social Responsibilities and Law Abidingness". This article, based on the results from these investigations, conducts a primary and brief analysis of the basic situation of implementation of corporate social responsibilities by Chinese enterprises, makes comments on Chinese legal system of corporate social responsibility, and puts forward some proposals on the improvement of this system.

Chapter 16 Investigation Report on Academic Evaluation
Mechanism in China （2009）

Abstract: Academic evaluation is a kind of evaluation conducted by academic communities on the research carried out by individual researchers. Currently most academic communities in China have adopted the quantitative evaluation mechanism. This report is the result of an investigation on academic evaluation mechanism covering the scholars and students in 32 universities and research institutions. It shows that, because of the lack of the relevant legal provisions, quantitative academic evaluation mechanism is actually doing more harm than good and has become one of the main causes of academic misconduct and corruption. The report suggests that the current academic evaluation mechanism, which is overly dependent on quantitative standards, and the related academic journal grading system should be reformed so as to allow academic research to maintain its academic nature.

Part 5: International Cooperation and International Rule of Law

Chapter 17   Research Report on the Revision of Law of Ttreaties of China (2012)

Abstract: Currently, China's Law on the Procedure of Conclusion of Treaties only provides procedural rules and contains many vague provisions. As such, this law can no longer satisfy the actual needs of China's rapidly growing treaty-making activities. In order to have a better understanding of the current situation for the law's implementation and to provide positive and feasible suggestions on the law's revision, this report investigates and analyzes the basic situation of the implementation of the Law on the Procedure of Conclusion of Treaties and the related procedural and substantive issues.

Chapter 18   Legal Guarantee of the Safety of Overseas Investments of China (2011)

Abstract: While making great progress in implementing the strategy of "going global", China is faced with serious challenges to the security of its overseas assets and the protection of Chinese personnel and assets overseas has become a major issue urgently to be dealt with by the Chinese government. Therefore, China should, in light of the continuously evolving international situation, abandon the traditional conservative mode of thinking, fully utilize the various rights a sovereign state enjoys under contemporary rules of international law, and take all necessary measures permitted by international law to strengthen the protection of overseas Chinese personnel and assets.

Chapter 19　International Law Issues Relating to the Recovery of Royal Cultural Relics Lost Overseas of China (2009)

Abstract: The recent efforts by China to recover cultural relics looted from the Old Summer Palace (Yuanmingyuan) by western forces have drawn widespread public attention. From the perspective of international law, only the Chinese government has the right to institute legal proceedings for the recovery of Chinese royal cultural relics from overseas. However, the best way to recover Chinese royal cultural relics lost overseas is not to institute civil proceedings at foreign courts, but to adopt a combination of diplomatic and legal approaches in light of the concrete situation of specific cases.

Part 6: Emergency Management and Disaster Relief

Chapter 20　Development in the Legislation on Prevention and Mitigation of Earthquake Disasters in China (2008)

Abstract: In 2008, the construction of the legal system for preventing and mitigating quake disaster had intensified. This was mainly reflected in the following three aspects: Firstly, in the making of laws on preventing and mitigating quake disaster, more attention had been paid to the effectiveness and democratic basis of the legislation. Secondly, Regulations on the Recovery and Reconstruction of Disaster Areas after the Wenchuan Earthquake was promulgated, which establishes a series of legal principles and institutions relating to recovery and reconstruction of disaster areas, especially the system of transitional settlement, thereby remedying the shortcomings in the legal system of preventing and mitigating earthquake disaster. Thirdly, two judicial notes and one judicial interpretation were issued by the Supreme People's Court to stipulate judicial principles and methods relating to the application of laws in disaster zones after quake, which had played a very positive role in protecting rights and interests of victims in disaster districts.

Chapter 21 Report on the Prevention and Reduction of Disasters in Cities in China (2012)

Abstract: With the worsening of the situation of urban disasters, urban management in China has revealed many defects in the prevention and management of disasters, including the backwardness of ideas, imperfect legal system, low standards, slow government response, and the lack of coordination between different departments. This report analyzes the causes of the above defects and suggests that the government, in its effort to improve the work of disaster prevention and reduction in cities, should take into account various types of disaster risks, raise the level of disaster control with respect to institutions, legal system, and technical standards, take targeted measures to increase the disaster prevention capability of infrastructures, improve the disaster forecast and early warning mechanism, mobilize all social forces and strengthen the dissemination, education and training work, so as to achieve the goal of "safe cities".

Chapter 22   Investigation Report on Government Emergency Plan against Snow and Frost Disaster in Guizhou Province（2008）

Abstract: Through an investigation on the government work of fighting snow and frost disaster in Guizhou Province, this report summarizes the useful experiences in the construction of government emergency response system as well as the problems to which attention must be paid. The report points out that, the success of the anti-snow and frost disaster work in Guizhou Province should be attributed to the gradual perfection of the emergency plan system, which is conducive to enhancing emergency consciousness, improving early warning mechanism, and raising decision-making efficiency. As for the shortcomings of the current emergency plan system, the report points out that operability of such system needs to be improved, the cohesion between different parts of the plan needs to be reinforced, the rehearsal mechanism needs to be strengthened, and the revision procedure needs to be clarified .

Chapter 23   Investigation Report on Democratic Participation in Post-Earthquake Reconstruction in Sichuan Province（2009）

Abstract: In the post disaster relief and reconstruction in the aftermath of the major earthquake in Wenchuan County of Sichuan Province, Sichuan Provincial Government created a democratic participation mechanism to encourage the broad masses of people in disaster areas to participate in the post-disaster relief and reconstruction work, thereby ensuring the carrying out of the relief and reconstruction work in an orderly manner, upholding the lawful rights and interests of people in the disaster areas, and realizing the positive interaction between the administration by the government and self-administration by the people. This article analyzes the practice of democratic participation at the grassroots in post-disaster relief in Sichuan Province and puts forward some suggestions on future developing the system of grassroots-level democratic participation in public affairs in China.

后 记

　　法治国情调研是中国法学研究的重要方法。本书收录了 2006～2016 年度"法治蓝皮书"《中国法治发展报告》中中国社会科学院法学研究所所内外专家在各地开展的法治国情调研的重要成果。有些报告是从宏观、整体层面对某一专题性的法治发展问题进行总结，有些报告则是就当年度的法治热点事件进行深入分析，展现了中国法治发展的历史坐标。

　　《中国法治国情调研（2006～2016）》的编辑出版由田禾研究员、吕艳滨研究员总负责，徐斌助理研究员具体负责并撰写了本书的"导论"。本书中收录的有些报告是法学研究所课题组的集体成果，有些报告是科研人员深入实地多次调研的成果，有些报告则是精选了地方政法干部的深入思考成果。本书各章的作者信息如下（按章节顺序）。

　　《中国行政收费制度的现状、问题与展望（2007）》（课题组成员：张明杰、吕艳滨、冯静、申智平、许琳、张延伟、谭彬彬）。

　　《中国政府采购制度实施状况调研报告（2012）》（课题组负责人：田禾；课题组成员：吕艳滨、王小梅、栗燕杰、诸悦；执笔人：田禾、吕艳滨、诸悦）。

　　《中国个人信息保护现状调研报告（2008）》（课题组负责人：吕艳滨；课题组成员：田禾、高跃先、马春华、王小梅、陈世知、许琳、翟国强、李璠；执笔人：吕艳滨）。

　　《中国企业个人信息保护状况调研报告（2012）》（课题组负责人：田禾；课题组成员：吕艳滨、王小梅、常君、廉天娇、郭明丽、熊金鑫、王小龙、杨晓捷、刘雅茜；执笔人：吕艳滨）。

　　《中国电视广告监管调研报告（2010）》（课题组负责人：田禾；课

题组成员：陈欣新、吕艳滨、王小梅、崔薇、李斐、王雪珂、张文广；执笔人：王小梅）。

《中国法定纠纷解决机制调研报告（2006）》（执笔人：李林、莫纪宏、吕艳滨、聂秀时、李霞、祁建建）。

《中国农村纠纷调解调研报告（2007）》（执笔人：冉井富）。

《中国司法公开新媒体应用研究报告（2015）》（作者：支振锋）。

《湖州市司法人员遭受违法侵害状况调研报告（2015）》（作者：郭文利、潘黎）。

《中国公职人员财产监督制度调研报告（2010）》（课题组负责人：田禾；课题组成员：穆林霞、陈欣新、吕艳滨、周方冶、王小梅、崔薇；执笔人：吕艳滨）。

《中国"裸官"监管调研报告（2011）》（课题组负责人：田禾；课题组成员：陈欣新、吕艳滨、周方冶、王小梅、崔薇、廉天娇；执笔人：田禾）。

《中国公职人员亲属营利性行为的法律规制（2012）》（课题组负责人：田禾；课题组成员：陈欣新、吕艳滨、周方冶、王小梅、崔薇、廉天娇；执笔人：田禾）。

《广东依法化解基层矛盾的探索与实践（2014）》（课题组负责人：田禾；课题组成员：陈欣新、吕艳滨、刘小妹、李延枫、王小梅、魏南枝、栗燕杰、王帅一、赵千羚、张誉、刘迪；执笔人：周方冶）。

《中国农村土地流转的法律问题（2009）》（课题组负责人：田禾；执笔人：袁霞、冉昊）。

《中国企业社会责任调研报告（2009）》（课题组负责人：田禾；课题组成员：骆克任、陈欣新、冉昊、席月民、吕艳滨、马春华、谢增毅、赵文经、左传卫、王建光、周方冶、谢韫、高长见）。

《中国学术评价机制调研报告（2010）》（作者：中国社会科学院法学研究所法治国情调研组）。

《中国条约法修改研究报告（2012）》（课题组负责人：朱晓青；课题组成员：刘楠来、戴瑞君、董斌、黄晋、蒋小红、廖凡、孙世彦、谢新胜、张文广）。

《中国对外投资安全的法律保障（2011）》（作者：刘敬东）。

《中国流失海外原"皇家"文物追索的国际法问题（2009）》（作者：谢新胜）。

《中国防震减灾立法的发展（2008）》（作者：莫纪宏）。

《中国城市防灾减灾管理报告（2012）》（作者：栗燕杰）。

《贵州省凝冻灾害政府应急法制调研报告（2008）》（课题组负责人：邹伟、田禾；课题组成员：高煜明、陈欣新、吕艳滨、马春华、周方冶、冯小山、王芳；执笔人：田禾、周方冶）。

《四川省灾后重建基层民主参与调研报告（2009）》（课题组成员：田禾、邢泸生、王希龙、林斌、陈欣新、吕艳滨、翟国强、周方冶、谢韫）。

本书完稿时恰逢新一届全国两会第一次会议胜利闭幕，党的十九大和全国两会对法治建设作出新的部署，提出更高的目标、更艰巨的任务，我们将不辜负这个法治建设的新时代！

徐　斌

2018 年 3 月 22 日

图书在版编目（CIP）数据

中国法治国情调研. 2006-2016 / 田禾等著. -- 北
京：社会科学文献出版社，2018.7
（法治国情与法治指数丛书）
ISBN 978-7-5201-2694-6

Ⅰ.①中… Ⅱ.①田… Ⅲ.①社会主义法制-建设-
调查研究-中国-2006-2016 Ⅳ.①D920.0

中国版本图书馆 CIP 数据核字（2018）第 091405 号

法治国情与法治指数丛书
中国法治国情调研（2006~2016）

著　　者／田　禾　吕艳滨 等

出 版 人／谢寿光
项目统筹／王　绯
责任编辑／曹长香

出　　版／社会科学文献出版社·社会政法分社（010）59367156
　　　　　地址：北京市北三环中路甲 29 号院华龙大厦　邮编：100029
　　　　　网址：www.ssap.com.cn
发　　行／市场营销中心（010）59367081　59367018
印　　装／三河市东方印刷有限公司

规　　格／开　本：787mm×1092mm　1/16
　　　　　印　张：28　字　数：440 千字
版　　次／2018 年 7 月第 1 版　2018 年 7 月第 1 次印刷
书　　号／ISBN 978-7-5201-2694-6
定　　价／108.00 元

本书如有印装质量问题，请与读者服务中心（010-59367028）联系